大学入試シリーズ

233

神奈川大学

給費生試験

教学社

はしがき

2021 年度の大学入試は，世界的な新型コロナウイルスの感染拡大の状況下で実施され，多くの大学で試験範囲や選抜方法の一部が変更されるなどの影響が見られました。また，従来のセンター試験に代わる「大学入学共通テスト」の導入も重なり，多くの受験生にとって，不確定要素の多い，先行き不安な状況での大学入試となりました。こうした状況から，比較的早期に結果が決まる，総合型選抜・学校推薦型選抜への志望度が高まり，感染への不安から大都市圏への進学を忌避して，地元志向がより強くなるなどの傾向も見られました。

また，2020 年に大学に入学した人も，入学当初は対面での授業が実施されず，オンライン授業が中心となりました。一人で黙々と課題をこなし，クラブやサークルなどの課外活動も制限されて，友だちも十分に作れないといった状況も見られました。一方で，オンライン・ツールの浸透や拡大によって，海外の人たちなど，これまで以上に幅広い人たちと交流できるようになりました。また，一人の時間が増えたことで，周りに流されずより真剣に勉学に打ち込め，自分自身を見つめ直す機会が増えたといった，肯定的な意見も聞かれるようになりました。

社会の大きな変革期に差し掛かっており，不透明な状況はまだまだ続くように見えますが，こうした状況に柔軟に適応しつつも，自分自身がこの先どのように生きていくのか，将来何を成し遂げたいのかを，腰を据えてじっくりと考える時間や期間を大切にしてほしいと思います。大学に進学することは，幅広い見識を得る上で，貴重な選択肢であると言えます。

どのような境遇にあっても，その経験を意義あるものにするかどうかは自分次第です。いろいろと試行錯誤をする中で，当初は考えてもいなかったような道が拓けることもあります。また，たとえすぐには実を結ばなかったとしても，新しいことに挑戦した経験が，後々の人生で支えになることもあります。この困難な状況の中で，幾多の試練や難題を乗り越えて，栄冠を勝ち取られることを心より願っています。

編者しるす

本書刊行に際して

各大学や学部・学科の教育理念や教育内容を踏まえて，入学者にどのような能力を求め，入学者をどのように受け入れるのかを定めた方針が，「アドミッション・ポリシー」と言われるものです。この「アドミッション・ポリシー」を特に色濃く表したものが，各大学の過去の入試問題（過去問）であると言えます。創刊 60 年を超える「赤本」は，ますます高まる過去問の重要性に配慮しつつ，受験生の皆様や進路指導にあたられる先生方に，正確で役立つ資料提供を行ってまいります。

本書刊行に際しまして，資料をご提供いただいた大学関係者各位，本書への掲載許可をいただいた著作権者の皆様，各科目の執筆にあたられた先生方に，心より御礼を申し上げます。

「赤本」は，大学によって掲載内容が異なります。受験される試験日程・科目の掲載の有無や収載年数については，目次や問題編冒頭の科目欄でご確認ください。著作権上の理由やその他編集上の都合により，問題や解答の一部を割愛している場合があります。また，試験科目は変更される場合がありますので，あらかじめご了承ください。

なお，指定校推薦入試，社会人入試，編入学試験，帰国生入試などの特別入試，英語以外の外国語科目，商業・工業科目は，原則として掲載しておりません。

●お問い合わせについて

本書は当社編集部の責任のもと独自に作成したものです。本書の内容についてのお問い合わせは，赤本ウェブサイトの「お問い合わせ」より，必要事項をご入力の上ご連絡ください。電話でのお問い合わせは受け付けておりません。

なお，受験指導など，本書掲載内容以外の事柄に関しては，お答えしかねます。また，ご質問の内容によってはお時間をいただく場合がありますので，あらかじめご了承ください。

お問い合わせ先　http://akahon.net/

赤本の使い方

赤本は入試直前に解くものだと思っていませんか？　それだけでは赤本を十分に活用できているとはいえません。志望校合格のための，赤本の効果的な活用法を紹介します。

赤本を使う前に

大学入試では，大学や学部ごとに出題形式や頻出分野が異なります。志望校の傾向を知っておくと，試験本番に落ち着いて臨めるだけでなく，傾向に即した効果的な対策を立てることができます。つまり，早めに赤本を活用することが肝心なのです。

3ステップの赤本活用法

志望校が決まったら，本格的な受験勉強のスタートです。赤本をパートナーにして，次の3ステップで着実に志望校合格を目指しましょう。

STEP 1　過去問を解き，傾向をつかむ

志望校の傾向を知る一番の方法は，実際の過去問に当たることです。問題を解いて，解答方法や，試験時間に対する問題量，問題のレベルなどを体感してみましょう。さらに，赤本の「傾向と対策」には，解答をご執筆の先生方による詳しい傾向分析が載っています。必ず目を通してください。

合格者の声

志望校を決定してすぐ最新1年分の問題を解き，時間や難易度を肌で感じてから今後の学習方針を決めました。まだ十分に実力がついていなくても，自分で問題を解いてみることで発見することはたくさんあります。　（Hさん／国立大合格）

STEP 2　自分の実力を知り，対策を立てる

過去問を解くことで，今の自分に足りない力や苦手な分野などが見えてくるはずです。本番で合格点を取るためには，こうした弱点をなくしていくのが近道です。過去問を指針にして，何をどんな方法で強化すればよいかを考え，具体的な学習計画を立てましょう。「傾向と対策」のアドバイスも参考にしてください。学習が進んだら，過去問を再び解いて学習の成果を確認するとともに，学習計画を修正していきましょう。

合格者の声

解き終えた後，大問ごとに感想を書き出してみると志望校との距離感がつかめます。しばらくしてから解き直す際にも，その時の感想を見ることで自分の成長を実感することができ，やる気につながります。　（T さん／国立大合格）

STEP 3　実戦演習を重ねる

実力がついてきたら，試験時間に合わせて実戦演習を行うことが有効です。その際，大問ごとの時間配分や解く順番など，本番で実力を最大限に発揮するための作戦を考えておきましょう。問題を解き終えたら，答え合わせをするだけでなく，足りない知識を補強したり，よりよい解き方を研究したりするなどして，さらなる実力アップを図ってください。繰り返し解いて出題形式に慣れることも大切です。

合格者の声

望ましい時間配分は人によって違うので，演習を重ねて，どの時間配分だとやりやすいか研究するべき。　（O さん／私立大合格）

目　次

問題編＆解答編

（　）内は解答頁

2021年度

2020年度

●掲載内容についてのお断り

下記の問題に使用されている著作物は，2021 年 7 月 9 日に著作権法第 67 条の 2 第 1 項の規定に基づく申請を行い，同条同項の規定の適用を受けて掲載しているものです。

2021 年度：「英語」大問 1 ・ 4

University Guide

大学情報

大学の基本情報

学部・学科の構成

大　学

法学部　横浜キャンパス

法律学科（法律職コース，ビジネス法コース，現代社会コース）

自治行政学科

経済学部　横浜キャンパス

経済学科（現代経済専攻：福祉・環境・公共政策コース，市場・企業・産業コース，国際経済・社会コース／経済分析専攻：政策分析コース，データ分析コース）

現代ビジネス学科（貿易・国際ビジネスコース，経営・マーケティングコース，企業・会計コース）

経営学部　みなとみらいキャンパス

国際経営学科

外国語学部　みなとみらいキャンパス

英語英文学科（IES プログラム：言語コミュニケーション・英語教育コース，英語圏文学・文化コース／GEC プログラム）

スペイン語学科（言語文化コース，地域文化コース）

中国語学科（言語コース，社会文化コース）

国際日本学部　みなとみらいキャンパス

国際文化交流学科（文化交流コース，観光文化コース，言語・メディアコース，国際日本学コース）

日本文化学科

歴史民俗学科

人間科学部　横浜キャンパス

人間科学科（心理発達コース，スポーツ健康コース，人間社会コース）

理学部　湘南ひらつかキャンパス*

総合理学プログラム

数理・物理学科（数理コース，物理コース）

情報科学科

化学科

生物科学科

（注）総合理学プログラムでは1・2年次で基礎を固め，3年次より理学部内のいずれかの学科（数理・物理，情報科，化，生物科）に分属する。

＊2023年4月に横浜キャンパスに移転予定。

工学部　横浜キャンパス

総合工学プログラム

機械工学科

電気電子情報工学科

物質生命化学科

情報システム創成学科

経営工学科

（注）総合工学プログラムでは，3年次より工学部内のいずれかの学科（機械工，電気電子情報工，物質生命化，情報システム創成，経営工）に分属する。

建築学部※　横浜キャンパス

建築学科（建築学系：構造コース，環境コース，デザインコース／都市生活学系：デザインコース，住生活創造コース，まち再生コース）

※2022年4月開設（設置届出中）

（備考）コースを選択する年次はそれぞれで異なる。

大学院

法学研究科 / 経済学研究科 / 経営学研究科 / 外国語学研究科 / 人間科学研究科 / 理学研究科 / 工学研究科 / 歴史民俗資料学研究科

大学所在地

横浜キャンパス

湘南ひらつかキャンパス

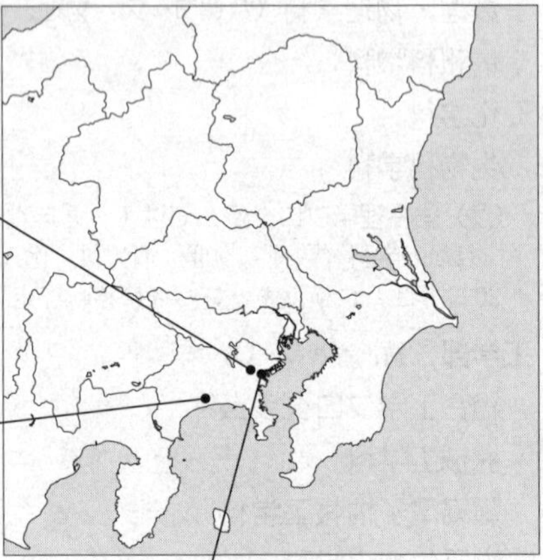

みなとみらいキャンパス

横浜キャンパス	〒221-8686	横浜市神奈川区六角橋 3-27-1
湘南ひらつかキャンパス	〒259-1293	神奈川県平塚市土屋 2946
みなとみらいキャンパス	〒220-8739	横浜市西区みなとみらい 4-5-3

入試データ

入試状況（志願者数・競争率など）

- 競争率は受験者数÷合格者数で算出。
- 合格最低点は，一般入試免除者のもので，選択科目間に生じた平均点差を考慮し，必要な場合に得点調整をした点数である。
- 合格最低点は，2021 年度は非公表。
- 2021 年度給費生試験は，新型コロナウイルス感染症の感染拡大に伴う学業の遅れの影響を受ける受験生に配慮するため，従来の 12 月下旬ではなく，2 月 4 日に実施。

給費生試験　入試状況・合格最低点

2021 年度

（ ）内は給費生合格者内数

学部	学科		志願者数	受験者数	合格者数	競争率
法学部	法律学科		288	279	138(17)	2.0
	自治行政学科		86	86	47(2)	1.8
経済学部	経済学科	現代経済専攻	370	362	137(4)	2.6
		経済分析専攻	39	38	20(1)	1.9
	現代ビジネス学科		132	128	50(2)	2.6
経営学部	国際経営学科		505	497	145(8)	3.4
外国語学部	英語英文学科	IES プログラム	144	143	46(4)	3.1
		GEC プログラム	57	54	15(1)	3.6
	スペイン語学科		45	44	25(2)	1.8
	中国語学科		37	34	9(2)	3.8
国際日本学部	国際文化交流学科		200	195	43(7)	4.5
	日本文化学科		86	85	25(4)	3.4
	歴史民俗学科		72	71	16(4)	4.4
人間科学部	人間科学科		301	294	70(9)	4.2
理学部	総合理学プログラム		39	37	8(2)	4.6
	数理・物理学科		125	121	40(12)	3.0
	情報科学科		96	92	10(1)	9.2
	化学科		82	79	38(4)	2.1
	生物科学科		44	44	22(1)	2.0
工学部	総合工学プログラム		43	42	15(1)	2.8

（表つづく）

学部	学科	志願者数	受験者数	合格者数	競争率
工学部	機械工学科	125	124	48(1)	2.6
	電気電子情報工学科	117	110	36(2)	3.1
	物質生命化学科	59	58	29(4)	2.0
	情報システム創成学科	96	93	18(4)	5.2
	経営工学科	56	51	15(1)	3.4
	建築学科	155	151	30(9)	5.0
合計		3,399	3,312	1,095(109)	―

（備考）合格者数には追加合格者を含む。

2020年度

（　）内は給費生合格者内数

学部	学科		志願者数	受験者数	合格者数	競争率	総点	合格最低点
法学部	法律学科		791	778	283(13)	2.7	300	223
	自治行政学科		410	408	107(5)	3.8	300	219
経済学部	経済学科	現代経済専攻	1,096	1,089	287(10)	3.8	300	219
		経済分析専攻	209	207	66(4)	3.1	300	211
	現代ビジネス学科		693	685	150(6)	4.6	300	225
経営学部	国際経営学科		1,301	1,286	406(23)	3.2	350	262
外国語学部	英語英文学科	IESプログラム	378	374	123(3)	3.0	350	248
		GECプログラム	87	86	33(2)	2.6	350	248
	スペイン語学科		169	168	61(4)	2.8	350	256
	中国語学科		60	59	23(2)	2.6	350	241
国際日本学部	国際文化交流学科		720	714	113(11)	6.3	350	275
	日本文化学科		365	363	50(2)	7.3	350	277
	歴史民俗学科		301	297	69(11)	4.3	350	276
人間科学部	人間科学科		872	860	184(10)	4.7	300	228
理学部	総合理学プログラム		98	96	42(2)	2.3	450	267
	数理・物理学科		316	311	115(37)	2.7	350	249
	情報科学科		272	270	102(24)	2.6	350	224
	化学科		229	227	121(11)	1.9	350	205
	生物科学科		218	214	114(9)	1.9	450	247
工学部	総合工学プログラム		171	168	36(5)	4.7	350	224
	機械工学科		466	462	171(27)	2.7	350	213
	電気電子情報工学科		337	335	129(21)	2.6	350	219
	物質生命化学科		173	169	94(17)	1.8	450	272
	情報システム創成学科		312	306	63(11)	4.9	350	251
	経営工学科		202	200	71(10)	2.8	350	226
	建築学科		467	462	97(29)	4.8	350	250
合計			10,713	10,594	3,110(309)	―	―	―

入学試験要項の入手方法

神奈川大学の入試（給費生試験・一般入試・大学入学共通テスト利用入試）は願書取り寄せ不要のインターネット出願です。インターネットで神奈川大学の公式ホームページにアクセスすれば出願登録ができます（出願登録後，出願書類を印刷し，郵便局の窓口から送付）。詳細は大学公式ホームページでご確認ください。

■入学試験要項の公開時期について

- ●給費生試験，一般入試（前期・後期），大学入学共通テスト利用入試（前期・後期）… 9 月下旬より大学公式ホームページで公開（冊子の配布なし）
- ● AO 入試，公募制自己推薦入試／公募制推薦入試，卒業生子弟・子女入試，外国高等学校在学経験者（帰国生徒等）入試，外国人留学生入試等… 7 月上旬より大学公式ホームページで公開（冊子の配布なし）

問い合わせ先

〒221-8624　横浜市神奈川区六角橋 3 -26- 1
神奈川大学　入試センター
TEL　045-481-5857（直通）
FAX　045-481-5759
e-mail　admissioncenter@kanagawa-u.ac.jp

ホームページ

https://www.kanagawa-u.ac.jp/

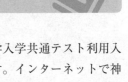

Trend & Steps

傾向と対策

（注）「傾向と対策」で示している，出題科目・出題範囲・試験時間等については，2021 年度までに実施された入試の内容に基づいています。2022 年度入試の選抜方法については，各大学が発表する学生募集要項等を必ずご確認ください。

また，新型コロナウイルスの感染拡大の状況によっては，募集時期や選抜方法が変更される可能性もあります。各大学のホームページで最新の情報をご確認ください。

＊　　＊　　＊

☆印は全問マークセンス方式採用，★印は一部マークセンス方式採用であることを表す。

＊　　＊　　＊

工学部建築学科を再編し，2022 年 4 月に建築学部が開設される予定（設置届出中）で，給費生試験の試験科目等は以下の通り予定されている（本書編集時点）。

学部	学科等		試験科目			試験時間	配点
建築	建築	建築学系・都市生活学系*［理系型］	外国語	「コミュニケーション英語Ⅰ，コミュニケーション英語Ⅱ，英語表現Ⅰ」		70 分	100 点
			数学	「数学Ⅰ，数学Ⅱ，数学Ⅲ，数学A，数学B（「確率分布と統計的な推測」を除く）」		90 分	150 点
			理科	「物理基礎，物理」，「化学基礎，化学」	1 科目選択	70 分	100 点
		都市生活学系*［文系型］	外国語	「コミュニケーション英語Ⅰ，コミュニケーション英語Ⅱ，英語表現Ⅰ」		70 分	100 点
			国語	「国語総合（漢文を除く）」		70 分	100 点
			地歴，公民	「日本史B」，「世界史B」，「地理B」，「政治・経済」	1 科目選択	70 分	100 点
			数学	「数学Ⅰ，数学Ⅱ，数学A」			

＊建築学部建築学科都市生活学系については理系型，文系型の出願選択により，別々に選考を行う。

英　語

年度	番号	項　目	内　容
☆ 2021	〔1〕	読　解	同意表現，内容説明
	〔2〕	会話文	〔A〕空所補充 〔B〕空所補充
	〔3〕	文法・語彙	〔A〕空所補充 〔B〕空所補充
	〔4〕	読　解	同意表現，内容説明
☆ 2020	〔1〕	読　解	同意表現，内容説明
	〔2〕	会話文	〔A〕空所補充 〔B〕空所補充
	〔3〕	文法・語彙	〔A〕空所補充 〔B〕空所補充
	〔4〕	読　解	同意表現，内容説明

(注）〔4〕は外国語学部受験者と国際日本学部国際文化交流学科受験者のみ解答。

▶読解英文の主題

年度	番号	主　題
2021	〔1〕	宇宙工学ソフトウェアの先駆者
	〔4〕	日本の水道設備が抱える問題
2020	〔1〕	人生を幸福にするデンマークの魔法の言葉
	〔4〕	医療の新潮流と一次医療の在り方の変化

傾　向　長文読解問題中心にバランスのとれた出題 文法・語彙力にも重点

1　出題形式は？

全問マークセンス方式である。外国語学部と国際日本学部国際文化交流学科のみ大問 4 題の出題で，試験時間は 70 分。その他の学部は大問 3 題の出題で，試験時間は 70 分である。

2　出題内容はどうか？

大問構成は，読解問題が 1 題，会話文，文法・語彙問題が各 1 題となっている。外国語学部と国際日本学部国際文化交流学科はそれに加えて読解問題 1 題が課されている。

読解問題は，比較的長い英文を読んで設問に答えるもので，設問は同意表現と内容説明である。同意表現では語彙力だけでなく，読解力や文法力も試されるものがある。内容説明は英問英答形式である。本文中の該当箇所を特定し，ていねいに読み込んで考えるとよい。

文法・語彙問題は，2020・2021 年度は空所補充での出題。文法・語法を中心に基礎からていねいに学習しておくことが求められる。

会話文問題も，2020・2021 年度は空所補充の出題のみである。短い応答文の空所に合うものを選ぶ問題もあれば，長めの会話文の空所に合うものを選ぶ問題もある。それぞれの状況や会話の流れを的確に把握する力が求められる。会話独特の表現を問われることは少ないが，決まり文句やイディオムが含まれることもあるので，文法・語彙のしっかりした基礎の上に会話文に慣れておくことが必要となる。

3　難易度は？

全体としては，標準的で受験生の総合力が問われる良問といえる。読解問題は，無理のない問題で，読解問題対策を問題集などでしっかりやっていれば十分解答できるだろう。文法・語彙問題は，基本～標準レベル中心なので高得点をねらいたい。会話文問題は，さまざまな場面での会話の前後関係をしっかり把握できるかどうかが問われる。

外国語学部，国際日本学部国際文化交流学科は長文 2 題を含む大問 4 題を 70 分で処理するには，〔2〕〔3〕をあわせて 30 分以内（できれば 20 分くらい）で解けるようにしておきたい。その他の学部・学科は〔1〕30 分，〔2〕〔3〕各 20 分を目安としつつ，〔1〕にできるだけ多くの時間を割けるようにするとよいだろう。

対　策

1　読解問題

読解問題の比重が比較的大きいので，しっかり対策を立てておこう。長文の語彙はおおむね標準的なので，標準レベルの単語帳を１冊きちんとやっておけば対応できるだろう。そのほか，長文読解の問題集などで出合った単語・熟語などもその都度辞書などで確認しながら自分のものにしていくとよい。文法や構文も標準的なので，標準レベルの参考書・問題集で演習しておけば対応できる。頻出の同意表現は，それほど難解なものはないが，品詞などにも注意し，正確な意味を押さえて答えなければならない。前後関係から下線部の意味を確認することも重要であるので，長文読解の練習をするときは普段から文脈を意識しながら読む習慣を身につけよう。内容説明については，先に設問を読んでから長文を読み込むというのもひとつの方法である。正解を導き出すのに，本文の該当箇所を正しくとらえることを心掛けよう。設問数が多いので，時間配分にも注意を払うようにしたい。

2　文法・語彙問題

文法・語彙問題は，文法・語法を問うものが多い。まずは，文法・語法の頻出問題を集めた標準的な問題集で演習しておきたい。１冊の問題集を最初から最後まで通して２，３回繰り返し演習すれば力がつく。基礎をしっかりマスターした上で，類似した形式の問題に当たり，数をこなすだけでなく，１文１文について文法・語彙などをしっかり考えることが大切。そのような学習の積み重ねによって，ポイントになりやすいところや注意すべき点が見えやすくなり，英語が深く理解できるようになっていくだろう。

3　会話文問題

さまざまな場面の会話の流れをすばやく把握できるようにしておきたい。会話特有の表現はあまり問われていないが，応答の基本やよくある会話のパターンはきちんと押さえておく必要がある。評論文とは違う感覚がある程度必要なので，神奈川大学の一般入試の過去問や会話表現の問題集などで，似たような問題をたくさん解いてみるのが一番よい対策であろう。

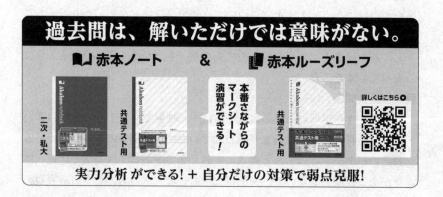

日本史

年度	番号	内　　　　容	形　式
☆ *2021*	〔1〕	古代・中世の貨幣　＜地図・視覚資料・図・史料＞	選択・正誤・配列
	〔2〕	「御当家令条」「徳川禁令考」「牧民金鑑」―近世の宗教政策　＜史料・視覚資料＞	選択・配列・正誤
	〔3〕	近代の戦争	選択・配列・正誤
	〔4〕	近代の教育　＜グラフ＞	選択・正誤・配列
☆ *2020*	〔1〕	「日本書紀」「兵範記」「吾妻鏡」「樵談治要」―古代・中世の戦乱　＜史料・視覚資料＞	選択・正誤・配列
	〔2〕	武断政治から文治政治への転換　＜史料・視覚資料＞	選　択
	〔3〕	加藤高明の生涯	選択・正誤・配列
	〔4〕	近代の社会・教育・文化	選択・正誤・配列

傾　向　近現代史の割合が大きい　史料問題対策も十分に

1　出題形式は？

大問４題で，解答個数は 50 個，試験時間は 70 分。解答方法はすべてマークセンス方式で，適語選択や語句組み合わせ，年代順に並べる配列法のほか，下線部に関連した正文・誤文選択問題や正誤問題が出題されている。特に正文・誤文選択問題は比重が大きい。また，視覚資料，史料，地図などを使った問題が出題されている。

2　出題内容はどうか？

時代別にみると，大問４題中２題が近代史からの出題で，古代・中世から１題と近世から１題という組み合わせが多い。

分野別では，政治史・文化史・外交史・社会経済史など，すべての分野からバランスよく出題されている。〔4〕ではいずれの年度も近代の文化と社会が出題されており，近代文化史の出題頻度は高い。また，古代・中世をまたぐ〔1〕はテーマ史的な出題となっている。

史料問題は必出であるが，教科書や学習用史料集に掲載されていないものが多く出題され，史料の内容を読解して解答する設問も出題されている。しかし未見の史料でも，設問自体は標準的なものが多く，落ち着いて史料を熟読すれば解答できるようになっている。また，視覚資料や地図などを使った問題も出題されることがある。2021 年度〔4〕では小学校の就学率のグラフの出題もあったので，今後も注意したい。

3　難易度は？

基本的には教科書レベルの標準問題が多いが，受験生が苦手とする正文・誤文選択問題のウエートが高く，この出来がポイントになる。正文・誤文選択問題は単なる用語・年代の丸暗記だけでは対応できないので，事項の内容・因果関係・背景など，歴史全体の流れを確実に把握するような学習が必要である。時間配分としては，問題数・難易度は大問間でほとんど差はないため，各大問を 15 分程度で解答できればよい。

対　策

1　教科書の徹底的な理解を

まず，教科書の内容を徹底的に理解しよう。用語の暗記だけではなく，歴史全体の流れを理解し，その流れの中でそれぞれの用語の歴史的意義をしっかり押さえながら学習することが大切である。さらに視覚資料・系図・グラフ・年表や脚注にも十分注意を払い，疑問点は用語集（山川出版社『日本史用語集』など）や日本史事典などで補う姿勢が大切である。

2　時代別・分野別の整理を

要点を整理した市販の参考書やサブノートを利用して時代別・分野別のまとめを行っておこう。まず，大きな流れをつかむために，古代，中世，近世，近代，現代と各時代ごとのまとめを行う。特に，近現代史は出題率が高いが，高校での授業が手薄になりがちなので，しっかり押さえておきたい。配列法対策として，例えば古代では各天皇，中・近世では各将軍，近現代なら各内閣別に，主な施策や出来事をまとめておくとよい。

また，文化史もよく出題されているので，しっかりとまとめておきたい。主要な作品・人物・事項について，問題集や参考書なども使って表などに整理して覚えておくとよい。マークセンス方式ではあるが，正誤問題などに対応できるよう，作品・人物名などは正確に覚えておくこと。

3　史料問題対策

史料問題は毎年出題されている。対策としては，教科書掲載の史料を中心に史料そのものに親しんでおくことが第一である。注や解説なども参考にしながら読み込んでおこう。それぞれの史料の背景にも注意を払うこと。また，過去問や問題集での演習を通じて，未見史料の問題の解き方に慣れておきたい。未見史料に対しては，①史料文中からキーワードやヒントを探す，②リード文や設問から時代・内容や関連人物を推定する，といった姿勢で臨むとよい。史料の内容に踏み込んだ出題もみられるので，まずはしっかり史料を読み解く力を身につけよう。

4　過去問で問題演習

出題形式は例年類似していることが多いので，本書を活用して出題傾向をつかんでおくとよい。また，知識不足のために一見手に負えないように思える問題でも，設問の条件をしっかり確認し，選択肢を吟味すれば消去法で正解にたどり着けるものも多い。

世界史

年度	番号	内容	形式
☆ *2021*	〔1〕	アジア・欧米の政治・外交史　＜地図＞	選択・正誤
	〔2〕	アフリカ・欧米の関係史　＜視覚資料・地図＞	選択・配列
	〔3〕	塩の世界史	選択・正誤・配列
☆ *2020*	〔1〕	インドの歴史	選択・正誤
	〔2〕	モンゴル帝国史，近世の西欧と東アジア	選択・正誤
	〔3〕	「共産党宣言」─中世～現代のヨーロッパ史　＜史料＞	選択・正誤

傾向　正誤問題，正文・誤文選択問題が中心

1　出題形式は？

出題数は3題，解答個数50個，全問マークセンス方式である。例年，語句選択問題と正文・誤文選択問題，正誤判定問題が中心である。2021年度は地図や視覚資料を用いた問題や，配列問題が出題された。試験時間は70分。

2　出題内容はどうか？

地域別では，欧米では，西ヨーロッパ・北米からの出題が中心となっている。2021年度はラテンアメリカからも出題され，幅広い地域から出題されている。アジアでは，インド，西アジア，アフリカから出題された。

時代別では，古代から現代まで，あまり偏りのない出題傾向となっている。

分野別では，基本的に各分野から幅広く出題されている。テーマ史が出題されることが多い。2020年度はリード文に『共産党宣言』が使用され，これに関連してさまざまな事項が問われた。2021年度は「塩」に関するテーマ史が出題された。

3　難易度は？

2020・2021年度は正誤問題が多くみられたが，ほぼ教科書レベルと

なっており，〔1〕〔2〕〔3〕ともに標準である。マークセンス方式による出題で解答個数50個という量は，試験時間70分で解ける範囲ではあるが，正文・誤文選択問題などは選択肢の文章を読み込まなければならず，時間配分に気をつけねばならない。消去法を駆使して，解ける問題からとりかかっていこう。

対策

1 教科書中心の学習

基本的に教科書レベルの問題がほとんどである。したがって，いたずらに多くの参考書を使わず，まず教科書を1冊しっかりと精読し，自分なりにノートにまとめてみるとよい。なお，教科書学習といっても，教科書は各社から何種類も出版されており，自分の使用している教科書には言及されていない歴史事項も数多くある。こうした歴史事項を確認・理解するためにも『世界史用語集』（山川出版社）などの用語集は必ず利用したい。特に正文・誤文選択問題を攻略するには，用語集レベルの知識がほしい。また，基本的な年号はしっかり記憶しておこう。

2 現代史の重点的学習を

現代史は学習時間が足りなくなって弱点になりがちなので，得点差がつきやすい。早めに教科書をまとめておきたい。現代史は教科書通りに学習するとまとめにくい分野であるが，地域史・テーマ史としてまとめ直すとわかりやすくなる。「アメリカ」「ソ連・ロシア」「中国」などの国家，「東西冷戦」などのテーマ史を自分でまとめてサブノートなどで整理したい。自分でまとめると，バラつきがちな知識が整理され，よりわかりやすくなるだろう。

3 文化史・経済史対策を

流れのある政治・外交史と違い，文化史は人名と作品名の羅列になることが多く単調なため，どうしても学習を怠りがちになってしまう。出題率の高い思想史・文学史・宗教史を中心に，丹念な学習が必要である。人名 ― 作品・業績 ― その内容・年代，というように関連づけて押さえておくこと。また，経済史については，各国の税制，貿易の形態や取引された物品，栽培作物などについてまとめておきたい。

4 過去問を解いておこう

本番さながらに時間を計りながら過去の問題を解いて，感覚をつかんでおきたい。また，ここ数年の過去問から，似通った問題が出題される例も見受けられる。本書の過去問をしっかり解いて答え合わせをしておこう。

地　理

年度	番号	内　容	形　式
★2021	〔1〕	自然環境と地図 ＜地図・地形図・グラフ・模式図・視覚資料・統計表＞	選択・記述・計算
	〔2〕	健康と都市化　＜統計表・グラフ＞	計算・選択・記述・正誤
	〔3〕	世界の農業　＜地図・統計表＞	選択・記述
	〔4〕	アフリカの地誌　＜地図・統計表・雨温図・グラフ＞	選択・記述
★2020	〔1〕	世界と日本の地形　＜視覚資料・地図・地形図＞	選択・記述
	〔2〕	世界と日本の産業　＜地図・統計表・グラフ＞	選択・記述
	〔3〕	中国の地誌　＜分布図・雨温図・グラフ・統計表＞	選択・記述
	〔4〕	ヨーロッパの地誌　＜地図・統計表＞	選択・記述

傾向　基礎的な知識をもとに地理的思考力を問う　地図・グラフ・統計の学習をていねいに

1 出題形式は？

大問４題の出題で，試験時間は70分。マークセンス方式の選択法が大半だが，一部は用語・地名を答える記述法で，解答用紙も２種類提供される。各大問は12～14問の設問からなり，うち１～３問が記述式。また，地図や統計表，グラフなどの資料を用いた問題が多い。

2 出題内容はどうか？

例年，地誌に関する出題が多く，日本について問われたこともある。また，地理用語や地名を問う問題のほかに，統計数値・グラフ判定問題，時差など計算をともなう問題なども出題される。統計に関してはやや詳細な知識が問われることもあるので注意したい。教科書の記述内容から広範囲に出題されている。

3 難易度は？

基本～標準レベルである。正確な知識さえあれば答えられるもののほか，統計判定問題のように地理的な思考力，理解力，判断力を試すよう工夫された問題も多く含まれる。高校地理の範囲を逸脱する内容はほとんどみられないが，基本的な問題の中に，やや踏み込んだ知識を問う問題が含まれている。最初に全体に目を通し大まかに時間配分を考えた上で落ち着いて取り組みたい。

対　策

1　基礎事項の徹底理解を

普段の授業を大切にして，教科書に書かれている内容を完全に理解することが何より大切である。重要な用語については，『地理用語集』（山川出版社）などを利用してその定義をしっかりと確認しておこう。また，参考書や副教材の模式図・表・写真・コラムなどにも目を通し，知識の幅を広げておくことが望ましい。普段からニュースに触れておくのもよいだろう。

2　地図帳の積極的活用を

地図を使った問題が頻出である。学習の際に出てきた地名は必ずその位置を地図帳で確認すること。その場合，絶対位置だけでなく，相対的な位置（例えば山脈の場合は国内の他の山脈，海外の山脈との位置関係）にも注意しよう。都市の位置を地図帳で確かめるときは，その立地（河口か，平野の中心か，河川の合流点かなど）も読み取る習慣をつけよう。また，気候区分図や農業分布図などの主題図も重要なので，学習の際にはこまめにチェックするようにしたい。

3　統計に強くなる

統計集は，数字や順位を丸暗記する材料ではなく，地域的特色を読み取る教材である。教科書の記載事項を統計集で確認する習慣をつけよう。使用する統計集としては，『データブック オブ・ザ・ワールド』（二宮書店）が人口や産業といったテーマ別の各種統計だけでなく，国別の情報も収録されているので便利である。

政治・経済

年度	番号	内容	形式
☆ *2021*	〔1〕	平和主義	選　　択
	〔2〕	メディアと選挙　＜年表＞	選　　択
	〔3〕	経済のグローバル化　＜グラフ＞	選択・配列
	〔4〕	経済統計　＜グラフ＞	選　　択
☆ *2020*	〔1〕	平和主義	選　　択
	〔2〕	大日本帝国憲法と日本国憲法	選　　択
	〔3〕	市場メカニズム	選　　択
	〔4〕	国際経済	選択・計算

傾向　教科書を中心に確実な基本学習をあわせて時事的テーマの学習も

1　出題形式は？

例年，大問４題の出題。すべてマークセンス方式で，ほとんどが語句・数値の選択や説明文の正文・誤文選択であるが，計算問題が出題されることもある。2021 年度は配列問題もみられた。試験時間は 70 分。

2　出題内容はどうか？

憲法・国際関係を含む政治分野と国際経済問題を含む経済関連分野からそれぞれ２題ずつというパターンである。経済関連分野では，需要と供給を中心とした市場メカニズム，戦後経済史，国際収支，為替など，経済の基本的なテーマが出題されている。政治分野では，憲法９条と自衛隊，世界の紛争，大日本帝国憲法の条文，選挙制度など，幅広いテーマで出題されている。

3　難易度は？

一部にやや詳細な知識を要する設問が出題されたり，年度によっては時事的テーマに関わる設問もみられる。しかし，出題の多くは標準レベルであり，教科書中心の学習でおおむね対応できる。基本事項や現代社会での事象について，正確な知識・理解に基づいてじっくり考えるようにしたい。時事的事項については，日常の自覚的な取り組みが不可欠である。最初に全体に目を通し，大まかでよいので，まず時間配分を行ってから解き始めること。計算問題などは経済関連分野で出題される場合が多いことも意識し，ペース配分に留意したい。

対　策

1　教科書と授業を大切に

大半は基本事項の理解を問う標準レベルの問題であるから，教科書中心の学習で対応可能である。教科書をしっかりと読み込んで内容理解を深め，知識の定着を図ることが第一である。

2　用語集・資料集の活用

学習時には『用語集　現代社会＋政治・経済』（清水書院）などの用語集を活用し，正確な用語知識を身につけよう。また，最新データに基づく資料集を利用して，知識の具体化を図らなければならない。重要法律の内容や主要な統計数値，年表的事項はいうまでもなく，脚注やコラム欄もていねいに読み込んで，重要な時事的テーマの要点理解に努めること。

3　時事的な動きを理解する取り組みを

科目の性格上，時事的な動きについての常識が不可欠である。新聞の解説や論説記事を読むことを習慣づけ，日常的に時事問題の重要ポイントを理解するように心がけよう。『現代用語の基礎知識』（自由国民社）などを手元に置いて，時事用語の知識を身につけるにとどまらず，時事問題の要点理解のために積極的に役立てたい。また，日常的に政治・経済に関連するニュース番組に親しむことが重要である。

4　問題集の活用で常に学習の自己評価を

自分はどの内容が理解できていて，どの内容が理解不十分であるかを把握しながら学習を進めなければ，なかなか成績は向上しない。自己点検には問題集の活用が最も有効である。また，記述法も含んだ模擬試験や定期試験で解答できなかった部分をしっかりと学習し直しておくことで正確な知識・理解を身につけることができる。

数　学

年度	学　部	番号	項　目	内　容
2021	理（総合理学プログラム〈文系〉を除く）・工	〔1〕	小 問 6 問	2倍角の公式，平面ベクトルと図形，数列の和と一般項，重複組み合わせ，双曲線の方程式，複素数と図形
		〔2〕	微・積分法	接線の方程式，曲線で囲まれた部分の面積
		〔3〕	微・積分法	関数の極大・極小，回転軸をまたぐ図形の回転体
	経済・経営・人間科・理（総合理学プログラム〈文系〉）	〔1〕	小 問 4 問	複素数の計算，三角関数，確率，定積分で表される関数
		〔2〕	2 次 関 数	文字を含む2次関数の最大値・最小値
		〔3〕	図形と方程式	円と円の交点
2020	理（総合理学プログラム〈文系〉を除く）・工	〔1〕	小 問 6 問	分母の有理化，ベクトルの内積，2次方程式の共通解，円と直線の距離の最小値，区分求積法，ド・モアブルの定理
		〔2〕	微・積分法	接線の方程式，曲線で囲まれた部分の面積
		〔3〕	確率，極限	反復試行の確率，確率漸化式，数列の極限
	経済・経営・人間科・理（総合理学プログラム〈文系〉）	〔1〕	小 問 4 問	不定方程式の整数解，指数方程式，確率，定積分で表される関数
		〔2〕	微　分　法	2次方程式の解の個数，接線の方程式
		〔3〕	図形の性質	円の接線，方べきの定理

傾　向　基本事項を問う良問

1　出題形式は？

出題数は大問3題で，そのうちの1題が小問集合で答えのみを記す空所補充形式，他の2題は途中経過も記す記述式である。試験時間は，理（総合理学プログラム〈文系〉を除く）・工学部が90分で，経済・経営・人間科・理（総合理学プログラム〈文系〉）学部が70分。解答用紙はB4判用紙1枚で，その表裏に解答欄が設けられており，解答欄はA4判大程度でそれほど大きくないが，計算スペースとして問題用紙の空白部分を使うことができる。

2　出題内容はどうか？

出題範囲は，経済・経営・人間科・理（総合理学プログラム〈文系〉）

学部は「数学Ⅰ・Ⅱ・A」，理（総合理学プログラム〈文系〉を除く）・工学部は「数学Ⅰ・Ⅱ・Ⅲ・A・B（「確率分布と統計的な推測」を除く）」である。

定石的・基本的な考え方で対応できる問題である。記述式の大問は2～4問の枝問に分かれており，前問の結果を利用して解答する誘導形式になっていることが多い。

いずれの学部でも，微・積分法，三角関数，図形と方程式が特に重視されている。2021年度の理（総合理学プログラム〈文系〉を除く）・工学部では，大問2題が微・積分法からの出題であった。ほかに2次関数，不等式，平面・空間図形（三角比），指数・対数関数，場合の数と確率などがよく出題されている。理（総合理学プログラム〈文系〉を除く）・工学部では，いろいろな曲線の概形や定積分が頻出で，図形の面積，回転体の体積，曲線の長さなどをきちんと求められるようにしておきたい。

3 難易度は？

基本～標準レベルの問題である。難問の出題はなく，計算もそれほど複雑なものはないので，試験時間内で余裕をもって解答ができるであろう。ただし，2020年度の経済・経営・人間科・理（総合理学プログラム〈文系〉）学部の〔2〕は，やや応用的な問題であった。

また，計算でつまずくと時間が不足してしまうおそれもある。易しい問題から手をつけ，複雑なものは後回しにするなど，時間配分を工夫することも大切である。

対策

1 教科書の活用で基礎事項の整理を

多くは基本を理解していれば解ける問題である。まずは，教科書で基礎・基本をしっかりと身につけることが肝要。定理や公式を正しく理解し，実際に活用できるようにしておかなければならない。教科書の例題，節末問題や章末問題は何度も繰り返し解いておこう。小問集合形式での出題もあるので，出題範囲全般にわたり不得意分野を残さず，幅広く知識を身につけること。

2　計算力の養成と過去問の研究

出題数が少ない上に，答えのみ記す空所補充形式の問題もあるので，ちょっとしたケアレスミスが合否を分けることになりかねない。計算はおろそかにせず，普段から注意深く慎重にやることが大切である。また，問題を解き終わったら，必ず見直しや検算を行う習慣をつけておこう。過去問演習も出題傾向を知る上で大いに有効であるので，ぜひ取り組んでおきたい。仕上げの段階では，試験時間を意識し，時間配分を考えながら解く練習をしておくとよい。

3　簡潔な答案作成の練習を

記述式の問題では解答のスペースはそれほど広くない。したがって，要所を押さえ，簡潔かつ論理に飛躍のない答案を書けるようにしておきたい。問題集などで演習する際には，論理に矛盾がないか考えながら解く習慣をつけよう。模範解答や参考書の解法なども参考にして練習しておくとよい。

物　理

年度	番号	項　目	内　容
★ 2021	〔1〕	総　合	斜方投射，運動量の変化と力積，惑星の運動，抵抗の並列接続とジュール熱，コンデンサーの直列接続と蓄えられる電気量，ローレンツ力，比熱と融解熱，理想気体分子の二乗平均速度，閉管内の気柱の振動，回折格子
	〔2〕	力　学	衝突後に一体化した２物体のあらい水平面上の運動
	〔3〕	熱力学	２つのピストンをもつシリンダー内の気体の状態変化
★ 2020	〔1〕	総　合	等加速度直線運動，終端速度，３個のばねを接続したときのばね定数，荷電粒子の運動，コンデンサーに蓄えられるエネルギー，熱量保存則，ボイル・シャルルの法則，絶対屈折率，ドップラー効果，うなり
	〔2〕	力　学	なめらかな球内面上を等速円運動する小球
	〔3〕	電磁気	導体棒に生じる誘導起電力と回路の抵抗に発生するジュール熱

傾向　理解度と応用力を問う標準的な良問　記述式では途中の説明や式が求められる

1　出題形式は？

例年大問数は３題で試験時間は 70 分。解答形式は〔1〕がマークセンス方式，〔2〕〔3〕が記述式となっている。〔1〕は小問集合となっており，10 問出題されている。〔2〕〔3〕の記述式では解答に至る考え方や計算も書くことが求められている。記述式の解答用紙は大問１題につきＡ４判大のスペースで，解の欄（途中の説明，式，計算を書く欄）と答の欄（最終結果を書く欄）が明示されており，要点を簡潔にまとめる必要がある。過去には，描図問題が出題されたことがある。

2　出題内容はどうか？

出題範囲は「物理基礎・物理」である。

〔1〕の小問集合は出題範囲の各分野からほぼ均等に出題されている。基礎的な内容を問う問題が中心である。〔2〕〔3〕の記述問題は，力学分野から必ず１題は出題され，残り１題は 2020 年度は電磁気，2021 年度は熱力学からの出題であった。

3　難易度は？

基本事項をきちんと理解していれば解ける標準的な問題であるが，記述式では解答に至る計算や考え方の記述も要求されており，物理現象を理解していないと対応しにくい面がある。

試験時間は比較的余裕があるので，ていねいに問題文を読み解いていけるだろう。

対　策

1　基本事項の徹底理解を

全範囲にわたって，教科書を中心として基本事項を学習し理解しておくことが大切である。さらに，傍用問題集などの基礎的な問題集で数多く問題を解くことで，偏りのない基礎学力を身につけておく必要がある。

2　問題演習をしっかりと

〔2〕〔3〕は公式の暗記に頼った学習では解けない問題である。しかし，与えられた状況を把握し，物理法則を適用すれば対応できるはずである。教科書を読み，物理法則の意味や内容をよく理解した上で，標準的な問題集を繰り返し解き，理解力・応用力を確実に身につけておきたい。

3　記述問題の対策を

〔2〕〔3〕は途中の説明，式，計算も書くことが要求されているが，途中経過を記す解答欄が狭いので，簡潔にわかりやすく書く必要がある。日頃から記述式の答案の書き方を意識して問題演習に取り組んでほしい。そのためには，図を描きながら考え，なぜこの式を使うのか，理由を書き添えながら問題を考える習慣をつけておくとよい。

化　学

年度	番号	項　目	内　容
★ 2021	〔1〕	無機・理論	金属イオンの分離・確認，硫黄の性質，周期律，原子の構造
	〔2〕	理　論	結合エネルギー，凝固点降下，気体の法則　⇨計算
	〔3〕	有機・理論	有機化合物の溶解性，分配平衡，高分子化合物の特徴　⇨計算
★ 2020	〔1〕	理論・無機	イオン化傾向，非共有電子対，電気分解の析出量，工業的製法　⇨計算
	〔2〕	理　論	ヘンリーの法則，物質の構造と沸点，浸透圧，熱化学方程式　⇨計算
	〔3〕	有機・理論	水素結合，DNA の塩基対，酢酸の二量体，乳酸のエステル　⇨計算・描図

傾　向　理論分野を中心とした標準的な出題

1　出題形式は？

大問 3 題の出題で，試験時間は 70 分。解答形式はマークセンス方式の選択式と記述式の併用となっている。記述式では，計算問題，構造式や化学反応式の記述などが出題されている。計算問題では計算過程まで要求される場合も多い。2020 年度は描図問題が出題されている。

2　出題内容はどうか？

出題範囲は「化学基礎・化学」である。

理論分野からの出題が多く，次いで有機分野，無機分野の順となっている。発展的な内容が出題される年度もあるが，問題文中に反応例があるなど，十分に誘導されているので落ち着いて解答したい。いずれの大問も幅広い内容を扱っており，出題範囲全般にわたってしっかりと学習しておくことが求められる。なお，マークセンス方式でも記述式でも計算問題が多く，結晶格子，反応量，物質量に関する計算，気体の法則，電気量，結合エネルギー，気体の溶解度（ヘンリーの法則），希薄溶液の性質（沸点上昇，浸透圧），化学平衡，高分子化合物の重合度などに関する計算などが頻出となっている。

3 難易度は？

全体的に基本〜標準レベルの問題が大半を占めている。例年難易度に大きな変化はみられない。どの分野も幅広く内容が問われているが，教科書をしっかり理解していれば十分に対処できるものばかりである。計算問題もそれほど複雑なものではないので，数の多さに惑わされず，落ち着いて正確に解答していきたい。問題数が多めなので，時間にそれほど余裕はない。時間がかかりそうな問題を後回しにするなど工夫して解きたい。

対　策

1 理　論

まずは，教科書傍用問題集などを用いて教科書の内容を基本から学習していくことが重要である。中和，酸化還元，熱化学，気体の性質，溶解度，浸透圧，化学平衡などの計算問題がよく出題されるので，短時間で正確に計算できるよう基本的な問題を数多く解いて，パターンをつかんでおくとよいだろう。実験結果や化学理論に関する論述問題への対策も大切である。

2 無　機

それぞれの物質について，性質・製法・反応などを１つ１つ整理して覚えていくとよい。イオンの反応，気体の発生など実験器具や実験操作も確実に書けるようにするとよい。他のイオンや気体と比較しながら系統的に覚えておくとわかりやすくてよいだろう。工業的製法についても目的や触媒，途中の化学反応式などを確実に押さえておこう。

3 有　機

無機と同様に，それぞれの物質について，性質・製法・化学式（構造式）を覚えていこう。また，脂肪族化合物ではアルコールを中心とした反応を，芳香族化合物ではベンゼンを中心とした有機化合物の反応を表などにして整理しておくとよい。元素分析や構造決定などの計算問題も問題集の例題などをたくさん解いて，慣れておくことが必要である。高分子化合物に関する計算問題の演習も大切である。

生　物

年度	番号	項　目	内　容
2021	〔1〕	代　謝	酵素の性質，呼吸，光リン酸化（40字）　⇨論述
	〔2〕	体内環境，動物の反応	神経系，脳，視覚器（50字他）　⇨論述
	〔3〕	進化・系統	進化のしくみ（20・30・80字他）　⇨論述・計算
2020	〔1〕	細　胞	膜タンパク質のはたらき　⇨論述
	〔2〕	生殖・発生，植物の反応	花芽形成，ABCモデル（50字他）　⇨論述
	〔3〕	進化・系統，生　態	隔離と種分化，種間競争（20・30・100字）　⇨論述・計算

傾向　ほぼすべての大問で課される論述問題

1　出題形式は？

大問数は３題で，試験時間は70分。選択肢から記号で答えるものなどもあるが，出題の多くは語句などを記述するものである。論述問題が例年出題されている。字数制限があるものと，１～４行程度の解答欄の広さに合わせて答えるものとがある。

2　出題内容はどうか？

出題範囲は「生物基礎・生物」である。

進化・系統からの出題が４年続いているのが特徴的である。他の各分野からもバランスよく出題されているので，偏りのない学習が必要である。

3　難易度は？

生物用語を答える記述問題には基本的なものが多い。一方で正誤判定問題や適切な選択肢を選ぶ問題では，2020年度〔1〕問４，〔3〕問８などのように，用語の意味の正確な理解や詳細な知識が求められるものが多い。論述問題は，やや深い知識が問われるほか，生態などでは調査の結果を示して考察を求める問題もあり，簡単に対処できる出題ではない。与えられた字数やスペース内で要点をコンパクトにまとめるのにも，かなりの論述力が必要である。試験時間に対する論述問題の割合が大きいこともあり，全体としては標準よりやや難しいレベルの出題である。時間が足りなくならないように，最初に問題の全体に目を通し，解く順番を工夫するようにしたい。

対　策

1 基本事項の徹底

問題の多くが基本～標準レベルであることから，これらを完全に解くことが合格への第一歩となる。これには教科書の緻密な学習が最も有効である。覚えにくいところや重要と考えられるところはノートにまとめるなどして，一字一句まで大事にして理解に努めよう。本文を読むだけでなく，図の説明，グラフの読み方，表の読み取りなども勉強しておこう。図説なども利用しながら勉強すれば，やや細部まで問う問題への対策となるだろう。知識を定着させるためには問題演習が必要なので，標準レベルの問題集を１冊やっておくこと。出題が全範囲に及ぶので大変だが，できれば繰り返し解いておきたい。正誤判定問題や選択肢を選ぶ問題も決して平易ではないので，過去問を解いて難易度を把握しておこう。

2 論述問題対策

論述問題は頻出である。点数に差がつきやすいところなので，時間をかけてじっくりと勉強しておきたい。論述問題がたくさん載っている，あるいは，論述問題対策に特化した問題集を選び，それを徹底して解いておこう。その際大切なことは，必ず自分で書いてみるということである。頭の中で考えるだけではなく，自分で書き，読み返し，解答と比較してどこを修正すべきなのか確認しよう。さらに，決められた字数でまとめられるよう練習しておこう。本書の解答編もよく読みこんで，よく使われる表現や，よく出題される分野，出題形式に対する適切な解答例をしっかり把握しよう。この地道な作業があってはじめて論述問題に対応できる論述力が養われる。時間をかけて十分に練習を積んでおきたい。

国　語

年度	番号	種　類	類別	内　　　　容	出　　典
☆ ***2021***	〔1〕	古　文	随筆	文法，内容説明，口語訳，読み，語意，指示内容，内容真偽，文学史	「徒然草」 兼好法師
	〔2〕	現代文	評論	書き取り，空所補充，内容説明，語意，慣用句，表現効果，内容真偽，表題	「新写真論」 大山顕
☆ ***2020***	〔1〕	古　文	日記	内容説明，口語訳，語意，人物指摘，文法，和歌修辞，文学史	「たまきはる」 建春門院中納言
	〔2〕	現代文	評論	書き取り，空所補充，内容説明，四字熟語，内容真偽	「科学者という仕事」酒井邦嘉

傾　向　現代文は評論読解の基本を 古文は基本から応用まで幅広く学習を

1 出題形式は？

現代文１題，古文１題の計２題の出題で，試験時間は 70 分。解答形式は選択式のみで全問マークセンス方式である。

2 出題内容はどうか？

現代文：例年，評論が出題されており，社会・文化・思想・科学といった幅広い分野が取り上げられている。設問は，内容説明を主体に，書き取り，空所補充，内容真偽，主旨などの問題が加えられている。選択肢自体が解答のヒントになる場合も多いので，問題文とのていねいな照合が必要である。

古文：中古・中世の作品を中心に出題されている。設問は，文法，口語訳，敬語，内容説明，文学史などである。その他，古典常識，和歌修辞・解釈なども出題されることがあり，設問の形は，バラエティーに富んでいる。

3 難易度は？

現代文は，文章量が多めで，設問には選択肢が絞りにくいものも交じっており，やや難しい。古文は，2021 年度はやや易化した感じがあるが，それでも標準的なレベルである。緻密な読みと選択肢の吟味に十分な時間をかけたい。

総合的にみて，設問自体は良問で選択肢も工夫されたものである。ただ，出題内容のレベルを考えると70分という試験時間はやや厳しめなので，時間配分には注意が必要。古文は25分程度を目安にし，また知識問題はスピーディーに終わらせるようにしたい。

対　策

1　総　論

例年，出題内容の本質的性格に変わりはない。細かな変化は少しずつあるものの，過去に出題された問題を中心に対策を立てていれば対処できるだろう。その際，神奈川大学の一般入試の過去問も解いておくとよい。

2　現代文

評論のジャンルは社会・文化・思想・科学などが中心である。平生から長文問題に立ち向かう意欲と集中力を養うことが不可欠である。そのためには，自分に興味・関心のある分野を中心に，新書・選書などの読書に取り組み，章・節ごとの要約を作るなどの努力を積み重ねておこう。選択式への対策として，共通テストの過去問も学習効果が高い。

3　古　文

2021年度は標準的な難易度であったが，過去の出題をみると，出典のジャンルは幅広くかつ文章の難度が高い。できるだけ多くのジャンルに接しておくのがよいだろう。その上で，基本的な文法（特に，助詞，助動詞や敬語）や基本的な語彙，口語訳などに的を絞って演習を重ねておくこと。文学史は基本的な事項が問われることが多いので，確実に解けるようにしたい。和歌修辞や古典常識にも精通しておくことが望ましい。

2021年度

問題と解答

問題編

▶試験科目・配点

学部	教科	科目	配点
法	外国語	コミュニケーション英語Ⅰ・Ⅱ，英語表現Ⅰ	100 点
	地歴・公民	日本史B，世界史B，地理B，政治・経済から1科目選択	100 点
	国語	国語総合（漢文を除く）	100 点
経済（経済〈現代経済〉・現代ビジネス）・人間科	外国語	コミュニケーション英語Ⅰ・Ⅱ，英語表現Ⅰ	100 点
	選択	日本史B，世界史B，地理B，政治・経済，「数学Ⅰ・Ⅱ・A」から1科目選択	100 点
	国語	国語総合（漢文を除く）	100 点
経済（経済〈経済分析〉）	外国語	コミュニケーション英語Ⅰ・Ⅱ，英語表現Ⅰ	100 点
	数学	数学Ⅰ・Ⅱ・A	100 点
	国語	国語総合（漢文を除く）	100 点
経営	外国語	コミュニケーション英語Ⅰ・Ⅱ，英語表現Ⅰ	150 点
	選択	日本史B，世界史B，地理B，政治・経済，「数学Ⅰ・Ⅱ・A」から1科目選択	100 点
	国語	国語総合（漢文を除く）	100 点
外国語	外国語	コミュニケーション英語Ⅰ・Ⅱ，英語表現Ⅰ	150 点
	地歴・公民	日本史B，世界史B，地理B，政治・経済から1科目選択	100 点
	国語	国語総合（漢文を除く）	100 点
国際日本（国際文化交流）	外国語	コミュニケーション英語Ⅰ・Ⅱ，英語表現Ⅰ	150 点
	地歴・公民	日本史B，世界史B，地理B，政治・経済から1科目選択	100 点
	国語	国語総合（漢文を除く）	100 点
国際日本（日本文化）	外国語	コミュニケーション英語Ⅰ・Ⅱ，英語表現Ⅰ	100 点
	地歴・公民	日本史B，世界史B，地理B，政治・経済から1科目選択	100 点
	国語	国語総合（漢文を除く）	150 点

<table>
<tr><td rowspan="3">国際日本
（歴史民俗）</td><td>外国語</td><td colspan="2">コミュニケーション英語Ⅰ・Ⅱ，英語表現Ⅰ</td><td>100点</td></tr>
<tr><td>地歴・
公民</td><td colspan="2">日本史B，世界史B，地理B，政治・経済から1科目選択</td><td>150点</td></tr>
<tr><td>国　語</td><td colspan="2">国語総合（漢文を除く）</td><td>100点</td></tr>
<tr><td rowspan="3">理
（数理・物理／情報科／化）</td><td>外国語</td><td colspan="2">コミュニケーション英語Ⅰ・Ⅱ，英語表現Ⅰ</td><td>100点</td></tr>
<tr><td>数　学</td><td colspan="2">数学Ⅰ・Ⅱ・Ⅲ・A・B</td><td>150点</td></tr>
<tr><td>理　科</td><td colspan="2">「物理基礎・物理」，「化学基礎・化学」，「生物基礎・生物」から1科目選択</td><td>100点</td></tr>
<tr><td rowspan="3">理
（生物科）</td><td>外国語</td><td colspan="2">コミュニケーション英語Ⅰ・Ⅱ，英語表現Ⅰ</td><td>200点</td></tr>
<tr><td>数　学</td><td colspan="2">数学Ⅰ・Ⅱ・Ⅲ・A・B</td><td>150点</td></tr>
<tr><td>理　科</td><td colspan="2">「物理基礎・物理」，「化学基礎・化学」，「生物基礎・生物」から1科目選択</td><td>200点</td></tr>
<tr><td rowspan="5">理
（総合理学プログラム）</td><td>外国語</td><td colspan="2">コミュニケーション英語Ⅰ・Ⅱ，英語表現Ⅰ</td><td>150点</td></tr>
<tr><td>数　学
（理工系）</td><td>数学Ⅰ・Ⅱ・Ⅲ・A・B</td><td rowspan="2">1科目選択</td><td rowspan="2">150点</td></tr>
<tr><td>国　語</td><td>国語総合（漢文を除く）</td></tr>
<tr><td>数　学
（文系）</td><td>数学Ⅰ・Ⅱ・A</td><td rowspan="2">1科目選択</td><td rowspan="2">150点</td></tr>
<tr><td>理　科</td><td>「物理基礎・物理」，「化学基礎・化学」，「生物基礎・生物」</td></tr>
<tr><td rowspan="3">工
（機械工・電気電子・情報工・情報システム創成・経営工・建築・総合工学プログラム）</td><td>外国語</td><td colspan="2">コミュニケーション英語Ⅰ・Ⅱ，英語表現Ⅰ</td><td>100点</td></tr>
<tr><td>数　学</td><td colspan="2">数学Ⅰ・Ⅱ・Ⅲ・A・B</td><td>150点</td></tr>
<tr><td>理　科</td><td colspan="2">「物理基礎・物理」，「化学基礎・化学」から1科目選択</td><td>100点</td></tr>
<tr><td rowspan="3">工
（物質生命化）</td><td>外国語</td><td colspan="2">コミュニケーション英語Ⅰ・Ⅱ，英語表現Ⅰ</td><td>150点</td></tr>
<tr><td>数　学</td><td colspan="2">数学Ⅰ・Ⅱ・Ⅲ・A・B</td><td>150点</td></tr>
<tr><td>理　科</td><td colspan="2">「物理基礎・物理」，「化学基礎・化学」から1科目選択</td><td>150点</td></tr>
</table>

▶備　考

- 「数学B」は「確率分布と統計的な推測」を除く。
- 理（総合理学プログラム）学部においては，国語選択者は「数学Ⅰ・Ⅱ・A」（文系）を，「数学Ⅰ・Ⅱ・Ⅲ・A・B」（理工系）選択者は理科から1科目の組合せでの選択となる。

英語

（70分）

（注）　外国語学部，国際日本学部国際文化交流学科の受験者は 1 ～ 4 を，それ以外の受験者は 1 ～ 3 を解答すること。

1　次の英文を読んで，問いに答えなさい。

It might come as a surprise to software engineers that the person who founded their field is a woman. Indeed, Margaret Hamilton, respected mathematician* and computer science pioneer, coined the term (A) "software engineering" while developing the guidance and navigation system for NASA's* Apollo spacecraft*.

Hamilton chose her words for a reason. "I began to use the term 'software engineering' to distinguish it from hardware* and other kinds of engineering," she explained. "When I first started using this phrase, some people liked to joke about my radical ideas. But software eventually and necessarily gained the same respect as other disciplines."

In the early days, according to Hamilton, no one really knew what they were doing. There was no developed field yet, so software was a wild place. "You were on your own," she said. "Knowledge, or lack of knowledge, was transferred from person to person."

Although software was not an important part of the Apollo program in the beginning, it soon became essential for trying to put a person on the moon. When Hamilton joined the project in 1965, NASA needed a way to model what a real moon mission might look like. Because traveling to the moon was (B) a novel and dangerous endeavor, flight simulations* were the best way to test how such missions would behave from start to finish.

At the time, however, flight simulations were built from little more than a mix of computer hardware and digital codes. This led NASA to give Hamilton and her team a lot of freedom to develop the necessary software programs for space missions, but only in the beginning. "We modified our 'software engineering' rules with each new important discovery," Hamilton said. Not long thereafter, top officials at NASA began <u>applying constant control over</u> (C) software development.

Despite the pressure, Hamilton <u>remained tougher on herself</u> (D) than any official could be. "The space mission software had to work, and it had to work the first time," she said. "Not only did the software itself have to be extremely reliable, but it also needed to be able to detect errors and recover from them right away." A major obstacle in building computer software is that human languages often convey subtle meanings and uncertain intentions. Yet computer languages must be precise so that software programs can function properly. Any programming errors, especially in the case of space flight, could be fatal.

A major challenge for the software occurred during the very first moon landing. Just as the Apollo spacecraft was about to land, the software told the astronauts that something was wrong. The ship's radar was using 13 percent of the available processing power, and the landing system was using 90 percent. This meant the computer was not operating perfectly, and landing on the moon might end in an accident. Fortunately, Hamilton had programmed the computer to organize its tasks by importance, not sequence. The astronauts understood what was happening and made the decision to land. <u>The rest is history.</u> (E)

Hamilton continued to work on later Apollo missions as well as on the first American space station. Her carefully designed methods have become the foundation of many modern software engineering techniques today. From her early days with NASA to her current reputation as a software engineering legend, Margaret Hamilton helped create an industry that has since transformed the world.

(注)

*mathematician　数学者　*NASA's　米国航空宇宙局の

*Apollo spacecraft　アポロ宇宙船　*hardware　ハードウェア，機器

*simulations　シミュレーション，模擬実験

問 1　本文の内容を考え，下線部(A)～(E)の内容の説明として最も適切なものを a～d から1つずつ選び，その記号をマークしなさい。

(A)　coined the term

a．invented the field

b．created the name

c．ordered the expression

d．demanded the words

(B)　a novel and dangerous endeavor

a．like a book filled with dangers

b．a dangerous story of a trip

c．like a dangerous plan of travel

d．a new effort full of danger

(C)　applying constant control over

a．their consistent attitude about

b．their tight supervision of

c．their daily requests for

d．their timed limits on

(D)　remained tougher on herself

a．stayed stricter with herself

b．could be stronger herself

c．was still better by herself

d．could be left more often by herself

(E) The rest is history.

a．Hamilton became a part of history when she landed on the moon.

b．History is important, so people should understand the astronauts.

c．People will remember Hamilton for creating the moon mission.

d．As everyone knows, the astronauts landed on the moon safely.

問 2 本文の内容を考え，次の問い１～５の正しい答えになるものをａ～ｄから１つずつ選び，その記号をマークしなさい。

1. In the beginning, what did some people think of Margaret Hamilton's approach to software?

a．They said her plans for software would make her successful.

b．They recommended that she become a better team player.

c．They laughed at her and made her get a new job.

d．They thought her ideas were rather unusual.

2. How did Hamilton describe her field in its early years?

a．Engineers were lonely and changed jobs often.

b．There were hardly any methods or procedures in place.

c．Software programming was too dangerous for most engineers.

d．There were a lot of rules that made learning difficult.

3. According to Hamilton, what was the problem with language?

a．People had to understand how computers think, so they developed software programs.

b．Computer language became necessary because people did not understand software.

c．Human language was not exact enough for computers, so software language needed to provide more specific directions.

d．Computers needed to learn human language in order to understand what computer users wanted.

4. What was the problem during the moon landing?

a. The astronauts had to suddenly increase the computer's programming power to 103 percent.

b. The computer did not have enough power to manage all of the operations at the same time.

c. Hamilton had not programmed the software well enough for the ship to land.

d. The mission needed another landing system at the final moment.

5. What is the long-term effect of Margaret Hamilton's work?

a. Her efforts served as a starting point for an industry that has changed the world.

b. She was finally able to go into space safely because of her computer.

c. She was the first woman to learn the new rules of software engineering.

d. Students of software engineering must study her methods and techniques.

2　次の〔A〕〔B〕に答えなさい。

〔A〕　次の会話文の空欄（　1　）～（　5　）に入る最も適切なものをａ～ｄから1つずつ選び，その記号をマークしなさい。

1.　A：Hello, Yuki. Are we still going to the library?

B：Oh, that was today, wasn't it? I'm sorry. I forgot.

A：（　1　）　But we need to finish our paper by Thursday.

B：No, we should go today. We still need to get some more information for the paper.

ａ．You can come back anytime.

ｂ．We can go tomorrow if you want.

ｃ．You should return them now.

ｄ．We had better go instead.

2.　A：I'm bored. What should we do?

B：（　2　）

A：I don't think there's anything on now except maybe the news.

B：Let's watch the news then. I want to check the weather report.

ａ．I'd like to see your presentation pictures.

ｂ．Why don't we turn on the TV?

ｃ．I'd like to listen to the radio.

ｄ．Why don't we check the newspaper?

3.　A：That looks interesting. What are you doing?

B：I'm building a model. It's supposed to be a ship, but I've just started.

A：（　3　）　It was a lot of fun.

B：I hope this is fun. I've never tried a ship before.

ａ．I used to make model planes when I was a kid.

ｂ．I wanted to model when I was young.

ｃ．I've built model ships since I was a kid.

d. I could have built a model ship too.

4. A : Steve, can you help me for a minute?

B : Sure. What do you need?

A : I need to make some color copies, (4).

B : That's no problem. I can show you.

a. and you should do that now

b. but you'd better decide soon

c. but I can't remember how to do it

d. and I want you to make some for me

5. A : Have you seen my economics notebook?

B : (5)

A : No, that's my science notebook. The economics one is yellow.

B : I think you left it on the kitchen table.

a. Your science notebook is green, isn't it?

b. No, I haven't. Don't you know the color?

c. Which one is that, the green one?

d. Yes. Have you changed the color?

〔B〕 次の会話文の空欄(1)～(5)に入る最も適切なものをａ～ｄから１つずつ選び，その記号をマークしなさい。

Jill : Excuse me. I'm sorry to bother you. I'm trying to find a dentist's office around here, but I think I'm a bit lost.

Mary : I'm sorry. I don't know the downtown area well, either. But what does your phone say? Maybe I can help.

Jill : Here, I'll just show you. The map says the dentist is supposed to be on the fifth floor of the Center East Building. (1), but the shopping center only has three floors.

Mary : (2) If it says east, then it might mean the building is on the east side of the shopping center.

Jill : Oh, really? I guess I should have thought of that.

Mary : It's okay. Downtown can confuse anyone. (3) These big building complexes often have one name, but the buildings themselves are separate.

Jill : That does make it confusing, doesn't it? And what makes it even harder is that (4).

Mary : Me neither. They're so complicated. Anyway, I think maybe the Center East Building is right over there, and it looks like it has five floors.

Jill : Oh, thank you so much. I'll give that a try.

Mary : When you go inside, (5). It'll probably list whether that dentist is in the building.

Jill : Thank you again for your help. I'm sorry to bother you.

Mary : It's no problem at all. I'm sure you'll find it.

(1) a. We should try to find a shopping center
b. The dentist bought this shopping center
c. I'm really tired of looking for the shopping center
d. The directions say to look for the shopping center

(2) a. Perhaps you should try again later.
b. Maybe it's in one of these other buildings.
c. It doesn't matter what kind of phone you use.
d. That's not the correct information anyway.

(3) a. I've had this problem before myself.
b. You should have planned your trip better.
c. I don't understand why you're confused.
d. You had better not go downtown then.

(4) a. I can't ask anyone for help
b. I didn't check my phone first

c．I'm not good at reading maps

d．I'm not familiar with that list

(5)　a．ask someone for assistance

b．take the elevator up one floor

c．look for a sign near the entrance

d．check your phone for a signal

3　次の〔A〕〔B〕に答えなさい。

〔A〕 次の英文の空欄（ 1 ）〜（ 10 ）に入る最も適切なものを a 〜 d から 1 つずつ選び，その記号をマークしなさい。

1. I have decided to major（ 1 ）physics when I go to college.

a．for　　b．on

c．in　　d．at

2. The most important concern is（ 2 ）of the passengers.

a．the safety　　b．safe

c．safely　　d．the safe

3. The guy（ 3 ）to us is my best friend.

a．waves　　b．waving

c．has waved　　d．was waving

4. I know that not everyone is here yet, but we（ 4 ）need to start on time.

a．already　　b．then

c．still　　d．instead

5. Carol was（ 5 ）upset at the game that she wanted to quit playing and go home.

a．so　　b．too

c．quite　　d．very

6. We have seen that movie (　6　). It is really funny!

　a. few times　　b. so much time

　c. a lot of time　　d. many times

7. Yuki and Jack took a trip to Kyushu last year and (　7　) great.

　a. said it was　　b. it was said

　c. what they said was it　　d. they said what it was

8. He did not see his sister yesterday because she (　8　) before he got to her house.

　a. has left　　b. had left

　c. was leaving　　d. has been leaving

9. (　9　) people that I have met on my trip so far have been friendly.

　a. Almost　　b. Most of the

　c. Almost all of　　d. Most of

10. We would be delighted to hear from you (　10　) any questions or comments.

　a. though you had　　b. because you have

　c. if you have　　d. had you had

〔B〕 次の英文の空欄(　1　)～(　10　)に入る最も適切なものをa～dから1つずつ選び，その記号をマークしなさい。

1. Television and newspapers (　1　) a major role in influencing people's opinions.

　a. play　　b. make

　c. do　　d. offer

2. We can get a good grade on the examination (　2　) we study hard.

　a. after all　　b. in fact that

　c. in order to　　d. as long as

3. Do not try to smoke in a train station because cigarette smoking is (　3　) under the law.

a. disposed b. featured

c. restored d. banned

4. To make the dish, you need (4) one gram of sugar and one gram of salt.

a. precisely b. completely

c. firmly d. eagerly

5. The problems in the economy could lead to a new financial (5).

a. crisis b. reference

c. preface d. esteem

6. The poem was rather complicated, so I needed someone to help me (6) its meaning.

a. request b. interpret

c. contradict d. spread

7. I only got a (7) explanation from him, so I still do not understand the whole problem.

a. flexible b. conscious

c. partial d. suitable

8. Tom did not seem very (8) when he started yelling at everyone for no reason.

a. comprehensive b. elaborate

c. doubtful d. mature

9. Police officers have (9) to tell the truth.

a. an obligation b. an imagination

c. a classification d. a representation

10. The storm was terrible, and we still do not know the full (10) of the damage.

a. ideal b. routine

c. extent d. phase

4 の問題は外国語学部全学科，国際日本学部国際文化交流学科の受験者のみ解答してください。

4 次の英文を読んで，問いに答えなさい。

Although Japan is known as a country with few natural resources, one resource it has plenty of is fresh water. With an estimated 900 million people in the world who lack safe drinking water, and the high cost of water in many parts of the world, Japan is fortunate. At the same time, the nation is not without its problems. In particular, Japan faces growing concern over its water distribution(1) system. Even though the country has a reliable water-supply network operated by water agencies, the cost of supplying this water to customers is continuing to rise. The difficulty is not that the water itself is becoming more expensive, but that there are fewer customers to pay for it, especially in rural areas.

Water agencies build and maintain facilities(2) to provide safe water to homes and businesses. These agencies operate at local and regional levels, collecting fees from the customers that they serve. In large urban areas like Kanto, water facilities and supply systems are complex and expensive. However, Kanto agencies can collect more money in fees than rural agencies do because of the large number of customers. For example, Tokyo has about 10,000 water users per one kilometer of pipe. In comparison, smaller cities like Sendai and Sapporo have only a few thousand users per kilometer, and in some neighborhoods only a hundred users per kilometer. The result is that a larger urban agency tends to earn enough money to operate its services. This also means that its customers pay somewhat reasonable prices because the (3)processing and delivery costs of the water are distributed across many more people.

In comparison, water facilities in rural areas are generally smaller and thus cheaper to operate. Yet they also have fewer customers, which limits how much money agencies can collect. The situation is becoming more critical as the population of rural areas continues to decrease. For instance, the Hokkaido town of Bibai had 92,000 residents in the year 1956, and it had a water system built to serve them. As of 2015, the population had fallen to 24,000, and its system was in (4)desperate need of repair. The result was a sudden 30 percent increase in Bibai's water fee. For the average household, this increase works out to a few hundred extra yen per month. For some businesses, however, the rate increase adds up to ¥100,000 or more per year, which presents yet another challenge for businesses already struggling to survive in small communities.

In other parts of Japan, situations like the one in Bibai are becoming more severe. In the Aomori town of Fukaura, where water must be transported up hills by a (5)series of pumps that require expensive maintenance, the average household will likely pay more than ¥17,000 a month for water by the year 2040. Likewise, in Shimane, this mountain region's smallest communities might need as much as ¥2.1 billion a year to maintain their water services. At present, only 30 percent of these expenses is covered by fees, and the government has had to pay the rest. Places like Shimane have been working to make their water services more efficient for smaller populations, thus reducing costs. Nevertheless, many rural populations are declining so quickly that some communities will no longer be able to support a water agency at all.

問 1　本文の内容を考え，下線部(1)〜(5)の意味に最も近いものをａ〜ｄから１つずつ選び，その記号をマークしなさい。

(1)　distribution

ａ．offering　　ｂ．delivery

ｃ．selection　　ｄ．collection

(2) facilities

a. engines　　b. relationships

c. storage　　d. equipment

(3) processing

a. permission　　b. provision

c. preparation　　d. protection

(4) desperate

a. urgent　　b. representative

c. nervous　　d. permanent

(5) series

a. competition　　b. spray

c. connection　　d. sequence

問 2　本文の内容を考え，次の問い 1 ～ 5 の正しい答えになるものを a ～ d から 1 つずつ選び，その記号をマークしなさい。

1. What is true about the price of water in Japan?

a. Water is more expensive in urban areas than in rural areas because urban populations are large.

b. Water is cheaper in urban areas than in rural areas because there are more water agencies.

c. Water is more expensive in rural areas than in urban areas because there are fewer people to pay for the water.

d. Water is cheaper in rural areas than in urban areas because rural water agencies are cheaper to operate.

2. Which of the following is NOT true about water services in Kanto?

a. The water agency depends a lot on customer fees.

b. The system is elaborate and costs a lot to operate.

c. Kanto has a very high number of customers per length of pipe.

d. Customers pay more for water than anywhere else in Japan.

3. What does the passage say about water fees in the town of Bibai?

a. The number of customers decreased recently although the fees stayed the same.

b. The population dropped quickly following a sudden increase in fees.

c. The number of customers has decreased, and there has been a big increase in fees.

d. The population has fallen sharply in recent years, and the businesses are paying lower fees.

4. What does the passage say about water services in Shimane?

a. Customers pay only a fraction of the total costs, and the government must cover the costs that remain.

b. The water agency in Shimane stopped supporting its customers, which caused prices to increase.

c. The government made customers use less water, and soon customers will no longer have any water.

d. The water agency has stopped trying to solve the water problem, so customers must build their own systems.

5. Why is water becoming a problem for some businesses in rural areas?

a. Saving water and money is a challenge for businesses in rural areas.

b. Because large companies are using more and more water from rural areas, the cost of water for small businesses keeps rising.

c. Cost increases for supplying water are making it more difficult for rural businesses to operate and survive.

d. Because rural water agencies are closing down, small businesses must manage and pay for the agencies themselves.

日本史

(70 分)

1 次の文章(A～C)は，古代・中世の貨幣について述べたものである。これらの文章をよく読んで，以下の設問(問 1 ～問 15)に答えなさい。

A 貨幣は商品の交換・流通をなかだちするもので，さまざまなものと交換できる(価値尺度)，誰でも使うことができる(流通手段)，使いたい時まで貯めておくことができる(価値貯蔵手段)などの特徴をもつ。

縄文時代には産地の限られた物資がかなり広い範囲で利用①されており，すでに遠隔地間の交易が行われていたことが知られるが，まだ貨幣は必要とされていなかった。

中国大陸では，春秋・戦国時代に商業の発達にともない各地域でさまざまな形の青銅貨幣が鋳造されるようになり，秦・漢の時代には貨幣の統一が図られた。弥生時代②や古墳時代③の遺跡からは，こうした中国銭も出土しているが，それは交換・流通を目的としたものでなく，所持する者の威信を示す文物(威信財)④として受け入れられたものと考えられる。日本国内で貨幣の鋳造が始まるのは，中国の唐にならった律令国家が建設される 7 世紀⑤になってからであった。

問 1 下線部①に関連して，次の図は物資の産地(■●)とそのおおよその流通範囲(A・B)を示すものである。物資と流通範囲の組合せとして最も適切なものを，下記の選択肢(a～d)から 1 つ選び，その記号をマークしなさい。

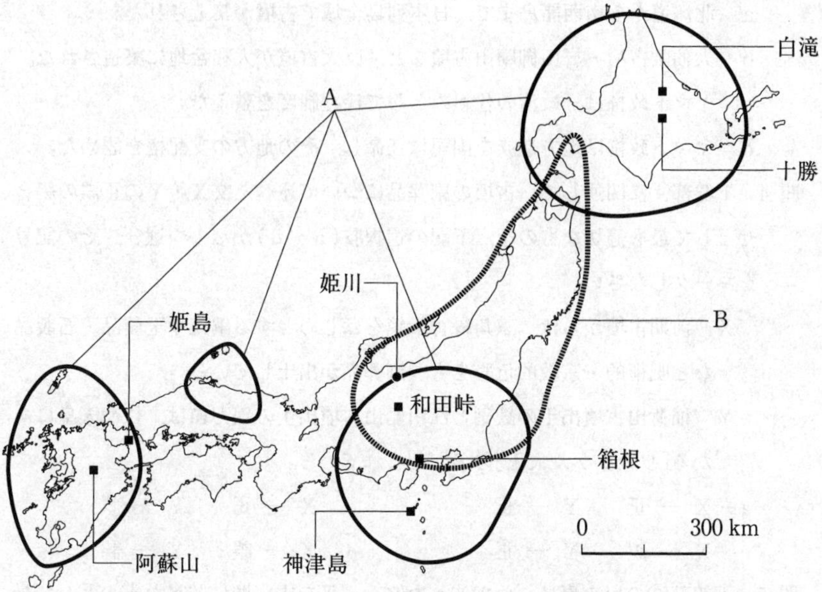

a　黒曜石　　　　　　　— A　　ひすい(硬玉) — B

b　黒曜石　　　　　　　— A　　アスファルト — B

c　サヌカイト(讃岐石) — A　　ひすい(硬玉) — B

d　サヌカイト(讃岐石) — A　　アスファルト — B

問 2　下線部②について述べた文として最も適切なものを，下記の選択肢(a～d)から1つ選び，その記号をマークしなさい。

a　水稲農耕の定着により，竪穴住居を住まいとする定住的な生活が始まった。

b　三内丸山遺跡など，周囲に堀や土塁をめぐらす巨大な環濠集落が出現した。

c　近畿地方には銅矛・銅戈，九州北部には銅鐸を祭器とする文化圏が生まれた。

d　岡山県の楯築墳丘墓や山陰地方の四隅突出型墳丘墓など，大規模な墳丘をもつ墓が各地に出現した。

問 3　下線部③について述べた文として最も適切なものを，下記の選択肢(a～d)から1つ選び，その記号をマークしなさい。

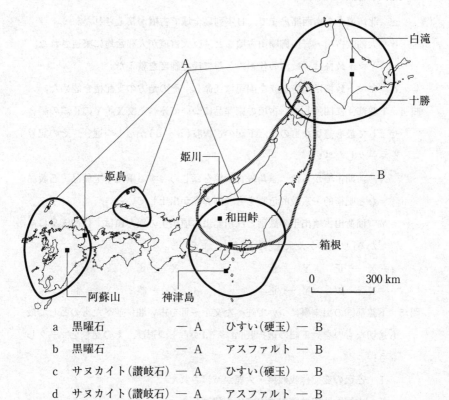

a　北海道から南西諸島まで，日本列島全域で古墳が築造された。

b　大仙陵古墳・誉田御廟山古墳など，巨大古墳が大和盆地に築造された。

c　ヤマト政権は，政治の仕組みとして氏姓制度を整えた。

d　ヤマト政権は地方豪族を国司に任命し，その地方の支配権を認めた。

問 4　下線部④に関連して，古墳の副葬品について述べた文X・Yの正誤の組合せとして最も適切なものを，下記の選択肢（a～d）から1つ選び，その記号をマークしなさい。

X　前期古墳からは，三角縁神獣鏡をはじめとする銅鏡や玉製品・石製品など呪術的・宗教的色彩をもつ副葬品が出土している。

Y　稲荷山古墳出土の鉄剣と江田船山古墳出土の鉄刀には，仁徳天皇にあたる「ワカタケル大王」の名が刻まれている。

a　X — 正　Y — 正　　b　X — 正　Y — 誤

c　X — 誤　Y — 正　　d　X — 誤　Y — 誤

問 5　下線部⑤の出来事について述べた文Ⅰ～Ⅲを古い順に並べたものとして最も適切なものを，下記の選択肢（a～d）から1つ選び，その記号をマークしなさい。

Ⅰ　乙巳の変で蘇我蝦夷・入鹿が滅ぼされた。

Ⅱ　中国大陸では隋が滅んで唐が建国した。

Ⅲ　白村江の戦いで倭国が敗れた。

a　Ⅰ — Ⅱ — Ⅲ　　b　Ⅰ — Ⅲ — Ⅱ

c　Ⅱ — Ⅰ — Ⅲ　　d　Ⅱ — Ⅲ — Ⅰ

B　1999 年，奈良県高市郡明日香村の［　ア　］から，「富本」の字をもつ多数の銅銭（富本銭）の完成品や未完成品，鋳造のための鋳型や道具などが，687 年の年紀を示す木簡⑥とともに見つかった。『日本書紀』天武 12（683）年 4 月条に「自今以後，必ず銅銭を用いよ」とある銅銭に当たると考えられる。富本銭は直径 2.4 cm の円形方孔銭で，唐の開元通宝と規格が似ている。天武天皇は，律令国家建設の一環として中国の貨幣を手本に独自の銅銭の鋳造を命じ，その流通を図ったのであろう。

708 年，[イ]から銅が献上されると，律令国家は貨幣の全国的流通を目指して和同開珎を発行した。和同開珎は貴族・官人⑦の給与の一部や，710 年に新たに都となった平城京⑧の造営に雇われた労働者の賃金などの支払いに当てられた。平城京の東西市で，人びとは手に入れた貨幣を使って食品や日用品などを購入した。律令国家は貨幣の流通をうながすため租税を貨幣でも納入できるようにするなどの政策をとったが，その流通は京・畿内を中心とした地域に限られ，地方では稲や布など物品による交易が行われた。

律令国家は流通する貨幣の価値が低下すると，短期間のうちに新しい貨幣を次々に発行して，その価値を維持しようとした。しかし，原料となる銅の産出が減少したことなどから，銅銭は次第に小さく粗悪になり，人びとは貨幣の使用を嫌うようになった。10 世紀半ばの乾元大宝を最後に貨幣は鋳造されなくなった。古代における貨幣の発行は律令国家の衰退⑨とともに終わりを告げた。

問 6　空欄[ア][イ]にあてはまる語句の組合せとして最も適切なものを，下記の選択肢（a～d）から1つ選び，その記号をマークしなさい。

a　ア　飛鳥池遺跡　　イ　武蔵国

b　ア　飛鳥池遺跡　　イ　長門国

c　ア　唐古・鍵遺跡　イ　武蔵国

d　ア　唐古・鍵遺跡　イ　長門国

問 7　下線部⑥に関連して，次の木簡A・Bから読み取れることについて述べた文X・Yの正誤の組合せとして最も適切なものを，下記の選択肢（a～d）から1つ選び，その記号をマークしなさい。

A

庚子年四月　若佐国小丹生《おにう》評
（700）　木ツ里秦人申二斗

B

上総国安房郡白浜郷戸主日下部床万呂戸白髪部嶋輸鰒《あわび》調陸斤参拾條
天平十七年十月（745）

X　Aの木簡から，飛鳥浄御原令で「郡」と改められるまで，国の下の行政単位に「評」という文字が使われていたことが分かる。

Y　Bの木簡から，郡の下の行政単位である「里」が「郷」という文字に改められていたことが分かる。

a　X ― 正　Y ― 正　　　b　X ― 正　Y ― 誤

c　X ― 誤　Y ― 正　　　d　X ― 誤　Y ― 誤

問 8　下線部⑦に関連して，奈良時代の政治の仕組みについて述べた文として最も適切なものを，下記の選択肢（ａ～ｄ）から１つ選び，その記号をマークしなさい。

a　左右大臣・内臣・国博士などからなる太政官の会議で政治上の重要問題

が決定された。

b　外交・軍事上の要地である九州北部に鎮守府が置かれた。

c　五位以上の子(三位以上の子・孫)は父(祖父)の位階に応じた位階が与えられる官位相当の制によって，貴族層の維持が図られた。

d　官人養成のため大学が置かれ，儒教の経典などが教授された。

問 9　下線部⑧に関連して，次の都城の概略図A～Cを藤原京・平城京・平安京の順に並べたものとして最も適切なものを，下記の選択肢(ａ～ｄ)から１つ選び，その記号をマークしなさい。

A

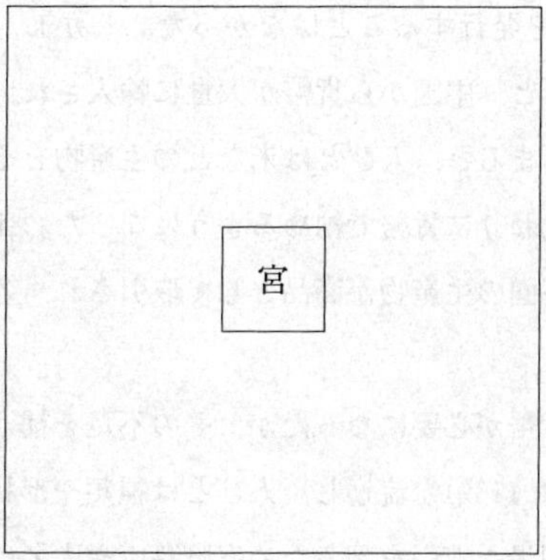

B

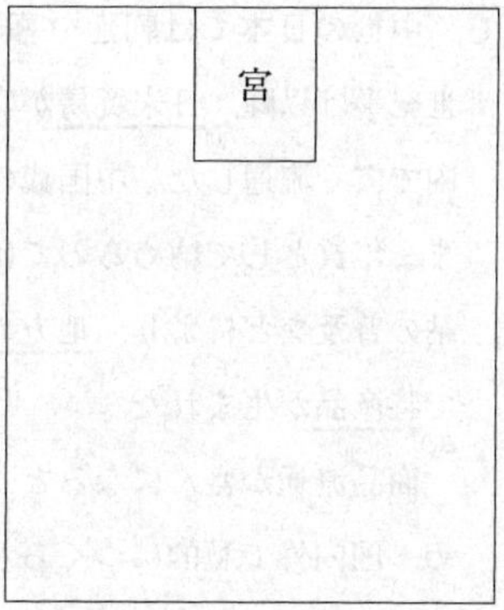

C

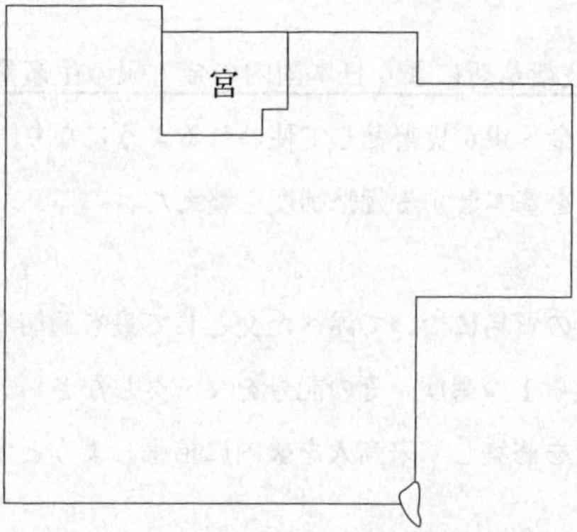

a　A ― B ― C　　　　　b　A ― C ― B

c　B ― A ― C　　　　　d　B ― C ― A

問10　下線部⑨に関連して，律令国家の衰退を表す出来事について述べた文Ｉ～

Ⅲを古い順に並べたものとして最も適切なものを，下記の選択肢（a～d）から1つ選び，その記号をマークしなさい。

Ⅰ　畿内の班田が，6年1班から12年1班に改められた。

Ⅱ　荘園の増加を抑えるため，延喜の荘園整理令が出された。

Ⅲ　中央財政を維持するため，畿内に官田（元慶官田）が設けられた。

a　Ⅰ ― Ⅱ ― Ⅲ　　　b　Ⅰ ― Ⅲ ― Ⅱ

c　Ⅱ ― Ⅰ ― Ⅲ　　　d　Ⅱ ― Ⅲ ― Ⅰ

C　中世の日本では朝廷や幕府が貨幣を発行することはなかった。しかし，12世紀半ば以降，日宋貿易⑩が盛んになると，中国から貨幣が大量に輸入され，国内で広く流通した。中国銭の使用が広まると，人びとは米などの生産物をそのまま年貢として納めるのではなく，代わりに貨幣で納めるようになった。代銭納の普及などにより，地方の市⑪では荘園の生産物が商品として取引され，各地で特産品⑫が生まれた。

商品流通が盛んになると，大量の貨幣が必要になったが，その不足を補うため，国内外で私的につくられた貨幣（私鋳銭）が流通し，人びとは種類や形状により貨幣を選別するようになった。円滑な取引を図るため室町幕府や大名は撰銭令⑬を出した。

16世紀になると，鉱山開発と技術革新により日本国内の金・銀の生産量が飛躍的に増大した⑭。銅銭に加えて金・銀が貨幣として使われるようになり，やがて江戸幕府は金・銀・銭の三貨を基本とする貨幣制度を整えた。

問11　下線部⑩に関連して，中国との貿易について述べた文として最も適切なものを，下記の選択肢（a～d）から1つ選び，その記号をマークしなさい。

a　平清盛は，摂津の大輪田泊を修築して宋商人を畿内に招来しようとするなど日宋貿易を盛んにした。

b　日宋貿易は，公式の貿易船である証として勘合を用いたので勘合貿易ともいう。

c　足利尊氏は，後醍醐天皇の冥福を祈るため建長寺造営を計画して元に貿易船を派遣した。

d　日明貿易の主導権をめぐって，大内氏と細川氏との間で三浦の乱が引き起こされた。

問12　下線部⑪に関連して，中世の商業に関して述べた文１～４について，正しいものの組合せとして最も適切なものを，下記の選択肢(ａ～ｄ)から１つ選び，その記号をマークしなさい。

1　鎌倉時代には月に６度の六斎市が一般化した。

2　京都・奈良の商人・手工業者は朝廷や大寺社に属して座を結成した。

3　交通の要地では運送業者の借上が年貢の輸送や保管などにあたった。

4　遠隔地取引に貨幣を手形で決済する為替が使われた。

a　1・3　　b　1・4　　c　2・3　　d　2・4

問13　下線部⑫に関連して，中世における特産品として<u>不適切なもの</u>を，下記の選択肢(ａ～ｄ)から１つ選び，その記号をマークしなさい。

a　京都の西陣織　　b　肥前の有田焼

c　備前の刀　　d　美濃・播磨の紙

問14　下線部⑬に関連して，次の史料は室町幕府が出した撰銭令であるが，その内容について述べた文Ｘ・Ｙの正誤の組合せとして最も適切なものを，下記の選択肢(ａ～ｄ)から１つ選び，その記号をマークしなさい。

定む　撰銭の事〈京銭《きんせん》・打平《うちひらめ》等(注1)を限る〉

右，唐銭《とうせん》(注2)に於ては，善悪を謂《い》わず，少瑕《しょうか》(＝小さな傷)を求めず，悉《ことごと》く以《もっ》て諸人相《あい》互いに取り用うべし。次に悪銭売買の事，同じく停止《ちょうじ》の上は，彼と云《い》い是《これ》と云い，若し違犯《いぼん》の輩《ともがら》有らば，其《その》身を死罪に行い，私宅に至りては結封《けっぷう》せらるべきの由《よし》，仰せ下さる所なり。仍《よっ》て下知《げち》件《くだん》の如《ごと》し。

永正二(1505)年十月十日　　(署名略)

(『蜷川家文書』)

(注1)中国の私鋳銭や扁平で粗悪な悪銭。

(注2)中国の宋・元・明の銭。

X　中国銭は良銭・悪銭を選別し，良銭だけ使用するよう命じている。

Y　京銭・打平など悪銭を用いた売買を禁止している。

a　X－正　Y－正　　　b　X－正　Y－誤

c　X－誤　Y－正　　　d　X－誤　Y－誤

問15　下線部⑭に関連して，日本の金・銀について述べた文として不適切なものを，下記の選択肢(a～d)から1つ選び，その記号をマークしなさい。

a　平安時代に奥州藤原氏は，陸奥国で産出する金などの経済力を背景に繁栄した。

b　室町時代に灰吹法とよばれる製錬技術が伝わり，金・銀の生産量が飛躍的に増大した。

c　南蛮貿易で，ポルトガル商人らにより日本産の銀が大量に海外に輸出された。

d　織田信長は，堺など主要都市とともに石見大森銀山など主要鉱山を直轄地とした。

2　次の史料(A～C)は，近世の宗教や信仰に関するものである。これらの史料をよく読んで，以下の設問(問1～問10)に答えなさい(史料は省略したり，表記を改めたりしたところがある)。

A　寛永16(1639)年 老中奉書

一　日本国御制禁成《な》され候吉利支丹宗門①の儀，其趣《おもむき》を存知ながら，彼の法を弘《ひろ》むるの輩《ともがら》，今に密々差渡《みつみつさしわた》るの事。

一　宗門の族《やから》，徒党を結び邪儀《じゃぎ》を企《くわだ》つる儀②，即《すなわ》ち御誅罰《ちゅうばつ》の事。

(中略)

右，これにより自今以後，かれうた渡海の儀，これを停止《ちょうじ》せられおわんぬ③。此の上若《も》し差し渡るに於《お》いては，其の船を破却し，ならびに乗り来《きた》る者，速《すみやか》に斬罪に処せらるべきの旨，仰せ出《いだ》さるるもの也。

(『御当家令条』)

問 1　下線部①に関連して，17 世紀前半のキリシタン政策に関して述べた文 1 ～ 4 について，正しいものの組合せとして最も適切なものを，下記の選択肢(a ～ d)から 1 つ選び，その記号をマークしなさい。

1　九州北部などで絵踏を行った。

2　不受不施派を禁止，弾圧した。

3　信仰を表明した浦上のキリシタンを捕え，諸藩に配流した。

4　長崎でキリシタン 55 名を処刑した。

a　1・3　　b　1・4　　c　2・3　　d　2・4

問 2　下線部②に該当する出来事と中心人物の組合せとして最も適切なものを，下記の選択肢(a ～ d)から 1 つ選び，その記号をマークしなさい。

a　島原の乱(島原・天草一揆) ― 益田(天草)四郎時貞

b　島原の乱(島原・天草一揆) ― 由井正雪

c　慶安事件 ― 益田(天草)四郎時貞

d　慶安事件 ― 由井正雪

問 3　下線部③について述べた文として最も適切なものを，下記の選択肢(a ～ d)から 1 つ選び，その記号をマークしなさい。

a　奉書船以外の海外渡航を禁止した。

b　日本人の海外渡航を禁止した。

c　ポルトガル船の来航を禁止した。

d　糸割符仲間以外の生糸の購入を禁止した。

問 4　史料Aに関連して，江戸幕府の対外政策について述べた文Ⅰ～Ⅲを古い順に並べたものとして最も適切なものを，下記の選択肢(a ～ d)から 1 つ選び，その記号をマークしなさい。

Ⅰ　オランダ商館を長崎の出島に移した。

Ⅱ　奉書船以外の海外渡航を禁止した。

Ⅲ　幕府直轄領に禁教令を出した。

a　Ⅰ ― Ⅱ ― Ⅲ　　b　Ⅰ ― Ⅲ ― Ⅱ

c　Ⅲ ― Ⅰ ― Ⅱ　　d　Ⅲ ― Ⅱ ― Ⅰ

B　寛文11(1671)年 勘定奉行より代官へ達し④

其の方御代官所，耶蘇《やそ》(注1)宗門改の儀，御念を入れられ候由に候らえども，いよいよ油断無く申し付けらるべく候。向後《こうご》は，百姓一軒ずつ人別帳へこれを記し⑤，一村切りに男女の人数寄せを致し，又一郡切りに成りとも，国切りに成りとも，都合をしめ，自今《じこん》以後懈怠《けたい》無く(注2)申し付けられ，帳を作り，手前に差し置かれ，此《こ》の方へは当年の通り一紙手形差し上げらるべく候。

(『徳川禁令考』)

(注1)耶蘇：イエス＝キリストのこと，耶蘇宗門はキリスト教のこと

(注2)自今以後懈怠無く：これから後は怠ることなく

問5　下線部④に関連して，勘定奉行と代官の役割に関して述べた文1～4について，正しいものの組合せとして最も適切なものを，下記の選択肢(a～d)から1つ選び，その記号をマークしなさい。

1　勘定奉行は幕府財政と直轄地支配を担った。

2　勘定奉行は大名の監察を行った。

3　代官は村々の民政や訴訟を担当した。

4　代官は将軍に代わり江戸城を預かった。

a　1・3　　b　1・4　　c　2・3　　d　2・4

問6　下線部⑤の政策について述べた文X・Yの正誤の組合せとして最も適切なものを，下記の選択肢(a～d)から1つ選び，その記号をマークしなさい。

X　禁教の徹底を図るために，原則的にすべての人をどこかの寺院の檀家にした。

Y　寺院は檀家がキリシタンではないことを証明した。

a　X－正　Y－正　　b　X－正　Y－誤

c　X－誤　Y－正　　d　X－誤　Y－誤

C　文化2(1805)年⑥ 道中奉行触書

一　神社仏閣参詣⑦の道筋，五海道(＝五街道)往還筋より，夫々《それぞれ》脇往還⑧極まりこれ有る処《ところ》，往来筋にこれ無き道へ入り込み，或いは古来にこれ無き乗船渡

海等にて，本道を除《よ》け候《そうろう》もこれ有る趣《おもむき》に相聞こえ候。右は宿方並びに間《あい》の村々にて案内致し候故《ゆえ》の儀，不埒《ふらち》の事に候。……旅人並びに諸荷物も新規の道通行の継ぎ立て，或いは船差し出し候儀は，其の所より奉行所へ願い出《い》で申すべき儀に付き，五海道とも右体《てい》の場所これ有らば，宿々より訴え出ずべく候。……

丑七月　　　　　　　　左近(勘定奉行・道中奉行　石川忠房)

(『牧民金鑑』)

問 7　下線部⑥に関連して，19 世紀の化政文化の時期に描かれた作品として最も適切なものを，下記の選択肢(ａ～ｄ)から１つ選び，その記号をマークしなさい。

a

b

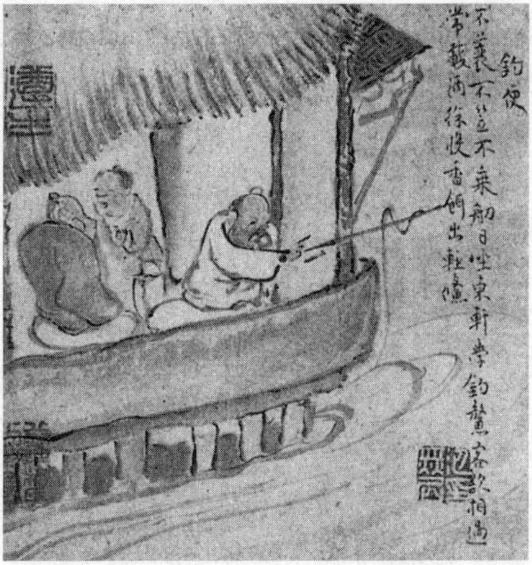

c

d

問 8　下線部⑦に関連して，江戸時代中後期の宗教や信仰について述べた文X・Yの正誤の組合せとして最も適切なものを，下記の選択肢(ａ～ｄ)から１つ選び，その記号をマークしなさい。

X　吉田兼倶が，神本仏迹説の立場から儒教・仏教を合一した唯一神道をおこした。

Y　およそ60年に１回の周期で，大勢の人びとが伊勢参宮する御蔭参りが流行した。

ａ　X－正　Y－正　　ｂ　X－正　Y－誤

ｃ　X－誤　Y－正　　ｄ　X－誤　Y－誤

問 9　下線部⑧について述べた文として不適切なものを，下記の選択肢(ａ～ｄ)から１つ選び，その記号をマークしなさい。

ａ　幕府が管理した五街道は，東海道・中山道・甲州道中・日光道中・奥州道中である。

ｂ　五街道のほかの主要な道路は脇街道(脇往還)として整備された。

ｃ　主要街道の宿場には，一般の旅人が宿泊する本陣・脇本陣が整備された。

ｄ　宿場には問屋場が置かれ，宿役人が人馬や荷物の継ぎ送りの手配などに当たった。

問10　史料Cについて述べた文X・Yの正誤の組合せとして最も適切なものを，下記の選択肢（a～d）から1つ選び，その記号をマークしなさい。

X　神社仏閣参詣の際，五街道と脇街道（脇往還）以外の道は，原則として通ってはならない。

Y　海路による参詣は危険なので，宿場や村々に案内を依頼しなくてはならない。

a　X－正　Y－正　　　b　X－正　Y－誤

c　X－誤　Y－正　　　d　X－誤　Y－誤

3　次の文章（A～C）は，主に近代日本の「戦争」について書かれたものである。これらの文章をよく読んで，以下の設問（問1～問15）に答えなさい（文章は適宜省略したり，表記を改めたりしたところがある）。

A　①近代日本の歴史はまさに「戦争の歴史」であったが，歴史教科書では，近代の戦いを全て「戦争」という用語で統一している。しかし，戦争という用語が使用されたのは「大東亜戦争」からであるといわれ，それまでは墓碑・慰霊碑・銅像等の金石文や文献資料において，「［　ア　］戦役」や「西南戦役」，「②征台の役」，「日清戦役」（明治二十七八年戦役），「日露戦役」（明治三十七八年戦役），「支那事変」などと記載されているのである。このなかには，現在では差別的な用語とされるものもあるが，③国家や国民の意図・意思が反映された当時の用語（歴史用語）に依拠することは，歴史研究上あるいは歴史認識上，重要であると考えられる。したがって，敢えて当時の用語を使用することにしたい。（中略）

近代日本は，幕末維新期の慶応4（1868）年1月の「鳥羽伏見の戦い」（［　ア　］戦役）で幕を開けた。……歴史教科書によれば，［　ア　］戦役は明治2（1869）年5月の「箱館の戦い」で終焉する。ただし，明治2年は巳年であったから，この箱館の戦いは，地元では「己巳《きし》役」「己巳戦役」と称しており，［　ア　］戦役とは区別している。そしてこれ以降，西国でのいわゆる「④不平士族の乱」が勃発することになり，明治７年の佐賀の乱を契機に鹿児島の西南戦役に至るのである。この西南戦役までの時期は，近代の「内戦(内乱)の時代」ということができるが，近代日本の戦没者は，この内戦の場合と対外戦争との場合に大別することができよう。

(今井昭彦『近代群馬と戦没者慰霊』御茶の水書房)

問１ 空欄 ア にあてはまる語句として最も適切なものを，下記の選択肢(ａ～ｄ)から１つ選び，その記号をマークしなさい。

ａ 上 野　　ｂ 甲 申　　ｃ 会 津　　ｄ 戊 辰

問２ 下線部①に関連して，新政府成立過程の出来事について述べた文として最も適切なものを，下記の選択肢(ａ～ｄ)から１つ選び，その記号をマークしなさい。

ａ 将軍徳川慶喜は五榜の掲示を出し，民衆の引き締めをおこなった。

ｂ 新政府が東征軍を派遣すると，将軍徳川慶喜は五箇条の誓文を出し江戸城を明け渡した。

ｃ 新政府は王政復古の大号令を発し，天皇親政国家のスタートを宣言した。

ｄ 孝明天皇が急死したため明治天皇が即位し，同時に「明治」と改元した。

問３ 下線部②は台湾出兵のことであるが，台湾出兵について述べた文として最も適切なものを，下記の選択肢(ａ～ｄ)から１つ選び，その記号をマークしなさい。

ａ 明治政府は，台湾で発生した琉球漂流民の遭難事件などを口実に出兵した。

ｂ 明治政府が宣戦布告をして戦った最初の対外戦争である。

ｃ 外務卿副島種臣が事後処理を担当し，清国に出兵を義挙と認めさせ，賠償金も獲得した。

ｄ 台湾出兵の結果，日本は清国との間で日清修好条規を締結した。

問４ 下線部③に関連して，明治初期の統治や制度整備などについて述べた文として最も適切なものを，下記の選択肢(ａ～ｄ)から１つ選び，その記号をマークしなさい。

a　天皇・華族・士族・平民という新たな族籍にもとづく統一的な戸籍編成がなされた。

b　田畑永代売買の禁令を解き，地券を発行して土地の所有権をみとめた。

c　伊藤博文が主導して内務省を設置し，官営模範工場の富岡製糸場を設立するなど産業の近代化を推進した。

d　岩崎弥太郎の建議により，飛脚に変わる郵便制度が発足し，全国均一料金制が実現した。

問5　下線部④に関連して，明治政府と政府批判の動きについて述べた文Ⅰ～Ⅲを古い順に並べたものとして最も適切なものを，下記の選択肢(a～d)から1つ選び，その記号をマークしなさい。

Ⅰ　板垣退助らは民撰議院設立の建白書を左院に提出し，国会設立を求めた。

Ⅱ　政府は集会条例を定めて，政社の活動を制限した。

Ⅲ　政府は漸次立憲政体樹立の詔をだすとともに，地方官会議を設置した。

a　Ⅰ－Ⅱ－Ⅲ　　b　Ⅰ－Ⅲ－Ⅱ

c　Ⅱ－Ⅰ－Ⅲ　　d　Ⅱ－Ⅲ－Ⅰ

B　日本は日清戦争の講和条約(下関条約)⑤で，清国から台湾を割譲させ植民地とした。この戦争の主目的は朝鮮を支配下に置くことだった。しかし，日本は朝鮮での利権拡大を容易に実現することができず，その後［　イ　］を起こした。そして，日本は朝鮮半島における権益の確保を求めて，日露戦争⑥へと突入する。その後，日本は1910年に韓国を併合⑦し植民地とした。

日本に敗北した清国は，日本への多額の賠償金支払いで困窮し，欧米列強などの介入を許すことになった。列強の侵略と経済的危機のなかで義和団が蜂起し，日本など8カ国連合国軍が北京に入城した。そして，その処理として1901年には清国と11カ国の間で，清国の賠償や北京や天津などに各国軍の駐兵権を認める［　ウ　］が調印された。清国は［　ウ　］でさらに弱体化し

1911年の辛亥革命で滅亡した。

問6　空欄 イ ・ ウ にあてはまる語句の組合せとして最も適切なものを，下記の選択肢(a～d)から1つ選び，その記号をマークしなさい。

a　イ　甲申政変　　　ウ　天津条約

b　イ　甲申政変　　　ウ　北京議定書

c　イ　閔妃殺害事件　ウ　天津条約

d　イ　閔妃殺害事件　ウ　北京議定書

問7　下線部⑤とその後の出来事について述べた文として最も適切なものを，下記の選択肢(a～d)から1つ選び，その記号をマークしなさい。

a　この条約で日本は清に治外法権を認めさせ，幕末の不平等条約を改定する契機となった。

b　アメリカ・ロシア・ドイツが干渉し，日本に遼東半島の返還を要求した。

c　伊藤博文と陸奥宗光が全権となり，清国の全権李鴻章との間で締結された。

d　日本は陸軍大将の寺内正毅を台湾総督に任命し，台湾の統治を始めた。

問8　下線部⑤以降の日本経済について述べた文として最も適切なものを，下記の選択肢(a～d)から1つ選び，その記号をマークしなさい。

a　日本は戦争で得た賠償金の一部を準備金として，金本位制を確立した。

b　戦後，紡績を中心に会社設立ブームが起こり最初の企業勃興となった。

c　渋沢栄一の提唱で，鉄鋼国産化を目指して民間の八幡製鉄所が設立された。

d　日本鉄道会社が設立されて民営鉄道設立ブームのきっかけとなった。

問9　下線部⑥の講和条約とその後の出来事について述べた文X・Yの正誤の組合せとして最も適切なものを，下記の選択肢(a～d)から1つ選び，その記号をマークしなさい。

X　ロシアは日本に北緯50度以南のサハリン(樺太)と付属諸島を譲渡し，沿海州とカムチャツカの漁業権を認めた。

Y　旅順には関東都督府がおかれ，大連には半官半民の南満州鉄道株式会社が設立された。

a　X — 正　Y — 正　　b　X — 正　Y — 誤
c　X — 誤　Y — 正　　d　X — 誤　Y — 誤

問10　下線部⑦に関連して，この時期の出来事について述べた文Ⅰ～Ⅲを古い順に並べたものとして最も適切なものを，下記の選択肢（a～d）から1つ選び，その記号をマークしなさい。

Ⅰ　天皇暗殺を計画したとして，社会主義者や無政府主義者が検挙され，翌年幸徳秋水ら12人が死刑となる大逆事件が発生した。

Ⅱ　日本は第2次日韓協約を結んで大韓帝国の外交権を奪い，外交を統括する統監府をおいた。

Ⅲ　伊藤博文がハルビン駅頭で，大韓帝国の民族運動家安重根に暗殺された。

a　Ⅰ — Ⅱ — Ⅲ　　b　Ⅰ — Ⅲ — Ⅱ
c　Ⅱ — Ⅰ — Ⅲ　　d　Ⅱ — Ⅲ — Ⅰ

C　明治時代が45年間，昭和時代が64年続いたことからすると，大正時代の15年間は「時代」としてとらえるにはずいぶんと短く感じる。その15年間に，大正3（1914）年の第一次世界大戦勃発⑧，大正12年の関東大震災があった。そして，大正といえば「大正デモクラシー」⑨というのが一般的な理解であろう。

昭和6（1931）年9月18日に起こった奉天（現在の瀋陽）郊外での［ エ ］事件をきっかけとして始まった，日本の中国東北部への侵略戦争は「満州事変」⑩と呼ばれる。日本は翌昭和7（1932）年には満州国の独立を承認し，さらに熱河省（現在の河北省ほか）を占領，国民政府と塘沽停戦協定を締結して満州領有を既成事実化した。昭和12（1937）年7月には北京郊外の［ オ ］付近で，日本軍と中国軍の衝突が起こり，「日中戦争」が勃発する。そして，昭和16（1941）年12月8日には，日本海軍がアメリカ海軍の重要基地であるハワイの真珠湾を攻撃し，アメリカ・イギリスに宣戦を布告して太平洋戦争が始まる⑪。

（今野真二『ことばでたどる日本の歴史　幕末・明治・大正篇』）

問11　空欄 エ ・ オ にあてはまる語句の組合せとして最も適切なものを，下記の選択肢（a～d）から1つ選び，その記号をマークしなさい。

a　エ　柳条湖　　オ　盧溝橋　　b　エ　柳条湖　　オ　ノモンハン

c　エ　ノモンハン　オ　盧溝橋　　d　エ　盧溝橋　　オ　柳条湖

問12　下線部⑧以降の出来事に関して述べた文1～4について，正しいものの組合せとして最も適切なものを，下記の選択肢（a～d）から1つ選び，その記号をマークしなさい。

1　大隈重信内閣は中国における権益の強化を求め，蔣介石政府に対し21カ条の要求を行った。

2　日本は中国青島と山東省におけるドイツの権益を接収し，さらに赤道以北のドイツ領南洋諸島の一部を占領した。

3　連合国から軍需物資の注文が殺到し，戦前債務国だった日本は戦争を機に債権国に転じた。

4　シベリア出兵による米需要を見越した投機で米価が高騰し米騒動が起きると，原敬内閣は軍隊を出動させ鎮圧した。

a　1・3　　b　1・4　　c　2・3　　d　2・4

問13　下線部⑨の時期の出来事について述べた文Ⅰ～Ⅲを古い順に並べたものとして最も適切なものを，下記の選択肢（a～d）から1つ選び，その記号をマークしなさい。

Ⅰ　野党勢力と都市民衆らが結びつき，「閥族打破・憲政擁護」を掲げる運動が広がり，桂太郎内閣が退陣した。

Ⅱ　加藤高明内閣が普通選挙法と治安維持法を成立させた。

Ⅲ　原敬内閣が成立し，華族でも藩閥でもない原は「平民宰相」と呼ばれた。

a　Ⅰ－Ⅱ－Ⅲ　　b　Ⅰ－Ⅲ－Ⅱ

c　Ⅱ－Ⅰ－Ⅲ　　d　Ⅱ－Ⅲ－Ⅰ

問14　下線部⑩以降の出来事に関して述べた文1～4について，正しいものの組合せとして最も適切なものを，下記の選択肢（a～d）から1つ選び，その記号をマークしなさい。

1　海軍青年将校の一団が首相官邸で，犬養毅首相を殺害する事件が発生した。

2　関東軍が，奉天郊外で列車ごと爆破して張作霖を殺害した。

3　ニューヨークのウォール街に始まった世界恐慌や金輸出解禁の打撃から，日本は昭和恐慌となった。

4　鉄鋼業では八幡製鉄所を中心とした大合同が行われ，国策会社日本製鉄会社が設立された。

a　1・3　　b　1・4　　c　2・3　　d　2・4

問15　下線部⑪前後の出来事に関して述べた文1～4について，正しいものの組合せとして最も適切なものを，下記の選択肢(a～d)から1つ選び，その記号をマークしなさい。

1　宣戦布告を行うと，国家総動員法が制定されて政府は議会の承認なしに戦争遂行に必要な物資や労働力を動員する権限を与えられた。

2　日本は宣戦布告を行う以前に，南方進出計画を実行し南部仏印進駐を行っていた。

3　沖縄島を占領したアメリカは，イギリス・中国との3カ国会談をヤルタで開き，戦後処理問題を協議した。

4　米・英・中の3カ国の名でポツダム宣言が出されたが，日本が受諾しなかったため，アメリカは広島と長崎に原子爆弾を投下した。

a　1・3　　b　1・4　　c　2・3　　d　2・4

4　次の文章は，近代の教育について述べたものである。この文章をよく読んで，以下の設問(問1～問10)に答えなさい。

明治新政府発足後間もなく，木戸孝允は，列強に対峙《たいじ》してわが国の富強を形成するためには，学校を振興させ，教育を普及させることが今日の一大急務であると述べている。これは，明治初期における政府首脳らのある程度共通した認識であったと思われる。1871(明治4)年7月に政府は廃藩置県を断行すると，同月に文部省を設置し，翌1872年に学制①を公布した。学制は，全国を8大学区，256中学区，53760小学区として，1大学区に1大学校，1中学区に1中学校，1小学区に1小学校を設けるという壮大な計画を示したが，これは中学校に藩校，小学校に寺子屋を想定すればある程度現実性のあるものであった。また，学制前文の太政官布告(被仰出書《おおせいだされしょ》)に「学」や「学問」という言葉を使用して，「学問は身を立るの財本」と記し，学問を個人の立身出世と結びつけた功利主義的な教育観を示した。

しかし，小学校教育に国民としての「教育」を求める意見や学制の画一的な強制への批判が強まると，1879年に学制は廃止されて地方の自主性を重視する教育令が公布された。これは翌年に改定され，中央の権限がふたたび強化されるようになった。

その後，②森有礼が文部大臣になると，1886年に教育令を廃止し，いわゆる学校令を公布した。近代日本の教育体系はここに確立するとともに，学制にみられた功利的個人主義は国家主義重視の方向へと改められていった。この傾向を一層強めたのが，1890年に出された教育に関する勅語(教育勅語)③であり，さらに1903年に［　ア　］と定めたことであった。

このように明治期の教育制度は紆余曲折を経たが，明治末期には小学校の就学率④は100％近くに上昇した。民間でもさまざまな私立学校⑤が設立され，特色ある教育をおこなって多くの人材を輩出した。

大正期になり，第一次世界大戦中の経済発展は国民の生活水準を上昇させ，文化の大衆化が進んだ。都市を中心に高等教育を受ける者が増加すると，1918(大正7)年に大学令が制定された。大正デモクラシーの風潮のもとで，⑥労働運動や普選運動，差別撤廃の運動などが盛んとなり，画一的な教育を批判する自由教育運動も活発になった。しかし，大戦後に恐慌が続く中で，1925 年に現役将校を中等学校以上に配属して軍事教練を課すことになり，翌年には国体観念の涵養《かんよう》や軍事教練を主な目的とする青年訓練所が開設されると，学校や地域における思想統制がやがて強化されていった。

昭和期には，1931 年に満州事変⑦が勃発すると，日本精神が高揚し思想統制が一層強まり，言論や学問・思想の弾圧⑧が激しさを増した。やがて国家総力戦体制となり戦局の悪化へと向かうなかで，学校教育は変質し，学校の機能も崩壊していった⑨。

問 1　空欄 ア にあてはまる文として最も適切なものを，下記の選択肢(a～d)から1つ選び，その記号をマークしなさい。

a　各府県に教育委員会を置く

b　東京大学を帝国大学とする

c　義務教育を6年間に延長する

d　小学校の教科書を文部省の著作に限る

問 2　下線部①に関して述べた文1～4について，正しいものの組合せとして最も適切なものを，下記の選択肢(a～d)から1つ選び，その記号をマークしなさい。

1　木戸孝允が文部卿として制定し，小学校の普及を指揮した。

2　国民皆学を理念としたが，授業料等は無償ではなかった。

3　申請すれば女子の就学が免除されるなど男女の差別があった。

4　岩倉使節団が米欧へ派遣されている間に公布された。

a　1・3　　b　1・4　　c　2・3　　d　2・4

問 3　下線部②に関連して，森有礼及び小学校令について述べた文X・Yの正誤の組合せとして最も適切なものを，下記の選択肢(a～d)から1つ選び，その記号をマークしなさい。

X　森有礼は，加藤弘之らと明六社を結成して『明六雑誌』を発行し，欧米の政治や文化を紹介した。

Y　小学校令で，尋常小学校を義務教育とすることが明確化された。

a　X ― 正　Y ― 正　　b　X ― 正　Y ― 誤

c　X ― 誤　Y ― 正　　d　X ― 誤　Y ― 誤

問4　下線部③に関して述べた文1～4について，正しいものの組合せとして最も適切なものを，下記の選択肢（a～d）から1つ選び，その記号をマークしなさい。

1　学校と神社を中心とする村落の結束を呼びかけたもので，内務省はこれをもとに地方改良運動を推進した。

2　忠君愛国を学校教育の基本とすることが示された。

3　内村鑑三は，教育勅語を批判した記事を『万朝報』に載せたことで，新聞社を解雇された。

4　各学校に配布され，学校では儀式などで奉読された。

a　1・3　　b　1・4　　c　2・3　　d　2・4

問5　下線部④に関連して，小学校の男女平均就学率の変遷をグラフにした次の図を参考にして，小学校の就学率について述べた文X・Yの正誤の組合せとして最も適切なものを，下記の選択肢（a～d）から1つ選び，その記号をマークしなさい。

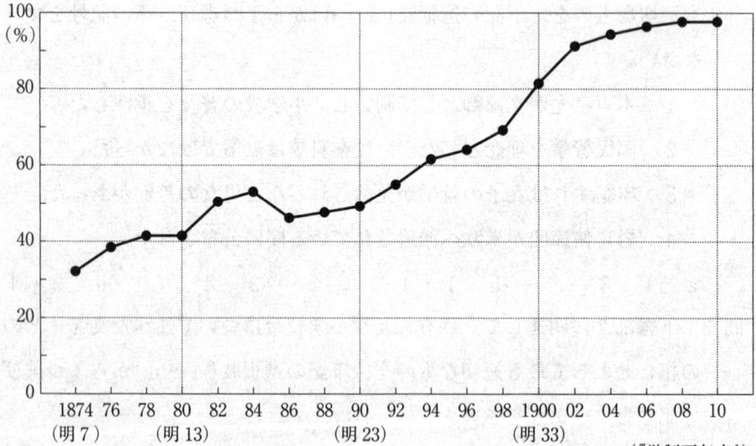

（『学制百年史』）

X　1900年以降就学率が向上しているのは，同年に義務教育期間の授業料が廃止されたことが影響している。

Y　女子の就学率は低く，1900 年でも 50 % 以下であった。

a　X ― 正　Y ― 正　　b　X ― 正　Y ― 誤

c　X ― 誤　Y ― 正　　d　X ― 誤　Y ― 誤

問 6　下線部⑤について述べた文として不適切なものを，下記の選択肢（a～d）から1つ選び，その記号をマークしなさい。

a　大隈重信は，明治十四年の政変で下野すると東京専門学校を創立した。

b　新島襄は，同志社英学校を創立し，キリスト教精神による教育を行った。

c　福沢諭吉は，条約改正交渉から法律を学ぶ必要性を感じ，法学塾として慶應義塾を創立した。

d　津田梅子は，岩倉使節団に随行する女子留学生として渡米し，帰国後に女子英学塾を創立した。

問 7　下線部⑥について述べた文として最も適切なものを，下記の選択肢（a～d）から1つ選び，その記号をマークしなさい。

a　鈴木文治は，貧民やハンセン病患者の救済のための慈善団体として友愛会を設立した。

b　被差別民への差別撤廃のために全国水平社が結成され，西光万吉が「水平社宣言」を起草した。

c　山川菊栄らは赤瀾会を結成し，主に詩や小説などの文学を通して女性の解放を訴えた。

d　杉山元治郎らは，地主層を中心に日本農民組合を組織し，米騒動で高騰した米の安定供給をはかった。

問 8　下線部⑦の勃発から停戦協定締結までの間に起こった出来事について述べた文Ⅰ～Ⅲを古い順に並べたものとして最も適切なものを，下記の選択肢（a～d）から1つ選び，その記号をマークしなさい。

Ⅰ　関東軍は，溥儀を執政として満州国建国を宣言させた。

Ⅱ　桜会の橋本欣五郎らは，クーデター未遂事件（十月事件）をおこした。

Ⅲ　日本は国際連盟脱退を通告した。

a　Ⅰ ― Ⅱ ― Ⅲ　　b　Ⅰ ― Ⅲ ― Ⅱ

c　Ⅱ ― Ⅰ ― Ⅲ　　d　Ⅱ ― Ⅲ ― Ⅰ

問 9　下線部⑧に関連して，1931年から1940年までに起こった言論や学問・思想の弾圧事件について述べた文として最も適切なものを，下記の選択肢(a～d)から1つ選び，その記号をマークしなさい。

a　自由主義的刑法学説を唱えた京都帝国大学教授滝川幸辰は，政府の圧力で休職処分を受け，辞職した。

b　吉野作造の民本主義が貴族院で非難されると，岡田首相は国体明徴声明を出して，吉野の著書を発売禁止とした。

c　東京帝国大学教授大内兵衛は，政府の植民地政策を批判したことで非難され，辞職に追いこまれた。

d　東京帝国大学教授津田左右吉は，人民戦線結成をはかったとして検挙され，大学を追われた。

問10　下線部⑨に関係する出来事について述べた文Ⅰ～Ⅲを古い順に並べたものとして最も適切なものを，下記の選択肢(a～d)から1つ選び，その記号をマークしなさい。

Ⅰ　徴兵適齢の文科系学生を軍に徴集する学徒出陣が始まった。

Ⅱ　小学校は，国家総力戦を支える「少国民」錬成の教育をめざす国民学校に改められた。

Ⅲ　学童の集団疎開(学童疎開)が始まった。

a　Ⅰ ― Ⅱ ― Ⅲ　　b　Ⅰ ― Ⅲ ― Ⅱ

c　Ⅱ ― Ⅰ ― Ⅲ　　d　Ⅱ ― Ⅲ ― Ⅰ

世界史

（70 分）

1　次の文章を読んで，あとの設問に答えなさい。

皆さんは情報というものをどのようにして入手しているだろうか？　恐らくは自身のスマートフォンやパソコンといった情報機器，あるいはテレビ・新聞などのメディアを介して情報を得ることが多いのではないかと思う。私たちは何げなくこれらの道具・メディアを扱いがちであるが，よくよく考えてみればこれらはとてつもなく優れたものである。何せスマートフォンやテレビを見るだけで，何百 km，何千 km と離れた地で起きたことを一瞬の内に知れてしまうのだから。①京都で行われた祇園祭の様子や②フランスで起きた「暴動」のニュース，この神奈川の地から歩いて行こうとすると一日や二日ではとうていたどりつけない土地の出来事が，情報機器やメディアを通じてその日の内に分かってしまう。

これを恵まれているととるか，不幸ととるかはさておくとして，昔の人々は情報をどのように得ていたのか。差し当たり，次の文章に目を通してみよう。

> 去る貞元十九年に竜部将軍薛審を派遣して③吐蕃と友好関係を結ぼうとしましたが，吐蕃へ到達すると薛審は拘束されて任務を果たすことができませんでした。そこで，審は吐蕃を欺いて，自分が友好関係を結ぼうとしてやってきたのは公主を吐蕃へ降嫁しようとしてのことである，と言いました。吐蕃は薛審の拘束を解いて唐国へ戻し，公主を降嫁させようとしました。天子はこれを聞いて怒り吐蕃への公主降嫁などということは自分の知ることではない，薛審は先の命令のとおり公主降嫁を条件とせずに吐蕃と友好関係を樹立すべきで，任を果たすまで帰国を許さない，と言い渡され，吐蕃との国境まで行ったものの入国を拒まれ，いまなお両国の④境界に留まっている状態です。（森田悌訳『日本後紀』上，講談社，2006 年　掲載に当たり，一部注記を

省略した）

これは『日本後紀』巻12，延暦24年6月乙巳条⑤に見える文章で，遣唐使の大使として唐から戻った藤原葛麻呂による報告の内容である。藤原葛麻呂は帰国に至るまでの出来事を報告したのち，当時の唐の情勢についても述べたが，その一部が上の文である。吐蕃との外交交渉に出向いた唐の薛審が拘束の憂き目にあい，拘束から逃れたい一心で皇帝⑥の許可もないのに「公主（皇帝の娘）を吐蕃に嫁がせましょう」と持ちかけた結果，皇帝の怒りを買うこととなり，さりとて再度吐蕃に出向くも良き返事を持ってこないことから入国を認められず立ち往生しているという内容である。

この出来事を深く理解するためにいくつか補足をしておこう。安史の乱⑦終結後の唐と周辺国の国際関係は大きな動きを見せていた。安史の乱鎮圧に一役買ったウイグルは［　A　］などに展開し，片や［　B　］では吐蕃が見逃せないほどの存在感を持っていた。この両国が中央アジア⑧東部地域で勢力争いを繰り広げていたが，こうした国際情勢⑨の中ではウイグル・吐蕃ともに唐との関係を重視せざるをえない。吐蕃が薛審のでまかせに喜んだ理由もひとえにこの点にあり，既に政略結婚⑩として公主を受け入れ唐と同盟関係にあったウイグルと比べて自身がひどく不利な状況下に置かれていたという戦略的な焦りがあったからである。見方によっては，薛審はこうした国際情勢の被害者ととれなくもない。

この状況は最終的に唐と吐蕃の間に講和条約⑪とでも言うべき会盟が結ばれ，また同時期に吐蕃・ウイグル間でも会盟が結ばれたことにより均衡を保つことができたが，そこに至るにはまだ20年弱の時間が必要である。藤原葛麻呂に言わせれば，唐の都［　C　］では吐蕃との緊張関係⑫の中で不安感がはびこり，世情が休まることは無かったようである。

こうした報告の内容は当時の唐の様子を生き生きと伝えてくれるものでもあるが，注目すべきは遣唐使の報告に唐の国内外の情報が含まれていたことである。一般的なイメージとして遣唐使は日本と唐の外交関係⑬を取り結んだ存在，唐から様々な文化をもたらした存在⑭として理解されがちである。しかし，実際には日本側も的確な政治的・外交的判断を行うための情報を必要としており，その収集のための機会として遣唐使が活用されていたわけである。

古今東西を問わず，常に情報は人々の欲するものであった。マルコ＝ポーロ⑮のもたらしたアジアの情報が人々を刺激して大航海時代⑯の幕開けへとつながっていったこと，近世イギリス⑰にあってコーヒーハウスが世界中の植民地⑱から寄せられる情報を目当てに人々が集う場であったこと，情報を求める人々の姿はあらゆる時代，あらゆる社会に見ることができる。皆さんが手にするスマートフォンもそうした情報を欲する人類の系譜上にあると考えてよいが，その情報にも真偽が入り混じっていることには注意されたい。これだけ気軽に様々な情報が手に入る環境であるからこそ，信頼できる情報を見極めるメディア・リテラシーの能力は社会で活躍するに当たって強く求められると言いうる。

問 1　空欄Aと空欄Bに当てはまる語句の組み合わせとして最も適したものを次の中から1つ選び，解答用紙にマークしなさい。

a　A ― チベット高原　　B ― カザフ草原
b　A ― モンゴル高原　　B ― デカン高原
c　A ― モンゴル高原　　B ― チベット高原
d　A ― カザフ草原　　B ― デカン高原

問 2　空欄Cに当てはまる都市名と下の地図上におけるその都市の位置の組み合わせとして正しいものを次の中から1つ選び，解答用紙にマークしなさい。

a　長安 ― ア　　b　建康 ― イ
c　洛陽 ― ウ　　d　大興城 ― エ

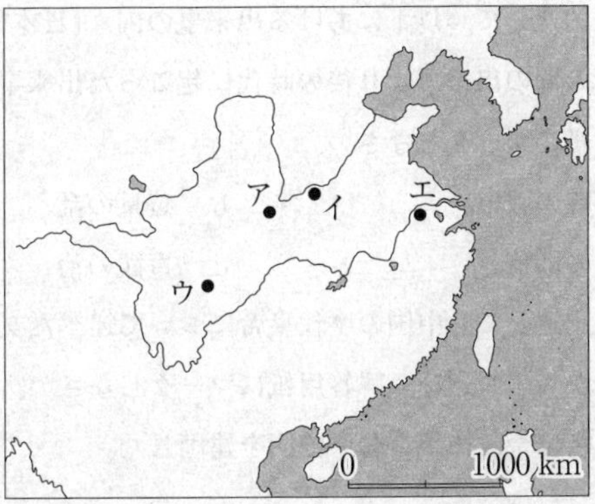

問 3　下線部①に関連して述べた下記の文アとイの正誤の組み合わせとして正しいものを次の中から１つ選び，解答用紙にマークしなさい。

ア　日本は中国の都市計画に影響を受け，京都に平城京を設けた。

イ　京都に拠点を置いた室町幕府の足利義満は明に使者を派遣し，日本国王の称号を受けた。

a　ア ― 正　イ ― 正　　b　ア ― 正　イ ― 誤

c　ア ― 誤　イ ― 正　　d　ア ― 誤　イ ― 誤

問 4　下線部②に関連して，1848 年にパリで起きた民衆蜂起の名称とその結果樹立された政治体制の組み合わせとして正しいものを次の中から１つ選び，解答用紙にマークしなさい。

a　8 月 10 日事件 ― 第一共和政　　b　二月革命 ― 第二共和政

c　六月蜂起 ― 第三共和政　　d　七月革命 ― 第四共和政

問 5　下線部③を建国した人物の名を次の中から１つ選び，解答用紙にマークしなさい。

a　ホンタイジ　　b　耶律大石

c　ソンツェン＝ガンポ　　d　李元昊

問 6　下線部④に関連して，15 世紀末にスペインとポルトガルがそれぞれの勢力範囲を定めるものとして結んだ条約を次の中から１つ選び，解答用紙にマークしなさい。

a　トリアノン条約　　b　セーヴル条約

c　キャフタ条約　　d　トルデシリャス条約

問 7　下線部⑤に関連して，以下にあげる出来事の内，『日本後紀』の記録に見られる唐と吐蕃の間の出来事より後の時代に起こった出来事を次の中から１つ選び，解答用紙にマークしなさい。

a　タラス河畔の戦い　　b　黄巣の乱

c　則天武后の即位　　d　貞観の治

問 8　下線部⑥に関連して，中国の歴代皇帝について述べた文として誤っているものを次の中から１つ選び，解答用紙にマークしなさい。

a　明の永楽帝は金陵に都をおいて明を建国した。

b　隋の煬帝は華北と江南を結ぶ大運河を完成させた。

c　清の康熙帝は呉三桂らが起こした三藩の乱を鎮圧した。

d　北宋の徽宗は画院を保護し，自らも優れた絵画を残した。

問 9　下線部⑦に関連して述べた下記の文アとイの正誤の組み合わせとして正しいものを次の中から１つ選び，解答用紙にマークしなさい。

ア　安史の乱は，節度使の安禄山とその武将史思明が楊貴妃一族の専横に反発して起こした反乱である。

イ　安史の乱の鎮圧後，節度使は軍の指揮官であるのみならず，財政・行政権も握り，軍閥として各地に割拠した。

a　ア ― 正　イ ― 正　　b　ア ― 正　イ ― 誤

c　ア ― 誤　イ ― 正　　d　ア ― 誤　イ ― 誤

問10　下線部⑧に関連して，中央アジアのオアシスの道に展開した都市に該当しないものを次の中から１つ選び，解答用紙にマークしなさい。

a　クチャ　b　カシュガル　c　サマルカンド　d　トレド

問11　下線部⑨に関連して，第二次世界大戦の勃発に至るまでの国際情勢について述べた文として正しいものを次の中から１つ選び，解答用紙にマークしなさい。

a　ナチスが政権を掌握したドイツは，軍備平等権が認められないことを理由に国際連合から脱退した。

b　イタリアのムッソリーニはユーゴスラヴィアからフィウメを奪い，その後アルメニアを保護国化した。

c　ドイツは仏ソ相互援助条約調印を理由としてロカルノ条約の破棄に踏み切り，ラインラントに軍を進駐させた。

d　フランスのダラディエはヤルタ会談においてズデーテン地方の割譲を要求するドイツに譲歩した。

問12　下線部⑩に関連して，歴史上の君主の結婚には政略結婚としての側面が強かったと言えるが，ヨーロッパの国王夫妻の組み合わせとして誤っているものを次の中から１つ選び，解答用紙にマークしなさい。

a　カルロス１世　――　カトリーヌ＝ド＝メディシス

b　フェリペ2世　――　メアリ1世

c　ウィリアム3世　――　メアリ2世

d　ルイ16世　――　マリ＝アントワネット

問13　下線部⑪に関連して述べた文として正しいものを次の中から1つ選び，解答用紙にマークしなさい。

a　ヨークタウンの戦いで敗れたことを受けて，イギリスはベルリン条約でアメリカ合衆国の独立を承認した。

b　ナポレオンはプロイセン・ロシアとティルジット条約を結び，モスクワ大公国を設立させた。

c　第1次ウィーン包囲が失敗に終わったことを受けて，オスマン帝国はカルロヴィッツ条約によってハンガリーの大半を失った。

d　ロシア＝トルコ戦争(露土戦争)の結果結ばれたサン＝ステファノ講和条約は，バルカン半島へロシアの勢力を拡大させるものであった。

問14　下線部⑫に関連して，1970年代に西側勢力と東側勢力との間の緊張関係を緩和し，平和的共存を目指す動きを指す語句を次の中から1つ選び，解答用紙にマークしなさい。

a　フェアディール　　b　デタント

c　プラハの春　　d　グラスノスチ

問15　下線部⑬について述べた下記の文アとイの正誤の組み合わせとして正しいものを次の中から1つ選び，解答用紙にマークしなさい。

ア　日本は唐の援助を得て7世紀半ばに百済を滅ぼし，その後高句麗を滅ぼした。

イ　日本による遣唐使の派遣は9世紀末の唐の滅亡によって停止した。

a　アー正　イー正　　b　アー正　イー誤

c　アー誤　イー正　　d　アー誤　イー誤

問16　下線部⑭に関連して，国際的な唐の文化の影響を受け，奈良時代の日本で栄えた文化を次の中から1つ選び，解答用紙にマークしなさい。

a　天平文化　　b　良渚文化　　c　竜山文化　　d　国風文化

問17　下線部⑮について述べた文として誤っているものを次の中から1つ選び，

解答用紙にマークしなさい。

a　ヴェネツィア出身の商人であった。

b　陸路を利用して元の大都を訪れ，海路を利用して帰国した。

c　元ではフビライに仕えた。

d　帰国後，その見聞を『三大陸周遊記』として口述した。

問18　下線部⑯に関連して述べた文として正しいものを次の中から１つ選び，解答用紙にマークしなさい。

a　マゼランが初めてパナマ地峡を横断し，太平洋に到達した。

b　ポルトガル人のバルボアがブラジルに漂着し，ブラジルはポルトガル領とされた。

c　カボット父子がアフリカ南端の喜望峰に到達した。

d　ヴァスコ＝ダ＝ガマがマリンディにてムスリムの案内人を得て，カリカットに直航した。

問19　下線部⑰に関連して，16～17 世紀のイギリスでの出来事について述べた文として正しいものを次の中から１つ選び，解答用紙にマークしなさい。

a　ヘンリ７世は王妃との離婚を教皇に反対されたのを契機として首長法を定めた。

b　エリザベス１世は統一法を制定し，イングランド王国とスコットランド王国の合同が実現した。

c　チャールズ１世は重税を課したので，議会は権利の請願を提出し，議会の同意を得ずに課税することや不当な逮捕に反対した。

d　1670 年代に国王の権威を重んずるホイッグ党と議会の権利を主張するトーリ党が生まれた。

問20　下線部⑱に関連して，植民地をめぐるイギリスとフランスの争いについて述べた文として正しいものを次の中から１つ選び，解答用紙にマークしなさい。

a　オーストリア継承戦争が起こった際，北アメリカではアン女王戦争が起こった。

b　イギリスは３次にわたるカーナティック戦争でフランスをやぶって，東インド会社領のマドラス管区を拡大した。

c　フレンチ＝インディアン戦争の結果結ばれたユトレヒト条約では，イギリスはカナダとミシシッピ川以東のルイジアナ・フロリダなどを獲得した。

d　イギリス東インド会社のデュプレクスはプラッシーの戦いでフランスとベンガル太守の連合軍をやぶった。

2　次の文章を読んで，あとの設問に答えなさい。

2020年5月，アメリカ合衆国のミネアポリス近郊で黒人のジョージ＝フロイドが警察官の不適切な拘束方法によって死に追いやられると，コロナ禍のさなかにもかかわらず，アメリカで黒人差別に反対する抗議運動が燎原の火のごとく広がった。暴動は，黒人差別主義者だとみなされる「偉人」の銅像の撤去・破壊に発展したが，この動きはヨーロッパにも飛び火し，イギリスでも奴隷貿易に従事した商人の銅像が引き倒され，国会議事堂前のチャーチル①像の前では，チャーチルを差別主義者だとしてこの銅像を引き倒そうとする人々と，チャーチルを愛国者だとみなす人々がにらみ合う事態に発展した。他方，日本ではほとんど知られていないが，7月には，テニスで有名なウィンブルドンにあった一人の黒人の像までが破壊された。最後のエチオピア皇帝ハイレ＝セラシエの像である。

エチオピアはリベリア②と並んで，20世紀初頭まで植民地とならなかったアフリカの数少ない国家の一つである。［　A　］でイタリアを破った皇帝メネリク2世の従兄弟の子であったラス＝タファリ＝マコンネンは，メネリク2世の娘ザウディトゥ女帝のもとで摂政皇太子として事実上の統治者となった。その後ザウディトゥが死ぬと若き黒人皇帝として1930年に即位し，三位一体③を意味するハイレ＝セラシエを称した。1936年にエチオピアがイタリアに支配されるとイギリスに逃れてウィンブルドンに滞在したが，1941年にエチオピアが解放されると故国に戻り，1963年には結成されたアフリカ統一機構(OAU)④の初代議長になるなどの活躍をした。しかし，晩年は独裁者として批判され，1974年には軍部のクーデタで失脚し，翌年には暗殺された。エチオピアの圧制者として，特に国内の少数派であるオロモ人の伝統や言語を抑圧したとされ，2020年6月末のオロモ人の権利擁護の活動に係わっていたエチオピア人歌手の殺害をきっかけに，ウィンブルドンに建てられていたハイレ＝セラシエの像は破壊されたと考えられている。

他方，エチオピア皇帝ハイレ＝セラシエを神とあがめる人々が存在する。⑤ジャマイカに起こり，現在でもジャマイカの1割程度の国民が信奉するとされ，世界中に信者のいるラスタファリアニズムである。ラスタファリアニズムの信者であるラスタは，ハイレ＝セラシエを神ジャーの化身であると信じ，ジャマイカをはじめ世界に離散した黒人は，神たるエチオピア皇帝の指導で黒人の楽園であるエチオピアに帰還すると信じた。また，ラスタファリアニズムはジャマイカの文化であるレゲエと結びつき，大きな文化的影響力をもっている。レゲエの象徴と考えられるドレッドヘアはラスタの宗教的な装いでもある。また，ラスタはガンジャ(大麻)を聖なる草として儀式などに使うことでも有名である。他方，神とされたハイレ＝セラシエ自身は⑥エチオピア正教を信じるキリスト教徒であり，1966年にジャマイカを訪問した際の熱狂的な歓迎に，ハイレ＝セラシエ自身が動揺したとされる。このようなラスタファリアニズムはいかに成立したのか。

ジャマイカは，16世紀の初頭に⑦スペインの植民地となったが，1655年には［　B　］の派遣した軍隊によって占領され，イギリス領となった。イギリス統治下では多くの黒人奴隷がアフリカから連れてこられたが，山間部などに逃亡した⑧黒人奴隷はマルーンと呼ばれ，たびたびイギリスに対して反乱を起こした。このような黒人の苦難の歴史の中から，アフリカから連れ出された黒人がいつの日か帰還する理想郷としてのエチオピア像がつむがれていく。『旧約聖書』の詩編では「⑨エジプトから王が到来し，エチオピアは，神に向かって手を伸べる」とうたわれ，近世ヨーロッパでは，伝説上の東方のキリスト教徒の王プレスター＝ジョンの王国はエチオピアだと考えられた。そもそもエチオピア皇帝は⑩ヘブライ人の王ソロモンとシバの女王の間に出来た子の末裔だとされた。

このようないわゆるエチオピアニズムは，ジャマイカにとどまらず⑪アメリカ大陸の黒人の間に広がったが，ジャマイカでは，黒人民族運動・アフリカ帰還運動の指導者で，国民的英雄として現在も硬貨にその肖像が描かれているマーカス=ガーヴィーが1916年に発した言葉が決定的であった。いわく「黒人の王が即位するときのアフリカを見よ。彼こそ救世主となろう」。多くのジャマイカ人は1930年のエチオピア皇帝即位をその予言の成就とみなし，ハイレ＝セラシエをアフリカ救済のメシアと見たのである。こうしてハイレ＝セラシエを神ジャーと信じ，彼によって古代イスラエル⑫人の化身である黒人がエチオピアに帰還することを信じるラスタファリアニズムが誕生し，急速に発展することとなった(写真)。

ハイレ＝セラシエの写真を
掲げるラスタの祭司

それゆえに，ハイレ＝セラシエの廃位と死去はラスタファリアニズムに大きな衝撃を与えた。しかし，この信仰・運動は決して途絶えなかった。1970年代までにラスタファリアンとなっていたジャマイカ出身のレゲエ・ミュージシャン，ボブ＝マーリー⑬はハイレ＝セラシエの死の報に接すると，ほとんどトランス状態で歌ったと言われる「ジャーは生きている(Jah Live)」を発表した。「歌う予言者」となったボブ＝マーリーの活躍でラスタファリアニズムはますます発展し，1981年の彼の死を越えて現在に至っている。

参考：レナード＝E＝バレット(山田裕康訳)
『ラスタファリアンズ　レゲエを生んだ思想』平凡社，1996年

問１　空欄Aに当てはまる語句を次の中から1つ選び，解答用紙にマークしなさい。

a　アドワの戦い　　b　カタラウヌムの戦い
c　タンネンベルクの戦い　　d　ライプツィヒの戦い

問２　空欄Bに当てはまる人名を次の中から1つ選び，解答用紙にマークしなさい。

a　ゴードン　　b　ドレーク

c　クロムウェル　　d　ウィクリフ

問 3　下線部①に関連して述べた文として誤っているものを次の中から1つ選び，解答用紙にマークしなさい。

a　チャーチルは，ネヴィル＝チェンバレンに代わってイギリスの首相となった。

b　チャーチルは，フランクリン＝ローズヴェルト・蔣介石とカイロで会談し，対日処理方針を定めたカイロ宣言が発表された。

c　チャーチルは，連合軍を率いてノルマンディーに上陸した。

d　チャーチルは，ポツダム会談開催期間中に労働党のアトリーに首相の座を奪われた。

問 4　下線部②について述べた文として正しいものを次の中から1つ選び，解答用紙にマークしなさい。

a　ベルギー国王の所有地として設立された。

b　ウラービー運動が起こったが，武力で鎮圧された。

c　オランダ移民の子孫であるブール人によって建国された。

d　首都モンロビアはアメリカ合衆国大統領モンローの名から付けられた。

問 5　下線部③に関連してキリストを神と同一視するアタナシウス派の教説がキリスト教の正統教義とされた公会議と，その公会議で異端とされた宗派の組み合わせとして正しいものを次の中から1つ選び，解答用紙にマークしなさい。

a　エフェソス公会議　――　アリウス派

b　エフェソス公会議　――　ネストリウス派

c　ニケーア公会議　――　アリウス派

d　ニケーア公会議　――　ネストリウス派

問 6　下線部④に関連して述べた文として正しいものを次の中から1つ選び，解答用紙にマークしなさい。

a　アフリカ統一機構は，南アフリカで開催されたアフリカ諸国首脳会議によって結成された。

b　アフリカ統一機構は，21世紀に入るとアフリカ連合(AU)に発展した。

c　アフリカ統一機構の最初の加盟国の一つに，南スーダンがある。

d　アフリカ統一機構は，アジア＝アフリカ会議(バンドン会議)の開催に貢献し，平和十原則が採択された。

問7　下線部⑤の位置を下の地図のａ～ｄの中から１つ選び，解答用紙にマークしなさい。

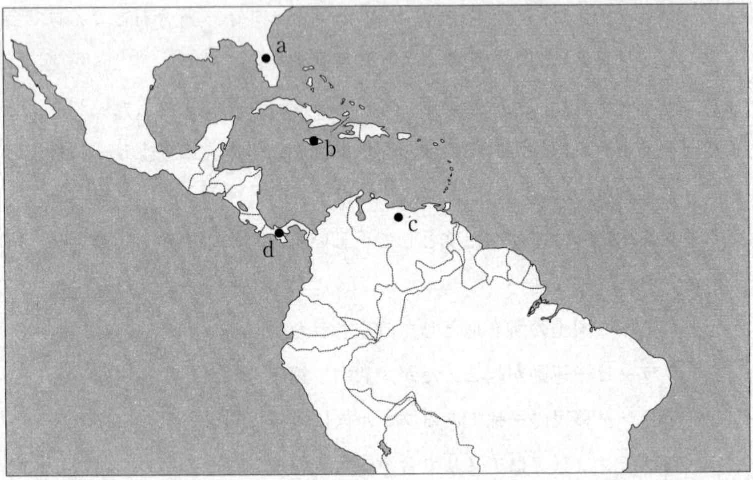

問8　下線部⑥と同様に正教の名を持つギリシア正教に関連して述べた文として誤っているものを次の中から１つ選び，解答用紙にマークしなさい。

a　キエフ公国の大公ウラディミル１世(ウラジーミル１世)は，ギリシア正教に改宗した。

b　セルビア人は，９世紀にギリシア正教に改宗した。

c　ハンガリー王国を建国したマジャール人は，ギリシア正教を受け入れた。

d　第１次ブルガリア帝国を建国したブルガール人は，その後スラヴ化してギリシア正教を受け入れた。

問9　下線部⑦に関連して，スペイン領となったことがない国・地域を次の中から１つ選び，解答用紙にマークしなさい。

a　シリア　　b　フロリダ　　c　フィリピン　　d　ペルー

問10 アメリカ合衆国における下線部⑧に関連して述べた文として誤っているものを次の中から1つ選び，解答用紙にマークしなさい。

a 19世紀前半のアメリカ合衆国南部では，奴隷制の存続や州の自治が強く主張された。

b ミズーリ協定が結ばれ，北緯36度30分以北には奴隷州をつくらないことが定められた。

c カンザス・ネブラスカ両準州が自由州となるか奴隷州となるかは住民投票で決定されるとする法律が定められた。

d 共和党のリンカンは，奴隷制の完全撤廃を訴えてアメリカ大統領に当選した。

問11 下線部⑨の歴史に関連して述べた以下の文を古い順に並べた時に3番目に該当するものを次の中から1つ選び，解答用紙にマークしなさい。

a アレクサンドロス大王は，エジプトにアレクサンドリアを建設した。

b ファーティマ朝は，エジプトを征服してカイロを造営した。

c アメンホテプ4世は，テル＝エル＝アマルナを都に定めた。

d 女王クレオパトラはアントニウスと結んで，後にローマ皇帝となるオクタウィアヌスに対抗した。

問12 下線部⑩の血統を最初に主張したアクスム王国について述べた文として正しいものを次の中から1つ選び，解答用紙にマークしなさい。

a メロエに都を置いて，製鉄で栄えた。

b クシュ王国を滅ぼしたさいに，キリスト教を受け入れた。

c 馬と戦車を用いたヒクソスによって滅ぼされた。

d 王のマンサ＝ムーサは，エジプト経由でメッカに巡礼した。

問13 下線部⑪に関連して，ラテンアメリカ諸国における黒人と白人の混血の呼び名を次の中から1つ選び，解答用紙にマークしなさい。

a メスティーソ　b インディオ　c クリオーリョ　d ムラート

問14 下線部⑫に関連して述べた文として誤っているものを次の中から1つ選び，解答用紙にマークしなさい。

a ヘブライ人は，「海の民」の一派であるペリシテ人に対抗するために，統一王国を形成した。

b　イスラエル王国は新バビロニアに，その後ユダ王国はアッシリアに，それぞれ滅ぼされた。

c　律法の実行を重んじたユダヤ教の一派であるパリサイ派は，イエスによって批判された。

d　ユダヤ教指導層は，総督ピラト(ピラトゥス)に訴え出て，イエスを処刑させた。

問15　下線部⑬が死去した後の出来事を次の中から1つ選び，解答用紙にマークしなさい。

a　スペインで長期独裁政権を築いたフランコが死去した。

b　フルシチョフがスターリン批判を行った。

c　ベルリンの壁が開放された。

d　日本に沖縄が返還された。

3　次の文章を読んで，あとの設問に答えなさい。

塩化ナトリウムを主成分とする，いわゆる塩は，ヒトを含むすべての動物が生きていくのに欠かすことのできないミネラルである。この生存に欠かせないミネラルを確保するために，ヒトはその採掘と精製を組織化し，それが不可能であれば交易を通じて得ようとした。時にはその争奪をめぐって戦争に発展する場合もあった。塩は，人類の社会を根底で支え，その変革を促し，常に人類の歴史に寄り添ってきたパートナーといえる。

人類史の始まりをえがく『旧約聖書』は，「あなたの神との契約の塩」(レビ記2章13節)や，「永遠の塩の契約」(民数記18章19節)といった表現でもって，不変かつ強固なヘブライ人①と神との関係を言い表す際に，塩を引き合いに出している。

その生産は，人類最古の基幹産業のひとつとなった。古代ヨーロッパ大陸に定住したケルト人は，この塩の採掘にいち早く着目した民族であった。［　A　］

によって征服され属州となったガリア，②イベリア半島北部のガリシア地方，③ウクライナ南西部からポーランド南部にかけてのガリツィア地方，ドイツのザクセン＝アンハルト州の都市ハレ，オーストリア中部の都市ハルシュタットなどの地名に共通する「ガリ」「ハル」という呼称は，ケルト語の，そしてケルトの影響を受けた古代ギリシア語の「塩」に由来する。彼らケルト人の文化の名残を今に伝えている領域の広さが，この地名の分布からよく分かる。

人類は古より，必須ミネラル分としてのみならず，塩の持つ防腐作用に着目してきた。④古代エジプトにおいて，それはミイラづくりに不可欠な成分として重宝された。また⑤フェニキア人は，各地に製塩所を造り，生成された塩を用いて魚を塩漬けにした。食料を長期にわたって保存する手段として用いられた塩は，その塩気の複雑な風味を生かした固有の食文化を，世界各地で形成することにもつながっていく。ローマ人は苦みを消すために緑野菜に塩(ラテン語でサル Sal)をふりかけたが，ここから「サラダ」という私たちにおなじみのレシピが誕生した。⑥ラテンアメリカの料理で使われる様々なソースすなわち「サルサ」の語源も同様である。ケチャップの語源は，⑦中国南部から東南アジアにかけての地域で用いられていた魚醤(魚の塩漬けを発酵させた調味料)とされる。

こうして生活に密着した塩が，国際的交易品のひとつとなったことは想像に難くない。たとえば中世において，サハラ以南アフリカで産出する金にいち早く目を付けたムスリム商人たちは，岩塩と金とを交換することで莫大な利益を得た。こうして⑧アフリカのイスラーム化が促進されていくことになる。一方，近世から近代にかけて，⑨黒人奴隷貿易や三角貿易が展開した大西洋交易網において，塩は欠くべからざる位置を占めている。長期保存に耐えうる船乗りのための食料，そして黒人奴隷の食料を確保するために，塩タラ産業が爆発的に成長したからである。大航海時代以来，⑩西欧諸国の海外進出と経済発展は，まさに莫大な量に及ぶ塩の確保に左右されていたといっても過言ではあるまい。

人間生命の維持に不可欠であり，食料の保存・備蓄にも深く関わるだけではない。文明・国家・社会を支える家畜の飼育のためにも，塩は必要となる。馬は人間の5倍，牛は10倍の塩を必要とするからである。よって，塩の流通・確保と，社会の繁栄，戦争での勝利，そして国家の盛衰は，密接につながっていたとまで断言できる。ポエニ戦争の苦境時に，ローマは塩の価格を操作して，軍資金に充てている。ちなみにローマ軍の給料が塩で払われることすらあったとされるが，これが「給料(サラリー)」の語源である。ほぼ同時代の中国の王朝である前漢⑪も，塩の流通を厳しく管理しようとした。時を経て1905年6月，日本の明治政府は塩専売法を施行し，全国に22か所の塩務局を設置して製塩を管理，国家専売を確立する。ちなみにこのときに，製塩所が瀬戸内海に集中されることとなった。

産業とそれを支える科学の発展⑫により，塩(塩化ナトリウム)から種々のナトリウム化合物，すなわち「ソーダ」が作られ，それらから多数の産業が派生していった。重曹(炭酸水素ナトリウム)は，食品，ガラス製造，繊維分野で幅広く利用され，炭酸ナトリウムは，紙⑬，プラスチック，洗剤，人工繊維の製造に関わる。これらの製品なしの現代生活は想像もできないのではないか。

しかし科学推進の先頭に立った西欧諸国の暴力的側面，すなわち帝国主義に風穴を開けたのも，また塩であった。インドの独立運動を導いた[B]は，塩の専売制こそ，インドのあらゆるカーストの生活に困難をもたらすイギリスの悪政の象徴であると主張して，これを自由に製造する権利を求めた。こうして始まった不服従運動「ソルト・サティヤーグラハ(塩の行進)」が，全世界の植民地主義の打破のきっかけを作ったのである。

塩のない人類史は想定しようがない。たとえありえたとしても，それはまさに塩味の足りない「味気ない」ものになっていただろう。

問1　空欄Aに当てはまる人物の名を次の中から1つ選び，解答用紙にマークしなさい。

a　レピドゥス　　　　　b　アウグスティヌス

c　ポンペイウス　　　　d　カエサル

問2　空欄Bに当てはまる人物の名を次の中から1つ選び，解答用紙にマークしなさい。

a　ガンディー　　　　　b　ホメイニ

c　ポル＝ポト　　　　　d　ホー＝チ＝ミン

問 3　下線部①について述べた文として誤っているものを次の中から 1 つ選び，解答用紙にマークしなさい。

a　前 13 世紀頃，指導者モーセのもとエジプトからパレスチナに脱出した。

b　前 10 世紀頃，ダヴィデ王のもとで繁栄した。

c　アケメネス朝のメフメト 2 世によって，バビロン捕囚から解放された。

d　唯一の神ヤハウェへの信仰を固くまもり，ユダヤ教を確立した。

問 4　下線部②にあるサンチャゴ＝デ＝コンポステラは，いまもなお世界的な巡礼地として有名である。この巡礼が大流行した 11 世紀から 12 世紀にかけての西ヨーロッパ中世世界の状況について述べた下記の文アとイの正誤の組み合わせとして正しいものを次の中から 1 つ選び，解答用紙にマークしなさい。

ア　ウルバヌス 2 世によって招集されたコンスタンツ公会議において，聖地イェルサレムを回復する聖戦(十字軍)をおこすことが提唱された。

イ　十字軍をきっかけに東方との交流が盛んになる 12 世紀に，サンスクリット語やアラビア語からラテン語への古典翻訳運動がおこった。

a　ア ― 正　イ ― 正　　b　ア ― 正　イ ― 誤

c　ア ― 誤　イ ― 正　　d　ア ― 誤　イ ― 誤

問 5　下線部③は，1772 年の第 1 回ポーランド分割の結果，オーストリアに属することとなった。これに関連して，18 世紀のヨーロッパ諸国の動向について述べた文として誤っているものを次の中から 1 つ選び，解答用紙にマークしなさい。

a　ヨーゼフ 2 世の治めるオーストリアは，上からの近代化につとめた。

b　エカチェリーナ 2 世の治めるロシアは，クリミア半島をオスマン帝国から奪った。

c　フリードリヒ 2 世の治めるプロイセンは，シュレジエンを占領した。

d　フランソワ 1 世の治めるフランスは，ナントの王令(勅令)を廃止した。

問 6　下線部④について述べた文として正しいものを次の中から 1 つ選び，解答用紙にマークしなさい。

a　メソポタミアよりはやく，ツァーリの称号を持つ王による統一国家がつくられた。

b　宗教は，太陽神ラーを崇拝する一神教であった。

c　文字は，楔形文字と民用文字を用いた。

d　「エジプトはナイルのたまもの」という言葉は，ヘロドトスの著作の中に登場する。

問 7　下線部⑤について述べた文として誤っているものを次の中から1つ選び，解答用紙にマークしなさい。

a　ウルやウルクなどの都市国家をつくった。

b　クレタ・ミケーネ文明が衰えた後をうけて，地中海貿易を独占した。

c　カルタゴをはじめとする多くの植民都市を建設した。

d　彼らの用いたフェニキア文字は，アルファベットの起源となった。

問 8　下線部⑥の国家独立に関連して述べた文として誤っているものを次の中から1つ選び，解答用紙にマークしなさい。

a　ナポレオンのスペイン占領によって，スペインのラテンアメリカへの支配力は弱まり，それが独立運動のきっかけにもなった。

b　トゥサン＝ルヴェルチュールの指導によって，初の黒人共和国であるコロンビアが誕生した。

c　ラテンアメリカ北部の独立運動の中心となった人物は，シモン＝ボリバルである。

d　アメリカ＝スペイン戦争の結果，キューバはスペインから独立した。

問 9　下線部⑦に関連して述べた下記の文ア～エを時代順に正しく並べたものを次の中から1つ選び，解答用紙にマークしなさい。

ア　ポルトガル人がマカオを東アジアの活動拠点とした。

イ　秦が南海など3郡をおいた。

ウ　シュリーヴィジャヤ王国が栄えた。

エ　「大秦王安敦」の使節が日南郡に到達した。

a　イ → エ → ウ → ア　　b　ウ → ア → イ → エ

c　エ → イ → ア → ウ　　d　ア → イ → ウ → エ

問10　下線部⑧について述べた文として正しいものを次の中から1つ選び，解答用紙にマークしなさい。

a　ムラービト朝とデリー＝スルタン朝のもとで，イスラームへの改宗が急速に進んだ。

b　イスラーム化が進んだ結果，ニジェール川中流の交易都市トンブクトゥが，イスラームの学問の中心地として栄えた。

c　アフリカ西海岸で，ムスリム商人が使うアラビア語の影響を受けたスワヒリ語が共通語として用いられた。

d　マリ王国やマガダ国の支配階級はイスラーム教徒であった。

問11　下線部⑨について述べた文として誤っているものを次の中から１つ選び，解答用紙にマークしなさい。

a　黒人奴隷は，サトウキビやアヘンといった農産物の生産に大規模に投入された。

b　イギリス・フランスなどの商人は工業製品を西アフリカに輸出し，そこで黒人奴隷を買いつけた。

c　三角貿易による利益を通じて，イギリスなどでは，産業革命の前提条件である資本蓄積がうながされた。

d　三角貿易で，リヴァプールやブリストルなどのイギリスの都市が栄えた。

問12　下線部⑩について述べた文として正しいものを次の中から１つ選び，解答用紙にマークしなさい。

a　イギリスが，カルカッタ(現コルカタ)を基地として，盛んな通商活動を展開した。

b　フランスが，インドのゴアを占領して，アジア貿易の拠点とした。

c　スペインが，インドシナ半島を領有して，アジア貿易を展開した。

d　ポルトガルが，バタヴィア(現ジャカルタ)を根拠地に，香辛料貿易の実権をにぎった。

問13　下線部⑪の武帝の時代に関連して述べた文として誤っているものを次の中から１つ選び，解答用紙にマークしなさい。

a　武帝は，衛氏朝鮮を滅ぼして，楽浪などの４郡をおいた。

b　武帝は，張騫を西域に派遣して，大月氏と同盟を結び匈奴を挟撃しようとした。

c　武帝は，均輸・平準などの経済統制策をおこなった。

d　司馬遷が歴史を編年体で叙述した『史記』をまとめた。

問14　下線部⑫に関連して自然哲学や科学の発展について述べた下記の文ア～エを時代順に正しく並べたものを次の中から１つ選び，解答用紙にマークしなさい。

ア　ダーウィンが，進化論を提唱して，生物学に革新をもたらした。

イ　ニュートンが，万有引力の法則をとなえて，近代物理学の基礎をうちたてた。

ウ　エラトステネスが，地球を球体と考えて，その円周を計測した。

エ　アインシュタインが，相対性理論を提示した。

a　ア → イ → ウ → エ　　　b　ウ → イ → ア → エ

c　ウ → イ → エ → ア　　　d　ア → エ → イ → ウ

問15　下線部⑬に関連して述べた文として正しいものを次の中から１つ選び，解答用紙にマークしなさい。

a　秦の時代に製紙技術が改良されて，竹簡に代わって紙が普及した。

b　タラス河畔の戦いを機に，イスラーム世界へと製紙技術が広まった。

c　唐代には，交子・会子が紙幣として使われるようになった。

d　シェーンベルクが改良した活版印刷術で，紙でできた書物の製作が容易になった。

地理

（70 分）

（注）　解答用紙は，解答用紙Ａ（マーク・センス方式）と解答用紙Ｂ（記述式）の２種類である。

1　自然環境と地図に関する，以下の問いに答えなさい。

問１　次の地図は，地球儀の図法で示した半球図(東経 140 度，緯度０度を中心とし，経線・緯線の間隔は 20 度)である。この地図に関連して，以下の小問に答えなさい。

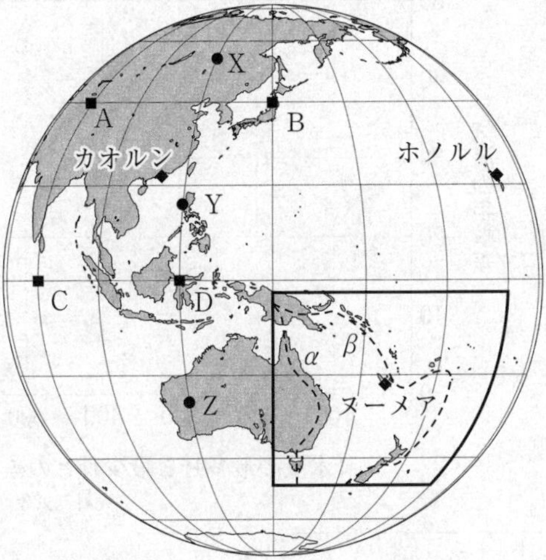

地図

小問１　地図で示されていることについて述べた文として正しくないものを次の中から１つ選び，その番号を解答用紙Ａにマークしなさい。ただし，地球は完全な球とする。

1　Ａ地点とＢ地点の経線上の時差は，４時間である。

2　ＡＣ間とＣＤ間の実際の距離は，等しい。

3　B地点から見たA地点の方位は，西である。

4　地図の中心を通る直線は，大圏航路になる。

小問 2　地図中の太枠内の破線(------)部の説明として最も適切なものを次の中から１つ選び，その番号を解答用紙Aにマークしなさい。

1　破線部 α と β はともにプレート境界である。

2　破線部 α はプレート境界であるが，β はプレート境界ではない。

3　破線部 α はプレート境界ではないが，β はプレート境界である。

4　破線部 α と β はともにプレート境界ではない。

小問 3　次の図中ア～ウは，ほぼ同一経度上に位置する地図中のX～Z地点における気温の年較差と，降水量の最多月と最少月との差を示している。記号と地図中の地点の組み合わせとして正しいものを下から１つ選び，その番号を解答用紙Aにマークしなさい。

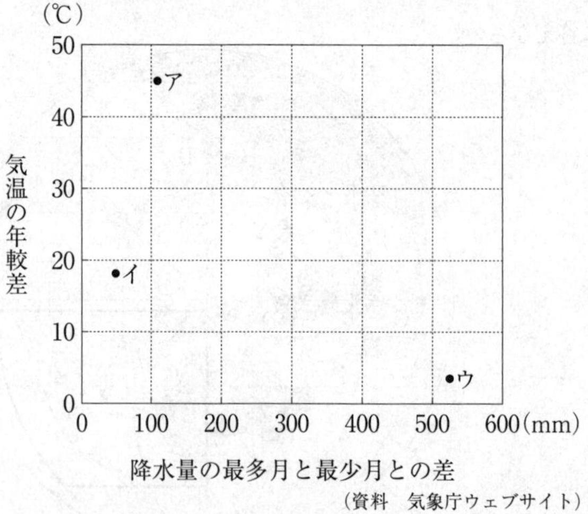

(資料　気象庁ウェブサイト)

	ア	イ	ウ
1	X	Y	Z
2	X	Z	Y
3	Y	X	Z
4	Y	Z	X
5	Z	X	Y
6	Z	Y	X

小問 4　次の図カ～クは，地図中に示されたほぼ南北同緯度上に位置する観光地として有名なホンコンのカオルン，ニューカレドニアのヌーメア，ハワイのホノルルのハイサーグラフを示している。図と地図中の地点の組み合わせとして正しいものを下から1つ選び，その番号を解答用紙Aにマークしなさい。

カ

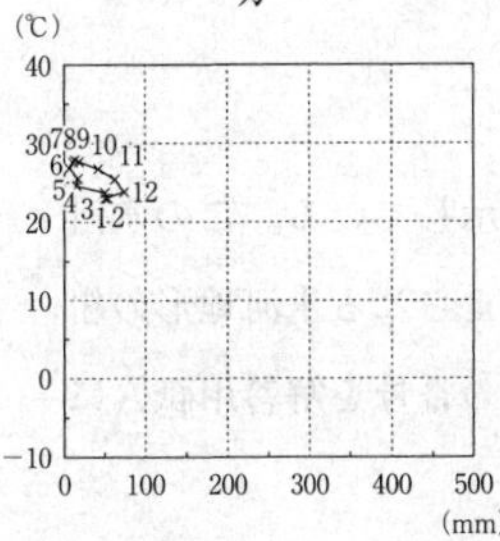

キ

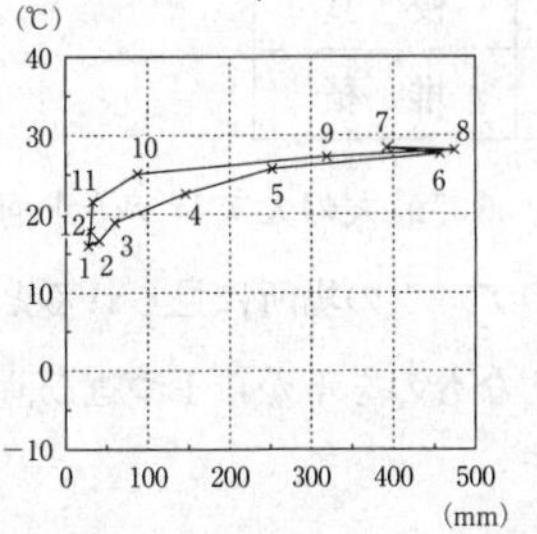

ク

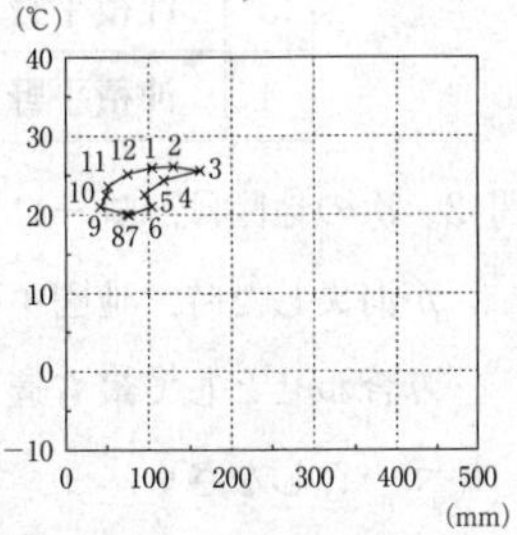

（資料　気象庁ウェブサイト）

	カ	キ	ク
1	カオルン	ヌーメア	ホノルル
2	カオルン	ホノルル	ヌーメア
3	ヌーメア	カオルン	ホノルル
4	ヌーメア	ホノルル	カオルン
5	ホノルル	カオルン	ヌーメア
6	ホノルル	ヌーメア	カオルン

問 2　次の図は，パリ盆地などで見られる典型的な地形の断面模式図である。この図に関連して，以下の小問に答えなさい。

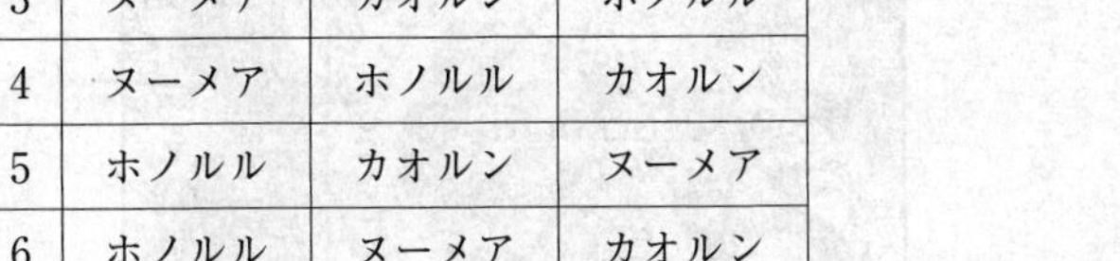

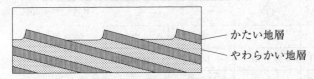

小問 1　この図が示す地形の名称として最も適切なものを，解答用紙Bにカタカナで記入しなさい。

小問 2　この地形は，［　A　］で地層がわずかに傾いているところで［　B　］が不均一に進むために形成された。［　A　］と

B にあてはまる語句の組み合わせとして最も適切なものを次の中から１つ選び，その番号を解答用紙Aにマークしなさい。

	A	B
1	構造平野	侵　食
2	構造平野	堆　積
3	沖積平野	侵　食
4	沖積平野	堆　積

問 3　次の地図は，ヨーロッパで最大の大アレッチ氷河を示している。この氷河が消失した時，地図中のア～ウの場所に見られると考えられる氷河地形の組み合わせとして最も適切なものを下から１つ選び，その番号を解答用紙Aにマークしなさい。

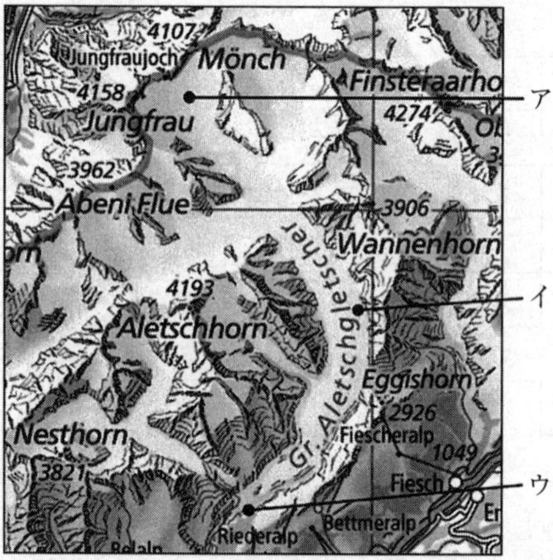

（資料　swisstopo）

	ア	イ	ウ
1	カール	モレーン	U字谷
2	カール	U字谷	モレーン
3	モレーン	カール	U字谷
4	モレーン	U字谷	カール
5	U字谷	カール	モレーン
6	U字谷	モレーン	カール

問 4　ある範囲について，次の地図Aは，国土地理院の地理院地図を用いて，建物と土地利用の記号を表示したものであり，下の地図1～4は，等高線と標高を表示したものである。この地図に関連して，以下の小問に答えなさい。

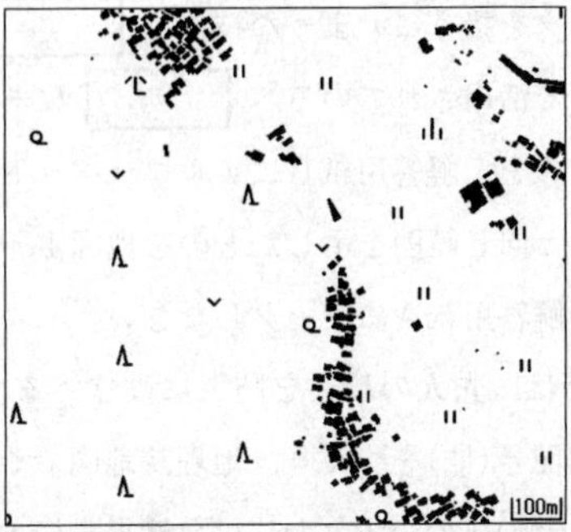

地図A（土地利用の記号は拡大してある）

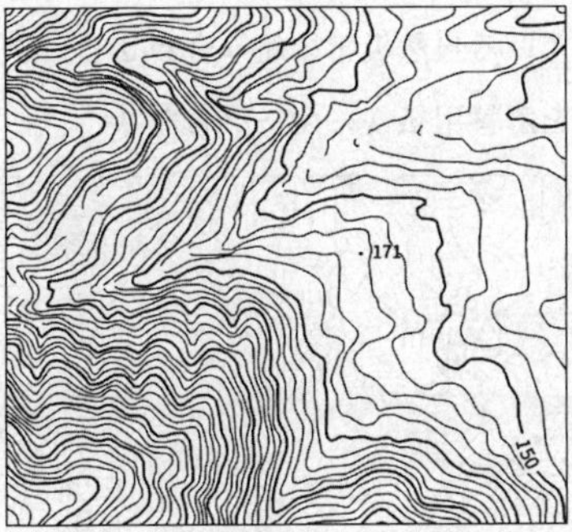

地図1

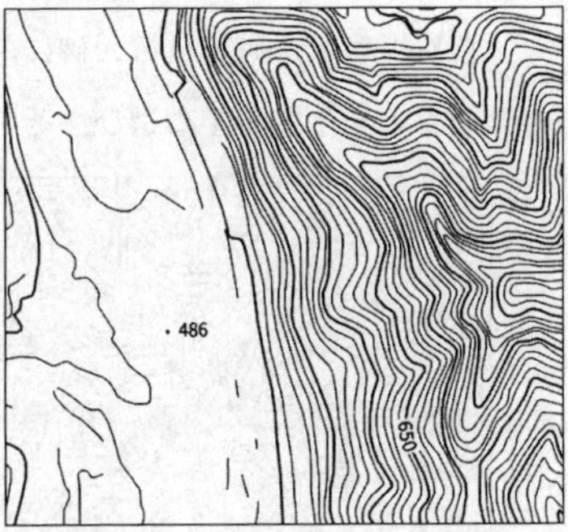

地図2

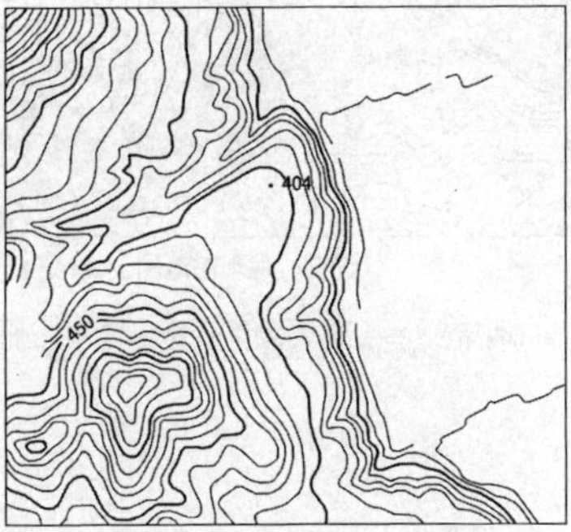

地図3

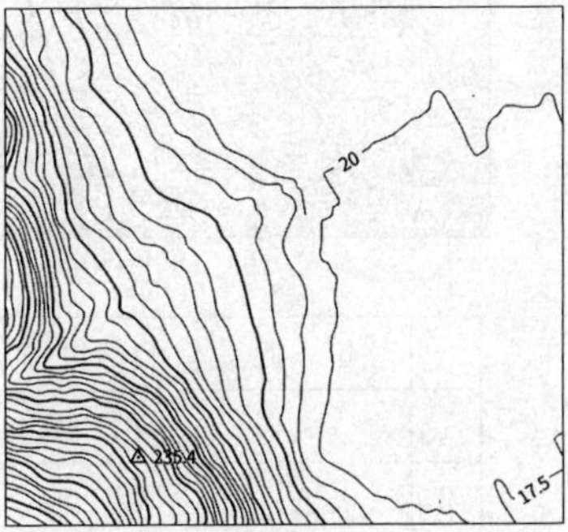

地図4

（資料　地理院地図 Vector で作成）

編集部注：編集の都合上，85%に縮小。

小問 1　これらの地図のように，位置情報を持つ複数のデータを重ね合わせる手法を用いることで，必要な情報を表示したり非表示にしたりすることが可能になり，分析に活用できる。コンピュータ上で位置情報を持つデータを扱うこのような技術は［　ア　］と呼ばれ，ウェブ上の地図などで活用されている。［　ア　］にあてはまる語句として最も適切なものを，解答用紙Bにアルファベット 3 文字で記入しなさい。

小問 2　地図Aと同じ範囲を示したものを地図 1 ～ 4 の中から 1 つ選び，その番号を解答用紙Aにマークしなさい。

問 5　国土地理院では，先人の教えを防災に役立てるために，2019 年に自然災害伝承碑の地図記号(　)をつくり，地理院地図でその情報を公開している。次の地図中［A］と［B］のいずれかには自然災害伝承碑が建てられており，過去の自然災害の経験から「ここより下に家を建てるな」と刻まれている。この自然災害伝承碑の位置と碑に刻まれている自然災害の組み合わせとして適切なものを下から 1 つ選び，その番号を解答用紙Aにマークしなさい。

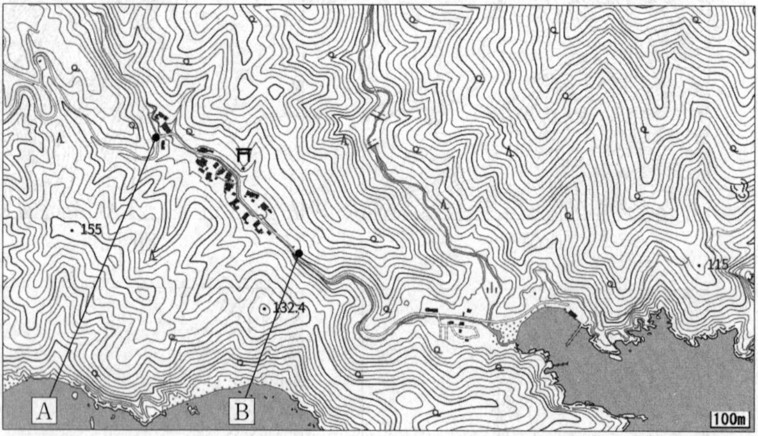

(資料　地理院地図 Vector で作成)

編集部注：編集の都合上，85%に縮小。

	位　置	自然災害
1	A	洪　水
2	A	津　波
3	B	洪　水
4	B	津　波

問 6　カナさんは，気象災害を調べていくうちに，強風で建物が倒れるなどの気象現象そのものによる災害の他に，気象現象が事態を悪化させ災害が激甚化する場合があることを知った。この例として，2016 年に起こった糸魚川市の大規模な火災について調べ，当日の新聞記事を手に入れた。これに関連して，以下の小問に答えなさい。

新聞記事

22 日午前 10 時半ごろ，新潟県糸魚川市大町 1 丁目の中華料理店の台所に煙が充満しているのを近所の人が見つけ，119 番通報した。強い南風の影響で火災は広がり，同市や市消防本部などによると，同日午後 3 時半現在，燃えた住宅や商店などは約 140 棟に上り，午後 5 時半現在，延焼範囲は約 7 万 5 千平方メートルに及んだ。…(中略)…

気象庁によると，日本海側の低気圧に南風が吹き込み，糸魚川市では 22 日午前 10 時すぎに最大風速 14.2 メートル，正午すぎに最大瞬間風速 24.2 メートルを記録した。出火当時，強風注意報が出ていた。同庁は，山を越えた風が日本海側に吹き下ろす際，空気が乾燥して気温が上がる「［ア］現象」が起きたとみる。

(資料　朝日新聞 2016 年 12 月 23 日朝刊)

小問 1　記事中の空欄［ア］にあてはまる語句として最も適切なものを，解答用紙Bにカタカナで記入しなさい。

小問 2　カナさんは，日本気象協会のウェブサイトから当時の気象衛星の画像(赤外)を手に入れた。当日の画像として正しいものを次の中から 1 つ選び，その番号を解答用紙Aにマークしなさい。

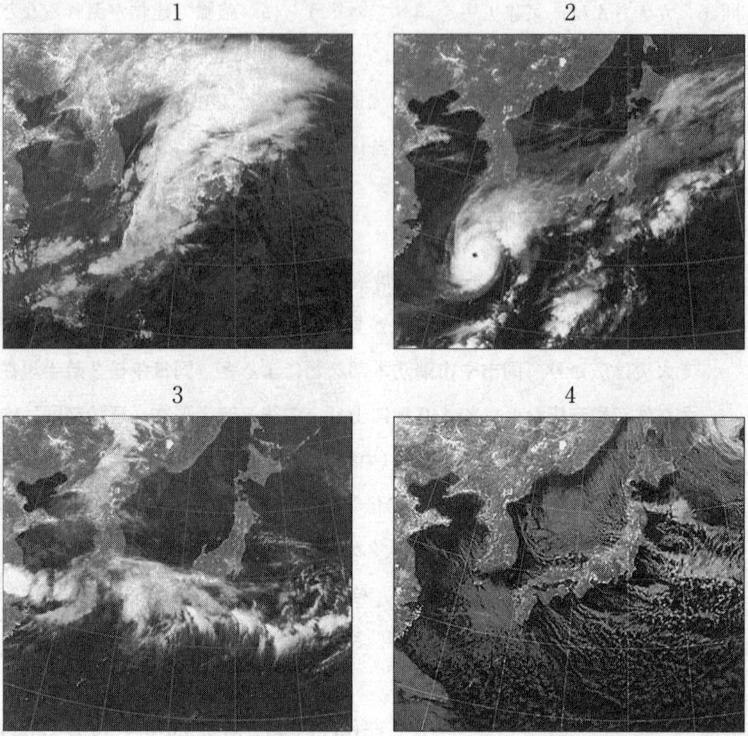

（資料　日本気象協会ウェブサイト）

小問 3　カナさんは，1946年以降の大火記録を手に入れ，日本海側の県＊について抽出してみた。この表から読みとれることとして最も適切なものを下から1つ選び，その番号を解答用紙Aにマークしなさい。

＊日本海側の県は，本州の秋田～島根(京都・兵庫を除く)とした。

表　1946年以降の大火記録(日本海側の県)

番　号	出火場所	出火年月日	気象状況		
			天　気	風　向	平均風速 (m/s)
1	新潟県村松町	1946年　5月　8日	晴	南　東	8.0
2	新潟県両津町	1947年　4月17日	晴	南　西	4.0
3	秋田県能代市	1949年　2月20日	晴	北　西	15.7
4	秋田県鷹巣町	1950年　6月　1日	晴	北　東	10.0
5	山形県温海町	1951年　4月24日	晴	西	13.0
6	鳥取県鳥取市	1952年　4月17日	薄　曇	南南西	10.8
7	秋田県大館市	1955年　5月　3日	晴	東北東	13.0
8	新潟県新潟市	1955年　10月　1日	曇	西南西	20.2
9	秋田県能代市	1956年　3月20日	曇	北北東	14.5
10	福井県芦原市	1956年　4月23日	曇	南南東	14.8
11	秋田県大館市	1956年　8月18日	曇	南　東	8.7
12	富山県魚津市	1956年　9月10日	晴	南南西	9.3
13	新潟県分水町	1957年　4月　2日	曇小雪	南　西	7.4
14	新潟県新潟市	1964年　6月16日	晴	西	5.2
15	秋田県大館市	1968年　10月12日	曇	西南西	5.7
16	石川県加賀市	1969年　5月18日	晴	南	8.0
17	山形県酒田市	1976年　10月29日	雨	西南西	12.2

注　大火とは，建物の焼損面積が33,000 m^2 以上の火災をいう。

(資料　平成30年版消防白書)

1　出火した月は，風速が強くなる台風が襲来する季節に集中している。

2　天気が晴の日では，その過半数で平均風速が10 m/s 以上ある。

3　風向に南が含まれる風の日の割合は，表全体の60 % を超える。

4　平均風速が10 m/s 以上の日では，風向に南が含まれる風が吹くことが5割を超える。

2　次の文章は，神戸に位置するWHO研究センターの博士へのインタビュー記事である。この文章を読み，以下の問いに答えなさい。

記者：健康と都市化には関係があるのでしょうか？

博士：都市への人口集中が急激に，しかも無計画に進む(1)と，人々はきちんと整備されていない社会環境，安全な水が足りない，衛生状態が悪いなど，基本的な社会基盤が欠けている[A]で生活せざるを得なくなります。今，世界人口の半数が都市に住み，その3分の1にあたる約10億人が[A]に住んでいます。こういう状況では，病気にかかりやすい(2)。また，暴力など社会的な問題も起こってきます。一方で，富裕層には，運動不足や飽食(3)などによる心臓病，糖尿病など生活習慣病の問題が生じます。都市化は，貧困層，富裕層両方にとって深刻な健康問題を生んでいます。私たちはこれを健康格差と呼んでいます。

記者：神戸で健康格差を実感することはありますか。

博士：長く仕事をしてきたアフリカでは，子どもたちが栄養失調(4)や病気で次々と死んでいきます。日本は子どもが健康的だと強く感じます。一方で，高齢者(5)が気になります。脳卒中などを患ったのでしょうか，体がうまく動いていない人を街でよく見かけます。うつや自殺など精神的な問題も高齢者に多いですね。都市化，高齢化をまさに経験している，と感じます。

記者：これを解消する方法は？

博士：都市における健康格差を数値で表し，目に見える形で分かりやすく示す「アーバンハート」という新しい健康評価法を開発しています。新しい点は，肥満度や幼児死亡率，結核を患う人の割合など，健康状態の現状を表す数値だけではなく，健康要因を加えて評価することです。例えば交通量が増えると，大気汚染(6)が起き，呼吸器の病気につながります。これは悪い健康要因です。歩道，自転車専用道路の整備などは，いい健康要因です。ロンドン(7)のようにマイカーで来る人から料金を徴収し，公共交通機関(8)を使うよう促すなどの政策もこの一例です。健康に影響をもたらす社会要因と，その結果である健康の状態の双方を併せて評価するのです。

（資料　朝日新聞 2009年7月11日朝刊）

問 1 下線部(1)に関連して，以下の小問に答えなさい。

小問 1 都市周辺の地価の安い場所を求めて住宅や工場が無秩序に建設された結果，農地と都市的土地利用が混在するようになる現象を示す語句として正しいものを次の中から１つ選び，その番号を解答用紙Ａにマークしなさい。

1 コナーベーション　　2 ジェントリフィケーション
3 スプロール現象　　4 都心回帰現象

小問 2 発展途上国を中心に，国内で人口が最多の都市に国の政治や経済などの機能が集中し，人口第２位以下の都市との差が大きくなる場合がみられる。このような人口や機能が集中する都市を示す語句として正しいものを次の中から１つ選び，その番号を解答用紙Ａにマークしなさい。

1 囲郭都市　　2 広域中心都市
3 首位都市　　4 世界都市

問 2 文中の空欄 A にあてはまる語句は，文章で示されたような基本的な社会基盤が欠けた住宅地区を指す。この語句として最も適切なものを，解答用紙Ｂにカタカナ３文字で記入しなさい。

問 3 下線部(2)に関連して，次の表は，ニューヨーク市内の２つの地区における多数を占める住民と地区の人口，新型コロナウイルス(COVID-19)の感染者数と死者数を示したものである(2020 年５月現在)。この表について述べた文ＡとＢについて内容が正しいものの組み合わせを下から１つ選び，その番号を解答用紙Ａにマークしなさい。

地区名	多数を占める住民	人 口	感染者数	死者数
マンハッタン地区	白人を中心とした富裕層	約 160 万人	約 2.1 万人	約 1,800 人
ブロンクス地区	マイノリティーや貧困層	約 140 万人	約 3.9 万人	約 2,900 人

(資料 朝日新聞 2020 年５月５日朝刊)

Ａ 人口あたりの感染者の数は，マンハッタン地区よりブロンクス地区の方が高い。

B　感染者あたりの死者の数は，マンハッタン地区よりブロンクス地区の方が高い。

1　A・Bとも正しい　　2　Aのみ正しい

3　Bのみ正しい　　4　A・Bとも正しくない

問 4　下線部(3)に関連して，飽食により発生する食品ロスを減少させることは，持続可能な社会を創り出すために重要である。2015 年 9 月の国連サミットで採択されたアジェンダに記載された，2030 年までの「持続可能な開発目標」の略称を，解答用紙Bにアルファベットで記入しなさい。

問 5　下線部(4)に関連して，以下の小問に答えなさい。

小問 1　次の表は，世界銀行による栄養不良人口率上位 5 か国とその国の人口(2017 年)を示している。この表について述べた文として正しいものを下から 1 つ選び，その番号を解答用紙Aにマークしなさい。

国　名	栄養不良人口率(%)	人　口(千人)
中央アフリカ	59.6	4,596
ジンバブエ	51.3	14,237
ハイチ	49.3	10,982
北朝鮮	47.8	25,430
ザンビア	46.7	16,854

(資料　World Development Indicators)

1　この 5 か国の中で，アフリカに位置するのは 4 か国である。

2　この 5 か国の中で，栄養不良人口が最も少ないのはジンバブエである。

3　この 5 か国の中で，栄養不良人口が最も多いのは北朝鮮である。

4　この 5 か国の中に，旧宗主国がイギリスである国は含まれていない。

小問 2　子どもの栄養失調は，貧困や子どもの多さと深く関係している。次の図は 1 人あたり GNI と合計特殊出生率の関係(2018 年)を示しており，図中のあ～えは日本，インド，シンガポール，ニジェールのいずれかである。記号が示す国の組み合わせとして正しいものを下から 1

つ選び，その番号を解答用紙Aにマークしなさい。

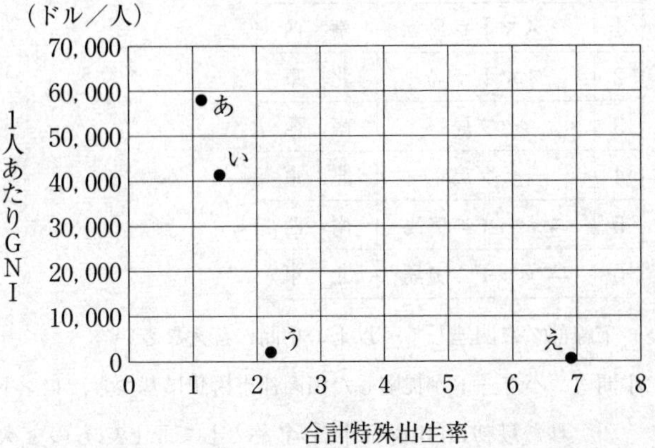

（資料　World Development Indicators）

	あ	い	う	え
1	シンガポール	日　本	インド	ニジェール
2	シンガポール	日　本	ニジェール	インド
3	日　本	シンガポール	インド	ニジェール
4	日　本	シンガポール	ニジェール	インド

問 6　下線部(5)に関連して，日本の高齢化率(2015年)の値として最も適切なものを次の中から1つ選び，その番号を解答用紙Aにマークしなさい。

1　16.6％　　2　26.6％　　3　36.6％　　4　46.6％

問 7　下線部(6)に関連して，近年シンガポールでは，周辺地域における大規模な野焼きや森林火災により生じた煙が季節風によって流れてくることで，市内の大気が数日から数週間にわたりひどく煙る現象である「ヘイズ(煙害)」が発生することがある。その主な発生元と季節風の風向との組み合わせとして最も適切なものを次の中から1つ選び，その番号を解答用紙Aにマークしなさい。

	発生元	風　向
1	スマトラ島	南　西
2	スマトラ島	北　東
3	セブ島	南　西
4	セブ島	北　東
5	ニューギニア島	南　西
6	ニューギニア島	北　東

問8　下線部(7)に関連して，以下の小問に答えなさい。

小問1　ハワードが提唱した田園都市構想に基づき，ロンドン郊外に建設された最初の「田園都市」の名称として正しいものを次の中から1つ選び，その番号を解答用紙Aにマークしなさい。

1　ストラスブール　　2　ドックランズ

3　ビバリーヒルズ　　4　レッチワース

小問2　近年ロンドンでは住宅環境の悪化が指摘されているが，その状況には民族や出身国による差がみられる。とりわけ，国土の大半が低地帯で大規模な水害にたびたび見舞われる，ある国からの移民の住環境は特に悪いとされる。イギリスの旧植民地のひとつでもあるこの国の名称として正しいものを次の中から1つ選び，その番号を解答用紙Aにマークしなさい。

1　ジャマイカ　　2　トンガ

3　パキスタン　　4　バングラデシュ

問9　下線部(8)に関連して，以下の小問に答えなさい。

小問1　次世代型の路面電車システムの略称として正しいものを次の中から1つ選び，その番号を解答用紙Aにマークしなさい。

1　KTX　　2　LCC　　3　LRT　　4　TGV

小問2　郊外の自宅から都心へ移動する場合に，自家用車を郊外の駐車場に止めて公共交通機関に乗り換え都心へ移動する方式を示す語句として適切なものを，解答用紙Bにカタカナで記入しなさい。

3　世界の農業に関する，以下の問いに答えなさい。

問 1　アジアの農業に関して，以下の小問に答えなさい。

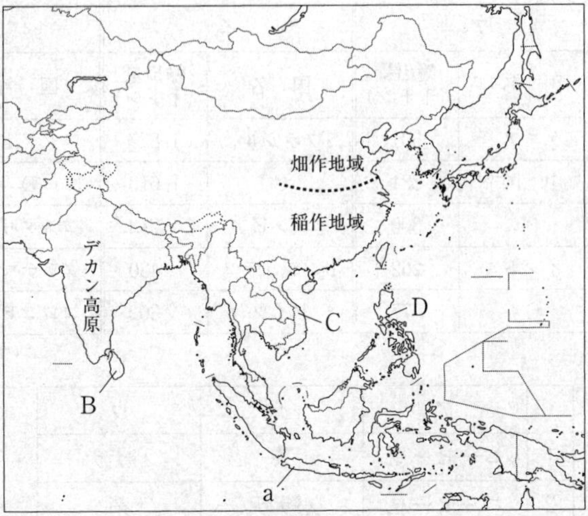

小問 1　中国東部で，北側の畑作地域と南側の稲作地域の境界は，チンリン(秦嶺)山脈とある河川を結んだ線にほぼ一致する。この河川の名称として正しいものを次の中から１つ選び，その番号を解答用紙Ａにマークしなさい。

1　チャンチヤン(長江)　　2　チュー川(珠江)

3　ホワイ川(淮河)　　4　ホワンホー(黄河)

小問 2　インドネシアは米の生産量が世界第３位(2017 年)で，約 2.7 億人(2019 年)という東南アジア諸国で最大の人口を支えている。米の主要生産地であり首都のジャカルタが位置する島(地図中のａ)の名称として正しいものを次の中から１つ選び，その番号を解答用紙Ａにマークしなさい。

1　カリマンタン(ボルネオ)島　　2　ジャワ島

3　スラウェシ島　　4　バリ島

小問 3　次の表は，世界におけるコーヒー豆，茶，バナナいずれかの輸出量上位５か国とその輸出量(2018 年)を示しており，表中のＢ～Ｄの国は地図中のＢ～Ｄの国に一致する。表中ア～ウが示す農産物の組み合わせとして正しいものを下から１つ選び，その番号を解答用紙Ａにマークしなさい。

順位	ア		イ		ウ	
	国　名	輸出量(千トン)	国　名	輸出量(千トン)	国　名	輸出量(千トン)
1　位	ケニア	501	ブラジル	1,827	エクアドル	6,554
2　位	中　国	381	Ｃ	1,613	Ｄ	3,388
3　位	Ｂ	300	コロンビア	713	コスタリカ	2,484
4　位	インド	262	ホンジュラス	430	グアテマラ	2,361
5　位	Ｃ	77	ドイツ	362	コロンビア	1,748

（資料　FAOSTAT）

	ア	イ	ウ
1	コーヒー豆	茶	バナナ
2	コーヒー豆	バナナ	茶
3	茶	コーヒー豆	バナナ
4	茶	バナナ	コーヒー豆
5	バナナ	コーヒー豆	茶
6	バナナ	茶	コーヒー豆

小問４　インドでは伝統的に綿花が栽培され，その生産量は世界第１位(2016年)である。主要な綿花地帯はデカン高原に広がり，玄武岩が風化した肥沃な黒色土壌が生産を支えている。この土壌の名称として正しいものを次の中から１つ選び，その番号を解答用紙Ａにマークしなさい。

１　チェルノーゼム　　　２　テラローシャ

３　ポドゾル　　　　　　４　レグール

問２　ヨーロッパの農業に関する次の文章を読み，以下の小問に答えなさい。

ヨーロッパの農業は地域によって地形や気候条件などが異なるために，北部と南部で違いがみられる。北部では中世から行われていた［　Ｘ　］が変化して(1)混合農業や(2)酪農へと発達した。南部では，(3)地中海式農業などが行われている。1962 年に当時の EEC（現在の EU）によって農業市場が統一され，(4)共通農業政策の下で域外の農産物に対抗するため域内の農業を保護・育成してきたが，課題も抱えている。

小問 1　文中の空欄 X にあてはまる農業の名称として適切なものを次の中から 1 つ選び，その番号を解答用紙Aにマークしなさい。

1　園芸農業　　　　2　三圃式農業

3　集約的畑作農業　　　　4　焼畑農業

小問 2　下線部(1)に関連して，混合農業の説明として最も適切なものを次の中から 1 つ選び，その番号を解答用紙Aにマークしなさい。

1　自然の草と水を求めて，家畜と共に一定の地域を移動する農業

2　近代的機械化農法で，穀物と野菜を組み合わせて商品作物として大量に生産する農業

3　作物栽培と家畜飼育を組み合わせ，家畜を主に販売用とする農業

4　都市への出荷を目的に，野菜や花卉などを組み合わせて集約的に栽培する農業

小問 3　下線部(2)に関連して，次の表は世界におけるチーズの輸出量上位 5 か国とその輸出量（2016 年）を示している。表中の Y の国はユーラン（ユトランド）半島や周辺の島々からなり，19 世紀の戦争で敗れた後に農業協同組合を中心にして豊かな「酪農王国」を築いてきた。この国の名称として正しいものを下から 1 つ選び，その番号を解答用紙Aにマークしなさい。

順位	国　名	輸出量（千トン）
1 位	ドイツ	1,174
2 位	オランダ	867
3 位	フランス	671
4 位	イタリア	388
5 位	Y	369

（資料　データブック オブ・ザ・ワールド 2020 年版）

1　スイス　　　2　スウェーデン

3　デンマーク　　　4　ベルギー

小問 4　下線部(3)に関連して，一般にこの農業に適している気候として地中海性気候があげられる。この地中海性気候がみられるヨーロッパ以外の地域として適切なものを次の中から１つ選び，その番号を解答用紙Aにマークしなさい。

1　アルゼンチン東部　　　2　オーストラリア北東部

3　キューバ東部　　　4　チリ中西部

小問 5　下線部(4)に関連して，この政策の恩恵を受けて成長した，EU最大の農業生産額(2018年)を示す国として適切なものを次の中から１つ選び，その番号を解答用紙Aにマークしなさい。

1　イタリア　　　2　スペイン

3　ドイツ　　　4　フランス

問 3　アメリカ合衆国の農牧業に関して，以下の小問に答えなさい。

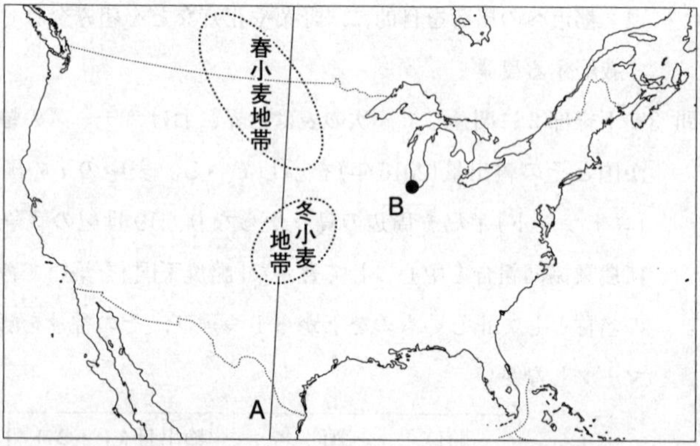

小問 1　アメリカ合衆国では年降水量500 mmの線を境に東側は比較的降水量が多く，様々な農業が行われている。これに対して，降水量の少ない西側では牧畜などが営まれている。この年降水量500 mmの線にほぼ一致する地図中Aの経線の経度として正しいものを次の中から１つ選び，その番号を解答用紙Aにマークしなさい。

1　西経80度　　　2　西経90度

3　西経 100 度　　　　4　西経 110 度

小問 2　アメリカ合衆国における小麦の主要生産地は，春小麦地帯と冬小麦地帯の 2 つに大別できる。2 つの小麦地帯には北アメリカの長草草原の名称に由来する肥沃な土壌が存在し，世界有数の穀倉地帯となっている。この土壌の名称を解答用紙 B に 6 文字で記入しなさい。

小問 3　アメリカ合衆国はトウモロコシの生産量(2017 年)と輸出量(2016 年)がともに世界第 1 位で，中西部のコーンベルトでは豚や肉牛などが飼育されている。地図中の B の都市は交通の要衝で，農畜産物の集散地として発展してきた。この都市の名称を解答用紙 B に記入しなさい。

小問 4　次の説明文の［ C ］と［ D ］にあてはまる語句の組み合わせとして正しいものを下から 1 つ選び，その番号を解答用紙 A にマークしなさい。

説明文

現在，［ C ］山脈東麓のグレートプレーンズは，アメリカ合衆国有数の肉牛生産地となっている。特にこの地域では，地下水を利用した灌漑施設や，集中的に肉牛を肥育する［ D ］もみられる。

	C	D
1	アパラチア	センターピボット
2	アパラチア	フィードロット
3	ロッキー	センターピボット
4	ロッキー	フィードロット

小問 5　日本はアメリカ合衆国から農畜産物の多くを輸入している。次の表は，日本の牛肉，小麦，大豆いずれかの輸入額上位 5 か国とその割合(2019 年)を示している。表中 E ～ G が示す農畜産物の組み合わせとして正しいものを下から 1 つ選び，その番号を解答用紙 A にマークしなさい。

順位	E		F		G	
	国 名	(%)	国 名	(%)	国 名	(%)
1 位	アメリカ合衆国	45.9	アメリカ合衆国	70.6	オーストラリア	47.6
2 位	カナダ	34.8	ブラジル	14.0	アメリカ合衆国	40.5
3 位	オーストラリア	17.7	カナダ	13.7	カナダ	5.5
4 位	ロシア	0.8	中 国	1.5	ニュージーランド	3.5
5 位	ルーマニア	0.6	ロシア	0.1	メキシコ	2.1

（資料　農林水産省　農林水産物輸出入統計）

	E	F	G
1	牛 肉	小 麦	大 豆
2	牛 肉	大 豆	小 麦
3	小 麦	牛 肉	大 豆
4	小 麦	大 豆	牛 肉
5	大 豆	牛 肉	小 麦
6	大 豆	小 麦	牛 肉

4　アフリカに関する次の文章と地図を読み，以下の問いに答えなさい。

アフリカ大陸は東西に約 7,400 km，(1)南北は約 8,000 km に及ぶ範囲を占めており，面積はユーラシア大陸に次ぐ世界で 2 番目に大きな大陸である。アフリカ大陸はゴンドワナと呼ばれる古大陸の一部を構成していたが，ゴンドワナは中生代になると分裂を始め，(2)アフリカ，オーストラリア，南アメリカなどの大陸に分裂していった。アフリカ大陸は地形的にその大部分が安定陸塊に属しているが，東部には(3)アフリカ大地溝帯と呼ばれる断層陥没帯が南北方向に縦断している。一方，(4)気候は赤道を中心に熱帯・乾燥帯・温帯に属する気候区が緯度と並行して南北に対称的に分布する傾向がみられる。

かつてアフリカは「暗黒大陸」と称され，狩猟・採集経済を基本とした「遅れた」社会として捉えられてきたが，近年の研究で，(5)ナイル川流域の古代エジプト文明以外にも様々な文明や国家が興隆したことが判明してきている。例えば，ニジェール川流域は(6)サハラ砂漠を越えた北アフリカとの交易で 10 世紀頃から栄え，サヘル地域にまでイスラームが浸透した。また，(7)アフリカ東岸地域でもムスリム商人たちによるインド洋交易が活発に行われ，多くの港湾都市が発展した。

しかし，大航海時代以降，ヨーロッパ人による奴隷貿易が始まると，アフリカ西海岸の内陸部を中心に多くの労働人口がアメリカ大陸への強制移住によって失われた。19 世紀になるとヨーロッパ諸国が直接的な植民地経営に乗り出した為に，(8)農産物や鉱産物などの一次産品をヨーロッパへ供給するモノカルチャー経済が構築された。また，独立の過程で民族や(9)言語分布などを無視した人為的な国境が引かれたことも，アフリカ諸国の経済発展を阻害する大きな要因となった。

現在，アフリカ諸国の中には特定の一次産品の国際価格高騰や輸出指向型の工業化政策などによって経済成長を遂げる国も出てきている。これらの国々では海外企業による直接投資や(10)先進諸国政府からの ODA などによって中間所得層が増加し，将来的に購買力の拡大が見込まれる市場に成長した。しかしその一方で，(11)都市への人口集中が進み，社会資本の整備や環境保全の面で様々な問題が生じるようになってきている。また，(12)経済成長から取り残された国々との経済格差も拡大する傾向にあり，アフリカ諸国内の「南南問題」が大きな問題になっている。

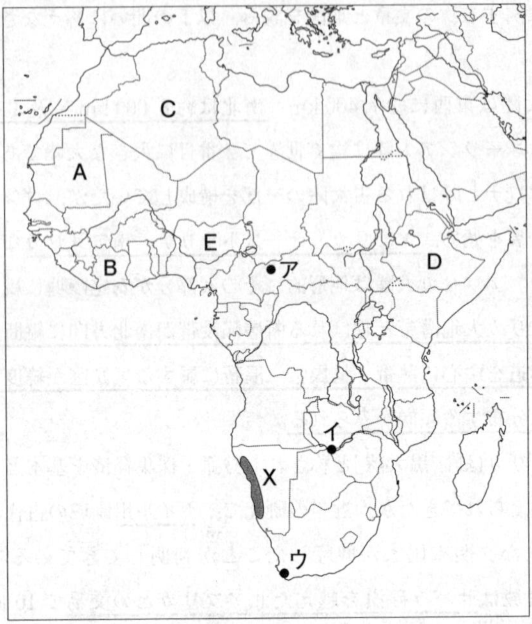

問 1　下線部(1)に関連して，アフリカ大陸最南端のアガラス岬は，ほぼ南緯 35 度に位置する。アフリカ大陸最北端の緯度として最も適切なものを次の中から１つ選び，その番号を解答用紙Aにマークしなさい。

1　北緯 27 度　　2　北緯 32 度　　3　北緯 37 度　　4　北緯 42 度

問 2　下線部(2)に関連して，次の表はアフリカ，オーストラリア，南アメリカいずれかの大陸における高度別とケッペンの気候区別の面積の割合をそれぞれ示したものである。アフリカにあてはまる組み合わせとして正しいものを下から１つ選び，その番号を解答用紙Aにマークしなさい。

高度別面積の割合 (%)

	ア	イ	ウ
5,000 m 以上	0.0	—	0.0
4,000〜5,000 m	0.0	0.0	2.2
3,000〜4,000 m	1.0	0.0	2.8
2,000〜3,000 m	2.7	0.0	2.2
1,000〜2,000 m	19.5	2.2	5.6
500〜1,000 m	28.2	16.9	19.2
200〜 500 m	38.9	41.6	29.8
200 m 未満	9.7	39.3	38.2

注 ・構成比計は必ずしも100％にならない
・高度別面積の割合のオーストラリアはニューギニアなどを含む値

気候区別面積の割合 (%)

	あ	い	う
Af	26.9	19.8	7.9
Aw	36.5	18.8	9.0
BS	6.7	21.5	25.8
BW	7.3	25.2	31.4
Cs	0.3	1.3	7.9
Cw	6.7	13.1	6.8
Cf	14.0	0.3	11.2
Df	—	—	—
Dw	—	—	—
ET	1.6	—	—
EF	—	—	—

(資料 データブック オブ・ザ・ワールド 2020年版)

	高度別面積の割合	気候区別面積の割合
1	ア	あ
2	イ	い
3	ウ	う
4	ア	い
5	イ	う
6	ウ	あ

問3 下線部(3)に関連して，アフリカ大地溝帯について述べた文として正しくないものを次の中から1つ選び，その番号を解答用紙Aにマークしなさい。

1 紅海からアカバ湾や死海を経て，ヨルダン川流域に至る地域もアフリカ大地溝帯の一部に属している。

2 アフリカ大陸を南北方向に貫流するナイル川水系は，水系全体がアフリカ大地溝帯の地溝部分の範囲に収まっている。

3 タンガニーカ湖とマラウイ湖はいずれもアフリカ大地溝帯に沿って形成された断層湖である。

4　アフリカプレートの下部で生じているマントル対流の上昇がアフリカ大地溝帯を形成する要因として考えられている。

問 4　下線部(4)に関連して，以下の小問に答えなさい。

小問 1　次の雨温図U～Wは地図中の地点ア～ウのいずれかのものである。雨温図と地図中の地点の組み合わせとして正しいものを下から1つ選び，その番号を解答用紙Aにマークしなさい。

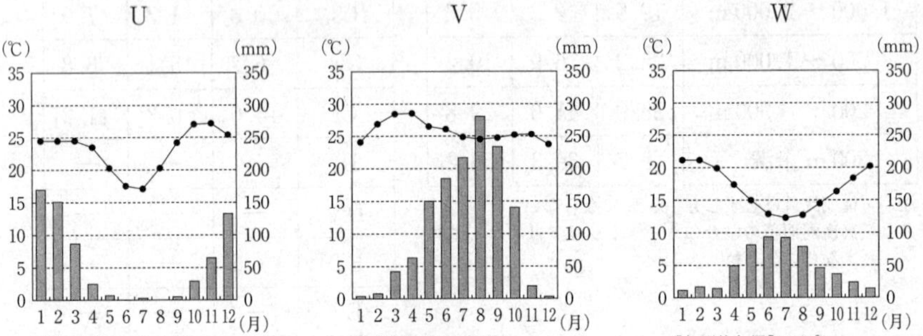

U　[年平均気温]22.9℃　[年降水量]660.1 mm

V　[年平均気温]25.7℃　[年降水量]1331.8 mm

W　[年平均気温]16.8℃　[年降水量]545.8 mm

(資料　気象庁ウェブサイト)

	ア	イ	ウ
1	U	V	W
2	U	W	V
3	V	U	W
4	V	W	U
5	W	U	V
6	W	V	U

小問 2　地図中のXの地域には，沖合を流れる海流の影響を受けて，海岸砂漠が発達している。この海流の名称と海岸砂漠の名称の組み合わせとして正しいものを次の中から1つ選び，その番号を解答用紙Aにマークしなさい。

	海　流	海岸砂漠
1	カナリア海流	アタカマ砂漠
2	カナリア海流	ナミブ砂漠
3	ベンゲラ海流	アタカマ砂漠
4	ベンゲラ海流	ナミブ砂漠

問5　下線部(5)に関連して，ナイル川は外来河川である。外来河川の例として適切なものを次の中から１つ選び，その番号を解答用紙Aにマークしなさい。

1　ガンジス川　　2　ドナウ川

3　ユーフラテス川　　4　ラプラタ川

問6　下線部(6)に関連して，サハラ砂漠にはアハガル(ホガル)高原を中心に，降雨があるときだけ流水の見られる［Y］と呼ばれる河川が多く存在し，サハラ砂漠を越えた交易路として利用されてきた。［Y］にあてはまる語句として最も適切なものを，解答用紙Bにカタカナで記入しなさい。

問7　下線部(7)に関連して，このような交易を通して，東アフリカの一部の地域では，現地で用いられていた言語にムスリム商人達が持ち込んだアラビア語の影響が加わって新たな言語が形成された。現在，ケニアやタンザニアなどで公用語として用いられているこの言語の名称として最も適切なものを次の中から１つ選び，その番号を解答用紙Aにマークしなさい。

1　サーミ語　　2　スワヒリ語

3　ペルシア語　　4　マオリ語

問8　下線部(8)に関連して，現在でもなお，アフリカ諸国の中には輸出額に占める特定の一次産品の割合が高い国が多い。次の表は，輸出総額に占める割合上位3品目を示したものであり，表中１～４はコートジボワール(2017年)，ザンビア(2018年)，ボツワナ(2018年)，リビア(2010年)いずれかである。ザンビアにあてはまるものを表中から１つ選び，その番号を解答用紙Aにマークしなさい。

	主な輸出品 (輸出総額に占める割合 %)
1	カカオ豆(27.9)，カシューナッツ(9.7)， 金(非貨幣用)(6.6)
2	原油(83.8)，天然ガス(5.7)，炭化水素(5.2)
3	銅(75.2)，化学薬品(2.5)，切手類(2.1)
4	ダイヤモンド(89.8)，機械類(2.9)，牛肉(1.4)

(資料　データブック オブ・ザ・ワールド 2020 年版)

問 9　下線部(9)に関連して，多くのアフリカ諸国では旧宗主国のヨーロッパ系言語も用いられている。地図中のＡとＢの旧宗主国として正しいものを次の中から１つ選び，その番号を解答用紙Ａにマークしなさい。

1　Ａはイギリス，Ｂはフランス。

2　Ａはフランス，Ｂはイギリス。

3　Ａ，Ｂともイギリス。

4　Ａ，Ｂともフランス。

問10　下線部(10)に関連して，次の表は OECD 開発援助委員会(DAC)加盟国からサブサハラ・アフリカ(1)，大洋州(2)，中南米，南アジアの各地域に対する政府開発援助の合計額(2016 年)と地域別支出額上位４か国を示したものである。サブサハラ・アフリカにあてはまるものを表中から１つ選び，その番号を解答用紙Ａにマークしなさい。

(1)北アフリカ諸国(アルジェリア，エジプト，チュニジア，モロッコ，リビア)を除いたアフリカ諸国。

(2)オセアニアに属するキリバス，クック諸島，サモア，ソロモン諸島，ツバル，トンガ，ナウル，ニウエ，バヌアツ，パプア・ニューギニア，パラオ，フィジー，マーシャル諸島，ミクロネシア連邦の各国。

	1 位	2 位	3 位	4 位	合計額（百万ドル）
1	アメリカ合衆国	イギリス	ドイツ	フランス	25, 136
2	スペイン	アメリカ合衆国	ドイツ	フランス	9, 223
3	日 本	アメリカ合衆国	イギリス	ドイツ	7, 304
4	オーストラリア	ニュージーランド	日 本	フランス	1, 353

（資料　外務省　政府開発援助（ODA）　国別データ集 2018）

問11　下線部(11)に関連して，次の図中ア～ウは地図中のＣ（アルジェリア），Ｄ（エチオピア），Ｅ（ナイジェリア）いずれかの国における都市人口率（2015 年）と国内で最大の人口を有する都市の人口とを示したものである。記号が示す国の組み合わせとして正しいものを下から１つ選び，その番号を解答用紙Ａにマークしなさい。

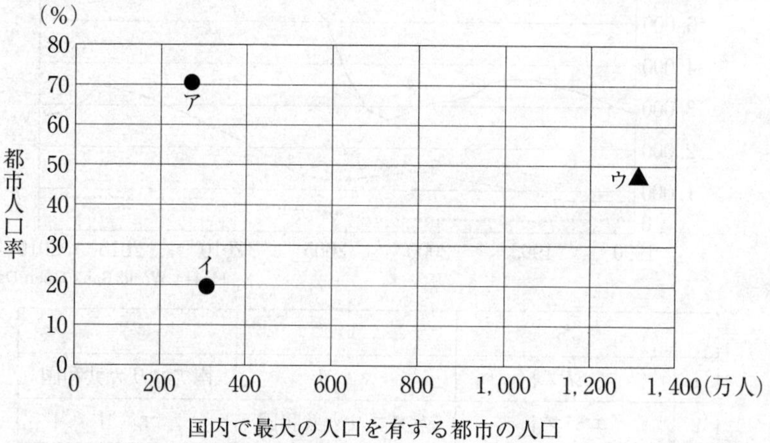

注
・図中の ● は首都。▲ は首都以外の都市。
・国内で最大の人口を有する都市の人口の統計年度は次の通り。
ア（2008 年），イ（2013 年），ウ（2015 年）
・ウは都市周辺も含む都市的地域の人口。

（資料　データブック オブ・ザ・ワールド 2020 年版）

	ア	イ	ウ
1	C	D	E
2	C	E	D
3	D	C	E
4	D	E	C
5	E	C	D
6	E	D	C

問12　下線部⑿に関連して，次の図は１人あたりGNIの推移を示しており，図中あ～うはエジプト，マリ，南アフリカ共和国のいずれかである。記号が示す国の組み合わせとして正しいものを下から１つ選び，その番号を解答用紙Aにマークしなさい。

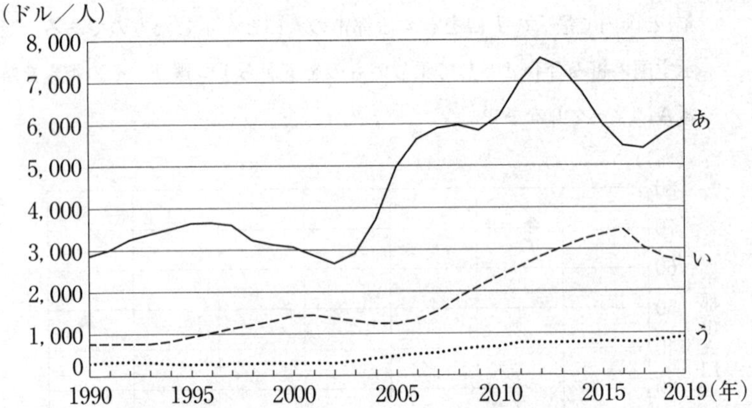

（資料　World Bank Open Data）

	あ	い	う
1	エジプト	マ　リ	南アフリカ共和国
2	エジプト	南アフリカ共和国	マ　リ
3	マ　リ	エジプト	南アフリカ共和国
4	マ　リ	南アフリカ共和国	エジプト
5	南アフリカ共和国	エジプト	マ　リ
6	南アフリカ共和国	マ　リ	エジプト

政治・経済

（70 分）

1　次の文章を読んで，下記の問いに答えなさい。

日本国憲法はその前文において「平和を愛する諸国民の公正と信義に信頼」することを宣言しています。現にこの前文から導きだされた新しい人権の概念(1)が訴訟においても議論されていることからもわかるように，この前文は，決して単なる前書きに過ぎないのではなく，法的に重要な意味をもっているとされています。また世界に眼を向けると，国際連合(国連)憲章の第 1 条が，国連の目的として，国際紛争の「調整又は解決を平和的手段によって且つ正義及び国際法(2)の原則に従って実現すること」を掲げています。さてここで我々は，平和と正義との関係をどのように考えたらよいでしょうか。

歴史的には，正義のための戦争がありうるとする考えかたが永らく存在してきました。神の摂理に背《そむ》くものを相手とする宗教戦争や，十字軍の遠征などがそうです。近代に入り，パリ不戦条約(1928 年)は戦争の原則違法化を唱えましたが，そこでは自衛戦争(3)がその例外とされていました。しかし，自衛戦争を容認するとき，例えば核兵器(4)すらも，それが自衛のために真に必要である場合には正義に反することなく保有しうるのでしょうか。ここで思い出したいのは，哲学者カントがその著書『 A 』のなかで，戦争の手段として，将来に相互間の信頼が復活することがまったく不可能になるような行為は許されない，そうでなければ戦争は殲滅《せんめつ》戦になってしまう(第六予備条項)と論じていることです。まさに核兵器の使用は人類の相互の信頼を破壊する殲滅をもたらすために，その使用は許されません。核兵器の場合，その使用と保有を区別し，その使用は正義に反するが，核兵器による威嚇《いかく》はかえって国際社会の安定(5)をもたらすとして，その保有を擁護する議論もあります。しかし，現実に使用することがないと最初からわかっているのであれば，使用を匂わせた威嚇も意味を失うはずです。核兵器による威嚇は常にその使用と裏腹の関係にあるのです。

さらにこれを核兵器以外の軍備に敷衍《ふえん》してみると，国家の安全保障(6)を理由とした軍拡競争が自然と疑問視されてきます。自分が相手にしてほしくないと思うことを，自分が相手にするのでは，正義にかなった振舞いとはいえません。同様に，世界の軍縮へ向けた歩みのなかで，他国が軍縮を行わないことを理由に自国の軍縮を拒否することは許されず，まず自国から軍縮に一歩を踏みだすことが，正義の観点からは切実に求められるのではないでしょうか。そうした観点から，日本国憲法第９条(7)は，国際社会の正義のための一歩として改めて評価することができるかもしれません。

問１　文中の空欄［　A　］に当てはまる語句として最適なものを，下記の選択肢(①～④)の中から１つ選び，その番号をマークしなさい。

①　人間の安全保障

②　平和のための結集

③　永遠平和のために

④　戦争と平和の法

問２　文中の下線部(1)に関連して，憲法前文を主たる根拠として導きだされる新しい人権として最適なものを，下記の選択肢(①～④)の中から１つ選び，その番号をマークしなさい。

①「平和のうちに生存する権利」

②「平穏に請願する権利」

③「ひとしく教育を受ける権利」

④「弁護人に依頼する権利」

問３　文中の下線部(2)に関連して，国際法上の裁判制度に関する記述として最適なものを，下記の選択肢(①～④)の中から１つ選び，その番号をマークしなさい。

①　国際法上の裁判制度として，国際連盟の成立よりもはやく，ハーグ平和会議において常設仲裁裁判所が成立した。

②　国際連合のもとに置かれた国際司法裁判所(ICJ)には，紛争当事国の一

方の同意がなくても，国際裁判を行う権限が与えられた。

③　欧州人権裁判所は，国連が国際人権規約を採択したことを受けて，設立された。

④　国際刑事裁判所(ICC)は，他国に属する国民に対して非人道的行為を行った国家を裁くものである。

問 4　文中の下線部(3)に関連して，国連憲章が自衛戦争に対してとっている態度に関する記述として最適なものを，下記の選択肢(①～④)の中から1つ選び，その番号をマークしなさい。

①　個別的自衛権の発動も，集団的自衛権の発動も，容認している。

②　個別的自衛権の発動を禁止し，集団的自衛権の発動は容認している。

③　個別的自衛権の発動を容認し，集団的自衛権の発動は禁止している。

④　個別的自衛権の発動も，集団的自衛権の発動も，禁止している。

問 5　文中の下線部(4)に関連して，核兵器を規制する国際的な取組みに関する記述として最適なものを，下記の選択肢(①～④)の中から1つ選び，その番号をマークしなさい。

①　核拡散防止条約(NPT)は，国連加盟国に核兵器を新たに開発する権利を認めつつ，それを他国に輸出することを禁止した。

②　部分的核実験禁止条約(PTBT)は，キューバ危機を受けて，アメリカ・イギリス・ソヴィエト連邦の3か国が締結したものである。

③　包括的核実験禁止条約(CTBT)は，アメリカとロシアの反対により，国連総会での採択にいたらなかった。

④「核兵器のない世界」を提唱するプラハ宣言は，アメリカの不参加によって，期待された効果をあげることができなかった。

問 6　文中の下線部(5)に関連して，国際社会の安定のためにとられる仕組みに関する記述として誤っているものを，下記の選択肢(①～④)の中から1つ選び，その番号をマークしなさい。

①　対抗関係にある国家または国家群同士の力関係が同等になるように，場合によっては同盟を結び，互いに牽制しあうことを，勢力均衡という。

②　国際機関の加盟国が，この国際機関の非加盟国から攻撃を受けたとき，

この国際機関が組織する軍事力をもって対抗することを，集団安全保障という。

③　自国が攻撃を受けていなくても，自国と密接な関係にある他国が攻撃を受けた場合には対抗手段に出る国家の権利を，集団的自衛権という。

④　国連が，紛争に対応するために，加盟国から自発的に提供された要員を編成し，派遣することを，国連平和維持活動(PKO)という。

問7　文中の下線部(6)に関連して，日本において2015年に整備された平和安全法制(安全保障関連法)に関する記述として誤っているものを，下記の選択肢(①～④)の中から1つ選び，その番号をマークしなさい。

①　国際平和支援法の制定により，従来特別法によってなされてきた自衛隊の海外派遣に，恒久法による根拠が与えられた。

②　武力攻撃事態法の改正により，存立危機事態における集団的自衛権の行使が可能となった。

③　海賊対処法の制定により，公海上における海賊等の取り締まりに，海上自衛隊が出動できることとなった。

④　周辺事態法の改正により，自衛隊が「我が国周辺の地域」以外でも後方支援を行うことができるようになった。

問8　文中の下線部(6)に関連して，戦後の日本の防衛関係費に関する記述として最適なものを，下記の選択肢(①～④)の中から1つ選び，その番号をマークしなさい。

①　現在の防衛関係費の金額は，冷戦期よりも減少している。

②　防衛関係費の一般会計予算に占める割合は，一貫して増加している。

③　防衛関係費の金額は，ヨーロッパ諸国の平均的な軍事支出に比べて，およそ3分の1程度である。

④　日本における米軍の駐留経費の多くの部分を「思いやり予算」として負担している。

問9　文中の下線部(7)に関連して，憲法第9条が直接規定していないことを，下記の選択肢(①～④)の中から1つ選び，その番号をマークしなさい。

①　国際紛争を解決する手段としての武力の行使を放棄するものとしている。

② 陸海空軍その他の戦力を保持しないこととしている。

③ 国の交戦権を認めないものとしている。

④ 自衛のための必要最小限度の実力をもつことができるとしている。

問10　文中の下線部(7)に関連して，自衛隊の歴史に関する記述として最適なものを，下記の選択肢(①～④)の中から1つ選び，その番号をマークしなさい。

① サンフランシスコ平和条約による主権の回復にさきだって，警察予備隊が自衛隊に改組された。

② それまで日本の再軍備に反対していた連合国軍総司令部が，キューバ危機をきっかけに態度を改めた結果，自衛隊の設立にいたった。

③ 長沼ナイキ基地訴訟では，第一審が自衛隊を憲法違反と判示したが，第二審は統治行為論を理由に憲法判断を回避した。

④ 2001年の「同時多発テロ」を受けて，アメリカが自衛隊による後方支援を要請したが，日本政府は専守防衛の原則を理由に派遣を認めなかった。

2

次の文章を読んで，下記の問いに答えなさい。

人が，自ら考えたことを書き表したり，発言したり，発表したりすることは重要である。他の人による言論に触れ，また，ときには他の人とやりとりをすることは，わたしたちがさまざまなことについて自分の意見を持つことや，考えをさらに深めることにも資するかもしれない。そこで，憲法は思想・良心の自由，すなわち，人が自らの内面で自由に思い考えることを保障する(日本国憲法第19条)が，それだけでなく，思い考えたことを外部にあらわす自由(1)も認めている。

人々が他の人の意見に触れ，さまざまな情報を得ることにおいて，これまで重要な役割を果たしてきたのが大衆に向けた報道を行うマスメディア(2)である。マスメディアは政治(3)や世の中の動きについて，世の中の多くの人々に対して伝える。こうした報道により，わたしたちは政治に関する異なった考えに触れ，政治に関して考えを深める。そしてそれだけでなく，さらに考えたり，ほかの人と意見を述べあったりする人もいるだろう。このような営みを経て，人々は意見をもち，政治や社会の問題に関し世論(4)が形成されていくのである。こうした世論は，選挙(5)を通じて政治に影響することもある。

また，近年，インターネットにおいてソーシャル・ネットワーキング・サービス(SNS)を通じ，人々が政治に関して考えを発信することや，選挙や住民投票(6)に関する運動がなされることがある。SNSでなされる一部の言論が世論の形成に影響を与えることもあるとされ，SNSが政治に関する言論の場となっていることは事実であろう。しかし，SNSにおける言論の世間一般への影響の程度や影響のしかたを考慮すると，現在のところ，世論の形成や人々の投票行動に対してより大きな影響をおよぼすのは依然としてマスメディアであるといってよい。

問1　文中の下線部(1)に関連して，選挙期間中に行うことが法的に認められていない行為として最適なものを，下記の選択肢(①～④)の中から1つ選び，その番号をマークしなさい。

①　政党が電子メールにより選挙への投票を呼びかけること

②　候補者が自らの政治的意見と関係のないことを述べること

③　候補者が電話により有権者に自らへの投票を働きかけること

④　候補者が有権者の家を戸別訪問して自らへの投票を働きかけること

問2　文中の下線部(2)に関連して，マスメディアに関する記述として最適なものを，下記の選択肢(①～④)の中から1つ選び，その番号をマークしなさい。

①　マスメディアによるメディア・スクラムは国家権力から個人のプライバシーを擁護するために有効な手段である。

②　マスメディアは立法・行政・司法の三権をチェックするという役割を担っていることから「第四の権力」といわれる。

③　報道の自由が保障されるため，マスメディアによる報道内容が検証されることはない。

④　記者クラブは国民のアクセス権に奉仕するために結成された。

問3　文中の下線部(3)に関連して，世界各国の政治体制に関する記述として最適なものを，下記の選択肢(①～④)の中から1つ選び，その番号をマークしなさい。

① アメリカでは，連邦議会と大統領とを互いに抑制・均衡の関係に置くことで，権力が集中しないようにしている。

② イギリス議会は上院と下院により構成されており，上院優位の原則が確立している。

③ フランスにおいては大統領よりも議会の権限が強く，首相は議会により任命される。

④ 中国における憲法上の最高決定機関は共産党中央委員会であり，立法，行政，司法のすべてを単独で担っている。

問 4　文中の下線部(3)に関連して，日本のいわゆる「55 年体制」期にあったことに関する記述として最適なものを，下記の選択肢(①～④)の中から1つ選び，その番号をマークしなさい。

① 自民党は衆議院において単独で憲法改正の発議に必要な議席を確保していた。

② 自民党内で派閥中心の政治が行われたことは，政治家による汚職事件がしばしば起こる背景となった。

③ 自民党と日本社会党とが政権交代を繰り返していた。

④ 自民党も日本社会党も支持しない人々を対象とする中道政党は，すべて自民党と合併した。

問 5　文中の下線部(4)に関連して，世論と政治の関係に関する記述として最適なものを，下記の選択肢(①～④)の中から1つ選び，その番号をマークしなさい。

① 世論の収集ができるのは個人情報保護法により認定された認定個人情報保護団体だけに限られる。

② 世論を意識して政治的な決定をすることが，必ずしも適切であるとは限らない。

③ 調査の際に有権者全員に質問する必要があるため，世論は数値化にはなじまない。

④ 政府が世論操作を行なっていないかを監視するため，オンブズマン(オンブズパーソン)の設置が国に義務づけられている。

問 6　文中の下線部(5)に関連して，日本の国政選挙の制度に関する記述として最適なものを，下記の選択肢(①～④)の中から１つ選び，その番号をマークしなさい。

①　衆議院議員選挙と参議院議員選挙のいずれにおいても，満 25 歳以上の日本国民に被選挙権が認められている。

②　衆議院議員選挙と参議院議員選挙のいずれにおいても，比例代表選挙では個人の得票数の多い順に当選者が決定される。

③　衆議院議員選挙においては，小選挙区で落選した候補者が比例代表で復活当選することがある。

④　選挙権年齢に達しない満 18 歳未満の者でも，選挙運動期間内に特定の候補者や政党に票を入れるように，または入れないように他人に働きかけることが認められている。

問 7　文中の下線部(5)に関連して，日本における選挙制度の変遷を年表にしたときに空欄 ア に当てはまるできごととして最適なものを，下記の選択肢(①～④)の中から１つ選び，その番号をマークしなさい。

1890 年	第 1 回衆議院議員総選挙が実施される
1945 年	女性に国政選挙の選挙権が付与される
1950 年	公職選挙法が制定される
1994 年	ア
2013 年	インターネットでの選挙運動が解禁される

①　衆議院議員選挙に小選挙区比例代表並立制が導入される

②　選挙権年齢が満 25 歳以上の男子普通選挙制度が確立される

③　衆議院議員選挙に全国区制が導入される

④　無記名による投票制度が採用される

問 8　文中の下線部(5)に関連して，選挙をめぐる諸問題への対策に関する記述として最適なものを，下記の選択肢(①～④)の中から１つ選び，その番号をマークしなさい。

①　低落している投票率を向上させるため，電話による遠隔投票制度が採用

された。

② 選挙に対する人々の関心を高めるため，候補者が立候補の届け出の前に自らへの投票を呼びかけることができるようになった。

③ 政治資金の透明化を図るため，政党に対する献金は個人からも，企業からも全面的にできなくなった。

④ 選挙活動における不正を減らすため，候補者の選挙をとりしきっていた秘書の選挙違反行為に対し，その候補者も責任を問われることとなった。

問 9 文中の下線部(5)に関連して，選挙をめぐって生じる「一票の格差」に関する記述として最適なものを，下記の選択肢(①～④)の中から１つ選び，その番号をマークしなさい。

① この問題の最大の要因として，一部の有権者が政治に消極的であるとされるいわゆる政治的無関心が指摘されている。

② 最高裁判所は，この問題について選挙を無効とする判決を何度も言い渡してきた。

③ 衆議院においては，この問題のため，議員定数の増減が行われることがあった。

④ 議席の半数が３年ごとに改選される参議院議員選挙においては，これまでこの問題は生じてこなかった。

問10 文中の下線部(6)に関連して，日本国憲法上，投票によって決めることとされていることにあたらないものを，下記の選択肢(①～④)の中から１つ選び，その番号をマークしなさい。

① 地方公共団体の長または議会の提案にその地方公共団体の住民が賛成するかどうか

② 国会が提案する憲法改正案を国民が承認するかどうか

③ ひとつの地方公共団体に対してのみ適用される特別法にその地方公共団体の住民が同意するかどうか

④ 既に任命された最高裁判所裁判官を審査し，これを罷《ひ》免《めん》するのを国民が可とするかどうか

3 次の文章を読んで，下記の問いに答えなさい。

グローバル社会と呼ばれる現代では，外国との貿易が活発に行われている。けれども，その時代や国の経済状況によって，グローバル化に対する見方は変化する。例えば，[A]の経済学者リカードは『[B]』の中で，国際分業の利益と，これに基づいて行われる国際貿易の意義を説明した。これに対し，自由貿易を肯定するのは，先進国の論理であるとの批判もあった。1929 年にはじまった世界恐慌(1)では，保護貿易主義が蔓延して，世界の貿易量が縮小し，第二次世界大戦へとつながった。このときの反省から，国際社会は貿易自由化(2)への道を歩むことを決意した。

自由貿易の拡大は順調に進み，世界の貿易額は趨勢《すうせい》的に増加している。貿易拡大の背景には，WTO（世界貿易機関）加盟国の増加と，地域的な経済統合(3)の発展がある。地域経済統合の象徴ともいえるのが EU(4)である。EU 加盟国は，人・モノ・資本・サービスの移動を自由化し，域内の経済活動の活性化をはかった。通常，国ごとに異なる通貨を使用するため，経済取引は通貨の交換を伴う。通貨の交換は，外国為替市場(5)で行われるが，為替レートの激しい変動が，ときに経済にダメージを与えてきた。EU の一部の国は，共通通貨ユーロを導入することで，ユーロ加盟国間における為替リスクを排除したのである。

経済のグローバル化は，新興国や発展途上国にも経済成長をもたらしたが，一方で負の側面も存在する。その 1 つとして，地球温暖化問題(6)が挙げられる。地球温暖化の問題は，国際的に協力して取り組まなければ十分な効果は得られない。しかし，先進国と発展途上国との間で激しく意見が対立し，足並みが揃わないのが現実である。もう 1 つの問題は，グローバル化により，様々な危機がグローバル規模で伝染しやすくなったことである。[C]が行った投機的取引が原因で発生したといわれている 1997 年のアジア通貨危機や，アメリカの[D]問題が原因で起きたといわれる 2008 年の世界金融危機では，危機発生国だけでなく，多くの国々に危機が伝染し，経済に悪影響を与えた。世界同時不況が発生した場合，石油や石炭などの資源が豊富な資源国では，世界的な需要の減少に伴う資源価格変動により，交易条件(7)が変化し，実体経済にも悪影響を与えうる。

現在，新型コロナウイルス感染症（COVID-19）の影響により，グローバル経済が分断の危機にある中，再び保護貿易主義へと向かう風潮が広がりつつある。グローバル社会においては，国際的な協力体制の下で，様々な問題に対処しなければならない。安易に自国の利益だけを求めるのではなく，世界全体で協力してこの危機に立ち向かう必要があるだろう。

問 1　文中の空欄 A ・ B に当てはまる語句の組合せとして最適なものを，下記の選択肢（①～④）の中から1つ選び，その番号をマークしなさい。

① A ：ドイツ　B ：経済学および課税の原理
② A ：ドイツ　B ：経済学の国民的体系
③ A ：イギリス　B ：経済学および課税の原理
④ A ：イギリス　B ：経済学の国民的体系

問 2　文中の空欄 C ・ D に当てはまる語句の組合せとして最適なものを，下記の選択肢（①～④）の中から1つ選び，その番号をマークしなさい。

① C ：ヘッジファンド　D ：ダンピング
② C ：ヘッジファンド　D ：サブプライム・ローン
③ C ：タックスヘイブン　D ：ダンピング
④ C ：タックスヘイブン　D ：サブプライム・ローン

問 3　文中の下線部(1)に関連して，世界恐慌から第二次世界大戦前後の時期に関する記述として最適なものを，下記の選択肢（①～④）の中から1つ選び，その番号をマークしなさい。

① 世界恐慌後，主要先進国は為替を切り下げることで，自国の輸出を促進させようとした。
② 主要先進国は，金本位制から離脱するまで，不換紙幣を発行していた。
③ ブレトンウッズ会議では，主要先進国が変動為替相場制に移行することが決定された。
④ 主要先進国は，関税を下げて，自由貿易を促進した。

問4 文中の下線部(2)に関連して，GATT(関税及び貿易に関する一般協定)やWTO(世界貿易機関)に関する記述として最適なものを，下記の選択肢(①～④)の中から1つ選び，その番号をマークしなさい。

① GATTが掲げる3原則に含まれる「多角」とは，可能な限り多くの財に関して自由化を進めることを指す。

② GATTはケネディ・ラウンドでの合意に基づき，WTOへ移行した。

③ 1990年代には中国がWTOに加盟し，その後中国からの輸出が増加した。

④ WTOは，紛争処理のパネル(小委員会)の設置に関して，全会一致で不採択を決定しない限り採択されるネガティブ・コンセンサス方式を採用している。

問5 文中の下線部(3)に関連して，2019年10月時点の地域経済統合に関する記述として最適なものを，下記の選択肢(①～④)の中から1つ選び，その番号をマークしなさい。

① NAFTAにはアメリカ，カナダ，ブラジルの3カ国が正式に加盟している。

② APECには中国とアメリカが共に加盟している。

③ MERCOSURには，アルゼンチンやチリなど6カ国が正式に加盟している。

④ 日本とEUはEPAの締結に向け，交渉中である。

問6 文中の下線部(4)に関連して，EUに関する歴史的な出来事(a～d)を，年代順に並べたものとして最適なものを，下記の選択肢(①～④)の中から1つ選び，その番号をマークしなさい。

a リスボン条約調印　　b 単一欧州議定書発効

c 欧州通貨制度発足　　d マーストリヒト条約発効

① b → c → d → a　　② b → c → a → d

③ c → b → d → a　　④ c → b → a → d

問7 文中の下線部(5)に関連して，次の図1は外国為替市場におけるドルの需要曲線(D)と供給曲線(S)を描いたものである。ただし，円ドル為替レートは

1ドル＝100円のように円建てで表わされるとする。このとき以下の問いに答えなさい。

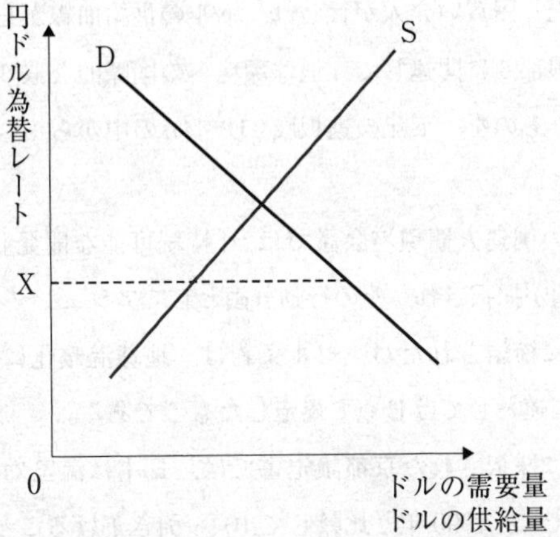

図1　外国為替市場におけるドルの需要曲線と供給曲線

(i)　円ドル為替レートが1ドル＝X円であるとする。このとき，今後のドルの需要・供給と，円ドル為替レートの変化に関する記述として最適なものを，下記の選択肢(①～④)の中から1つ選び，その番号をマークしなさい。

①　為替レートは円安・ドル高方向に変化し，ドルの需要が増加，供給が減少する。

②　為替レートは円高・ドル安方向に変化し，ドルの需要が増加，供給が減少する。

③　為替レートは円安・ドル高方向に変化し，ドルの需要が減少，供給が増加する。

④　為替レートは円高・ドル安方向に変化し，ドルの需要が減少，供給が増加する。

(ii)　日本銀行が過度な円高・ドル安を解消するために，外国為替市場に介入したとする。このとき生じる変化として最適なものを，下記の選択肢(①～④)の中から1つ選び，その番号をマークしなさい。

①　円売りドル買い介入が行われ，ドルの需要曲線が右にシフトする。

② 円売りドル買い介入が行われ，ドルの供給曲線が右にシフトする。

③ ドル売り円買い介入が行われ，ドルの需要曲線が右にシフトする。

④ ドル売り円買い介入が行われ，ドルの供給曲線が右にシフトする。

問 8　文中の下線部(6)に関連して，地球環境への国際的な取り組みに関する記述として最適なものを，下記の選択肢(①～④)の中から 1 つ選び，その番号をマークしなさい。

① 1972 年の国連人間環境会議では，「持続可能な開発」を基本理念とした「リオ宣言」が採択され，その行動計画としてアジェンダ 21 が策定された。

② 1992 年に締結されたバーゼル条約は，地球温暖化に対する国際的な取り組みを国連としてはじめて規定したものである。

③ 1997 年に採択された京都議定書では，日本は温室効果ガスの排出量を 2012 年までに，1990 年と比較して 10 % 引き下げることを決めた。

④ 2015 年に採択されたパリ協定では，すべての締約国が温室効果ガスの削減に取り組むことが定められたが，目標の達成は義務化されなかった。

問 9　文中の下線部(7)に関連して，交易条件(輸出財価格／輸入財価格)に関する記述として最適なものを，下記の選択肢(①～④)の中から 1 つ選び，その番号をマークしなさい。

① 交易条件が 0.5 であるとは，輸出財 2 単位と輸入財 1 単位が交換されることを意味し，この値が上昇するほど交易条件が改善する。

② 交易条件が 0.5 であるとは，輸出財 2 単位と輸入財 1 単位が交換されることを意味し，この値が低下するほど交易条件が改善する。

③ 交易条件が 0.5 であるとは，輸出財 1 単位と輸入財 2 単位が交換されることを意味し，この値が上昇するほど交易条件が改善する。

④ 交易条件が 0.5 であるとは，輸出財 1 単位と輸入財 2 単位が交換されることを意味し，この値が低下するほど交易条件が改善する。

4　次の文章を読んで，下記の問いに答えなさい。

一国の経済活動に関する統計情報は，国民経済計算と呼ばれる会計体系にまとめられている。国民経済計算に含まれる重要な指標として GDP や GNI(1)がある。特に実質 GDP は，短期的な景気循環(2)や，長期的な経済成長の様子を捉えるための指標として広く用いられている。ただし，景気循環について把握するためには，GDP だけでなく，労働市場の状況や物価の動きをみることも必要である。

日本の労働市場の状況は，完全失業率や有効求人倍率をみることによってある程度把握できる。雇用環境の悪化は，失業者の生活を困難にし，国内の所得格差の拡大にもつながる。このため，政府や中央銀行による経済政策が必要とされる。総務省統計局の労働力調査(3)によると，日本は，就職氷河期の 2001 年～2003 年，世界同時不況の影響を受けた 2009 年～2010 年に，年平均で [A] %台の高い完全失業率を記録している。

一方，物価の動きは，消費者物価指数や企業物価指数(4)，GDP デフレーター(5)によって捉えることができる。物価の極端な変動もまた，経済に混乱と非効率性をもたらすため，多くの国では中央銀行が物価の安定化を図っている。日本では日本銀行が，金融政策を通じて金利や貨幣量(6)を調整することでこの任にあたっている。

どのような政策によって，物価や雇用の安定化が達成できるかについては，これまで理論面や実証面から様々な議論が行われてきた。アメリカの経済学者ミルトン・フリードマンは，[B] を唱え，[C] 貨幣量の調整が経済の安定化には有効であることを主張した。

問 1　文中の空欄 [A] に当てはまる数値として最適なものを，下記の選択肢(①～④)の中から 1 つ選び，その番号をマークしなさい。

①　5　　②　7　　③　9　　④　11

問 2　文中の空欄 [B]・[C] に当てはまる語句の組合せとして最適なものを，下記の選択肢(①～④)の中から 1 つ選び，その番号をマークしなさい。

① [B]：有効需要の原理　[C]：裁量的な
② [B]：有効需要の原理　[C]：ルールに基づく
③ [B]：マネタリズム　[C]：裁量的な
④ [B]：マネタリズム　[C]：ルールに基づく

問 3　文中の下線部(1)に関連して，次の図 2 は，2000 年以降の日本の GDP，GNI，NNP(いずれも名目値)を図示したものである。グラフに示されている期間の日本について，このグラフに関する記述として最適なものを，下記の選択肢(①～④)の中から 1 つ選び，その番号をマークしなさい。

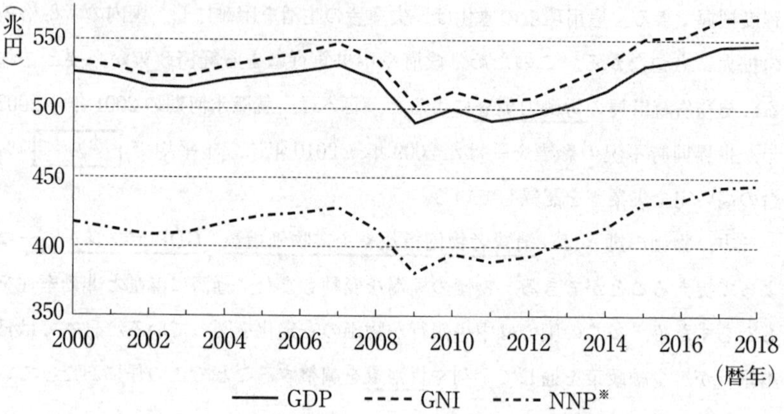

図 2　日本の GDP，GNI，NNP の推移(いずれも名目値)

データ：内閣府　国民経済計算 2018 年度年次推計
※ NNP は市場価格表示の国民所得の値

① 海外からの純所得は正であり，その絶対値は固定資本減耗より大きい。
② 海外からの純所得は正であり，その絶対値は固定資本減耗より小さい。
③ 海外からの純所得は負であり，その絶対値は固定資本減耗より大きい。
④ 海外からの純所得は負であり，その絶対値は固定資本減耗より小さい。

問 4　文中の下線部(2)に関連して，景気循環に関する記述として最適なものを，下記の選択肢(①～④)の中から 1 つ選び，その番号をマークしなさい。

① 主に設備投資の変動によって引き起こされる中期循環をジュグラーの波という。

② 主に設備投資の変動によって引き起こされる中期循環をキチンの波という。

③ 主に在庫投資の変動によって引き起こされる短期循環をコンドラチェフの波という。

④ 主に在庫投資の変動によって引き起こされる短期循環をクズネッツの波という。

問 5　文中の下線部(3)に関連して，先月の調査週間において完全失業者として仕事を探していた人が，1ヶ月の間にアルバイト先を見つけ，今月の調査週間中にアルバイトを行った。これによって生じる労働力調査の変化として最適なものを，下記の選択肢(①〜④)の中から1つ選び，その番号をマークしなさい。

① 労働力人口が増加し，非労働力人口が減少する。

② 労働力人口も非労働力人口も変化しない。

③ 就業者が増加し，休業者が減少する。

④ 就業者も休業者も変化しない。

問 6　文中の下線部(4)に関連して，次の図3は，日本の消費者物価指数と企業物価指数の前年比の変化率のグラフを示したものである。このとき以下の問いに答えなさい。

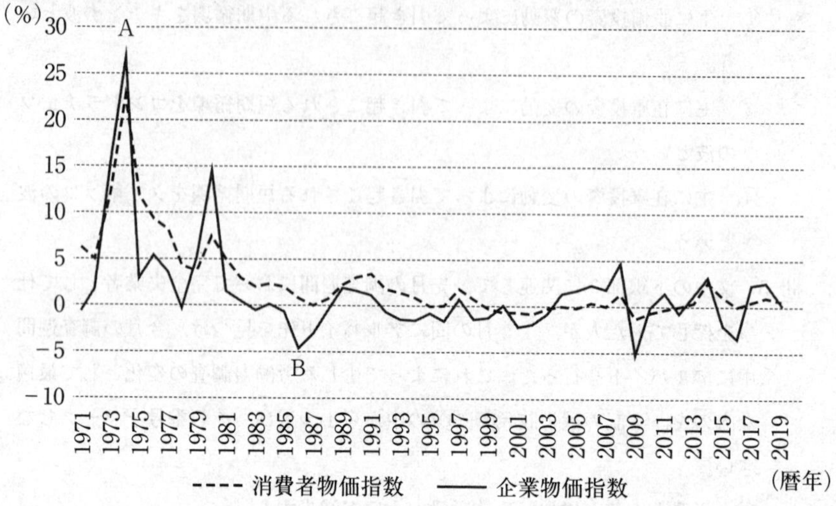

図3　日本の消費者物価指数と企業物価指数の前年比の変化率の推移

データ：総務省統計局　消費者物価指数，日本銀行　企業物価指数

(i)　Aの時期に，消費者物価指数と企業物価指数が大きく上昇している。このことに影響を与えた1970年代前半の出来事として最適なものを，下記の選択肢(①～④)の中から1つ選び，その番号をマークしなさい。

①　イラン・イラク戦争を機に，石油輸出国機構による原油価格の大幅な引き上げが行われた。

②　ソヴィエト連邦の崩壊を機に，石油輸出国機構による原油価格の大幅な引き上げが行われた。

③　第4次中東戦争を機に，石油輸出国機構による原油価格の大幅な引き上げが行われた。

④　湾岸戦争を機に，石油輸出国機構による原油価格の大幅な引き上げが行われた。

(ii)　Bの時期に，企業物価指数の変化率がマイナスに落ち込んでいる。このことに影響を与えた1980年代の出来事として最適なものを，下記の選択肢(①～④)の中から1つ選び，その番号をマークしなさい。

①　10カ国財務相会議での協定により，円が1ドル＝360円から308円

に切り上げられた。

② 国際通貨基金の暫定委員会で，変動為替相場制への移行が正式に承認された。

③ 先進5カ国財務相・中央銀行総裁会議で，ドル高是正のため，外国為替市場に協調介入を行うことが合意された。

④ WTO(世界貿易機関)の閣僚会議において，日本の WTO への加盟が認められた。

問 7　文中の下線部(5)に関連して，次の図 4 は，2000 年～2010 年の日本の GDP デフレーターを図示したものである。このグラフから，グラフに示されている期間の日本についていえることとして最適なものを，下記の選択肢(①～④)の中から 1 つ選び，その番号をマークしなさい。ただし，各選択肢中で言及されている実質 GDP は，GDP デフレーターと同じ基準年のものとする。

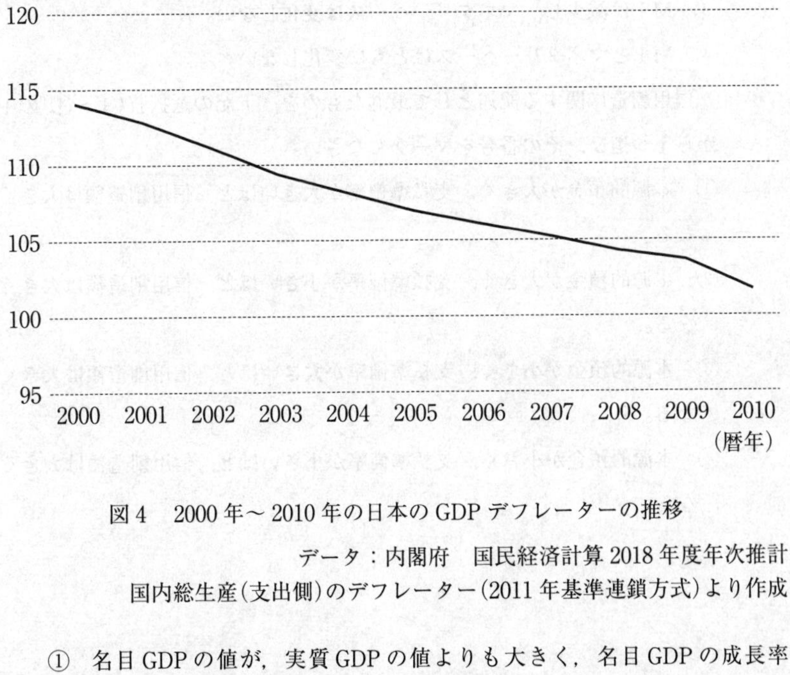

図 4　2000 年～2010 年の日本の GDP デフレーターの推移

データ：内閣府　国民経済計算 2018 年度年次推計
国内総生産(支出側)のデフレーター(2011 年基準連鎖方式)より作成

① 名目 GDP の値が，実質 GDP の値よりも大きく，名目 GDP の成長率は，実質 GDP の成長率よりも大きい。

② 名目GDPの値が，実質GDPの値よりも大きく，実質GDPの成長率は，名目GDPの成長率よりも大きい。

③ 実質GDPの値が，名目GDPの値よりも大きく，名目GDPの成長率は，実質GDPの成長率よりも大きい。

④ 実質GDPの値が，名目GDPの値よりも大きく，実質GDPの成長率は，名目GDPの成長率よりも大きい。

問8 文中の下線部(6)に関する以下の問いに答えなさい。

(i) ある人が保有していた現金を銀行の普通預金の口座に預け入れた。銀行はこのとき受け入れた預金をすべて日銀当座預金とした。このとき生じる変化として最適なものを，下記の選択肢(①～④)の中から1つ選び，その番号をマークしなさい。

① M1は減少し，マネタリーベースは増加する。

② M1は変化しないが，マネタリーベースは増加する。

③ M1は減少し，マネタリーベースは変化しない。

④ M1とマネタリーベースはともに変化しない。

(ii) 信用創造に関する記述として最適なものを，下記の選択肢(①～④)の中から1つ選び，その番号をマークしなさい。

① 本源的預金が大きく，支払準備率が大きいほど，信用創造額は大きくなる。

② 本源的預金が大きく，支払準備率が小さいほど，信用創造額は大きくなる。

③ 本源的預金が小さく，支払準備率が大きいほど，信用創造額は大きくなる。

④ 本源的預金が小さく，支払準備率が小さいほど，信用創造額は大きくなる。

数学

(注)　$\boxed{2}\boxed{3}$の解答は，途中の説明，式，計算等をできるだけていねいに書くこと。

◀理（総合理学プログラム〈文系〉を除く）・工学部▶

(90分)

$\boxed{1}$　次の空欄((a)〜(g))を適当に補え。

(1)　θが第1象限の角で，$\sin\theta=\dfrac{4}{5}$であるとき，$\sin 2\theta=$ $\boxed{\text{(a)}}$ である。

(2)　三角形OABにおいて，辺OAの中点をM，辺OBを3：1に内分する点をNとし，線分ANと線分BMとの交点をPとする。$\overrightarrow{\mathrm{OA}}=\vec{a}$，$\overrightarrow{\mathrm{OB}}=\vec{b}$とするとき，$\overrightarrow{\mathrm{OP}}$を$\vec{a}$と$\vec{b}$で表すと $\boxed{\text{(b)}}$ である。

(3)　数列$\{a_n\}$について，初項から第n項までの和S_nが$S_n=n^3-4n$で与えられているとき，一般項は$a_n=$ $\boxed{\text{(c)}}$ である。

(4)　等式$a+b+c=21$を満たす4以上の自然数a，b，cの組$(a,\ b,\ c)$は全部で $\boxed{\text{(d)}}$ 個ある。

(5)　点Pが曲線$x^2-4y^2=4$の上を動くとき，点Pと点$(5,\ 0)$の距離の最小値は $\boxed{\text{(e)}}$ である。

(6)　$\alpha=1+i$，$\beta=\left(1-\sqrt{2}\right)+\left(1+\sqrt{2}\right)i$とし，複素数平面上の3点O(0)，A$(\alpha)$，B$(\beta)$を考える。このとき，$\dfrac{\beta}{\alpha}$を計算すると $\boxed{\text{(f)}}$ であり，三角形OABの面積は $\boxed{\text{(g)}}$ である。ただし，$i=\sqrt{-1}$である。

2　a は正の定数とする。放物線 $C_1 : y = x^2$ 上の点 $\mathrm{P}(1,\ 1)$ における接線を l とする。放物線 $C_2 : y = x^2 + 2ax$ は，この接線 l に接している。このとき，次の問いに答えよ。

(1)　接線 l の方程式を求めよ。

(2)　定数 a の値を求めよ。

(3)　放物線 C_1，C_2 および接線 l で囲まれた部分の面積を求めよ。

3　関数 $f(x) = 2\sin x - \sin 2x$ について，次の問いに答えよ。

(1)　導関数 $f'(x)$ を求めよ。

(2)　$0 \leqq x \leqq 2\pi$ の範囲で，関数 $f(x)$ の増減表をかき，最大値と最小値を求めよ。

(3)　$0 \leqq x \leqq \pi$ の範囲で，2 曲線 $y = 2\sin x$，$y = \sin 2x$ で囲まれた図形を，x 軸の周りに 1 回転してできる立体の体積を求めよ。

◀経済・経営・人間科・理（総合理学プログラム〈文系〉）学部▶

（70 分）

1　次の空欄((a)〜(d))を適当に補え。

(1)　i を虚数単位とする。複素数 $(2-i)^3$ の実部は [(a)] である。

(2)　θ がすべての実数を動くとき，$\cos\theta+\cos 2\theta$ の最小値は [(b)] である。

(3)　コインを 5 回投げて，すべて同じ面がでる確率を p とする。このとき，$\log_2 p$ の値は [(c)] である。

(4)　x の関数 $f(x)$ は $\displaystyle\int_0^x (f(t)+2t)\,dt = x^3+x^2+x$ を満たす。このとき，$f(x)=$ [(d)] である。

2　a は正の定数とする。区間 $0 \leqq x \leqq 1$ で定義された関数 $y=x^2-ax+a$ について，次の問いに答えよ。

(1)　この区間における y の最大値と最小値を a を用いて表せ。

(2)　y の最小値が $\dfrac{7}{16}$ となるような a に対し，y の最大値を求めよ。

3 座標平面上に3点O$(0, 0)$, A$(0, 4)$, B$(8, 0)$がある。次の問いに答えよ。

(1) 3点A, B, Oを通る円Cの中心の座標を求めよ。

(2) 点Oを回転の中心として，円Cを反時計回りに60°回転させた円をC'とする。CとC'の共有点のうちOとは異なる点の座標を求めよ。

物理

(70 分)

(注) 解答用紙は，解答用紙A（マーク・センス方式）と解答用紙B（記述式）の２種類である。

解答用紙Bは，解の欄に途中の説明，式，計算を，答の欄に最終結果をはっきり書くこと。

1 次の文章中の空欄(1)～(10)に当てはまる最も適切なものを，各文章の次に掲げた(イ)～(ヘ)の中から一つずつ選び，その記号を解答用紙Aにマークしなさい。

(1) 水平から 45° 上方の向きに初速 v で投げ出された小物体が放物運動をし，投げてから時間 t 経過後，最高点に達した。そのときの鉛直方向の速度は上向きを正とすると [(1)] である。ただし，重力加速度の大きさを g とし，空気抵抗は無視できるものとする。

(イ) v (ロ) gt (ハ) $v-gt$

(ニ) 0 (ホ) $v+gt$ (ヘ) $-gt$

(2) 速さ 20 m/s で飛んできた質量 150 g のボールをバットで打ち返したところ，飛んできた方向に速さ 40 m/s で戻っていった。バットがボールに接触していた時間は 1.2×10^{-3} s であった。このとき，バットからボールにはたらく力の平均の大きさは [(2)] N である。

(イ) 3.6×10^{-3} (ロ) 1.1×10^{-2} (ハ) 3.6

(ニ) 2.5×10^{3} (ホ) 7.5×10^{3} (ヘ) 7.5×10^{6}

(3) 恒星から万有引力を受けて，恒星を中心とする等速円運動をしている惑星がある。惑星の速さは軌道半径 [(3)] する。

(イ)　の平方根に比例　　(ロ)　の平方根に反比例　　(ハ)　に比例

(ニ)　に反比例　　(ホ)　の 2 乗に比例　　(ヘ)　の 2 乗に反比例

(4)　抵抗値 R の抵抗 $\mathrm{R_1}$ と抵抗値 $2R$ の抵抗 $\mathrm{R_2}$ を並列に接続し，両端に電圧を加えた。このとき，$\mathrm{R_2}$ で単位時間あたりに発生するジュール熱は $\mathrm{R_1}$ でのそれの［ (4) ］倍である。

(イ)　$\dfrac{1}{4}$　　(ロ)　$\dfrac{1}{2}$　　(ハ)　$\dfrac{1}{\sqrt{2}}$　　(ニ)　1　　(ホ)　2　　(ヘ)　4

(5)　電気容量が C_1 のコンデンサー A と，電気容量が C_2 のコンデンサー B がある。あらかじめ帯電していない A と B を直列に接続して直流電源につないだ。じゅうぶんに時間が経った後のコンデンサー A にかかる電圧が V のとき，コンデンサー B に蓄えられた電気量は［ (5) ］である。

(イ)　$(C_1 - C_2)V$　　(ロ)　$(C_1 + C_2)V$　　(ハ)　$C_1 V$

(ニ)　$C_2 V$　　(ホ)　$\dfrac{C_1 C_2}{C_1 + C_2}V$　　(ヘ)　$\dfrac{C_1 C_2}{C_1 - C_2}V$

(6)　正の電荷をもつ荷電粒子に，鉛直下向きの重力と鉛直上向きの電場による力がつり合ってはたらき，粒子は静止している。さらに鉛直上向きに一定の磁場を加えたとき，粒子は［ (6) ］。

(イ)　静止したままである　　(ロ)　水平方向に運動する

(ハ)　鉛直上向きに運動する　　(ニ)　鉛直下向きに運動する

(ホ)　鉛直方向に振動する

(ヘ)　運動を始めるが，その向きは磁場の大きさによって様々である

(7)　温度 T_1(＜ 0 ℃)，質量 M の氷に熱 Q を加えたところ，温度 T_2(＞ 0 ℃)の水になった。氷の比熱，氷の融解熱，水の比熱の 3 つのうち，T_1，M，Q，T_2 の値から求めることができる物理量は［ (7) ］。

(イ)　3 つのすべてである

(ロ)　氷の比熱と水の比熱の 2 つだけである

(ハ)　氷の比熱だけである　　(ニ)　氷の融解熱だけである

(ホ) 水の比熱だけである (ヘ) 1つもない

(8) 温度0℃の理想気体分子の二乗平均速度が，温度の上昇とともに2倍まで増大した。このときの温度は約 (8) ℃である。

(イ) 16 (ロ) 23 (ハ) 150 (ニ) 270 (ホ) 340 (ヘ) 820

(9) 振動数 5.1×10^2 Hz の音を閉管の管口部で鳴らすと閉管内部の気柱が共振した。音の振動数を上げていくと，次は 8.5×10^2 Hz のときに共振した。この閉管の長さは (9) m である。ただし，音速は 3.4×10^2 m/s とし，開口端補正は無視できるものとする。

(イ) 0.50 (ロ) 0.75 (ハ) 1.0 (ニ) 1.5 (ホ) 2.0 (ヘ) 2.5

(10) 1 cm あたり800本の線が引かれている回折格子に波長 6.0×10^{-7} m の単色光を垂直に入射させたところ，回折格子の後方1.5 m にある，回折格子に平行に置かれたスクリーンに間隔 (10) cm の明るい点が生じた。

(イ) 2.0 (ロ) 3.2 (ハ) 5.0 (ニ) 7.2 (ホ) 8.9 (ヘ) 11

2 図1のように，なめらかな水平面上に，左端を壁に固定し，右端に軽い板を取り付けたばね定数 k の軽いばねがある。板の右側には質量 m の小物体Aが，Aの右側には質量 M の小物体Bが静止している。さらに，Bの右側の水平面には長さ L のあらい面が段差なくつながっている。以下の問いについて解答用紙Bに答えなさい。

(1) Aを板に左向きに押しつけて，ばねを自然長から d だけ縮めて静かに放すと，Aは右向きに打ち出された。板から離れた直後のAの速さを求めなさい。

(2) その後，AはBと衝突し，一体化して右向きに進んだ。(1)で求めた速さを v として，

(イ) 一体化した小物体の速さを，v，m，M を用いて表しなさい。

(ロ) AがBと一体化することによって失われた運動エネルギーを，v，m，M を用いて表しなさい。

(3) (2)において一体化した小物体がさらに右向きに移動し，あらい水平面上で停止した。AおよびBと，あらい面との間の動摩擦係数をいずれも μ，重力加速度の大きさを g とする。あらい面を小物体が進んで停止するまでに，

(イ) 進んだ距離を v，m，M，μ，g を用いて表しなさい。

(ロ) かかった時間を v，m，M，μ，g を用いて表しなさい。

(4) ばねを自然長から(1)の場合より大きく縮めて静かにAを放した。AとBが一体化した小物体が，長さ L のあらい水平面を通り過ぎるための，ばねの縮みの最小値を求めなさい。

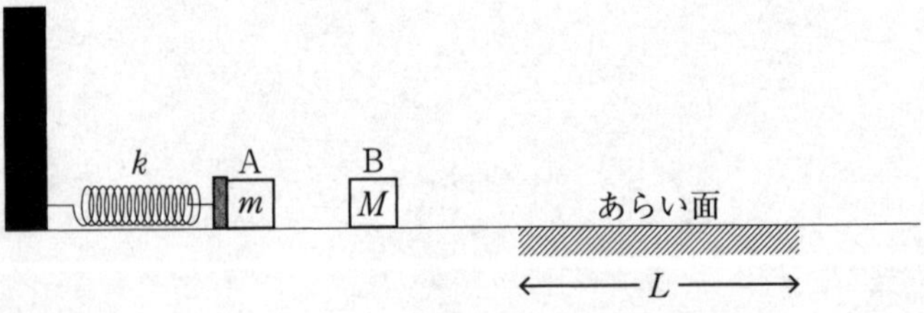

図 1

3　図2のように，左端が閉じた断面積Sのじゅうぶん長いシリンダー内に，なめらかに動く軽くて薄い2つのピストンがあり，左端の内壁には体積が無視できる電熱器がある。シリンダー左端から長さLのところには体積の無視できるストッパーがあり，左側のピストンAはその左側のみを，右側のピストンBは右側のみを動くことができる。Aは熱を自由に通し，Bとシリンダーは熱を通さない。シリンダー内には，Aの左側に物質量$2n$の単原子分子理想気体X，AとBの間に物質量nの単原子分子理想気体Yが入っている。外気圧をp_0，気体定数をRとし，ピストンA，ストッパーと電熱器の熱容量は無視できるものとして，以下の問いについて解答用紙Bに答えなさい。

(1)　気体XとYの絶対温度はともにT_0で，Bはストッパーの位置にあった。

(イ)　気体Xの圧力を求めなさい。

(ロ)　シリンダーの左端からAまでの距離を求めなさい。

(2)　(1)の状態から電熱器で気体Xをゆっくり加熱した。Bがストッパーの位置から動き始めるときの，気体Xの絶対温度を求めなさい。

(3)　続けて気体を加熱していくと，Aがストッパーの位置まで到達した(図3)。(2)でBが動き始める瞬間の状態からの気体XとY全体の内部エネルギーの変化量を求めなさい。

(4)　(3)でAがストッパーに達したときの状態での気体Xの絶対温度をT_1とおく。さらに気体Xを加熱して気体Xの絶対温度がT_1から$3T_1$になるまでに，電熱器が気体XとY全体に与えた熱量を求めなさい。

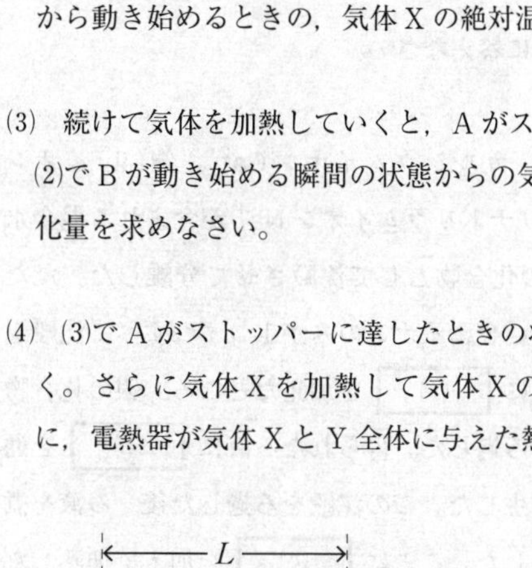

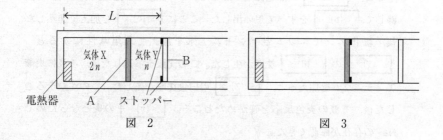

図　2

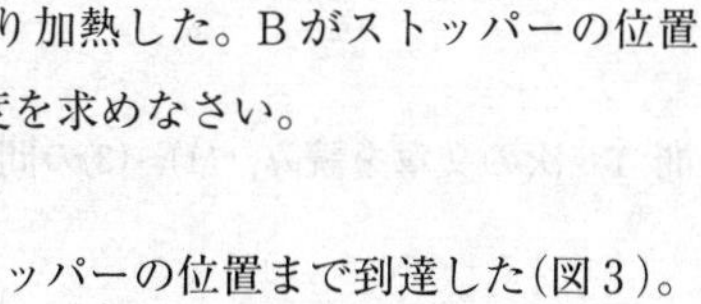

図　3

化学

(70 分)

(注)　解答用紙は，解答用紙 A（マーク・センス方式）と解答用紙 B（記述式）の 2 種類である。

必要があれば，原子量は次の値を使いなさい。 H 1.0　C 12　N 14　O 16

1　次の問 1 〜問 3 に答えなさい。

問 1　次の文章を読み，(1)〜(3)の問いに答えなさい。

同じモル濃度の銀イオン Ag^{+}，カルシウムイオン Ca^{2+}，銅(Ⅱ)イオン Cu^{2+}，鉄(Ⅲ)イオン Fe^{3+}，およびナトリウムイオン Na^{+} が含まれる混合水溶液から，金属イオンを難溶性の化合物として沈殿させて分離した。ただし，沈殿操作によって，分離したい金属イオンのみが 1 つずつすべて沈殿したものとする。まず，混合水溶液に [(a)] を加えたところ，銀の化合物の(A)白色沈殿が生じ，この沈殿をろ過した。得られたろ液に [(b)] を通じると，[(X)] の黒色沈殿が生じた。この沈殿をろ過した後，ろ液を煮沸して [(b)] をすべて追い出した。ここに [(c)] を加えて加熱した後，塩化アンモニウムとアンモニア水を加えて弱塩基性にすると，[(Y)] の [(d)] 沈殿が生じた。この沈殿をろ過した後，ろ液に炭酸アンモニウムを加えると，[(Z)] の白色沈殿が生じた。この沈殿をろ過した後，ろ液の炎色反応を確かめたところ，[(e)] の炎となったので Na^{+} の存在が確認できた。

(1)　空欄(a)～(e)にあてはまるもっとも適切なものを(イ)～(リ)の中から1つずつ選び，その記号を解答用紙Aにマークしなさい。

(イ)　硫酸　　(ロ)　希塩酸　　(ハ)　硝酸

(ニ)　アンモニア　　(ホ)　硫化水素　　(ヘ)　二酸化炭素

(ト)　黄色　　(チ)　赤褐色　　(リ)　黒色

(2)　空欄(X)～(Z)にあてはまる適切な化合物の化学式を解答用紙Bに書きなさい。

(3)　下線(A)の白色沈殿はアンモニア水に溶けて，無色の溶液になる。このときに起こる，アンモニアと白色沈殿との反応のイオン反応式を解答用紙Bに書きなさい。

問 2　次の文章を読み，(1)と(2)の問いに答えなさい。

硫黄Sの単体は，天然では [(a)] 色の固体として産出され，工業的には，おもに石油精製過程で [(b)] によって得られる。また，硫黄の単体には斜方硫黄，単斜硫黄，ゴム状硫黄などの [(X)] が存在する。いずれも水に [(c)] であるが，斜方硫黄と単斜硫黄は二硫化炭素CS_2に [(d)] である。

(1)　空欄(a)～(d)にあてはまるもっとも適切なものを(イ)～(チ)の中から1つずつ選び，その記号を解答用紙Aにマークしなさい。また，空欄(X)にあてはまる適切な語句を解答用紙Bに書きなさい。

(イ)　赤　　(ロ)　青　　(ハ)　黄　　(ニ)　加硫

(ホ)　脱硫　　(ヘ)　硫化　　(ト)　可溶　　(チ)　不溶

(2)　硫黄S(固)の単体が完全燃焼したときに起こる化学変化の熱化学方程式を解答用紙Bに書きなさい。ただし，硫黄S(固)の燃焼熱は297 kJ/molであるとする。

問 3　次の(1)～(3)の問いに答えなさい。答えは(イ)～(ホ)の中からもっとも適切なものを1つ選び，その記号を解答用紙Aにマークしなさい。

(1)　次の原子のうち，イオン化エネルギーがもっとも小さいものはどれか。

(イ)　酸素　　(ロ)　炭素　　(ハ)　窒素

(ニ)　ネオン　　(ホ)　ベリリウム

(2)　次の原子のうち，電気陰性度がもっとも大きいものはどれか。

(イ)　ケイ素　　(ロ)　リン　　(ハ)　硫黄　　(ニ)　塩素　　(ホ)　臭素

(3)　水素原子には3種類の異なる原子 ^{1}H, ^{2}H, ^{3}H がある。これらの原子に共通するものの組み合わせはどれか。

(イ)　陽子の数と中性子の数

(ロ)　中性子の数と電子の数

(ハ)　電子の数と質量数

(ニ)　陽子の数と電子の数

(ホ)　中性子の数と質量数

2　次の問1～問3に答えなさい。

問1　次の(1)と(2)の問いに答えなさい。ただし，H_2(気)のH—H結合，CH_4(気)のC—H結合，H_2O(気)のO—H結合，O_2(気)のO=O結合の結合エネルギーを，それぞれ436 kJ/mol，415 kJ/mol，463 kJ/mol，498 kJ/molとする。答えは解答用紙Bに書きなさい。

(1)　1 molのメタンCH_4(気)分子の4つのC—H結合をすべて切断し，完全に原子に分解するのに必要なエネルギーは何kJか。

(2)　水H_2O(液)が生成するときの熱化学方程式は次式で表される。水H_2O(液)の蒸発熱は何kJ/molか。

$$H_2(気) + \frac{1}{2}O_2(気) = H_2O(液) + 286\ \mathrm{kJ}$$

問 2　凝固点降下に関する次の(1)と(2)の問いに答えなさい。答えは，(イ)〜(ニ)の中からもっとも適切なものを１つずつ選び，その記号を解答用紙Ａにマークしなさい。

(1)　塩化ナトリウム 0.010 mol，塩化カルシウム 0.010 mol，グルコース 0.010 mol を，それぞれ水 100 g に溶解して３種類の希薄水溶液をつくった。水溶液の凝固点が高い順に並べなさい。ただし，塩化ナトリウムと塩化カルシウムは完全に電離しているものとする。

(イ)　グルコース水溶液 ＞ 塩化ナトリウム水溶液 ＞ 塩化カルシウム水溶液

(ロ)　グルコース水溶液 ＞ 塩化カルシウム水溶液 ＞ 塩化ナトリウム水溶液

(ハ)　塩化カルシウム水溶液 ＞ 塩化ナトリウム水溶液 ＞ グルコース水溶液

(ニ)　塩化ナトリウム水溶液 ＞ 塩化カルシウム水溶液 ＞ グルコース水溶液

(2)　水 100 g に塩化ナトリウム 0.010 mol を溶解した水溶液を冷却すると，氷が生成した。その後，温度を -0.50 ℃ に保って十分に時間が経過すると，氷と塩化ナトリウム水溶液が共存していた。このとき，何 g の氷が塩化ナトリウム水溶液と共存しているか。ただし，水の凝固点は 0 ℃，水のモル凝固点降下は 1.85 K･kg/mol とし，塩化ナトリウムはすべて水に溶解していて，完全に電離しているとする。

(イ)　26　　(ロ)　37　　(ハ)　63　　(ニ)　74

問 3　次の(1)と(2)の問いに答えなさい。気体はすべて理想気体とし，気体定数は 8.3×10^3 Pa･L/(K･mol) とする。答えは，計算過程とともに有効数字２桁で解答用紙Ｂに書きなさい。

(1)　40 mg の気体 **X** の体積を，27 ℃ で 100 mL にしたところ，圧力は 2.0×10^4 Pa を示した。気体 **X** の分子量を答えなさい。

(2)　温度 27 ℃，圧力 2.0×10^4 Pa，体積 100 mL の気体 **A** と，温度 27 ℃，圧力 3.0×10^4 Pa，体積 400 mL の気体 **B** がある。**A** と **B** を混合し，体積を 1200 mL，温度を -73 ℃ にした。このときの混合気体の圧力は何 Pa

か。ただし，気体Aと気体Bは混ぜても反応せず，-73℃では液体にならないとする。

3 次の問1と問2に答えなさい。

問1　次の(1)～(4)の問いに答えなさい。

表1の(イ)～(ホ)の有機溶媒を，それぞれ別の分液ろうとに入れた。そこに，分液ろうとに入れた有機溶媒と同じ体積の水を加え，十分に混ぜ合わせたのちに静置した。操作は20℃で行い，水および有機溶媒の温度も20℃であった。また，20℃における水の密度は0.998 g/cm^{3}である。

(1)　水を加えて混ぜ合わせたのち静置しても二層に分離しない有機溶媒はどれか。もっとも適切なものを表1の(イ)～(ホ)の中から1つ選び，その記号を解答用紙Aにマークしなさい。

(2)　静置して二層に分離するもののうち，水が上層，有機溶媒が下層になるものはどれか。もっとも適切なものを表1の(イ)～(ホ)の中から1つ選び，その記号を解答用紙Aにマークしなさい。

表1

	有機溶媒	20℃での密度〔g/cm^3〕	20℃の水100 mLに溶ける最大質量〔g〕
(イ)	クロロホルム	1.48	0.8
(ロ)	酢酸エチル	0.900	8.3
(ハ)	トルエン	0.867	0.047
(ニ)	ヘキサン	0.655	0.0013
(ホ)	メタノール	0.792	∞(任意の割合で混合する)

(3)　表2に示すように，溶液Aと水溶液Bがある。この2つの溶液を十分に

混合し，分液ろうと中で静置する。このとき，溶液Aに含まれていた溶質またはその塩の大部分が水層に移動するものはどれか。もっとも適切な組み合わせを表2の(イ)～(ニ)の中から1つ選び，その記号を解答用紙Aにマークしなさい。ただし，溶液A中の溶質が水溶液B中の試薬と反応するものについては，十分な量の試薬が水溶液Bから供給されるものとする。

表2

	溶液A	水溶液B
(イ)	アニリンのジエチルエーテル溶液	炭酸水素ナトリウム水溶液
(ロ)	シクロヘキセンのクロロホルム溶液	臭素水
(ハ)	安息香酸のジエチルエーテル溶液	希硫酸
(ニ)	フェノールのジエチルエーテル溶液	水酸化ナトリウム水溶液

(4)　水にもジエチルエーテルにも溶解する物質**X**について考える。水，ジエチルエーテル，物質**X**を分液ろうとに入れ，よく振り混ぜてから十分な時間静置すると，二層に分離する。

溶液の体積 V〔mL〕と溶質**X**の質量 m〔g〕を使って，質量濃度を m/V と定義する。これを使って，それぞれの層での**X**の質量濃度の比 P を次のように定義する。

$$P = \frac{\text{有機層中の質量濃度〔g/mL〕}}{\text{水層中の質量濃度〔g/mL〕}}$$

物質**X** 2.0 g を，水 100 mL とジエチルエーテル 100 mL とともに分液ろうとに入れ，よく振り混ぜてから十分な時間静置した。P の値が 3.0 のとき，ジエチルエーテル層に溶解している**X**は何 g か。答えは計算過程とともに解答用紙Bに書きなさい。ただし，ジエチルエーテルと水は互いに溶解せず，一連の操作によって水層と有機層の体積は変化しないものとする。

問 2　次の(1)～(4)のそれぞれにあてはまる高分子としてもっとも適切なものを(イ)

～(チ)の中から1つずつ選び，その記号を解答用紙Aにマークしなさい。高分子の分子量は十分に大きく，末端の影響は無視できるものとする。

(1) この高分子 81 mg を完全燃焼させると，二酸化炭素 132 mg と水 45 mg のみが生成する。

(2) この高分子を加水分解(けん化)し，ホルムアルデヒドで処理(アセタール化)することで，適度な吸湿性を持つ合成繊維が得られる。

(3) この高分子は適度な加硫によって弾性が大きく向上し，耐久性や耐熱性を高くしてタイヤなどに使われる。また，過度の加硫によって硬い樹脂状物質となる。

(4) この高分子を工業的に生産するとき，一般に環状の単量体を開環重合する。

(イ)

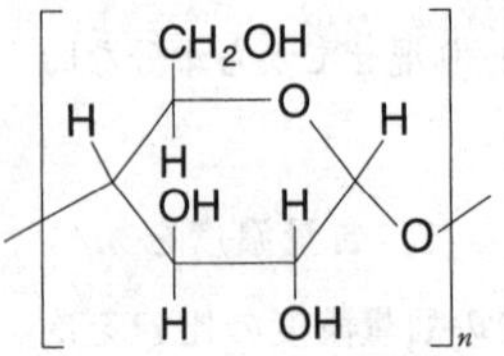

$[C_6H_{10}O_5]_n$

(ロ)

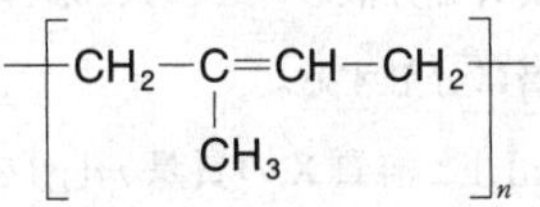

$[C_5H_8]_n$

(ハ)

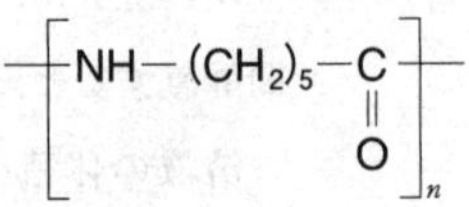

$[C_6H_{11}NO]_n$

(ニ)

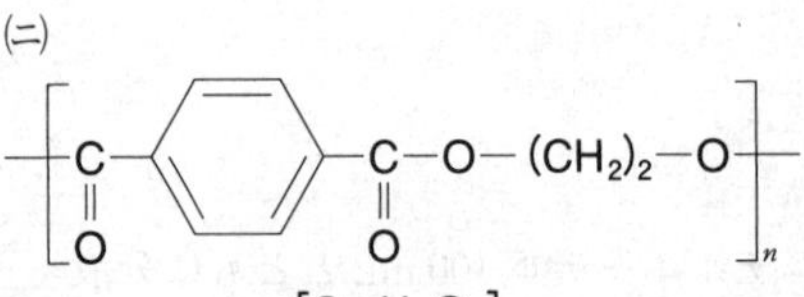

$[C_{10}H_8O_4]_n$

(ホ)

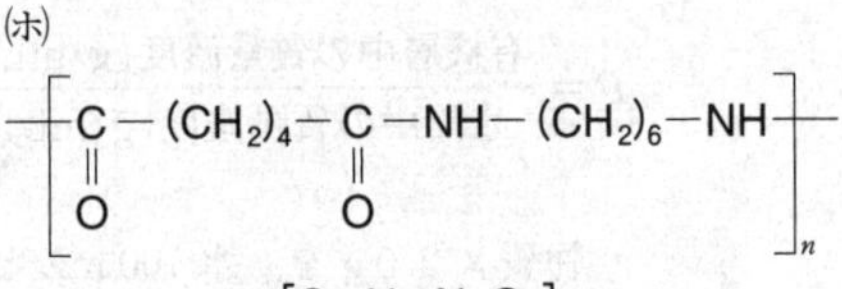

$[C_{12}H_{22}N_2O_2]_n$

(ヘ)

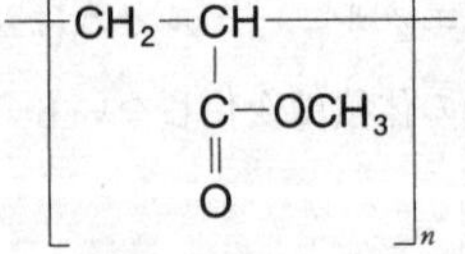

$[C_4H_6O_2]_n$

(ト)

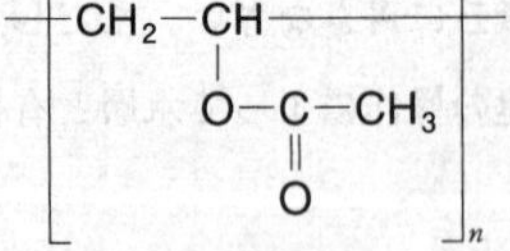

$[C_4H_6O_2]_n$

(チ)

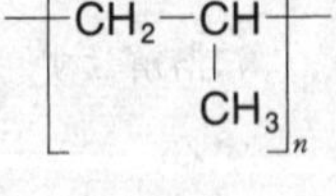

$[C_3H_6]_n$

■生物■

（70 分）

1　次の文を読み，各問いに答えよ。

生物は外界から取り入れた物質を体内の化学反応によって他の物質につくりかえることができる。このような化学反応には $_{\text{A}}$大きく分けて同化と異化があり，これらはまとめて［　①　］とよばれる。物質は種類や状態に応じたエネルギーをもっており，化学反応においてはエネルギーの出入りがあることが多い。細胞内でエネルギーがやりとりされる時には，$_{\text{B}}$一般に ATP という分子がその仲立ちをする。生体内の化学反応は $_{\text{C}}$酵素の触媒作用によって促進される。酵素は蛋《たん》白《ぱく》質からなるので，$_{\text{D}}$変性によって活性を失うことがある。

細胞内に存在する $_{\text{E}}$グルコースなどの有機物からエネルギーを取り出す過程は呼吸である。呼吸には［　②　］という細胞小器官のほか，細胞質基質の酵素群が関与する。エネルギー源となる有機物は，動物の場合には外部から食物として取りこむ。一方植物では，細胞内で［　③　］と［　④　］から光合成によって有機物を合成する。この時，まず光エネルギーに依存して $_{\text{F}}$ATP を合成する［　⑤　］という反応がおこり，しかる後にこの反応で得られた ATP のもつ［　⑥　］エネルギーを利用した有機物合成反応がおこる。

問 1　空欄①～⑥に適した用語または語句を記せ。

問 2　下線部Aについて，a～fから同化に関わる記述と異化に関わる記述をそれぞれ全て選び，記号で答えよ。

a　単純な物質から複雑な物質を合成する

b　ほぼ同じ大きさの物質へと形を変える

c　複雑な物質を単純な物質へと分解する

d　反応に伴うエネルギーの出入りがない

e　反応に伴ってエネルギーを放出する

f　反応に伴ってエネルギーを吸収する

問 3　下線部Bについて，ATPのように代謝に伴うエネルギーの出入りの仲立ちをする分子をa～hから全て選び，記号で答えよ。

a　MHC	b　EPSP	c　NADH	d　IPTG
e　FAD	f　GFP	g　DNA	h　HIV

問 4　下線部Cについて，酵素の無機触媒とは異なる性質として適切なものをa～fから全て選び，記号で答えよ。

a　特定の物質だけに作用する　　b　細胞内だけではたらく

c　低温では反応が遅くなる　　d　水素イオン濃度の影響を受ける

e　反応物より少ない量で触媒する　　f　反応の前後で自身は変化しない

問 5　下線部Dについて，変性した酵素の状態を説明した記述のうちで正しいものをa～eから一つ選べ。

a　隣り合うアミノ酸どうしの結合が切れている

b　側鎖の塩基どうしをつなぐ結合が切れている

c　アミノ酸の配列が部分的に変化している

d　立体構造を作るための弱い結合が切れている

e　側鎖と炭素原子との間の結合が切れている

問 6　下線部Eについて，この過程に関わる化学反応は大きく三つの段階に分けることが出来る。それぞれの段階の名称を記せ。

問 7　下線部Fについて，この反応に関わる酵素がATPを合成する際の原動力を「チラコイド内腔」と「ストロマ」の二つの語句を用いて40字以内で説明せよ。

2 文1と文2を読み，各問いに答えよ。

［文1］ 神経系は$_{\mathrm{A}}$神経細胞(ニューロン)と，それを取り囲むグリア細胞などによって構成されている器官系である。ヒトの神経系は$_{\mathrm{B}}$脳と脊髄からなる中枢神経系と，中枢神経系とからだの各部位とをつなぐ末梢神経系から構成されている。末梢神経系は機能によって，体性神経系と$_{\mathrm{C}}$自律神経系に分けられる。ニューロンはその機能から$_{\mathrm{D}}$感覚ニューロン，運動ニューロン，介在ニューロンの三つに大別される。

問 1 下線部Aについて，a～dから正しい記述を全て選び記号で答えよ。

a 細胞体では蛋白《たんぱく》質合成がさかんに行われている。

b ある神経細胞から別の神経細胞にシナプスを介して興奮が伝わることを興奮の伝導という。

c 軸索を刺激すると興奮は軸索の末端方向にのみ伝わる。

d 同じ太さの有髄神経線維と無髄神経線維を比べると，興奮は有髄神経線維の方が速く伝わる。

問 2 下線部Bについて，(1)と(2)に答えよ。

(1) 筋運動を調節してからだの平衡を保つ中枢はどこか。

(2) 呼吸運動の中枢はどこか。

問 3 下線部Cについて，(1)と(2)に答えよ。

(1) この神経系の最高中枢はどこにあるか。

(2) この神経系が心臓の拍動を調節するしくみを説明せよ。

問 4 下線部Dについて，各ニューロンのはたらきを簡潔に説明せよ。

［文2］ ヒトの目に入った光は角膜，瞳孔，$_{\mathrm{E}}$水晶体，ガラス体を通って$_{\mathrm{F}}$網膜に到達し，網膜に分布する視細胞を刺激して興奮させる。ヒトの網膜には錐《すい》体細胞と桿《かん》体細胞という二種類の視細胞が存在する。錐体細胞は主に明るい場所ではたらいて色の識別に関与し，420 nm 付近の波長の光を最も良く吸収する視物質をもつ［　①　］錐体細胞，530 nm 付近の波長の光

を最も良く吸収する視物質をもつ［　②　］錐体細胞，560 nm 付近の波長の光を最も良く吸収する視物質をもつ［　③　］錐体細胞に分類される。一方，桿体細胞は弱い光にも反応する特長をもつが，色を区別することはできない。視細胞の興奮は視神経を通じて大脳の視覚中枢(視覚野)へと伝えられ，そこで情報の統合と処理がなされて色の識別(色覚)や明暗に関する感覚などを含む視覚が生ずる。

問５　空欄①～③には光の三原色の何れかが入る。最も適した色をａ～ｅから選び記号で答えよ。

ａ　紫　　ｂ　青　　ｃ　緑　　ｄ　黄　　ｅ　赤

問６　下線部Ｅについて，眼には水晶体の厚さを変え，焦点の位置を調節して網膜に像を結ばせる遠近調節のしくみがある。水晶体の厚さと焦点距離との関係をまとめた表１の空欄④～⑦に適切な語句を入れて表を完成させよ。

表１　水晶体の形状と焦点距離の関係

	水晶体の形状	焦点距離
近くを見るとき	④	⑤
遠くを見るとき	⑥	⑦

問７　下線部Ｆについて，ヒトの網膜では色素細胞(a)，視細胞(b)，視神経細胞(c)という３種類の細胞が層をつくっている。これらの細胞がどのように並んで層をつくっているのか，光の入る側から脈絡膜に向かって順番に記号で記せ。

問８　ヒトの目には光を受容できない盲斑と呼ばれる部分が存在する。しかし，私たちは普段生活するうえで，たとえ片方の目で見ていたとしても盲斑の存在を意識することはほとんどない。なぜほとんど意識しないのか，あなたの考えを50字程度にまとめて記せ。

3　文1と文2を読み，各問いに答えよ。

［文1］　オーストラリアには，カモノハシなどの単孔類やカンガルー，コアラなどの有袋類からなる独特な $_{A}$哺《ほ》乳《にゅう》類が分布している。とりわけ $_{B}$有袋類は多様化してさまざまな生態的地位を占めている。$_{C}$他の大陸では，似たような生態的地位は真獣類が占めている。

問1　下線部Aについて，哺乳類を他の脊椎動物から区別する形質を二つ挙《あ》げよ。

問2　下線部Bについて，このような進化現象は何とよばれるか。

問3　下線部Cについて，(1)と(2)に答えよ。

(1)　似たような生態的地位を占める中で，それぞれの動物が類似した形質を独立に獲得する現象は何とよばれるか。

(2)　オーストラリアのある有袋類と他の大陸のある真獣類が同じような生態的地位を占めているかどうかを調べたい。調査内容として適切なものをa～dから二つ選び，記号で答えよ。

a　体の外見が似ているか

b　同じような食物に依存しているか

c　同じような発生段階を経て成長するか

d　見かけは異なっても起源が同じ器官をもっているか

［文2］　$_{D}$有袋類の系統と真獣類の系統が枝分かれしたのは，分子の解析からおよそ1億2000万年前と推定されている。最古の有袋類化石は北米の約6500万年前の地層から発見された。北米ではその後，有袋類は一旦絶滅し，約300万年前から再び生息するようになった。南米では，有袋類は6500～5400万年前に著しい多様化を遂げた後，約300万年前まで繁栄を続け，以後，多くの種が絶滅した。オーストラリアでは，有袋類の化石は約5000万年前から知られる。フクロネズミのような小さな種から2600～550万年前の間に大規模な多様化を遂げた後，人間の移住により絶滅した一部の種を除き，現在まで繁栄を続けている。

問 4　下線部Dについて，(1)〜(3)に答えよ。

(1)　分岐年代の推定は分子進化と分子時計の考えに基づく。これに関連した記述のうち誤りと考えられるものをａ〜ｄから全て選び，記号で答えよ。

ａ　機能的に重要な分子ほど進化速度が大きい

ｂ　中立的でない突然変異は自然淘汰の影響を受ける

ｃ　アミノ酸に翻訳されない塩基配列は進化速度が大きい

ｄ　蛋白《たんぱく》質では種類によらず分子進化の速度は一定である

(2)　表１は哺乳類３種と両生類１種の間で，ヘモグロビン α 鎖のアミノ酸配列を比較し，各種の間で異なるアミノ酸の数を示したものである。哺乳類の共通祖先から，真獣類，有袋類，単孔類が分岐する順序を推定し，30字程度で簡潔に記せ。

(3)　哺乳類ではアミノ酸一つが置換するのに要する時間はおよそ何年と推定されるか。表１の数値を用いて計算し，有効数字一桁で求めよ。計算過程も記せ。

表１　ヘモグロビン α 鎖のアミノ酸置換数

	ヒト	カンガルー	カモノハシ	イモリ
ヒト	0	27	37	62
カンガルー		0	49	67
カモノハシ			0	71
イモリ				0

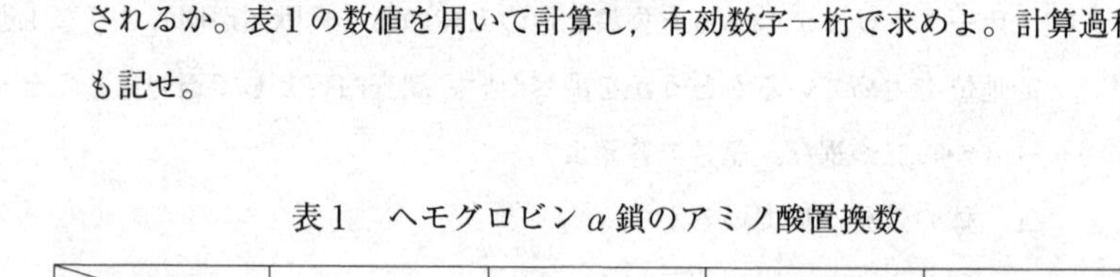

約 6000 万年前　　約 3000 万年前

図１　大陸移動の歴史。灰色の部分は陸地，実線は現在の大陸の輪郭を表す。

問 5　オーストラリアに生息する有袋類の起源は南米であると考えられている。図 1 を参考にして，その根拠と移動経路を推察し，80 字程度で記せ。

問 6　約 300 万年前にアメリカ大陸で起きた有袋類の分布と絶滅に係わる地質学的事件を推察し，20 字程度で簡潔に記せ。

4　撮影者の特権性は、カメラの機能を備えた機器を持ち歩くことで高まった。
5　SNSに投稿されシェアされる写真では、撮影者の存在が大切にされる。
6　写真家の総数は、写真が見る側のものになったことによって減った。
7　スマートフォンとSNSによる写真の変化は、遠近法と密接に関係する。

問十八　問題文の表題として最適なものを次の中から選び、その番号をマークしなさい。
1　写真家の存在と写真の日常性
2　重要化する写真の撮影行為
3　スマートフォンと近代的まなざし
4　写真行為を溶かすSNS

担っている。

4　SNSにアップロードされる写真が、従来のカメラで撮影された写真と異なるという筆者の主張の論拠としての役割を担っている。

問十六　傍線部⑫「写真が撮影者のものではなくなり、見る側のものへと移ったことにより、写真から時間が失われて、すべてが「今」のことになった」とあるが、「写真から時間が失われ」るとはどういうことか。その説明として最適なものを次の中から一つ選び、その番号をマークしなさい。

1　デジタル技術で撮影されたスマートフォンなどの写真は画像編集が容易であり、撮影された時点の実際の風景や出来事に修正が加えられるので、撮影時点の事実が軽視されているということ。

2　これまで写真は体験や経験したものを記録するなど、撮影した時点のことが強く意識されてきたが、SNS上の写真は人々がそれを目にした時の話題として見られているということ。

3　本来、写真は撮影された時点だけが問題にされるものであったが、スマートフォンでは、タイムライン上に次から次へと写真が投稿されるため、その撮影時点が問題にされなくなったということ。

4　そもそも写真は過去の時間に属していたが、SNS上で公開されるようになり、一つの事件に対しさまざまな視点からの写真が撮影されることで、特定の時制にしばられなくなったということ。

問十七　問題文の内容に合致するものを次の中から二つ選び、その番号をマークしなさい。

1　カメラは、撮影よりも閲覧の方が重視されることで単なる機材になった。

2　スマートフォンは、これまでの写真行為のプロセスに変化を与えた。

3　銀塩写真の時代は、撮影することだけでなく現像することも重要であった。

から撮影した映像が次々にあらわれる場合には、撮影者の特権性によって不自然さを感じることなく映像を見ている。

4　人は一般的には、固定した一つのカメラに同化したかのように映像を見ると考えられるが、一つの対象を複数の位置から撮影した映像が次々にあらわれる場合には、同時に複数の視点を獲得することができず不完全に映像を見ている。

問十四　傍線部⑩「写真家が撮るような写真は、もはや特殊な例外になった」とあるが、ここでの「写真家が撮るような写真」に該当するものを次の中から一つ選び、その番号をマークしなさい。

1　遠近法により撮られた写真

2　世界中でシェアされた写真

3　時制が不明瞭になった写真

4　作意をもって撮られた写真

問十五　傍線部⑪「前に、ぼくはカメラ登場以前、人は風景を遠近法ではなく、航空写真のように見ていたのではないか、と述べた。それが一九世紀になって写真が普及すると、人間の目もカメラのように遠近法で見ていると思われるようになった」とあるが、この部分は問題文の中でどのような役割を担っているか。その説明として最適なものを次の中から選び、その番号をマークしなさい。

1　スマートフォンがカメラの機能を持つようになり、世界に対する人間の見方が変化してきていることを示す具体例としての役割を担っている。

2　写真技術が人間のものの見方の変化に影響するという筆者の考えを、類似する例をあげて読者にわかりやすく伝えるための役割を担っている。

3　人間の世界認識に変容をもたらした一九世紀のカメラ技術が、現在の写真の変化と直接に関係することを示す役割を

3　写真がプリントされず物としてのかたちを持たなくなったこと

4　デジタル加工によって写真が簡単に変容させられてしまうこと

問十一　空欄 B と空欄 C に入る語句の組み合わせとして最適なものを次の中から選び、その番号をマークしなさい。

1　B 暗い部屋　　C 密閉

2　B 明るい部屋　C 撮影

3　B 暗い部屋　　C 現像

4　B 明るい部屋　C 加工

問十二　傍線部⑧「身も蓋もない」とあるが、この表現の意味に最も近いものを次の中から選び、その番号をマークしなさい。

1　痛くも痒《かゆ》くもない　2　味も素っ気もない　3　跡形もない　4　縁もゆかりもない

問十三　傍線部⑨「ここでパラドックスとされている事柄」とあるが、ここでいう「事柄」の説明として最適なものを次の中から選び、その番号をマークしなさい。

1　人は一般的には、固定した一つのカメラに同化したかのように映像を見ると考えられるが、一つの対象を複数の位置から撮影した映像が次々にあらわれる場合には、複数のカメラの地点を瞬時に移動したかのように映像を見ている。

2　人は一般的には、固定した一つのカメラに同化したかのように映像を見ると考えられるが、一つの対象を複数の位置から撮影した映像が次々にあらわれる場合には、撮影した実感が得られないので距離感を感じつつ映像を見ている。

3　人は一般的には、固定した一つのカメラに同化したかのように映像を見ると考えられるが、一つの対象を複数の位置

問七　傍線部④「この騒動でおもしろいのは」とあるが、筆者は何を「おもしろい」ことと感じているのか。その説明として最適なものを次の中から選び、その番号をマークしなさい。

1　写真撮影の作業や過程を知らないはずの動物保護団体やニュースサイトが、意外にも写真の本質を知っていたこと。
2　サルでも写真が撮影できるスレイターの作ったシステムによって、写真行為についての社会的関心が高まったこと。
3　写真行為の現在の変化に対して、動物保護団体やニュースサイトが旧来の写真撮影の考え方にとらわれていたこと。
4　職業写真でも撮影過程が将来的に簡略化される可能性を、裁判所や米国著作権庁が理解していたこと。

問八　傍線部⑤「写真を撮るとはほぼシェアボタンを押す行為と同義になる」とはどういうことか。最適なものを次の中から選び、その番号をマークしなさい。

1　写真を撮ることとシェアボタンを押すことが同時に行える技術が開発されたということ
2　写真を撮ることとシェアボタンを押すことの違いがわからない人々が増えたということ
3　写真行為のなかでシェアボタンを押すことが必ず最後に行われるようになったということ
4　写真行為のなかでシェアボタンを押すことが中心的位置を占めるようになったということ

問九　傍線部⑥「モラル」の意味として最適なものを次の中から選び、その番号をマークしなさい。

1　秩序　　2　規範　　3　倫理　　4　価値観

問十　傍線部⑦「撮影行為は溶けてしまった」とあるが、「溶けてしまった」とはどのようなことを指しているのか。最適なものを次の中から選び、その番号をマークしなさい。

1　写真撮影もSNSへの投稿もスマートフォンが可能にしたこと
2　写真を撮影しシェアするまでの過程が区切りにくくなったこと

問四　傍線部②「ぼくはこれを健全なことだと思う」とあるが、どういう点が「健全なこと」であるのか。その説明として最適なものを次の中から選び、その番号をマークしなさい。

1　写真が対象を記録して懐かしんだり役立てたりするだけでなく、人々のコミュニケーションの話題としての役割を担っている点。

2　写真が人々にシェアされ「いいね」を獲得することで、いわゆる「炎上」を避けるＳＮＳ上の平和的なコミュニケーションに役立つ点。

3　カメラ同様の撮影機能を持つスマートフォンが登場したことで、多くの人に写真撮影の楽しみ方が共有されるようになった点。

4　ＳＮＳが写真の閲覧場所になったことでスマートフォンが普及し、写真が多くの人々によってデータ管理されるようになった点。

問五　傍線部③「プロダクトとして未熟すぎる」とあるが、筆者はどのような点を指してそのように述べているのか。最適なものを次の中から選び、その番号をマークしなさい。

1　撮影に関する機能が完成されておらず、写真の加工がしにくいこと。

2　撮影までの手順が簡略化されており、撮影の楽しみがないこと。

3　撮影のプロセスが統合され、撮影の比重が小さくなっていること。

4　撮影する人々に多くの手順と技術を要求し、操作が容易ではないこと。

問六　空欄［Ａ］に入る語句として最適なものを次の中から選び、その番号をマークしなさい。

1　著作権　　2　利益　　3　訴訟　　4　自撮り

＊ショット…映画撮影時における、一台のカメラで撮り始めてから止めるまでのひと続きの映像。

問一　傍線部(a)〜(e)の漢字と同じ漢字を含むものをそれぞれ次の中から一つ選び、その番号をマークしなさい。

(a)　センエイ　1　エイ意努力する　2　エイ嘆の声をあげる　3　エイ利を目的にする　4　虚エイ心を持つ

(b)　キフ　1　優勝に歓キする　2　キ抜な発想　3　雑誌にキ稿する　4　多キにわたる

(c)　ダトウ　1　ダ落する　2　ダ診する　3　ダ協する　4　ダ作と評価される

(d)　ケイヤク　1　大衆をケイ蒙する　2　円の半ケイ　3　ケイ意を払う　4　変化のケイ機である

(e)　ゲキテキ　1　ゲキ怒する　2　ゲキ場に向かう　3　敵を追ゲキする　4　間ゲキを縫う

問二　空欄　ア　〜　エ　に入る最適な語をそれぞれ次の中から選び、その番号をマークしなさい（ただし、同じ語は二度用いない）。

1　あるいは　2　ただ　3　つまり　4　ちなみに

問三　傍線部①「スマートフォンをカメラとして日常的に使うようになった、というのは単に写真機の形態が変わったということではない」とあるが、それはどういうことか。その説明として最適なものを次の中から選び、その番号をマークしなさい。

1　スマートフォンが、写真機を特殊なプロダクト（製品）と認識させる役割を担ったということ。

2　スマートフォンが、写真を撮影する機能に加えて通話機能をもったということ。

3　スマートフォンが、写真撮影とそれに関わる複数の過程を機能の一部にしたということ。

4　スマートフォンが、写真を見ることもできる驚くべき存在になったということ。

（大山顕『新写真論』ゲンロンによる。ただし、一部省略・改変がある。）

〈注〉
＊ビューアー…見るための装置やソフトウェア。
＊現像…銀塩写真で撮影されたものをいわゆる紙の写真にする作業過程のひとつ。薬品で画像をあらわす作業。
＊プロダクト…製品のこと。
＊ストレージ…データを保存しておくための補助記憶装置。
＊フィード…ＳＮＳにおいては利用者個々のホーム画面に相当する。
＊銀塩写真…デジタル写真以前に最もポピュラーだった写真。銀塩（ハロゲン化銀）という物質を用いて、フィルムで撮影された写真のこと。
＊ネガ…ネガフィルムのこと。撮影した被写体の明暗が反転した画像になるフィルム。
＊デバイス…機器のこと。
＊被写界深度…被写体に焦点を合わせた際に焦点が合っている範囲のこと。
＊露出…撮影する際にフィルムに光を当てること。
＊シェアボタン…写真を共有したり、「いいね」などの評価を行うボタンの総称。
＊フィルターをかける…写真の色をモノクローム（黒白）などに加工すること。
＊Adobe…ソフトウェア制作企業の一つ。
＊素子…画像を電気信号に変換するセンサー。
＊河田学…文学理論・記号論の研究者（一九七一〜）。

光景になった。

まとめよう。冒頭でも書いたように、写真においてもはや「撮ること」はそれほど重要ではなくなった。撮影者の絶対性も確かなものではなくなっている。これがいささか極論であることは認めよう。それにこの論がダトウだとしても、ＳＮＳでシェアされる写真についてのみ言えることで、ぼくのような写真家が撮る作品としての写真には当てはまらないという反論もあるだろう。

ただ、ぼくは⑩写真家が撮るような写真は、もはや特殊な例外になったと思うのだ。二〇一九年一二月現在、インスタグラムの一日のアクティブユーザーは五億人を超えている。作品を撮る写真家も増えているだろうが、写真を撮る人々の総人口に対する割合は相対的にかなり低くなっているはずだ。世界中で撮られ、見られる写真の大半はＳＮＳ上にある。ならば、それこそが「写真」であり、その性質についてこそ考えるべきだ。［エ］、スマートフォンで撮られＳＮＳでシェアされる画像に対しては、従来の「写真」とは異なる名前を与えるべきかもしれない。

⑪前に、ぼくはカメラ登場以前、人は風景を遠近法ではなく、航空写真のように見ていたのではないか、と述べた。それが一九世紀になって写真が普及すると、人間の目もカメラのように遠近法で見ていると思われるようになった。

カメラによって生み出された近代的なまなざしが、視覚だけにとどまらずより広範囲に影響を及ぼしたように、スマートフォンとＳＮＳによって変化した写真もまた、世界と自分の関係をどう認識するかに影響するとぼくは思っている。その一例として、風景や出来事から時制が失われ始めているのではないかとぼんやりと感じている。これには、写真が属する時間が、撮られた過去から見られた現在へと移ったことが関係しているだろう。⑫写真が撮影者のものではなくなり、見る側のものへと移ったことにより、写真から時間が失われて、すべてが「今」のことになった。年月を経ても何度でもぶり返して炎上するＳＮＳ上の写真はそのわかりやすい例である。

うになったことも大きな変化だ。［ウ］、写真はかならずしも撮影者を軸として見るものではなくなったということだ。

ぼくはかつて工場写真集を出版したことがあるが、現在この手の写真集がビジネスとして成立することはきわめて難しい。なぜなら「#工場夜景」というハッシュタグでSNSを見れば十分だからだ。写真集からハッシュタグへ。撮影者はソートの一要素にすぎなくなった。

みんなスマートフォンを持っている、ということをもっと真剣に考える必要がある。タイムラインやフィードにいろいろな人の写真が流れてくるのは、今や誰もがカメラを持っているからだ。これもじつに驚くべきことだ。少なくとも二〇年前にはあり得なかった。

前にぼくは*河田学が提示した映画における視点のパラドックスを紹介した。再掲しよう。

1．映画を観ることは、映画の世界のなかで起こる出来事をカメラの位置から疑似的に見ることである。すなわち、われわれは映画を見ることによって、自分が映画のカメラの位置から映画の中の世界を見ているというふうに想像する。

2．しかしもしそうだとすれば、たとえば、一つのものを複数の位置から撮影した*ショットが続くシーンではショットが変わるたびにそれを見ているわれわれも位置を変わらなくてはいけないことになるが、それは不自然である。

⑨ここでパラドックスとされている事柄は、現在ではそれほど不自然だと感じられない。たとえば何か事件があったときのツイッターのタイムラインに、現場に居合わせた人によるさまざまな視点からの写真ツイートが並んでいるのを目にすることは珍しくない。

河田の問題提起の根底には、カメラの希少性とそれに伴う撮影者の特権性がある。みんなポケットやバッグの中にレンズの付いたものをひとつは入れていて、動画や写真が簡単に撮影されその場ですぐに投稿される現在、この「不自然」はよく見るの欠如ではなく、シェアして「いいね」を得ることが写真行為の中心になり、撮ることは以前ほど重要ではなくなった結果と考えることはできないだろうか。

　撮影とシェアが同時と言っていいぐらいすぐに行われるようになったことも、スマートフォンがもたらした大きな変化だ。かつて撮影が独立した行為だったのは、以降のプロセスと時間的に隔たっていたからだった。現在、「写真」とは撮ってから投稿するまでの一連の行為の総称だ。言うなればその流れの中で⑦撮影行為は溶けてしまった。これは、撮影し*フィルターをかけるなどの加工を行いタグを付けインスタグラムに投稿する流れ全体をまとめて「インスタする」と呼ぶことによく表れている。

　ここで注目すべきなのは、現像時間がなくなったということだ。現像時間とは、撮ったものについて考える時間だ。特に銀塩写真の時代、現像は暗室で写真と向き合うとても内省的なものだった。多くの写真論がこの[B]で育まれた。現在もデジタルデータの現像作業は存在するが、それは光り輝くディスプレイの中で行われる。*Adobeの写真現像ソフトウェアの名前はLightroomである。さらに言うと、フィルム写真にはもうひとつの[B]があった。カメラそのものが密閉された小さな暗室だったのだ。しかしスマートフォンのレンズと*素子の間に、もはや空間らしい空間は存在しない。「ネガ」フィルムも使われなくなった。写真のあちこちから「影／陰」が取り払われた。

　現在、撮られたものが何であるかを決めるのは撮影者ではなくフォロワーだ。そういう意味では、⑧[C]はシェアのあとに行われている。あるいはタグ付けが[C]と言えるかもしれない。#loveや#happyといった身も蓋もないハッシュタグが氾濫するのは、現像時間がなくなり、その写真が何であるかを撮影者自身が決められなくなったことの表れではないだろうか。

　写真がタイムラインやフィードで閲覧されることで、さまざまな撮影者によって撮られたものが入り交じって表示されるよとつだ。二〇一一年に写真家デイヴィッド・スレイターは、サルがシャッターを切ることができるようにカメラのリモートスイッチを設置した。その結果撮られた、サルの自撮り写真をめぐる議論である。複数のニュースサイトが、シャッターボタンを押したのは人間ではないのだから著作権保護の対象にならない、としてスレイターおよび彼のエージェンシーに対価を支払うことなく写真を使用したのだ。これに対し、自撮りが得られるようにカメラをセッティングしたのは自分であり、したがってこの写真の著作権は自分にあるとスレイターは主張した。さらに動物保護団体が写真の利益はサルに支払われるべきだとしてスレイターと彼の会社に対して訴訟を起こすという事態にまで発展した。裁判所は最終的に著作権保護が適用されないと判断し、のちに米国著作権庁も動物による作品は著作権の対象にならない、という新たなガイダンスを発行した。［イ］スレイターは利益の四分の一を動物保護団体に(b)キフした。

④この騒動でおもしろいのは、ニュースサイトも動物保護団体も「写真撮影とはシャッターボタンを押すことだ」と考えているという事実だ。ぼく自身はスレイターの主張が(c)ダトウだと思う。もっとも、これはぼくが写真家であるからそう思うのかもしれないが。職業写真とは、カメラと周辺機器を購入・メンテナンスし、(d)ケイヤクを結び、撮影場所へ出かけセッティングし、データを現像し、そして発表するというプロセス全体のことだ。ただ、これは今現在そうであるだけで、あらゆる場所に高性能のカメラが設置され、プロセス全体が(e)ゲキテキに簡略化され、ほんとうにシャッターボタンを押すことぐらいにしか撮影のコストと技術が必要とされなくなるときがそのうち来るだろう。いや、すでにそうなりつつあるのかもしれない。

さらに言えば、おそらく今後はシャッターを切る行為やフレーミングも省略されるだろう。撮るべき対象を判別して自動的にシャッターを切るGoogle Clipsや、全天球が撮影されるのであとからどのようにでもフレームを切り取ることができる三六〇度カメラRyloなどにその兆しが見える。⑤写真を撮るとはほぼ*シェアボタンを押す行為と同義になる。ツイッターにおける慢性的な問題である画像パクリの根底には、このような写真行為をめぐる意識の変化があるのかもしれない。あれは⑥モラル写真の閲覧場所がSNS上になり、自分の撮ったものも＊フィードの中でフォローしている人の画像とともに表示されるようになると同時に、「撮影―現像―閲覧」プロセスのうちで「閲覧」が最も重要になる。シェアして「いいね」を獲得することが写真行為の目的になった。②ぼくはこれを健全なことだと思う。

　写真を撮っても人の目に触れる機会がほとんどなかった＊銀塩写真の時代のほうがどうかしていた。当時のぼくらはいったいなぜ写真を撮っていたのだろう。記録は写真の重要な機能だと思われているが、もしかしたらこれは見られることもなく死蔵される＊ネガやプリントを目の前にして、当惑のあまりひねり出された言い訳ではないかとすら思う。今や写真のメイン機能は「記録」ではない。今しか撮れない貴重な光景を保存し資料として役立てるために撮影するのでもなく、いつか振り返って懐かしく思い出すために撮影するのでもない。もちろんそういう意図で撮ることもあるし、そうでなくても結果としてそうなる可能性はある。ただ、現在スマートフォンで撮影される写真のほとんどは、友達同士であるいはSNSでネタとして投稿するために撮られていて、記録が意識されることはまれだろう。それは記録ではなくいわば「おしゃべり」のようなものだ。撮られてすぐにSNSやチャットアプリのタイムラインを流れていく。二度と見られなくてもかまわない。光景を平面に記録するという技術はこのような状態を目指していたのだとぼくは考えている。写真はようやくそのあるべき姿になったのだ、と。

　いずれにせよ、このように「撮影―現像―閲覧」のプロセスがスマートフォンという＊デバイスのもとで統合され、「いいね」を獲得することが目的になった結果、写真行為全体において、レンズに向けてシャッターを切る「撮影」の比重は小さくなった。これにはスマートフォンのカメラ機能が格段に優秀になり、ただ対象に向けてシャッターを押せばいいだけになったことが大きく影響している。思えばこれまでのカメラはあまりに多くの手順とスキルを要求していた。写真を撮りたい人は自分で＊被写界深度やら＊露出やらを判断し操作しなくてはならないなんて、③プロダクトとして未熟すぎる。

　撮影が簡単になったことはいずれ写真の［A］にも影響を及ぼすだろう。たとえば「サルの自撮り騒動」はその例のひ

問二十　『徒然草』に関する説明として正しいものを次の中から一つ選び、その番号をマークしなさい。

1　『徒然草』の作者は神職の家に生まれ、宮中にも仕えたが、後に出家した。
2　『徒然草』の作者は勅撰和歌集にその歌が収められている歌人であり、鴨長明とも親交があった。
3　『徒然草』は鎌倉時代前期に成立したと考えられており、随筆というジャンルに分類される。
4　『徒然草』の文体は、編年体ではなく、紀伝体で書かれている。

2

次の文章を読んで、問いに答えなさい。

①スマートフォンをカメラとして日常的に使うようになった、というのは単に写真機の形態が変わったということではない。こんにちカメラは同時にビューアー*でもある。写真史上、これはじつに驚くべきことだ。スマートフォン以前、写真の「撮影—現像—閲覧」*プロセスにおいて、カメラは最初の「撮影」にのみ関係する機材だった。しかしスマートフォンはこのすべてに関わる。カメラは機材ではなく機能になった。今後、従来の形態のカメラはスマートフォンに付いている一機能を取り出してセン(a)エイ化させた特殊なプロダクト*として認識されるだろう。

スマートフォン以前にも、デジタルカメラが登場したときに、すでにカメラをストレージ*およびビューアーとして使う傾向はあった。メモリがいっぱいになってもパソコンに画像データを移さず、新しいカードを買う、という人がけっこういることに驚いたものだ。スマートフォン普及以前の携帯電話における写真管理も同様だった。[ア]、この時点では基本的にそこで見るのは自分が撮った写真だけだった。

しなさい。

1　死というものから免れてきたことは、偶然にもたらされた結果なのである。
2　戦争に駆り出されずに過ごしてきたのは、境遇に恵まれただけなのである。
3　身の周りの人の死に会わずに済んだことは、感謝すべき巡り合わせなのである。
4　世の人が無常というものから逃げてきたことは、あってはならないおかしなことなのである。

問十七　傍線部⑮「いづれ」とあるが、具体的には何を指しているのか。次の中から一つ選び、その番号をマークしなさい。

1　死期　　2　ままこだて　　3　双六の石　　4　世と人

問十八　傍線部⑯「これ」が指示するものとして最適なものを次の中から選び、その番号をマークしなさい。

1　「兵《つはもの》」　　2　「軍《いくさ》」　　3　「死」　　4　「水石《すいせき》」

問十九　問題文の内容に合致するものを次の中から一つ選び、その番号をマークしなさい。

1　月や花などの自然を愛でる方法には、視覚的に愛でるだけではなく、実際に手で触れてみたり、足を踏み入れてみたり、時には家に居ながら想像してみたり、いろいろな方法があるが、田舎の人の愛で方には面白味がある。
2　祭の見物の仕方は、都の人と田舎の人とでは大きく違っている。都の人はおおむね居眠りをしたりして、夢中になって見ることはしないが、田舎の人は酒を飲んだり双六をしたりしながらも、一つも見逃すまいと一心不乱に見物する。
3　祭の様子を朝から夕方までじっくりと見ていると、見物人の中には知り合いがたくさんいて、世の中が意外と狭いものであることを痛感する。そして、その人たちがいつかは死ぬ運命にあることを思うと皆の長寿を願うばかりである。
4　世に生きている限り必ず敵が存在しているのであり、世間から身を引いて静かに暮らしている人であっても争いは避けられない。それは、兵士が戦争で死を覚悟したりするようなものであり、世の不条理はどこにでもあるのだ。

い。

1　祭に参加した知り合いが多かったということ

2　祭には、世の無常と通じる点があるということ

3　多くの人の協力があってこそ祭が成功するということ

4　世の中の人口は思ったほど多くはないということ

問十三　空欄 B に入る語として最適なものを次の中から選び、その番号をマークしなさい。

1　ず　　2　で　　3　ば　　4　む

問十四　傍線部⑫「死なざる日はあるべからず」を別の表現に置き換えた場合、意味の最も近いものを次の中から選び、その番号をマークしなさい。

1　死なむ日はありなむ　　2　死なむ日はあるまじ

3　死なぬ日やはなからむ　　4　死なぬ日やなかりけむ

問十五　傍線部⑬「作りてうち置くほどなし」とあるが、その説明として最適なものを次の中から選び、その番号をマークしなさい。

1　ひっきりなしに人が死んでいくので、都近くの野山には埋葬する場所もなくなってきている。

2　日々人が死んでいくので、棺桶が作るそばから必要となり、それを溜めておく間もない。

3　棺桶が大量に必要となり、一度に作ったもののそれを保存しておく場所もない。

4　棺桶を作ることを職業とする者も次々と死んでいき、遺体を埋葬できなくなっている。

問十六　傍線部⑭「遁《のが》れ来にけるは、ありがたき不思議なり」の解釈として最適なものを次の中から選び、その番号をマーク

3　物思いに沈まずに済む　　　　4　一人きりの寂しさを感じさせない

問十　傍線部⑨「いづかたへか行きつらむ、ほどなく稀に成りて」の解釈として最適なものを次の中から選び、その番号をマークしなさい。

1　どこへ行ってしまったのだろうか、間もなくまばらになって

2　どこへ行くのだろうか、そのうち会うことも時々になって

3　どの方面に行ったのだろうか、すぐに見えなくなって

4　どの方面に行くつもりだろうか、間隔を空けず連なって

問十一　傍線部⑩「大路《おほぢ》見たるこそ、祭見たるにてはあれ」とあるが、筆者がそのように考えるのはなぜか。その理由として最適なものを次の中から選び、その番号をマークしなさい。

1　大通りでは、朝から多くの見物人が集まってきて、皆と一緒にいろいろな飾りつけをしたり、見物のための牛車を並べたりするのをはじめとして、祭の本番や祭の後片付けをするところまで楽しむことができるから。

2　祭のときの楽しみには、酒を飲んだり、何か食べたり、囲碁をしたりという楽しみもあるが、やはり大通りで行われる祭の雰囲気をああでもないこうでもないと仲間内で語り合って楽しむことが一番であるから。

3　祭を見物するために、趣向をこらした牛車などが所狭しと大通りに集まってきて、一時はきらびやかであったが、祭が終わりそれらが帰っていくと寂寥《せきりょう》感に包まれ、次の年の祭への期待が増々高まるから。

4　祭には、祭見物を楽しみにする人々の様子を見たり、祭が終わった後の静寂をしみじみ味わったりすることも含まれており、その一部始終が展開していく大通りの様子を見ることこそ祭見物の醍醐味と言えるから。

問十二　傍線部⑪「知りぬ」とあるが、その対象となる内容は何か。最適なものを次の中から選び、その番号をマークしなさ

問四　傍線部③「桟敷」の読み方として最適なものを次の中から選び、その番号をマークしなさい。

1　あさしき　　2　さじき　　3　したうづ　　4　むしろ

問五　傍線部④「なる」と文法的に同じものを次の中から一つ選び、その番号をマークしなさい。

1　手をひき杖をつかせて、京なる医師のがり、率て行きける道すがら（『徒然草』五十三段）

2　岡本関白殿、盛りなる紅梅の枝に、鳥一双をそへて（『徒然草』六十六段）

3　筑紫に、なにがしの押領使などいふやうなるもののありけるが（『徒然草』六十八段）

4　万人の師となる事、諸道かはるべからず（『徒然草』百五十段）

問六　傍線部⑤「ゆゆしげなるは」の意味として最適なものを次の中から選び、その番号をマークしなさい。

1　おそれ多いと思われる場合は　　2　はなはだしく疲れたときは

3　身分の高そうな人は　　4　不吉な思いをいだくものは

問七　傍線部⑥「立ち居」の文法的説明として最適なものを次の中から選び、その番号をマークしなさい。

1　ワ行上一段活用連用形　　2　ワ行上二段活用連用形

3　ワ行上一段活用終止形　　4　ワ行上二段活用終止形

問八　傍線部⑦「明けはなれぬほど」の意味として最適なものを次の中から選び、その番号をマークしなさい。

1　すこし明るくなってきた間に　　2　夜が明けきらないころ

3　次から次へとつづくとき　　4　人々がねり歩く前に

問九　傍線部⑧「つれづれならず」の意味として最適なものを次の中から選び、その番号をマークしなさい。

1　思いは同じという気がする　　2　退屈さを紛らわしてくれる

＊舟岡《ふなをか》…京都市北区にある丘陵地で、火葬場があった。
＊ままこだて…碁石で行う遊びの一種。黒白の石を円形に並べ、ある規則によってその石を順に取り除き、次第に数が少なくなっていく。
＊水石《すいせき》…水の流れや岩・石のこと。自然。

問一　空欄 A に入る語句として最適なものを次の中から選び、その番号をマークしなさい。

1　き　　2　けれ　　3　からね　　4　かりね

問二　傍線部①「興ずるさまもなほざりなり」に該当する振る舞いを、波線部a〜dのうちから一つ選び、その番号をマークしなさい。

1　a「よそながら見る」
2　b「一事《ひとこと》も見もらさじとまぼり」
3　c「ものをのみ見むとする」
4　d「わりなく見むとする」

問三　傍線部②「あからめもせずまもりて」の意味として最適なものを次の中から選び、その番号をマークしなさい。

1　明かりも灯《とも》さず見守るだけで
2　訳も分からずただ見つめていて
3　目を赤くするほど瞬きもしないで
4　目を離すことなく一心に見入って

思ひ寄すれば、牛飼《うしかひ》・下部《しもべ》などの見知れるもあり。をかしくも、きらきらしくも、さまざまに行きかふ、見るも⑧つれづれならず。暮るるほどには、立て並べつる車ども、所なく並《な》みゐつる人も、⑨いづかたへか行きつらむ、ほどなく稀に成りて、車どもの乱《らう》がはしさもすみぬれば、簾《すだれ》・畳も取りはらひ、目の前にさびしげになりゆくこそ、世のためしも思ひ知られて、あはれなれ。⑩大路《おほぢ》見たるこそ、祭見たるにてはあれ。

かの桟敷の前をここら行きかふ人の、見知れるがあまたあるにて⑪知りぬ、世の人数《ひとかず》もさのみは多からぬにこそ。この人みな失せなむのち、我が身死ぬべきに定まりたりとも、ほどなく待ちつけぬべし。大きなる器《うつはもの》に水を入れて、細き穴をあけたらむに、滴《しただ》る事すくなしといふとも、怠る間なく洩《も》りゆか［B］、やがて尽きぬべし。都の中に多き人、⑫死なざる日はあるべからず。一日《ひとひ》に一人、二人のみならむや。＊鳥部野《とりべの》・＊舟岡《ふなをか》、さらぬ野山にも、送る数多かる日はあれど、送らぬ日はなし。されば、棺《ひつぎ》をひさくもの、⑬作りてうち置くほどなし。若きにもよらず、強きにもよらず、思ひかけぬは死期《しご》なり。今日まで⑭遁《のが》れ来にけるは、ありがたき不思議なり。しばしも世をのどかには思ひなむや。＊ままこだてといふものを双六の石にて作りて、立て並べたるほどは、取られむ事いづれの石とも知らねども、数へあてて一つを取りぬれば、そのほかは遁《のが》れぬと見れど、又また数ふれば、かれこれ間《ま》抜きゆくほどに、⑮いづれも遁《のが》れざるに似たり。

兵《つはもの》の軍《いくさ》に出づるは、死に近きことを知りて、家をも忘れ、身をも忘る。世をそむける草の庵には、閑《しづ》かに＊水石《すいせき》をもてあそびて、⑯これを余所《よそ》に聞くと思へるは、いとはかなし。閑かなる山の奥、無常の敵《かたき》競《きほ》ひ来《きた》らざらむや。その死に臨める事、軍《いくさ》の陣に進めるにおなじ。

（『徒然草』による）

〈注〉＊鳥部野《とりべの》…京都市東山区鳥辺山の麓一帯の地で、墓地が多かった。

国語

（七〇分）

1

次の文章を読んで、問いに答えなさい。

すべて、月・花をば、さのみ目にて見るものかは。春は家を立ち去らでも、月の夜は閨《ねや》のうちながらも思へるこそ、いとたのもしう、をかし［ A ］。よき人は、ひとへに好《す》けるさまにも見えず、①興ずるさまもなほざりなり。片田舎の人こそ、色こくよろづはもて興ずれ。花のもとには、ねぢ寄り立ち寄り、②あからめもせずまもりて、酒飲み連歌して、はては、大きなる枝、心なく折り取りぬ。泉には手足さし浸して、雪にはおり立ちて跡つけなど、よろづの物、aよそながら見ることなし。

さやうの人の祭《まつり》見しさま、いとめづらかなりき。「見ごと、いとおそし。そのほどは③桟敷不用なり」とて、④奥なる屋にて酒飲み、物食ひ、囲碁・双六など遊びて、桟敷には人を置きたれば、「渡り候ふ」といふ時に、おのおの肝つぶるるやうに争ひ走りのぼりて、落ちぬべきまで簾《すだれ》張りいでて、押しあひつつ、b一事《ひとこと》も見もらさじとまぼりて、「とあり、かかり」と、ものごとに言ひて、渡り過ぎぬれば、「又渡らむまで」と言ひておりぬ。ただ、cものをのみ見むとするなるべし。都の人の⑤ゆゆしげなるは、ねぶりて、いとも見ず。若く末々なるは、宮仕へに⑥立ち居、人のうしろにさぶらふは、様あしくも及びかからず、dわりなく見むとする人もなし。

なにとなく、葵かけわたしてなまめかしきに、⑦明けはなれぬほど、忍びて寄する車どものゆかしきを、それか、かれかなど

解答編

■英語■

1　**解答**　問1．(A)―b　(B)―d　(C)―b　(D)―a　(E)―d
問2．1―d　2―b　3―c　4―b　5―a

◆全　訳◆

≪宇宙工学ソフトウェアの先駆者≫

ソフトウェアのエンジニアが，この分野の創始者が女性だと聞けば驚くかもしれない。実際，尊敬されている数学者で，コンピュータ科学の先駆者であるマーガレット＝ハミルトンが，米国航空宇宙局のアポロ宇宙船の誘導，操縦システムを開発する一方で，「ソフトウェア・エンジニアリング」という用語を作った。

ハミルトンがその言葉を選んだのには理由があった。「ハードウェアや他の種類のエンジニアリングと『ソフトウェア・エンジニアリング』を区別するためにこの言葉を使い始めたのです」と彼女は説明している。「私が最初にこの言葉を使い始めたとき，私の革新的な考えを好んで笑いものにしている人がいました。しかし，ソフトウェアは結果的に，そして必然的に他の分野と同じように尊重されるようになったのです」

ハミルトンによると，初めの頃は，彼女たちが行っていることを誰も本当にわかっていなかった。まだ開発された分野が存在しておらず，ソフトウェアは未開の分野だった。「他には誰もいなかったのです」と彼女は述べている。「知識，あるいは知識不足は，人から人へと伝えられたのです」

当初，ソフトウェアはアポロ計画の重要な部分ではなかったが，人を月に送り込もうとするために，それはすぐに不可欠なものになった。ハミルトンが 1965 年にこの計画に加わったとき，米国航空宇宙局は，実際の月に向かう任務がどのようなものになるかのモデルを作る方法が必要になった。月へと向かうことは革新的で危険な試みだったので，飛行シミュレーションは，このような任務が最初から最後までどのようになるかを試す最善の方法であった。

しかしながら，その当時，飛行シミュレーションはコンピュータのハードウェアとデジタルコードを組み合わせて作られたものに過ぎなかった。これが原因で，航空宇宙局は，宇宙での任務に必要となるソフトウェアプログラムを開発するための裁量をハミルトンと彼女のチームに多く与えることになったが，それも最初の間だけであった。「私たちは新しく，重要な発見があるたびに，私たちの『ソフトウェア・エンジニアリング』のルールを修正しました」とハミルトンは述べている。その後すぐに，航空宇宙局の幹部職員たちは，ソフトウェアの開発に関して常に管理し始めた。

この圧力にもかかわらず，ハミルトンはどんな職員よりも自分自身に対して厳しかった。「宇宙任務のソフトウェアは機能する必要がありましたし，（それも）1回で機能しなければならなかったのです」と彼女は述べている。「ソフトウェア自体が極めて信頼できるものであるだけでなく，エラーを感知し，すぐに修復できるものである必要があったのです」 コンピュータソフトウェアを作る上での大きな障害は，人間の言語がしばしば微妙な意味と不確かな意図を伝えてしまうことである。しかし，コンピュータ言語は，ソフトウェアが適切に機能できるように正確なものでなければならない。プログラミングのミスはどんなものでも，特に宇宙飛行の場合では致命的になりうるのだ。

ソフトウェアにとっての大きな難題は，まさに最初の月面着陸のときに起こった。ちょうど宇宙船アポロが着陸しようとしたとき，何か不具合があることをソフトウェアが宇宙飛行士たちに伝えた。その宇宙船のレーダーは利用可能な処理能力の13%を使っていて，着陸システムは90%を使っていたのだ。これはコンピュータが完璧に作動していないことを意味し，月面着陸が事故に終わってしまう可能性があった。幸運なことに，ハミルトンは順序ではなく，重要性で任務を制御するようにコンピュータをプログラムしていた。宇宙飛行士たちは何が起こっているかわかっていて，着陸することを決定した。あとはご存じのとおりである。

ハミルトンは，アメリカ初の宇宙ステーションだけではなく，後のアポロ計画にも続けて取り組んだ。彼女が慎重に設計した手法は，今日，多くの現代ソフトウェア・エンジニアリングの基礎となった。米国航空宇宙局での初期の時代から，ソフトウェア・エンジニアリングの伝説として現在の名声を博するまで，マーガレット＝ハミルトンは以来世界を変容させてきた産業を生み出すのに貢献したのだ。

◀解　説▶

問1．(A)coin は動詞で「～を鋳造する」という意味。転じて，「(言葉)を作る，造語をする」という意味も表す。term は「言葉，用語」という意味。下線部は「その言葉を作った」となる。よって，b「その名前を作った」が正解。他の選択肢はそれぞれ，a「その分野を発明した」，c「その表現を注文した」，d「その言葉を要求した」という意味。

(B)novel は形容詞で「斬新な，革新的な」という意味。下線部は「革新的で危険な試み」となる。よって，d「危険が多くある新しい試み」が正解。他の選択肢はそれぞれ，a「危険に満ちた本のような」，b「ある旅行の危険な物語」，c「旅行の危険な計画のような」という意味。

(C)apply は「～を適用する，～を応用する」という意味。下線部は「～に関して常に管理を行うこと」となる。よって，b「～のしっかりした監視」が正解。他の選択肢はそれぞれ，a「～に関する一貫した態度」，c「～に対する日々の要求」，d「～への時間的制限」という意味。

(D)remain C で「C のままでいる」という意味。ここでは C に tough「厳しい」の比較級が用いられ，自分自身に対して厳しくあったことを意味している。よって，a「自分自身に厳しくしていた」が正解。他の選択肢はそれぞれ，b「自分自身，もっと強くなることができた」，c「ひとりでさらに良くなった」，d「より頻繁にひとりにされた」という意味。

(E)ここでの rest は「残り」という意味。下線部は直訳すると「残りは歴史（にあるとおり）である」となる。下線部の前では，宇宙船アポロが月面に着陸しようとする直前の場面が述べられており，その後どうなったかは歴史にあるとおり，月面着陸に成功したということを表している。よって，d「みなさんがご存じのように，宇宙飛行士は安全に月面に着陸した」が正解。他の選択肢はそれぞれ，a「ハミルトンが月に着陸したとき，彼女は歴史の一部となった」，b「歴史は重要なので，人々は宇宙飛行士を理解するべきだ」，c「月への任務を生み出したということで，人々はハミルトンのことを覚えているだろう」という意味。

問2．1．「当初，マーガレット＝ハミルトンのソフトウェアに対する取り組みを一部の人はどのように思ったか」 第2段第3文（“When I first

…）の内容から，d「彼女の考えはかなり変わっていると人々は思った」が正解。他の選択肢はそれぞれ，a「ソフトウェアに対する彼女の計画は彼女を成功に導くだろうと人々は言った」，b「彼女が優れたチームプレーヤーになるべきだと人々は推奨した」，c「人々は彼女のことを笑い，彼女に新しい仕事に就かせた」という意味。

2．「ハミルトンは初期の頃，自分の分野のことをどのように表現していたか」 第3段の内容から，b「すぐに使える状態の手法や手順がほとんどなかった」が正解。他の選択肢はそれぞれ，a「エンジニアは孤独で，頻繁に職を変えた」，c「ソフトウェアのプログラミングは，大半のエンジニアにとって危険すぎた」，d「学習を困難にする多くの規則があった」という意味。

3．「ハミルトンによれば，言葉に関する問題は何であったか」 第6段第4・5文（A major obstacle … can function properly.）の内容から，c「人間の言語はコンピュータにとって十分に正確なものではなかったので，ソフトウェアの言語はよりはっきりした指示を出す必要があった」が正解。他の選択肢はそれぞれ，a「コンピュータがどのように考えるかを人々は理解しなければならなかったので，ソフトウェアプログラムを開発した」，b「人々がソフトウェアを理解しなかったので，コンピュータ言語が必要になった」，d「コンピュータの使用者が求めていることを理解するために，コンピュータは人間の言語を学習する必要があった」という意味。

4．「月面に着陸する際の問題は何であったか」 第7段の内容から，b「コンピュータは同時にすべての作業を行うための十分な能力を持っていなかった」が正解。他の選択肢はそれぞれ，a「宇宙飛行士たちは，コンピュータプログラミングの能力を103%まで突然増やさなければならなかった」，c「ハミルトンは宇宙船が着陸できるほどうまくソフトウェアをプログラムしていなかった」，d「この任務は，最後の瞬間にまた別の着陸システムを必要とした」という意味。

5．「マーガレット＝ハミルトンの仕事における，長期的な影響は何か」 最終段の内容から，a「彼女の努力は，世界を変えた産業にとって出発点となる働きをした」が正解。他の選択肢はそれぞれ，b「コンピュータのおかげで，ついに彼女は安全に宇宙に行くことができた」c「彼女はソフトウェア・エンジニアリングの新しい法則を学んだ最初の女性であった」，

d「ソフトウェア・エンジニアリングの学生たちは彼女の手法と技術を学習しなければならない」という意味。

2 **解答**
〔A〕 1－b　2－b　3－a　4－c　5－c
〔B〕 (1)－a　(2)－b　(3)－a　(4)－c　(5)－c

◆全　訳◆

〔B〕≪繁華街での道案内≫

ジル　：すみません。お手数をおかけします。この辺りで歯医者を探しているのですが，ちょっと道に迷ってしまったんです。

メアリー：ごめんなさい。私もこの繁華街はよくわからないのです。でも，あなたの携帯ではどうなっていますか？　手伝いますよ。

ジル　：では，見てください。この地図では，この歯医者はセンター・イースト・ビルディングの５階にあることになっているのです。あるショッピングセンターを見つけなければならないのですが，(探し出して今いる) このショッピングセンターは３階しかないんです。

メアリー：それはここの複数ある建物の中の１つかもしれません。もし携帯で東と出ているなら，それはその建物がショッピングセンターの東側にあるということです。

ジル　：え，本当ですか？　それを考えるべきでしたね。

メアリー：大丈夫ですよ。繁華街では誰でも迷うことがあります。私自身も以前に困ったことがあります。このような大きな複合施設には１つの名前がついていますが，建物自体は分かれています。

ジル　：まさにそのせいで混乱してしまうのですよね？　そして，さらに難しくなる原因は，私が地図を読むのが得意ではないということです。

メアリー：私も得意ではありません。地図はとても複雑ですよね。とにかく，センター・イースト・ビルディングはちょうど向こう側で，５階建てのように見えます。

ジル　：はい，ありがとうございます。探してみます。

メアリー：中に入ったら，入口近くにある掲示を探してください。おそらくそこに歯医者がその建物に入っているかどうかが載っています。

ジル　　：助けていただいてありがとうございました。お手数をおかけして申し訳ありません。

メアリー：まったく問題ないですよ。きっと見つかると思いますよ。

◀解　説▶

〔A〕 1．今日が図書館に行く日だったことを忘れていたＢに対して，Ａは「明日でも行くことができる」と返答している。空欄の後で「いや，今日行くべきだ」と答えていることから判断する。

2．退屈なので，何をすればいいか尋ねているＡに対して，Ｂは「テレビをつけたらどう？」と返答している。空欄の後で「おそらく今はニュース以外に放送しているものはないと思う」と答えていることから判断する。

3．模型の船を組み立て始めたばかりだと話すＢに対して，Ａは「子どもの頃に模型飛行機を作ったことがある」と返答している。空欄の後で「それは楽しかった」と答えていることから判断する。

4．何を手伝えばよいか尋ねているＢに対して，Ａは「カラーコピーを取らなければならないが，どうやっていいのか思い出せない」と返答している。空欄の後で「問題ないです。教えましょう」と答えていることから判断する。

5．経済学のノートを見なかったかと尋ねているＡに対して，Ｂは「それはどれですか，緑のノートですか？」と答えている。空欄の後で「いや，それは私の科学のノートです。経済学のノートは黄色です」と答えていることから判断する。

〔B〕⑴ジルがショッピングセンターで歯医者を探している場面である。地図ではセンター・イースト・ビルディングの５階にあることになっているので「あるショッピングセンターを見つけなければならないのです」が正解。場面把握が紛らわしいが，センター・イースト・ビルディングは携帯によるとショッピングセンターの一部だということはわかっているが，そのショッピングセンターがどれなのかわからない状態なので不定冠詞 a が用いられている。空欄後の the shopping center は２人がいる，または，２人の目の前にあるショッピングセンターである。しかし，３階しかないので，さぁ困った，という状況である。

⑵メアリーは今いる３階建ての建物とジルが探している５階建ての建物と

は別の建物である可能性を示している展開をつかむ。

(3)繁華街では誰でも道に迷うし，実際に自分も迷ったことがあるとメアリーは答えている。

(4)道に迷った理由の１つは，地図を読むのが得意ではないことだとジルは述べている。空欄(4)の次行にある，They're so complicated. の They に注目。これは複数名詞を指しているので，選択肢 c の maps しかない。

(5)建物の中に入ったら歯医者があるかどうかを確かめるために，入口の掲示で確認することをメアリーは勧めている。

3 解答

〔A〕1－c　2－a　3－b　4－c　5－a
6－d　7－a　8－b　9－b　10－c

〔B〕1－a　2－d　3－d　4－a　5－a　6－b　7－c
8－d　9－a　10－c

◀解　説▶

〔A〕１．major in ～で「～を専攻する」という意味。

２．空欄には補語になる名詞が入る。safety は「安全性」という意味の名詞。safe は「安全な」という意味の形容詞。safely は「安全に」という意味の副詞。

３．waving to us という現在分詞の句が The guy を修飾している。b 以外の選択肢はすべて動詞になるので，後に is という動詞が存在しているこの文では不可。

４．still は「それでも，依然として」という意味。文全体は，「みなさんがまだここにいらっしゃらないのはわかっていますが，それでも時間通りに出発する必要があります」という意味。

５．so ～ that S V で「とても～なので…」という意味。

６．空欄の後で「それはとてもおもしろい！」とあるので，映画を何回も観たと考えることができる。ここでの time は「回数」という意味で可算名詞なので，複数形にする必要がある。

７．S say (that) S' V' で「S は S' が V' すると言った」という意味。文全体は「ユキとジャックは去年，九州に旅行したが，その旅行は素晴らしかったと彼らは言った」という意味。S say (that) S' V' は S' be said to *do* となり，本問の場合，Yuki and Jack said that it was great＝it was said to be great となるので，b は不可。

8．彼が昨日姉に会わなかったのは，彼が姉の家に到着する前に姉が出発していたからである。よって，姉が家を出たのは彼が姉の家に到着するよりも前のことなので，過去完了形が正解になる。

9．almost は副詞なので，名詞以外を修飾する。most of *A* は「*A* の大半」という意味だが，*A* は特定の集団になり，*A* の前に the や所有格が必要になるので d は不可。c も Almost all of the にする必要がある。

10.「もしあなたが質問やコメントがあるなら，喜んでお聞きします」という意味。条件を表す接続詞の if を用いた c が正解。

〔B〕1.「テレビと新聞は人々の意見に影響を与えるという点で大きな役割を果たす」 play a role in ～ で「～で役割を果たす」という意味。

2.「もし一生懸命勉強すれば，試験で良い成績を取ることができる」 as long as S V で「～する限り」という意味の接続詞。

3.「喫煙は法律で禁止されているので，駅で喫煙しないようにしてください」 ban は「～を禁止する」という意味。ここでは受動態になっている。

4.「この料理を作るためには，正確に1グラムの砂糖と1グラムの塩が必要です」 precisely は「正確に」という意味。他の選択肢はそれぞれ，b「完全に」，c「しっかりと」，d「熱心に」という意味。

5.「経済におけるこういった問題は新たな財政上の危機につながる可能性がある」 crisis は「危機」という意味。他の選択肢はそれぞれ，b「言及，参照」，c「序文」，d「尊重」という意味。

6.「この詩はかなり難解なので，私がその意味を解釈する手助けをしてくれる人が必要です」 interpret は「～を解釈する」という意味。他の選択肢はそれぞれ，a「～を要求する」，c「～と矛盾する」，d「～を広げる」という意味。

7.「彼から部分的な説明しか受けていないので，全体の問題がまだわかっていません」 partial は「部分的な」という意味。他の選択肢はそれぞれ，a「柔軟な」，b「意識して」，d「ふさわしい」という意味。

8.「トムが理由もなくみんなに対して大声を上げ始めたとき，大人になっていないように思えた」 mature は「成熟した」という意味。他の選択肢はそれぞれ，a「包括的な，理解力のある」，b「入念な，手の込んだ」，c「疑わしい」という意味。

9.「警察官には真実を話す義務がある」 obligation は「義務」という意味。他の選択肢はそれぞれ，b「想像」，c「分類」，d「表現，描写」という意味。

10.「その嵐はひどいもので，被害の程度を私たちはまだ十分にわかっていない」 extent は「程度」という意味。他の選択肢はそれぞれ，a「理想」，b「決まりきった仕事」，d「段階，面」という意味。

4 解答

問1．(1)―b　(2)―d　(3)―b・c※　(4)―a　(5)―d

問2．1―c　2―d　3―c　4―a　5―c

※問1(3)については，選択肢の中に正答が2つあることが判明したため，正答であるいずれを解答した場合でも加点したと大学から発表があった。

◆全　訳◆

≪日本の水道設備が抱える問題≫

日本は天然資源がほとんどない国として知られているが，この国が大量に持っている資源は真水である。安全な飲料水が不足している人が世界で9億人いると推定され，世界の多くの地域で水の費用が高くなっていることからすると，日本は恵まれている。それと同時に，この国が問題を抱えていないわけではない。特に日本は水の配給システムに関して，増加する懸念に直面している。この国には水道局が運営する安定した水道供給のネットワークがあるが，顧客に水を供給するための費用は増加し続けている。困難なのは，水自体がより高価になっていることではなく，水に対して料金を支払ってくれる顧客が，特に地方において減少していることだ。

水道局は，家庭や企業に安全な水を供給するための設備を建設し，維持している。水道局は，地元や地域のレベルで経営されており，水を供給している顧客から料金を徴収している。関東のような大都市圏では，水道の設備と供給システムは複雑で，費用がかさむものとなっている。しかし，関東の水道局は，多くの顧客がいるので，地方の水道局よりもたくさんの料金を徴収することができる。たとえば，東京は水道管1キロメートル当たり約1万の利用者がいる。比べて，これより小さな仙台や札幌のような都市では，1キロメートル当たりの利用者は数千人しかおらず，一部の地方では，1キロメートル当たり数百人しかいないこともある。結果として，大都市の水道局はサービスを行うための十分な資金を調達できることになる。これはまた，水の処理と配給費用がずっと多くの人に配分されることになり，利用者が支払う料金がいくぶん妥当なものになることも意味する。

比べて，地方の水道設備は一般に小規模で，そのため安く経営できる。しかし，利用者も少ないので，水道局が徴収できる料金も限られてしまう。この状況は，地方の人口が減少し続けるにつれて深刻になっている。たとえば，北海道の美唄町には1956年に92,000人が住んでいて，人々に水を供給するために水道設備が建設された。2015年の段階で，人口は24,000人に落ち込み，その設備の改修がすぐにでも必要とされていた。その結果，美唄町の水道料金は突然30%値上げされることになった。平均的な家庭にとって，この値上げは1カ月につき数千円増えることになった。しかし一部の企業にとって，その増加は1年につき10万円以上にもおよび，すでに小さな自治体の中で生き残ろうと奮闘している企業に対して，また別の問題を課すことになっている。

日本の他の地域では，美唄町におけるような状況は，よりひどくなっている。青森県の深浦町では，水を一連のポンプによって丘の上に運ばなければならず，そのポンプを維持するには多額の費用が必要となるため，平均的な家庭では，2040年までに1カ月に17,000円以上を水道代に支払わなければならないことになりそうである。同様に，島根県のような山間部の最も小さい地域では，水道設備を維持するために1年に21億円も必要になることがある。現在，この費用の30%しか水道料金で賄われておらず，残りは政府が支払わなければならない。島根のような場所では，少ない人口に対して水道設備がより効率的になるように努力しており，その結果，費用を削減している。それにもかかわらず，多くの地方では人口があまりにも急速に減少したために，水道局をもはや維持できなくなった地域も出てきている。

◀解　説▶

問1．⑴distributionは「分配，配給」という意味。よって，b「配送」が同意。

⑵facilityは「設備，施設」という意味。よって，d「設備」が同意。cは「貯蔵，保管」という意味。

⑶ここでのprocessing and delivery costs of the water「水の処理と配

水コスト」の水の処理というのは，家庭に配水する前の準備段階と考えられるので，c. preparation「準備」が近い意味をもつ。また，b. provisionにも「準備」という意味があるので，同様に近い意味をもつ。

⑷desperateは「必死の，窮余の」という意味。よって，a「切迫した，差し迫った」が同意。bは「代表した」，dは「永久の」という意味。

⑸seriesは「ひと続き，一連」という意味。よって，d「ひと続き」が同意。aは「競争」という意味。

問2．1．「日本の水道料金について何が正しいか」 第2段最終文（This also means …）で関東圏では地方よりも利用者が多いゆえに水道料金が妥当な金額（reasonable prices）だとある。さらに，第3・4段では美唄町や深浦町の例を挙げ，人口の少ない地方での世帯当たりの水道料金の高さを説明している。これらの内容から，c「水に対して支払う人が少なくなっているので，都市部よりも地方の方が水は高価になっている」が正解。他の選択肢はそれぞれ，a「都市部の人口は大きいので，水は地方よりも都市部の方が高い」，b「より多くの水道局があるので，水は地方よりも都市部の方が安い」，d「地方の水道局は経営する費用が安く済むため，水は都市部よりも地方の方が安い」という意味。

2．「関東での水道業について正しくないのは以下のどれか」

d「日本の他のどこよりも顧客は水に対して多くを支払っている」 本文中に記述なし。

a「水道局は多くの顧客からの料金に依存している」 第2段の内容と一致する。

b「設備は手の込んだものなので，経営するには多額の費用がかかる」 第2段第3文（In large urban …）の内容と一致する。

c「関東には水道管の長さに比してかなり多くの顧客がいる」 第2段第5・6文（For example, Tokyo … users per kilometer.）の内容と一致する。

3．「美唄町の水道料金について，この文章が述べているのは何か」 第3段第5・6文（As of 2015, … Bibai's water fee.）の内容から，c「顧客数が減少し，料金が大きく上がった」が正解。他の選択肢はそれぞれ，a「料金は同じままであるのに，顧客の数は最近減少している」，b「突然の料金の増加に続き，人口は急速に減少した」，d「近年，人口は急速に減少し，企業はより安い料金を支払っている」という意味。

4．「島根の水道事業について，この文章が述べていることは何か」 最終段第３・４文（Likewise, in Shimane,… pay the rest.）の内容から，a「顧客は全体の費用の一部しか支払っておらず，政府が残りの費用を賄わなければならない」が正解。他の選択肢はそれぞれ，b「島根の水道局は価格の上昇を引き起こした顧客の支援をやめた」，c「政府は顧客に水の使用をより少なくさせ，まもなく顧客は水を手に入れることがなくなるだろう」，d「水道局は水の問題を解決しようとするのをやめたので，顧客が自らの設備を建設しなければならない」という意味。

5．「地方の一部の企業にとって水が問題となっているのはなぜか」 第３段最終文（For some businesses,…）の内容から，c「水を供給する費用が上がったため，地方の企業は営業し，生き残るのが困難になっている」が正解。他の選択肢はそれぞれ，a「水とお金を節約することは，地方の企業にとって難しい問題である」，b「大企業は地方からの水をますます多く使っているので，小さな企業にとっての水道料金は上がり続けている」，d「地方の水道局は閉鎖しているので，小さな企業は独自に水道局を運営し，それに対して支払わなければならない」という意味。

■日本史■

1 解答

問1．a　問2．d　問3．c　問4．b　問5．c
問6．a　問7．c　問8．d　問9．b　問10．b
問11．a　問12．d　問13．b　問14．c　問15．d

◀解　説▶

≪古代・中世の貨幣≫

問1．まず■●が何を指すかだが，●は姫川のみ，■は和田峠のほか白滝・十勝・神津島・阿蘇山などを含む。このことから●はひすいを，■は黒曜石を示すと判断できる。次にAとBだが，Aの中には■しかないものもあるので，Aが黒曜石の流通範囲を，Bはひすいの流通範囲を示していると判断できる。

問2．a．誤文。竪穴住居での定住生活は縄文時代から。b．誤文。三内丸山遺跡は縄文時代の遺跡。c．誤文。近畿は銅鐸，九州北部は銅矛・銅戈を祭器とした。

問4．X．正文。Y．誤文。「ワカタケル大王」は雄略天皇と考えられている。

問5．Ⅰは645年，Ⅱは618年，Ⅲは663年。

問6．ア．唐古・鍵遺跡は弥生時代の遺跡であるため該当しない。イ．武蔵も長門も銅の産出であるが，708年に銅を献上したのは武蔵国。

問7．X．誤文。Aの木簡は700年とあり，飛鳥浄御原令がすでに施行されている（689年施行）。したがって飛鳥浄御原令で郡に改められたとするのは誤り。Y．正文。Bの木簡では「安房郡白浜郷」となっており，国郡里制がすでに国郡郷制に代わっていることを示している。715年に里は郷と改称され，郷の下に里を置く郷里制に変わり，740年頃に里は廃止され「国郡郷制」に移行した。

問8．a．誤文。中央政府の国博士は乙巳の変後の新政府で旻と高向玄理が任じられた記事を唯一の出現例とし，以後の史料には出現しない。b．誤文。九州に置かれたのは大宰府。c．誤文。蔭位の制の説明である。

問10．Ⅰは桓武朝，Ⅱは醍醐朝，Ⅲは陽成朝。よってⅠ－Ⅲ－Ⅱになる。

問 11.　a．正文。b．誤文。勘合貿易が行われたのは室町時代の日明貿易でのこと。c．誤文。足利尊氏が派遣したのは天竜寺船。d．誤文。大内氏と細川氏が争ったのは寧波の乱。

問 12.　1．誤文。鎌倉時代は三斎市が一般的。3．誤文。運送業者は問（問丸）である。借上は金融業者。

問 13.　b．有田焼は近世初期に創始された。

問 14.　X．誤文。中国銭は「善悪を謂わず…悉く以て諸人相互いに取り用うべし」とある。「善悪を選別せず全てみな使用せよ」という意味である。Y．正文。撰銭（悪銭を排除する行為）は「京銭・打平等を限る」とあって，京銭・打平の悪銭では排除する撰銭を認めており，史料中程にも「悪銭売買の事，同じく停止」とあって，悪銭を用いた売買を禁じている。

問 15.　d．誤文。石見大森銀山は大内氏・尼子氏らの支配ののち毛利氏の支配する所となった。織田信長はこの毛利氏を屈服させておらず，信長が石見大森銀山を直轄地とすることはあり得ない。

2　解答

問 1．b　問 2．a　問 3．c　問 4．d　問 5．a
問 6．a　問 7．d　問 8．c　問 9．c　問 10．b

◀解　説▶

≪近世の宗教政策≫

問 1．2．誤文。設問に「キリシタン政策に関して」とあるが，不受不施派は日蓮宗の宗派でありキリシタンとは無関係。3．誤文。信仰を表明した浦上信徒を流罪にしたのは幕末・明治初頭のことで，17 世紀前半ではない。

問 3．史料にある「かれうた」とは帆船で，ポルトガル船を指していることは知っておこう。

問 4．Ⅰは 1641 年，Ⅱは 1633 年，Ⅲは 1612 年のこと。

問 5．2．誤文。大名の監察は大目付。4．誤文．江戸城は将軍の居城であり城代など城を預かる職はおかれない。

問 7．化政文化の絵画を問うている。aの「見返り美人図」は浮世絵版画の創始者である菱川師宣の作品で元禄文化。bの「十便十宜図」は池大雅と与謝蕪村の合作で宝暦・天明期の文化。cの「西洋婦人図」は平賀源内の作で宝暦・天明期の文化。dの「富岳三十六景」は葛飾北斎の作で化政文化の作品である。浮世絵は元禄期の菱川師宣に始まり，宝暦・天明期の鈴木春信の錦絵の創始で盛んになり，喜多川歌麿や東洲斎写楽が出た。その後，化政期に風景画の葛飾北斎や歌川広重，戯画の歌川国芳らが活躍した。

問8．X．誤文。吉田兼倶が唯一神道を始めたのは室町時代のこと。Y．正文。御蔭参りは寛永や慶安など江戸時代初期にもおこったらしいが，1705（宝永2）年のものが大規模なものの最初とされる。江戸時代の中後期にかけて隆盛した。

問9．c．誤文。本陣は大名を中心に旗本，勅使，宮門跡など身分の高い人の宿であり，一般の人が利用することはない。

問10．X．正文。Y．誤文。そもそも海路を危険とも書いていないし，案内を依頼するようにも命じていない。

3 解答

問1．d　問2．c　問3．a　問4．b　問5．b
問6．d　問7．c　問8．a　問9．a　問10．d
問11．a　問12．c　問13．b　問14．b　問15．d

◀解　説▶

≪近代の戦争≫

問2．a・b．誤文。五榜の掲示，五箇条の誓文は明治新政府が出した。d．誤文。明治天皇の即位は1867年2月13日であるが，明治改元は西暦1868年10月23日で明治天皇の在位期間とは，最初の2年が一致しない。そもそも即位と同時に改元するのは一世一元の制の「即日改元」によるが，これは明治天皇即位後に採用が決定したものであり，即日改元の最初は大正と言うことになる。

問4．a．誤文。文中の戸籍は明治5年に編成された壬申戸籍をさすが，壬申戸籍は皇族を含むものの，明治天皇，皇后，皇太后の3名は含んでいない。c．誤文。内務省設立を主導したのは大久保利通。d．誤文。郵便制度は前島密の建議による。

問5．Ⅰは1874年1月，Ⅱは1880年4月，Ⅲは1875年4月のこと。

問6．イ．甲申政変は日清戦争前のことで不適当。ウ．義和団事件・北清事変の講和条約は北京議定書。

問8．b．誤文。企業勃興は松方デフレ収束後に発生した起業ブームをさすが，年代は 1880 年代後半で日清戦争前のこと。c．誤文。八幡製鉄所は官営。d．誤文。日本鉄道会社の設立は 1881 年で日清戦争前のこと。

問 10．伊藤博文が初代統監に就任しているため，ⅡがⅢの伊藤博文暗殺より前であると判断できる。Ⅰの大逆事件は韓国併合と同じ 1910 年であると知っていれば，Ⅰが最後になることも判断できる。

問 12．1．誤文。21 カ条要求は袁世凱政府に対して出された。4．誤文。米騒動発生時の内閣は寺内正毅内閣。

問 13．Ⅰ．桂太郎内閣の退陣は第一次護憲運動のこと。Ⅱ．加藤高明内閣の成立は第二次護憲運動後のこと。Ⅲ．原敬内閣の成立は第一次と第二次の護憲運動の中間の時期。

問 14．2．不適。張作霖爆殺事件は満州事変以前のこと。3．不適。昭和恐慌のはじまりは満州事変以前のこと。

問 15．1．誤文。国家総動員法の制定は日米開戦前のこと。3．誤文。沖縄戦開始は 1945 年 3 月から。ヤルタ会談は 1945 年 2 月のこと。

4　解答

問 1．d　問 2．d　問 3．a　問 4．d　問 5．b
問 6．c　問 7．b　問 8．c　問 9．a　問 10．c

◀解　説▶

≪近代の教育≫

問 1．a．教育委員会の設置は戦後のこと。b．東京大学が帝国大学になったのは帝国大学令（1886 年）でのこと。c．義務教育が 6 年間になったのは 1907（明治 40）年の小学校令改正でのこと。d．1903 年に教科書は検定制から国定制になった。

問 2．学制公布は 1872 年。1．誤文。学制発布時の文部卿は大木喬任。2．正文。学制には授業料の規定があった。3．誤文。国民皆学を目指した学制には，女児小学校の規定もあり，女子の就学を免除する規定はない。4．正文。岩倉使節団は 1871 年から 1873 年までなので，学制発布はその間のことである。

問 3．X．正文。森有礼は明六社の初代社長に就任している。Y．正文。

問 5．X．正文。1900（明治 33）年に尋常小学校の授業料は無償化されている。Y．誤文。男女はほぼ同数と考えて，男女平均がグラフから 80% であることから，もし女子の就学率が 50% 以下ならば，男子が 100%

でも平均値が 80%になることはない。

問6．c．誤文。福沢諭吉の慶應義塾は蘭学塾・英学塾を前身とする。学校が整備されるにつれて 1890 年には法律科が設置されているが，法学塾として創始されたのではない。

問7．a．誤文。鈴木文治が設立した友愛会は労働者同士の相互扶助が目的で，今の共済組合的なものであった。慈善団体ではない。c．誤文。赤瀾会は女性の社会主義団体である。女性の文学団体は青鞜社である。d．誤文。日本農民組合は小作人の団体で，地主を中心とする団体ではない。

問8．満州事変が起こる前に軍のクーデター未遂事件（三月事件・十月事件）がおこり，満州事変によって満州国が建国され，満州国を認めない国際連盟に反発して日本は国際連盟を脱退する，という流れになる。

問9．b．誤文。吉野作造の民本主義を美濃部達吉の天皇機関説に改めると正文になる。c．誤文。大内兵衛を矢内原忠雄に改めると正文になる。d．誤文。津田左右吉を大内兵衛に改めると正文になる。

問10．Ⅰは 1943 年 10 月，Ⅱは 1941 年 4 月，Ⅲは 1944 年 8 月。

世界史

1 解答

問 1．c　問 2．a　問 3．c　問 4．b　問 5．c
問 6．d　問 7．b　問 8．a　問 9．a　問 10．d
問 11．c　問 12．a　問 13．d　問 14．b　問 15．d　問 16．a
問 17．d　問 18．d　問 19．c　問 20．b

◀解　説▶

≪アジア・欧米の政治・外交史≫

問 3．ア．誤文。京都に設けられた都は，平安京。イ．正文。

問 6．a．トリアノン条約は，第一次大戦後のハンガリーと連合国の講和条約。b．セーヴル条約は，第一次大戦後のオスマン帝国と連合国の講和条約。c．キャフタ条約は，ロシアと清の国境を画定した条約。

問 7．延暦 24 年は，西暦 805 年。吐蕃と唐の緊張関係は，両国間の同盟の成立（821〜822 年）によって終結する。この時期よりも後の出来事は b の黄巣の乱（875 年）だけとなる。a のタラス河畔の戦いは 751 年。c の則天武后の即位は 690 年。d の貞観の治（太宗の治世）は 627〜649 年。

問 8．a．誤文。明の建国者は朱元璋（洪武帝）。

問 9．ア．正文。安禄山らは，外戚楊氏の専横に反発して反乱を起こした。イ．正文。軍閥は軍人の私的集団を指す。節度使の別称である藩鎮は軍閥にあたるため，これを正文と判断した。

問 11．a．誤文。ドイツは国際連合からではなく，国際連盟から脱退した。b．誤文。イタリアはアルメニアではなく，アルバニアを保護国化した。d．誤文。フランスはヤルタ会談ではなく，ミュンヘン会談でドイツに譲歩した。

問 12．a のカトリーヌ＝ド＝メディシスは，アンリ 2 世の妃。

問 13．a．誤文。イギリスはベルリン条約ではなく，パリ条約でアメリカ合衆国の独立を承認した。b．誤文。ティルジット条約の締結を受けて設立されたのは，モスクワ大公国ではなくザクセン王を大公とするワルシャワ大公国である。c．誤文。第 1 次ウィーン包囲の失敗ではなく，第 2 次ウィーン包囲の失敗を受けてオスマン帝国はカルロヴィッツ条約を結んだ。

問15. ア．誤文。唐は新羅と連合して660年に百済を滅ぼし，続いて，668年に高句麗を滅ぼした。イ．誤文。遣唐使派遣は菅原道真の建白で894年に停止。唐滅亡は，その後の907年。

問17. d．誤文。『三大陸周遊記』は，モロッコの旅行家イブン＝バットゥータの著作。

問18. a．誤文。初めてパナマ地峡を横断したのは，バルボア。b．誤文。ブラジルに漂着し，ブラジルがポルトガル領になるきっかけを作ったのは，カブラル。c．誤文。喜望峰に到達したのは，カボットではなく，バルトロメウ＝ディアス。

問19. a．誤文。首長法は，ヘンリ8世によって定められた。b．誤文。イングランド王国とスコットランド王国を合同させたのは，アン女王である。d．誤文。保守党のルーツとなったトーリ党は，ジェームズ2世の王位継承権を認めた党派。自由党のルーツとなったホイッグ党は，議会の権利を主張し，ジェームズ2世の即位に反対した党派。

問20. a．誤文。オーストリア継承戦争が起こった際，北アメリカではジョージ王戦争が起こった。c．誤文。フレンチ＝インディアン戦争の結果結ばれたのは，パリ条約。d．誤文。イギリス東インド会社のクライヴがプラッシーの戦いでフランスなどを破った。

2 解答

問1．a　問2．c　問3．c　問4．d　問5．c
問6．b　問7．b　問8．c　問9．a　問10．d
問11．d　問12．b　問13．d　問14．b　問15．c

◀解　説▶

≪アフリカ・欧米の関係史≫

問3．c．誤文。連合軍を率いてノルマンディーに上陸したのはアイゼンハワー。

問4．a．誤文。ベルギー国王の所有地とされたのは，コンゴ自由国。b．誤文。ウラービー運動はエジプトの民族運動である。c．誤文。ブール人は南アフリカにトランスヴァール共和国・オレンジ自由国を建国した。

問6．a．誤文。アフリカ統一機構は，エチオピアで開催されたアフリカ諸国首脳会議によって結成された。c．誤文。南スーダンの建国は2011

年。アフリカ統一機構の最初の加盟国ではない。d．誤文。バンドン会議が開催された 1955 年には，まだアフリカ統一機構は結成されていなかった。

問 8．c．誤文。マジャール人はカトリックを受け入れた。

問 10. d．誤文。リンカンは奴隷制の完全撤廃を訴えたのではなく，奴隷制の拡大反対を訴えてアメリカ大統領に当選した。

問 11. a は，前 4 世紀の出来事。b は 969 年の出来事。c はエジプト新王国時代（前 16〜前 11 世紀）の出来事。d は前 1 世紀の出来事。したがって，d が正解。

問 12. a．誤文。メロエに都を置いたのは，クシュ人のメロエ王国。c．誤文。アクスムは，7 世紀からのイスラーム教徒による紅海進出で衰退した。d．誤文。マンサ＝ムーサは，マリ王国の王。

問 14. b．誤文。イスラエル王国はアッシリアに滅ぼされ，ユダ王国は新バビロニアに滅ぼされた。

問 15. a は 1975 年。b は 1956 年。c は 1989 年。d は 1972 年。ボブ＝マーリーの死去が 1981 年とリード文に書かれているので，c が正解。

3　解答

問 1．d　問 2．a　問 3．c　問 4．d　問 5．d
問 6．d　問 7．a　問 8．b　問 9．a　問 10. b
問 11. a　問 12. a　問 13. d　問 14. b　問 15. b

◀解　説▶

≪塩の世界史≫

問 3．c．誤文。ヘブライ人をバビロン捕囚から解放したのは，アケメネス朝のキュロス 2 世。

問 4．ア．誤文。ウルバヌス 2 世が招集したのはクレルモン宗教会議。イ．誤文。サンスクリット語ではなく，ギリシア語やアラビア語のラテン語への翻訳運動がおこった。

問 5．d．誤文。ナントの王令（勅令）を廃止したのは，ルイ 14 世。

問 6．a．誤文。古代エジプトの王は，ツァーリではなくファラオ。b．誤文。古代エジプトの宗教は多神教であった。c．誤文。古代エジプトでは，神聖文字・神官文字・民用文字が用いられた。

問 7．a．誤文。ウルやウルクは，シュメール人の都市国家。

問 8．b．誤文。初の黒人共和国はハイチ。

問 9．アは，1557 年。イは，前 214 年。ウは，7〜14 世紀のこと。エは，後漢時代の 166 年。したがって，a が正解となる。

問 10．a．誤文。デリー＝スルタン朝は，インドのイスラーム王朝。c．誤文。スワヒリ語が用いられるようになるのはアフリカ西海岸ではなく，アフリカ東海岸である。d．誤文。マガダ国は，古代インドの王国。

問 11．a．誤文。黒人奴隷は，アヘン生産に投入されていない。

問 12．b．誤文。インドのゴアは，フランスではなく，ポルトガルの拠点である。c．誤文。インドシナ半島を領有したのは，フランス。d．誤文。バタヴィアを根拠地にしたのは，オランダ。

問 13．d．誤文。司馬遷の『史記』は，紀伝体の歴史書。

問 14．アのダーウィンが『種の起源』を著わしたのは，1859 年。イのニュートンが万有引力の法則などを体系化した『プリンキピア』を著わしたのは，1687 年。ウは，ヘレニズム時代の出来事。エのアインシュタインは，20 世紀に活躍した。したがって，b が正解となる。

問 15．a．誤文。製紙技術の改良は，後漢時代の蔡倫による。c．誤文。交子が紙幣として使われたのは，北宋の時代であり，会子が紙幣として使われたのは，南宋の時代である。d．誤文。活版印刷技術の改良は，グーテンベルクによる。

地理

1 **解答**　問1．小問1．3　小問2．3　小問3．2
小問4．5

問2．小問1．ケスタ　小問2．1

問3．2

問4．小問1．GIS　小問2．地図4

問5．4

問6．小問1．フェーン　小問2．1　小問3．3

◀解　説▶

≪自然環境と地図≫

問1．小問1．1は正文。リード文に経線間隔が20度とあり，A地点は東経80度，B地点は東経140度で経度差は60度である。地球は24時間で1回転（360度）するから，AとBの時差xは，24：x＝360：60より4時間である。2は正文。AC間の緯度差は40度，CD間の経度差は40度で，いずれも大円上の弧だから，距離は等しい。3は誤文。日本の西側にある同緯度の地点への方位は，真西ではなく北寄りになる。ヨーロッパの地点なら北西，A地点への方位は西北西である。4は正文。地図の中心を通る直線は東経140度と赤道で，ともに大円だから大圏航路である。

小問3．アは気温の年較差が大きいから，高緯度で内陸のX，ウは年較差が小さいので低緯度，降水量の差が大きいので雨季と乾季が明瞭なY，イは残ったZである。

小問4．カオルンは温暖冬季少雨気候だから降水量の季節変化が大きく，冬の気温が18℃を下回るキである。ヌーメア，ホノルルは熱帯だが，ヌーメアは南半球なので1月を中心に特に高温となるク，ホノルルは北半球なので7月を中心に高温となるカである。

問3．アは山頂付近を，ウは氷河末端を示していることから判断する。

問4．小問2．地図4の等高線間隔の広いところは緩傾斜の扇状地を示す。地図Aの集落は，地図4の扇端の湧水帯に沿って分布している。

問6．小問2．赤外画像では，低温域が白く示される。1の図は日本海に白い部分があり，低気圧が発達して雲で覆われていることがわかる。2は東シナ海を台風が移動中，3の日本海は晴天，4は冷たい北西季節風が吹いて北日本の日本海側に積雪をもたらしている様子を示している。

小問3．3が正文。風向に南を含む風の日は 11 件で，表の 17 件のうち約 65%である。

2 解答

問1．小問1．3　小問2．3

問2．スラム

問3．2

問4．SDGs

問5．小問1．3　小問2．1

問6．2

問7．1

問8．小問1．4　小問2．4

問9．小問1．3　小問2．パークアンドライド

◀解　説▶

≪健康と都市化≫

問3．Aは正文。人口1万人あたりの感染者数は，マンハッタンが約 131 人，ブロンクスが約 279 人で，ブロンクスのほうが高い。Bは誤文。感染者1万人あたりの死者数は，マンハッタンが約 857 人，ブロンクスが約 744 人で，マンハッタンのほうが高い。

問5．小問1．1は誤文。アフリカに位置するのは中央アフリカ，ジンバブエ，ザンビアの3カ国である。2は誤文。栄養不良人口が最も少ないのは，総人口が少ない中央アフリカである。3は正文。北朝鮮は人口が最大なので，栄養不良人口も最多である。4は誤文。ジンバブエとザンビアは，イギリスが旧宗主国の植民地だった。

小問2．シンガポールは日本より1人あたり GNI が高いから図中あ，日本が図中いである。アフリカのニジェールはインドより合計特殊出生率が高いので図中え，インドが図中うである。

問9．小問1．LRT は，Light Rail Transit の略称で，直訳すれば「軽量軌道交通」となる。

3 **解答**　問1．小問1．3　小問2．2　小問3．3
小問4．4
問2．小問1．2　小問2．3　小問3．3　小問4．4　小問5．4
問3．小問1．3　小問2．プレーリー土　小問3．シカゴ　小問4．4
小問5．4

◀解　説▶

≪世界の農業≫

問1．小問3．アの茶は，ケニア，中国，スリランカ，インドが輸出上位4カ国で，生産もこの4カ国が多いが，生産量は中国が1位，インドが2位である。イのコーヒーはブラジルとベトナムが輸出，生産とも1・2位。ウのバナナはエクアドルを筆頭とする中南米諸国とフィリピンが輸出上位だが，生産では人口が多く国内消費量が多い中国が1位，インドが2位である（2017年）。

問2．小問2．1の文は遊牧，2は文中の「野菜」を大豆・飼料作物に置き換えると企業的穀物農業，4は園芸農業，それぞれの説明文である。

小問5．フランスはEUの農業大国で，農業総生産額は750億ドルとEU最大，2位はドイツの597億ドル，3位はスペインの552億ドル（2017年）である。

問3．小問5．いずれもアメリカ合衆国からの輸入が多いが，Eの小麦は，1位のアメリカ合衆国とカナダ，オーストラリアの3カ国で輸入全体の9割を超える。Fの大豆は，1位のアメリカ合衆国だけで7割に達する。なお，世界への輸出ではブラジルが1位で45%を占め，アメリカ合衆国は2位で37%である（2017年）。Gの牛肉はオーストラリアとアメリカ合衆国の2カ国で輸入全体の9割ほどを占める。

4 **解答**　問1．3　問2．4　問3．2
問4．小問1．3　小問2．4
問5．3　問6．ワジ　問7．2　問8．3　問9．4　問10．1
問11．1　問12．5

◀解　説▶

≪アフリカの地誌≫

問1．アフリカ大陸は，赤道を中心に，南北ともほぼ同緯度（35度付近）

まで広がっていると覚えておこう。

問２．高度別面積で 200 m 未満は海岸沿いの低地を示すが，アフリカ大陸は全体に台地状の地形で，標高 500～1000 m 前後の地域が広く，海岸近くの低地割合は他のどの大陸よりも低い。よってア～ウでは 200 m 未満が 9.7%しかないアがアフリカである。なお，イは標高の低い古期造山帯の山脈しか分布しないオーストラリア，3000 m 以上の地域が５％を占めるウは，標高の高いアンデス山脈が走る南アメリカである。気候区の分布では，アフリカは赤道付近に熱帯の気候区，南北回帰線付近に乾燥帯の気候区が分布し，他の気候区は非常に狭い。よって表では，Ａ気候とＢ気候が共に広く，合わせて全体の８割を超える い である。あ はＡ気候だけで全体の６割を超えるので，赤道付近の面積が特に広い南アメリカ，うはＢ気候だけで全体の６割近くを占めるので，南回帰線が大陸中央を通るオーストラリアである。

問３．２は誤文。ナイル川の源流部にあたるビクトリア湖周辺，エチオピア高原はアフリカ大地溝帯に位置するが，中下流のスーダンやエジプトでは大地溝帯の西側を貫流している。この付近で大地溝帯の地溝部にあたるのは紅海で，アフリカ側，アラビア半島側ともに断層崖が続く。

問４．小問１．アは赤道に最も近い低緯度なので，気温の年較差が小さいＶである。イ・ウではウのほうが高緯度なので気温が低いＷ，イはＵである。また，ウは地中海性気候なので冬（６～８月）に多雨，イはサバナ気候なので，夏（12～２月）に多雨となる。

問８．ザンビアは，コンゴ民主共和国とともにアフリカにおける銅の主要産出・輸出国なので３である。１はガーナとともにカカオの生産・輸出国であるコートジボワール，２は原油が大半を占めるので北アフリカの産油国リビア，４はダイヤモンドが大半を占めるので，世界有数のダイヤモンド産出国であるボツワナである。

問９．アフリカではイギリスとフランスが最も広い植民地を手に入れ，イギリスはエジプトから南アフリカに至る東部を，フランスは主に西アフリカを勢力圏とした。Ａのモーリタニア，Ｂのコートジボワールはいずれも西アフリカにあるので，フランスが旧宗主国である。ただし，西アフリカでも，ナイジェリアとガーナはイギリスが旧宗主国である。

問 10．政府開発援助（ODA）の受け取りではアフリカが最大である。なかでもサブサハラの受け取り額が多いので，表では1が該当する。供与国ではアメリカ合衆国の他，多くの植民地を有していたイギリスとフランスも上位国である。2はスペインが最大の供与国だから，スペインの植民地が多かった中南米である。3は日本が最大の供与国だから，南アジア，4はオーストラリアとニュージーランドが主要供与国だから，大洋州である。

問11．アフリカの国は農牧業が主体で農村人口が多く，都市人口率の低い国が多い。このなかで70%を超え先進国並みのアは，アルジェリアである。この国は産油国で第2次，第3次産業人口が多く，農村・農業人口が少ない。また，国土は乾燥地が広く，居住に適する場所が限られている。イは，農村・農業人口が大半を占めるエチオピアである。ウは，人口最大都市が首都でないからナイジェリアである。ナイジェリアの最大都市（旧首都）はラゴス，遷都して現在の首都は内陸の計画都市アブジャである。

問12．南アフリカ共和国はアフリカ最大の工業国で，1人あたりGNIが5000ドルを超えている。アフリカで5000ドル以上の国は10カ国に満たない。一方，マリは第1次産業人口が6割を超える国で，1000ドル未満である。アフリカでは4割以上が1000ドル未満の貧しい国である（2018年)。エジプトは工業国ではあるが，人口が多いこともあって，1人あたりGNIは南アフリカの半分ほどしかない。

政治・経済

1 **解答** 問1．③　問2．①　問3．①　問4．①　問5．②
問6．②　問7．②・③※　問8．④　問9．④
問10．③

※問7については，選択肢の中に正答が2つあることが判明したため，正答であるいずれを解答した場合でも加点したと大学から発表があった。

◀解　説▶

≪平和主義≫

問1．③が正解。①「人間の安全保障」は，国連環境計画（UNDP）が「人間開発報告」で示した概念である。②「平和のための結集」は，安全保障理事会が機能しない際に，国際連合の総会が代わって行動できることである。④『戦争と平和の法』はオランダのグロティウスの著書である。

問2．①が正解。②「平穏に請願する権利」は，日本国憲法第16条に規定される請願権である。③「ひとしく教育を受ける権利」は，同第26条に規定される社会権の一つである。④「弁護人に依頼する権利」は，同第34条，37条に規定される自由権に関する権利である。

問3．①が正文。国際連盟の設立は1920年，常設仲裁裁判所の成立は，1899年のハーグ平和会議である。②誤文。国際司法裁判所（ICJ）は，紛争当事国双方の同意がなければ裁判を始めることはできない。③誤文。欧州人権裁判所は，欧州人権条約に基づいて設立された。④誤文。国際刑事裁判所（ICC）は，他国に属する国民に対して非人道的行為を行った個人を裁くものである。

問4．①が正文。国連憲章第51条によって，個別的自衛権，集団的自衛権ともに発動を容認している。

問5．②が正文。①誤文。核拡散防止条約（NPT）は，国連加盟国に核兵器を新たに開発する権利を認めていない。③誤文。包括的核実験禁止条約（CTBT）は，国連総会で採択されている。ただし一部の発効要件国が批准しておらず，未発効である。④誤文。プラハ宣言は，アメリカのオバマ大統領が核廃絶への目標を示した演説である。

問6．②が誤文。集団安全保障は，対立する国家を含めて関係国すべてが協力し，違反した国に対しては集団的措置をとることによって，平和を維持することである。

問8．④が正文。①誤文。現在の防衛関係費の金額は，冷戦期よりも増加している。②誤文。防衛関係費の一般会計予算に占める割合は，2012（平成24）年度まで減少傾向であったが，以降は増加している。③誤文。防衛関係費の金額は，ヨーロッパ諸国の平均的な軍事支出のおよそ9割程度である。

問9．④が誤文。自衛のための必要最小限度の実力をもつことは，日本国憲法第9条に直接の規定はなく，憲法上認められると解している。

問10．③が正文。①誤文。サンフランシスコ平和条約後に，警察予備隊が保安隊に改組された。②誤文。キューバ危機（1962年）は，自衛隊の設立（1954年）と無関係である。④誤文。2001年の「同時多発テロ」を受けて，日本は自衛隊をアメリカの後方支援を行うために派遣した。

2　解答

問1．④　問2．②　問3．①　問4．②　問5．②
問6．③　問7．①　問8．④　問9．③　問10．①

◀解　説▶

≪メディアと選挙≫

問1．④が正解。選挙期間中に候補者が有権者の家を戸別訪問して投票を働きかけることは禁止されている。

問2．②が正解。①誤文。メディア・スクラムはマスコミ関係者が過剰な取材や報道を行うことで，個人のプライバシーを侵害することがある。③誤文。報道の自由が保障されていても，マスメディアによる報道内容は検証されている。④誤文。公的機関などを取材，報道する記者たちの自主的な集まりである記者クラブは，国民の知る権利に奉仕するために結成された。

問3．①が正文。②誤文。イギリスは下院優位の原則が確立している。③誤文。フランスの首相は，大統領によって任命される。④誤文。中国における憲法上の最高決定機関は，全国人民代表大会（全人代）である。共産党中央委員会は，中国共産党の最高指導機関である。

問4．②が正文。①誤文。自民党は衆議院における議席が3分の2に満たないので，単独で憲法改正の発議に必要な議席を確保していない。③誤文。自民党が常に政権を握っていた。④誤文。中道政党は，自民党とすべて合併していない。

問5．②が正文。①誤文。世論の収集ができるのは，認定個人情報保護団体だけではない。③誤文。世論調査は，有権者全員に質問する必要はなく，一部を抽出して行われる。④誤文。オンブズマン（オンブズパーソン）の設置は，国に義務づけられていない。

問6．③が正文。①誤文。参議院議員の被選挙権は満30歳以上の日本国民である。②誤文。衆議院議員選挙の比例代表選挙は，投票時には政党名を記入するため，個人へ投票することはできない。④誤文。満18歳未満の者は，選挙運動を行うことはできない。

問7．①が正解。②不適。満25歳以上の男子普通選挙制度の確立は1925年である。③不適。衆議院議員選挙に全国区制は導入されていない。④不適。無記名による投票制度は1900年の改正で採用された。

問8．④が正文。①誤文。電話による遠隔投票制度は採用されていない。②誤文。立候補前の選挙運動は，事前運動として禁止されている。③誤文。政党に対する献金は，個人，企業ともに認められている。

問9．③が正文。①誤文。政治的無関心は，一票の格差の最大の要因ではない。②誤文。最高裁判所は，一票の格差について選挙を無効とする判決を出したことはない。④誤文。参議院議員選挙においても一票の格差問題は生じている。

問10．①が正解。地方公共団体の長または議会の提案に地方公共団体の住民が賛成するかどうかの住民投票は，日本国憲法ではなく，地方自治法に規定されている。

3　**解答**　問1．③　問2．②　問3．①　問4．④　問5．②
問6．③　問7．(i)―③　(ii)―①　問8．④
問9．④

◀解　説▶

≪経済のグローバル化≫

問1．③が正解。その他の選択肢は，リカードと異なり，保護貿易を主張した経済学者のリストに関するものも含む。

問2．②が正解。「ヘッジファンド」は，限られた投資家から資金を集め，様々な投資手法を用いて，金融商品を運用するファンド，「サブプライム・ローン」は，信用力が低い者を対象にした住宅ローンである。その他の選択肢の「タックスヘイブン」は税制上の有利な国や地域，「ダンピング」は不当に安い価格で製品を販売することであるため，該当しない。

問3．①が正文。②誤文。主要先進国は，金本位制から離脱するまで，兌換紙幣を発行していた。③誤文。主要先進国が変動為替相場制に移行することが決定されたのは，キングストン合意である。ブレトンウッズ会議では，ドルを基軸通貨とし，固定相場制をとることが決定した。④誤文。主要先進国は関税を引き上げ，ブロック経済を形成した。

問4．④が正文。①誤文。GATTにおける「多角」とは，多国間の交渉を指す。②誤文。WTOへの移行は，GATTのウルグアイ・ラウンドでの合意に基づく。③誤文。中国のWTOへの加盟は2001年である。

問5．②が正文。①誤文。NAFTAの加盟国は，アメリカ，カナダ，メキシコである。NAFTAは2020年に改組され，USMCAと改称された。③誤文。チリはMERCOSURの正式加盟国ではなく，準加盟国である。④誤文。日本とEUのEPAは2019年に発効されている。

問6．③が正解。a．リスボン条約調印（2009年），b．単一欧州議定書発効（1987年），c．欧州通貨制度発足（1979年），d．マーストリヒト条約発効（1993年）。よってc→b→d→aとなる。

問7．(i)③が正解。1ドル＝X円のとき，「ドルの需要＞供給」の超過需要となっている。よって今後は，為替レートは円安・ドル高方面に変化し，ドルの需要が減少，供給が増加する。

(ii)①が正解。日本銀行は過度な円高・ドル安を解消するために，円を売ってドルを買う「円売りドル買い介入」を行う。ドルの需要が増えるため，需要曲線が右にシフトする。

問8．④が正文。①誤文。「持続可能な開発」を基本理念とした「リオ宣言」が採択され，その行動計画としてアジェンダ21が策定されたのは，1992年の国連環境開発会議（地球サミット）である。②誤文。地球温暖化に対する国際的な取り組みを国連としてはじめて規定したのは，気候変動枠組み条約（地球温暖化防止条約）である。③誤文。京都議定書では，日本は温室効果ガスの排出量を2012年までに，1990年と比較して6％引き下げることを決めた。

問9．④が正解。交易条件は，輸出財価格／輸入財価格と設問にあるため，輸出財1単位／輸入財2単位＝0.5となり，③と④に絞られる。交易条件が改善されるとは，輸出財1単位で交換できる輸入財が増えることである。よって，例えば輸出財1単位と輸入財4単位を交換する場合は，交易条件は0.25となる。よって交易条件が低下するほど，交易条件が改善するとわかるため，④を選ぶことができる。

4 解答

問1．①　問2．④　問3．②　問4．①　問5．②
問6．(i)―③　(ii)―③　問7．②
問8．(i)―③　(ii)―②

◀解　説▶

≪経済統計≫

問1．①が正解。戦後の日本の完全失業率は，最も高い時期でも5％台である。

問2．④が正解。その他の選択肢は，フリードマンが批判したケインズに関するものも含む。

問3．②が正解。「GNI＝GDP＋海外からの純所得」である。図2はGNIがGDPより常に上回っているため，GNIとGDPの差に当たる海外からの純所得は正である。また，「GNI＝NNP＋固定資本減耗」であるため，図2のGNIとNNPの差が固定資本減耗に当たる。そのため，この2つを比べた際に，差が大きいのは後者であるため②を選ぶことができる。

問4．①が正文。②誤文。キチンの波は，主に在庫投資の変動が要因の短期循環である。③誤文。コンドラチェフの波は，主に技術革新が要因の長期循環である。④誤文。クズネッツの波は，主に建造物の更新が要因で周期は約20年。

問5．②が適当。「労働力人口」は，15歳以上の人口のうち「就業者」と「完全失業者」を合わせたものである。「非労働力人口」は，「就業者」と「完全失業者以外の者」であり，学生や家事専業者などがこれにあたる。「就業者」とは収入ある仕事を少しでもしている「従業者」と，仕事をもっているが病気などの理由で仕事をしなかった「休業者」を合わせたものである。アルバイトは「就業者」であるため，「就業者」が1人増え，「完全失業者」が1人減るため，「労働力人口」は変わらない。よって正解は②である。

問6．(i)③が正文。①不適。イラン・イラク戦争は1980～1988年の出来事である。②不適。ソヴィエト連邦の崩壊は1991年の出来事である。④不適。湾岸戦争は1991年の出来事である。

(ii)③が正文。①不適。1971年のスミソニアン協定に関する記述である。②不適。変動為替相場制への移行は1973年の出来事である。④不適。WTOの発足は1995年である。

問7．②が正解。GDPデフレーターは，GDPを利用した物価指数で，実質GDP＝名目GDP÷GDPデフレーター×100であるから，GDPデフレーター＝名目GDP÷実質GDP×100で求めることができる。図4から2000年から2010年のGDPデフレーターの値は100を超えているため，名目GDPが実質GDPを上回っている。また，GDPデフレーターの値が2000年から2010年にかけて，年々下がっていることから，名目GDPと実質GDPの差が縮まっていると考えられる。よって実質GDPの成長率が名目GDPの成長率より大きい。

問8．(i)③が正解。貨幣量（マネーストック）とは，金融機関と中央政府を除いた経済主体（企業，個人，地方公共団体など）が保有する通貨量で，M1は現金通貨と預金通貨を合わせたものである。マネタリーベースは，日本銀行が世の中に供給する通貨の合計で，日本銀行券発行高＋貨幣流通高＋日銀当座預金で表される。よって預金を日銀当座預金とした場合，マネーストックは，日銀当座預金が含まれないため，減少する。

(ii)②が正解。信用創造とは，銀行が預金以上の貸付を行うことである。本源的預金とは，預金者から預かったお金である。支払準備率とは，預金者への支払いのために残すお金の比率である。よって本質的預金が大きく，支払い準備率が低ければ，信用創造額は大きくなる。

数学

◀理（総合理学プログラム〈文系〉を除く）・工学部▶

1 **解答** (1)(a) $\frac{24}{25}$　(2)(b) $\frac{1}{5}\vec{a}+\frac{3}{5}\vec{b}$　(3)(c) $3n^2-3n-3$

(4)(d) 55　(5)(e) 2　(6)(f) $1+\sqrt{2}i$　(g) $\sqrt{2}$

◀解　説▶

≪小問 6 問≫

(1)　θ は第一象限の角なので，$\cos\theta>0$ である。したがって

$$\cos\theta=\sqrt{1-\left(\frac{4}{5}\right)^2}=\frac{3}{5}$$

よって

$$\sin2\theta=2\sin\theta\cos\theta=2\cdot\frac{4}{5}\cdot\frac{3}{5}=\frac{24}{25}\quad\to\text{(a)}$$

(2)　$\overrightarrow{OM}=\frac{1}{2}\vec{a}$，$\overrightarrow{ON}=\frac{3}{4}\vec{b}$ である。

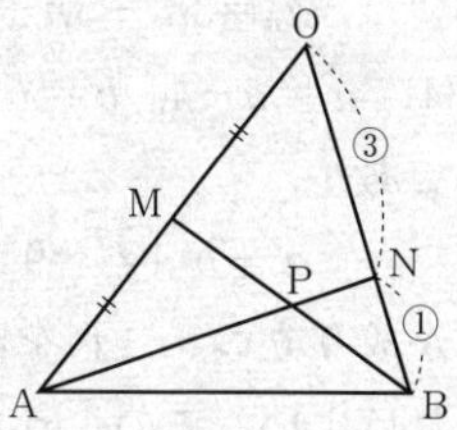

ここで

AP：PN$=t:1-t$

（t は $0<t<1$ を満たす実数）

とすると

$$\overrightarrow{OP}=(1-t)\overrightarrow{OA}+t\overrightarrow{ON}$$

$$=(1-t)\vec{a}+\frac{3}{4}t\vec{b}\quad\cdots\cdots①$$

また

MP：PB$=s:1-s$（s は $0<s<1$ を満たす実数）

とすると

$$\overrightarrow{OP}=(1-s)\overrightarrow{OM}+s\overrightarrow{OB}$$

$$=\frac{1}{2}(1-s)\vec{a}+s\vec{b}\quad\cdots\cdots②$$

$\vec{a}$, $\vec{b}$ は互いに平行ではなく，いずれも $\vec{0}$ ではないので，①と②の $\vec{a}$ と $\vec{b}$ の係数はそれぞれ等しくなる。したがって

$$\begin{cases} 1-t=\dfrac{1}{2}(1-s) \\ \dfrac{3}{4}t=s \end{cases}$$

が成り立つ。これを解いて，$(s,\ t)=\left(\dfrac{3}{5},\ \dfrac{4}{5}\right)$ となる。これを①に代入して

$$\overrightarrow{\mathrm{OP}}=\frac{1}{5}\vec{a}+\frac{3}{5}\vec{b} \quad \rightarrow \text{(b)}$$

(3) $n=1$ のとき

$$a_1=S_1=1-4=-3$$

$n\geqq 2$ のとき

$$\begin{aligned} a_n=S_n-S_{n-1}&=n^3-4n-\{(n-1)^3-4(n-1)\} \\ &=3n^2-3n-3 \end{aligned}$$

であり，これは $n=1$ のときも成り立つ。したがって，すべての自然数 n について

$$a_n=3n^2-3n-3 \quad \rightarrow \text{(c)}$$

(4) $a'=a-4$, $b'=b-4$, $c'=c-4$ とすると，a', b', c' は 0 以上の整数であり

$$a'+b'+c'=9$$

が成り立つ。これを満たす 0 以上の整数の組 $(a',\ b',\ c')$ の個数を求めればよい。このような整数 $(a',\ b',\ c')$ の組は，9 個の○と 2 個の｜を 1 列に並べたときの並べ方に対応している。すなわち，1 個目の｜の左側にある○の個数が a'，2 個の｜に挟まれた○の個数が b'，2 個目の｜の右側にある○の個数が c' と考える。例えば

○ ○ ｜ ○ ○ ○ ｜ ○ ○ ○ ○

という並びは $(a',\ b',\ c')=(2,\ 3,\ 4)$ に対応し

｜ ○ ○ ○ ｜ ○ ○ ○ ○ ○ ○

という並びは $(a',\ b',\ c')=(0,\ 3,\ 6)$ に対応している。

したがって，求める組の個数は

$$_{11}C_2=\frac{11\cdot 10}{2\cdot 1}=55$$ 通り　→(d)

(5)　双曲線上の点の座標を $(x,\ y)$ とおくと，$x^2-4y^2=4$ ……①が成り立つ。点 P と点 $(5,\ 0)$ の距離を d とすると，①から $y^2=\frac{1}{4}x^2-1$ なので

$$d^2=(x-5)^2+y^2=(x-5)^2+\frac{1}{4}x^2-1$$

$$=\frac{5}{4}x^2-10x+24=\frac{5}{4}(x-4)^2+4$$

と変形できる。$x=4$ のとき，$y^2=4-1=3 \iff y=\pm\sqrt{3}$ であるので，$(x,\ y)=(4,\ \pm\sqrt{3})$ のとき d^2 は最小となり，$d>0$ より d もこのとき最小になる。したがって，求める最小値は

$\sqrt{4}=2$　→(e)

(6)　$$\frac{\beta}{\alpha}=\frac{1-\sqrt{2}+(1+\sqrt{2})i}{1+i}=\frac{\{1-\sqrt{2}+(1+\sqrt{2})i\}(1-i)}{(1+i)(1-i)}$$

$$=\frac{1-\sqrt{2}+(1+\sqrt{2})i-(1-\sqrt{2})i-(1+\sqrt{2})i^2}{1-i^2}$$

$$=\frac{2+2\sqrt{2}i}{2}=1+\sqrt{2}i$$　→(f)

ここで，$\angle\mathrm{AOB}=\theta\ (0\leqq\theta\leqq\pi)$ とすると，$\theta=\arg\frac{\beta}{\alpha}$ であるから

$$\left|\frac{\beta}{\alpha}\right|=\sqrt{1+(\sqrt{2})^2}=\sqrt{3}$$

なので

$$\frac{\beta}{\alpha}=\sqrt{3}(\cos\theta+i\sin\theta)=1+\sqrt{2}i$$

と書けることから，$\sin\theta=\frac{\sqrt{2}}{\sqrt{3}}$ が成り立つ。

$$\mathrm{OA}=|\alpha|=|1+i|=\sqrt{2},\ \mathrm{OB}=|\beta|=|\alpha|\cdot\left|\frac{\beta}{\alpha}\right|=\sqrt{2}\sqrt{3}=\sqrt{6}$$

なので，△OAB の面積は

$$\triangle\mathrm{OAB}=\frac{1}{2}\mathrm{OA}\cdot\mathrm{OB}\sin\theta=\frac{1}{2}\sqrt{2}\sqrt{6}\frac{\sqrt{2}}{\sqrt{3}}=\sqrt{2}$$　→(g)

2　**解答**　(1)　$C_1: y=x^2$ について，$y'=2x$ なので，$(1,\ 1)$ における接線の傾きは 2 である。したがって，l の方程式は

$$y=2(x-1)+1$$
$$y=2x-1 \quad \cdots\cdots(\text{答})$$

(2)　$C_2: y=x^2+2ax$ は l と接しているので，方程式

$$x^2+2ax=2x-1$$

すなわち

$$x^2+2(a-1)x+1=0 \quad \cdots\cdots ①$$

は重解をもつ。したがって，2 次方程式①の判別式を D とすると

$$\frac{D}{4}=(a-1)^2-1=0$$

なので，$a-1=\pm1$ である。$a>0$ より

$$a=2 \quad \cdots\cdots(\text{答})$$

別解　l と C_2 の接点の x 座標を t とすると，$C_2: y=x^2+2ax$ において $y'=2x+2a$ なので，l の傾きが 2 であることから

$$2t+2a=2 \quad \cdots\cdots ②$$

また，接点の y 座標に関して l と C_2 の方程式に $x=t$ を代入して

$$2t-1=t^2+2at \quad \cdots\cdots ③$$

である。②から $2a=-2t+2$，これを③に代入して

$$2t-1=t^2+t(-2t+2)$$
$$t^2=1$$
$$\therefore \quad t=\pm1$$

$t=1$ のとき，②より $a=0$ だが，これは $a>0$ に反する。

$t=-1$ のとき，②より $a=2$ である。したがって

$$a=2$$

(3)　(2)より $a=2$ であるから，これを①に代入すると

$$x^2+2x+1=0$$
$$(x+1)^2=0$$
$$\therefore \quad x=-1$$

よって，放物線 C_2 と直線 l との接点の x 座標は -1 である。

また，$C_2: y=x^2+4x$ となるので

$$x^2+4x=x^2$$

を解くと

$$x=0$$

である。よって，C_1 と C_2 の交点の x 座標は 0 である。

したがって，グラフは右図のようになり，

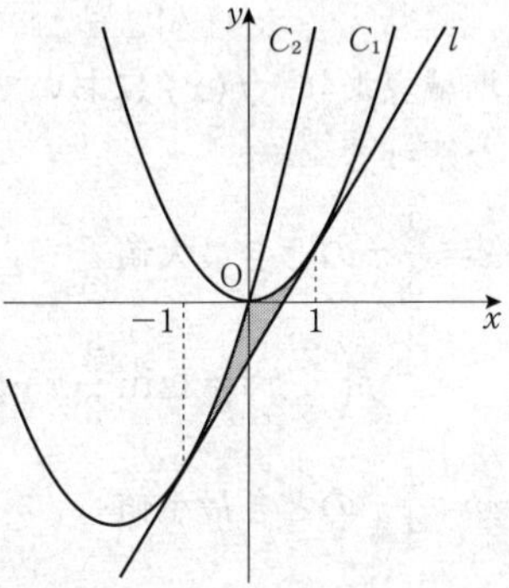

求める面積は

$$\int_{-1}^{0}\{x^2+4x-(2x-1)\}dx+\int_{0}^{1}\{x^2-(2x-1)\}dx$$

$$=\int_{-1}^{0}(x^2+2x+1)dx+\int_{0}^{1}(x^2-2x+1)dx$$

$$=\left[\frac{1}{3}x^3+x^2+x\right]_{-1}^{0}+\left[\frac{1}{3}x^3-x^2+x\right]_{0}^{1}$$

$$=\frac{1}{3}+\frac{1}{3}=\frac{2}{3}\quad\cdots\cdots(答)$$

◀解　説▶

≪接線の方程式，曲線で囲まれた部分の面積≫

数学Ⅱの範囲の微積分の基本的な問題である。(2)のように，2つの曲線の両方に接する接線は共通接線と呼ばれ，頻出のテーマである。放物線以外の曲線の場合は，判別式を用いることができないので，〔別解〕のように接点の x 座標を文字で設定して解けばよい。(3)のような面積を求める問題では，図を描いてグラフの上下関係を把握することが大切である。

3 **解答**　(1)　$f'(x)=2(\sin x)'-(\sin 2x)'$

$$=2\cos x-2\cos 2x\quad\cdots\cdots(答)$$

(2)　$f'(x)=2\cos x-2(2\cos^2 x-1)=2(1+\cos x-2\cos^2 x)$

$$=2(1-\cos x)(1+2\cos x)$$

と変形できる。ここで，つねに $1-\cos x\geqq 0$ が成り立つから，$f'(x)$ の符号が変化するのは

$$1+2\cos x=0\ (0\leqq x\leqq 2\pi)\Longleftrightarrow x=\frac{2}{3}\pi,\ \frac{4}{3}\pi$$

においてである。したがって，増減表は次のようになる。

x	0	$\cdots$	$\frac{2}{3}\pi$	$\cdots$	$\frac{4}{3}\pi$	$\cdots$	2π
$f'(x)$		$+$	0	$-$	0	$+$	
$f(x)$	0	$\nearrow$		$\searrow$		$\nearrow$	0

増減表より，$f(x)$ において極大値は最大値，極小値は最小値になる。したがって

$$\left.\begin{array}{l} x=\dfrac{2}{3}\pi \text{ のとき最大値} \\ \qquad f\left(\dfrac{2}{3}\pi\right)=2\sin\dfrac{2}{3}\pi-\sin\dfrac{4}{3}\pi=\dfrac{3\sqrt{3}}{2} \\ x=\dfrac{4}{3}\pi \text{ のとき最小値} \\ \qquad f\left(\dfrac{4}{3}\pi\right)=2\sin\dfrac{4}{3}\pi-\sin\dfrac{8}{3}\pi=-\dfrac{3\sqrt{3}}{2} \end{array}\right\} \quad \cdots\cdots(\text{答})$$

(3)　2 曲線 $y=2\sin x$，$y=\sin 2x$ $(0\leqq x\leqq\pi)$ で囲まれた図形は右図の網かけ部分である。

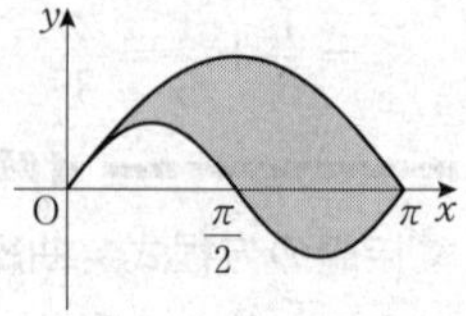

この図形を x 軸の周りに 1 回転してできる立体は，曲線 $y=\sin 2x$ の $0\leqq x\leqq\pi$ の部分を x 軸の周りに 1 回転してできる立体から，曲線 $y=2\sin x$ の $0\leqq x\leqq\dfrac{\pi}{2}$ の部分を x 軸の周りに 1 回転してできる立体を除いたものになるので，求める体積は

$$\begin{aligned} V&=\pi\int_0^{\pi}(2\sin x)^2dx-\pi\int_0^{\frac{\pi}{2}}(\sin 2x)^2dx \\ &=4\pi\int_0^{\pi}\frac{1-\cos 2x}{2}dx-\pi\int_0^{\frac{\pi}{2}}\frac{1-\cos 4x}{2}dx \\ &=4\pi\left[\frac{x}{2}-\frac{\sin 2x}{4}\right]_0^{\pi}-\pi\left[\frac{x}{2}-\frac{\sin 4x}{8}\right]_0^{\frac{\pi}{2}} \\ &=4\pi\cdot\frac{\pi}{2}-\pi\cdot\frac{\pi}{4}=\frac{7}{4}\pi^2 \quad \cdots\cdots(\text{答}) \end{aligned}$$

◀解　説▶

≪関数の極大・極小，回転軸をまたぐ図形の回転体≫

数学Ⅲの範囲の微積分の基本的な問題である。(3)のように，回転軸をまたぐ図形の回転体を考える場合は，軸に関して図形を折り返したものを1回転させると考えて体積を計算すればよい。この問題では，x 軸の下側の部分の回転体は，x 軸の上側の部分の回転体に含まれるため，考えやすい。

◀経済・経営・人間科・理（総合理学プログラム〈文系〉）学部▶

1 解答

(1)(a) 2　(2)(b) $-\frac{9}{8}$　(3)(c) -4　(4)(d) $3x^2+1$

◀解　説▶

≪小問 4 問≫

(1)　$(2-i)^2=4-4i+i^2=3-4i$

$(2-i)^3=(2-i)^2(2-i)=(3-4i)(2-i)=6-11i+4i^2=2-11i$

よって，実部は 2　→(a)

(2)　$\cos\theta+\cos2\theta=\cos\theta+2\cos^2\theta-1$

$$=2\left(\cos\theta+\frac{1}{4}\right)^2-\frac{9}{8}$$

となるので，$\cos\theta=-\frac{1}{4}$ のとき　最小値 $-\frac{9}{8}$　→(b)

(3)　5 枚とも表になるか，5 枚とも裏になればよい。

$$p=2\times\left(\frac{1}{2}\right)^5=\left(\frac{1}{2}\right)^4=2^{-4}$$

であるから

$\log_2 p=-4$　→(c)

(4)　与式の両辺を x で微分すると

$$\frac{d}{dx}\int_0^x (f(t)+2t)dt=\frac{d}{dx}(x^3+x^2+x)$$

$f(x)+2x=3x^2+2x+1$

$\therefore$　$f(x)=3x^2+1$　→(d)

2 解答

(1)　$y=x^2-ax+a=\left(x-\frac{a}{2}\right)^2+a-\frac{a^2}{4}$ より

(i)　$0<\dfrac{a}{2}\leqq\dfrac{1}{2}$ のとき，つまり $0<a\leqq1$ のときグラフの概形は右図のようになるので

$$\begin{cases} x=1\ \text{のとき最大値}\ 1 \\ x=\dfrac{a}{2}\ \text{のとき最小値}\ a-\dfrac{a^2}{4} \end{cases}$$

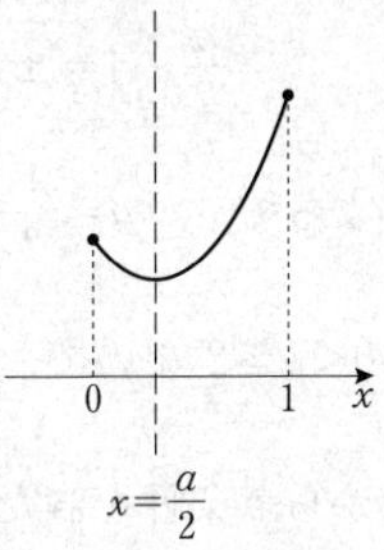

(ii)　$\dfrac{1}{2}\leqq\dfrac{a}{2}\leqq1$ のとき，つまり $1\leqq a\leqq2$ のときグラフの概形は右図のようになるので

$$\begin{cases} x=0\ \text{のとき最大値}\ a \\ x=\dfrac{a}{2}\ \text{のとき最小値}\ a-\dfrac{a^2}{4} \end{cases}$$

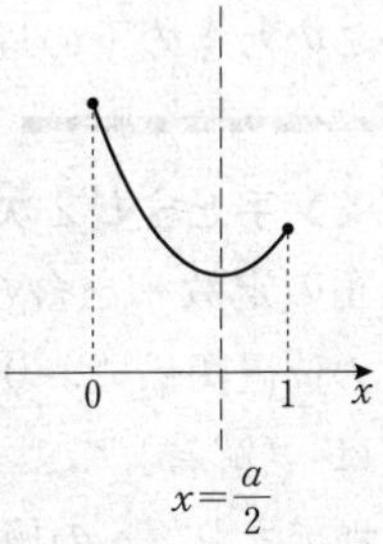

(iii)　$\dfrac{a}{2}\geqq1$ のとき，つまり $a\geqq2$ のときグラフの概形は右図のようになるので

$$\begin{cases} x=0\ \text{のとき最大値}\ a \\ x=1\ \text{のとき最小値}\ 1 \end{cases}$$

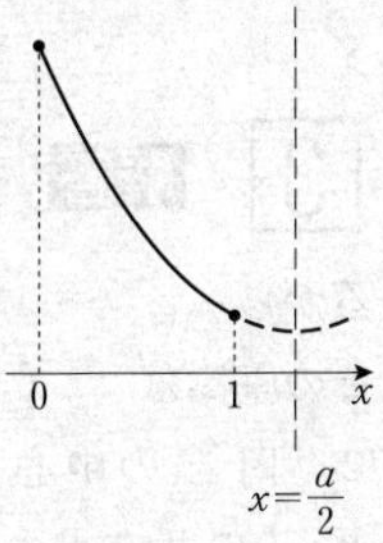

以上より，

$$\left.\begin{aligned} &\text{最大値}\quad \begin{cases} 1 & (0<a\leqq1\ \text{のとき}) \\ a & (a>1\ \text{のとき}) \end{cases} \\ &\text{最小値}\quad \begin{cases} a-\dfrac{a^2}{4} & (0<a\leqq2\ \text{のとき}) \\ 1 & (a>2\ \text{のとき}) \end{cases} \end{aligned}\right\}\ \cdots\cdots(\text{答})$$

(2)　$0<a\leqq2$ のとき，y の最小値は $a-\dfrac{a^2}{4}$ であるから

$$a-\frac{a^2}{4}=\frac{7}{16}$$

$$1-\left(1-\frac{a}{2}\right)^2=\frac{7}{16}$$

$$\left(\frac{a}{2}-1\right)^2=\frac{9}{16}$$

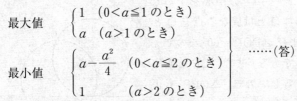

$\therefore\quad \dfrac{a}{2}-1=\pm\dfrac{3}{4}$

よって　　$a=\dfrac{1}{2},\ \dfrac{7}{2}$

$0<a\leqq 2$ なので，$a=\dfrac{1}{2}$ である。一方，$a>2$ のとき，最小値は 1 であるから，条件を満たすことはない。以上より，$a=\dfrac{1}{2}$ であり

このときの y の最大値は　　1　……(答)

◀解　説▶

≪文字を含む 2 次関数の最大値・最小値≫

正の定数 a を含む 2 次関数についての基本的な問題である。軸と定義域の位置関係により場合分けして考える。最大値，最小値だけを考える場合は，〔解答〕のようにグラフは簡単なもので構わない。(2)は(1)から続く問題であり，a の値の場合分けによって解を吟味する必要がある。

3 **解答**　(1)　$\angle\mathrm{AOB}=90^\circ$ なので，線分 AB は円 C の直径である。したがって，円 C の中心は 2 点 A，B の中点であるから

その座標は　　(4，2)　……(答)

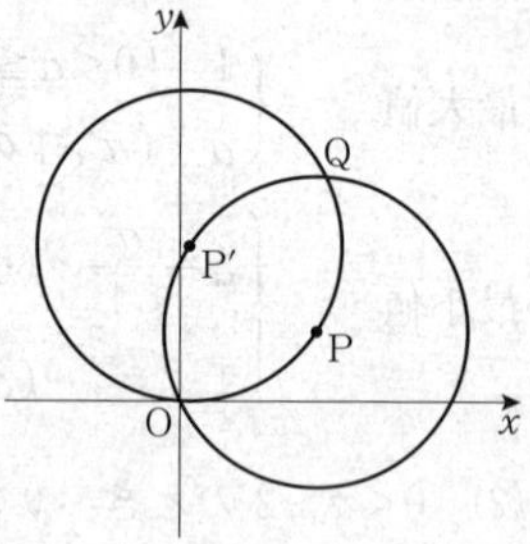

(2)　円 C の中心を P，円 C' の中心を P′，C と C' の共有点のうち O とは異なる点を Q とおく。$\mathrm{OP}=\mathrm{OP}'$ および $\angle\mathrm{POP}'=60^\circ$ なので，$\triangle\mathrm{OPP}'$ は正三角形である。また，QP と QP′ はともに円の半径に等しいので，$\triangle\mathrm{QPP}'$ も正三角形である。よって

$$\mathrm{OQ}=2\mathrm{OP}\cos 30^\circ=2\sqrt{15}$$

そこで，Q の座標を $(x,\ y)$ とすると

$$x^2+y^2=(2\sqrt{15})^2\quad\cdots\cdots①$$

であり，また $\mathrm{PQ}=2\sqrt{5}$ なので

$$(x-4)^2+(y-2)^2=(2\sqrt{5})^2\quad\cdots\cdots②$$

①−②より

$$8x-16+4y-4=40$$

$$\therefore \quad y=-2x+15 \quad \cdots\cdots ③$$

③を①に代入して

$$x^2+(-2x+15)^2=60$$

$$5x^2-60x+165=0$$

$$x^2-12x+33=0$$

$$\therefore \quad x=6\pm\sqrt{3}$$

これを③に代入して $y=3\mp2\sqrt{3}$ を得る。Q の y 座標は正であるから，$y=3-2\sqrt{3}$ は不適。

よって，求める Q の座標は　$(6-\sqrt{3},\ 3+2\sqrt{3})$ ……(答)

別解 $OQ=2\sqrt{15}$ までは〔解答〕と同様。直線 OP と x 軸のなす角を α $(0°<\alpha<90°)$ とすると

$$\cos\alpha=\frac{4}{\sqrt{4^2+2^2}}=\frac{2}{\sqrt{5}},\quad \sin\alpha=\frac{2}{\sqrt{4^2+2^2}}=\frac{1}{\sqrt{5}}$$

直線 OQ と x 軸のなす角は $\alpha+30°$ であるから，点 Q の x 座標，y 座標は

$$x=2\sqrt{15}\cos(\alpha+30°)=2\sqrt{15}(\cos\alpha\cos30°-\sin\alpha\sin30°)=6-\sqrt{3}$$

$$y=2\sqrt{15}\sin(\alpha+30°)=2\sqrt{15}(\sin\alpha\cos30°+\cos\alpha\sin30°)=3+2\sqrt{3}$$

求める Q の座標は　$(6-\sqrt{3},\ 3+2\sqrt{3})$

◀解　説▶

≪円と円の交点≫

円と，それを原点中心に回転させた円との交点を求める標準的な問題である。(1)は 3 点を通る円の中心を求める問題で，直角三角形では，斜辺が外接円の直径であることに注目すれば簡単に計算できる。(2)は様々な解法が考えられる問題で，円の方程式を利用して座標を計算する方法や，〔別解〕のように三角関数の加法定理を用いる方法がある。

物理

1 解答

(1)—(ニ)　(2)—(ホ)　(3)—(ロ)　(4)—(ロ)　(5)—(ハ)
(6)—(イ)　(7)—(ヘ)　(8)—(ヘ)　(9)—(イ)　(10)—(ニ)

◀解　説▶

≪小問10問≫

(1)　鉛直方向の運動は鉛直投げ上げ運動になる。したがって，小物体が最高点に達したとき，鉛直方向の速度は0になる。

(2)　バットがボールに加えた力の平均の大きさをF〔N〕とする。ボールが打ち返され飛んでいった向きを正として，運動量の変化と力積の関係より

$$0.15\times 40-(-0.15\times 20)=F\times 1.2\times 10^{-3}$$

$$\therefore\quad F=7.5\times 10^{3}\text{〔N〕}$$

(3)　恒星と惑星のそれぞれの質量をM，m，また，惑星の軌道半径をr，万有引力定数をGとする。軌道半径方向の運動方程式は，惑星の速さをvとすると

$$m\frac{v^2}{r}=G\frac{Mm}{r^2}$$

$$v=\frac{\sqrt{GM}}{\sqrt{r}}\qquad \therefore\quad v\times\sqrt{r}=\sqrt{GM}=\text{一定}$$

よって，速さvは，軌道半径rの平方根に反比例する。

(4)　抵抗R_1とR_2で単位時間あたりに発生するジュール熱をそれぞれQ_1，Q_2とする。R_1とR_2に加えた電圧をVとすると

$$\frac{Q_2}{Q_1}=\frac{V^2}{2R}\times\frac{R}{V^2}=\frac{1}{2}$$

(5)　コンデンサーを直列に接続したとき，それぞれのコンデンサーに蓄えられる電気量は同じである。したがって，コンデンサーBに蓄えられる電気量Qは，コンデンサーAに蓄えられる電気量と等しいので

$$Q=C_1V$$

(6)　粒子は静止しているので，磁場が加わっても粒子にローレンツ力はは

たらかない。よって，静止したままである。

(7)　氷の比熱，氷の融解熱，水の比熱をそれぞれ，C_0，L，C_1 としたとき

$$Q=MC_0\times(-T_1)+ML+MC_1\times T_2$$

の式が成り立つ。この式から，それぞれの物理量は 1 つも求めることができない。

(8)　この気体の 1〔mol〕あたりの質量を M，気体定数を R とすると，温度 0〔°C〕（絶対温度 273〔K〕）のこの気体の二乗平均速度 $\sqrt{\overline{v^2}}$ は

$$\sqrt{\overline{v^2}}=\sqrt{\frac{3R\times 273}{M}}\quad\cdots\cdots①$$

また，この気体の二乗平均速度が 2 倍になったときの温度を t〔°C〕とすると

$$2\sqrt{\overline{v^2}}=\sqrt{\frac{3R\times(t+273)}{M}}\quad\cdots\cdots②$$

①・②式より

$$t=819〔°C〕$$

(9)　閉管の長さを l〔m〕，閉管内部に節が m 個（$m=1,\ 2,\ 3\cdots$）の定常波ができたとし，その波長を λ_m〔m〕とする。このときの固有振動数が f_m〔Hz〕のとき

$\lambda_m=\dfrac{4l}{2m-1}$ より

$$f_m=\frac{3.4\times 10^2}{\lambda_m}=\frac{2m-1}{4l}\times 3.4\times 10^2$$

$$l=\frac{2m-1}{4f_m}\times 3.4\times 10^2\quad(m=1,\ 2,\ 3\cdots)$$

となり，条件に合うのは

$m=2$ のとき　　$f_2=5.1\times 10^2$〔Hz〕

$m=3$ のとき　　$f_3=8.5\times 10^2$〔Hz〕

したがって

$$l=0.50〔m〕$$

(10)　回折格子の格子定数を d〔m〕，当てる単色光の波長を λ〔m〕，回折格子からスクリーンまでの距離を L〔m〕としたとき，スクリーンに生じる

隣り合う明るい点の間隔 Δx〔m〕は

$$\Delta x=\frac{L\lambda}{d}=\frac{1.5\times 6.0\times 10^{-7}}{\dfrac{1.0\times 10^{-2}}{800}}=72\times 10^{-3}$$

$$=7.2\times 10^{-2}\text{〔m〕}=7.2\text{〔cm〕}$$

2 **解答**　(1)　板から離れた直後の物体Aの速さを v とする。力学的エネルギー保存則より

$$\frac{1}{2}kd^2=\frac{1}{2}mv^2$$

$$\therefore\quad v=d\sqrt{\frac{k}{m}}\quad\cdots\cdots\text{(答)}$$

(2)　(イ)　一体化した小物体の速さを V とする。

$$mv=(m+M)V$$

$$\therefore\quad V=\frac{m}{m+M}v\quad\cdots\cdots\text{(答)}$$

(ロ)　失われた運動エネルギーを ΔE とする。

$$\Delta E=\frac{1}{2}mv^2-\frac{1}{2}(m+M)V^2$$

$$=\frac{1}{2}mv^2-\frac{1}{2}\times(m+M)\times\left(\frac{m}{m+M}v\right)^2$$

$$\therefore\quad \Delta E=\frac{mM}{2(m+M)}v^2\quad\cdots\cdots\text{(答)}$$

(3)　一体化した小物体が，あらい水平面上を運動しているときの加速度の大きさを a，右向きを正としたとき，運動方程式は

$$(m+M)a=-\mu(m+M)g$$

$$\therefore\quad a=-\mu g$$

(イ)　進んだ距離を l とする。等加速度直線運動の式より

$$0^2-V^2=2\times(-\mu g)\times l$$

$$\therefore\quad l=\frac{V^2}{2\mu g}=\frac{m^2v^2}{2\mu g(m+M)^2}\quad\cdots\cdots\text{(答)}$$

(ロ)　停止するまでにかかった時間を t とする。

$$l=Vt+\frac{1}{2}at^2$$

$$\frac{\mu g}{2}t^2-Vt+\frac{V^2}{2\mu g}=0$$

解の公式より

$$t=\frac{V}{\mu g}=\frac{mv}{\mu g(m+M)}\quad\cdots\cdots(答)$$

(4)　$l \geqq L$ より

$$\frac{m^2v^2}{2\mu g(m+M)^2}\geqq L$$

$$\frac{m^2}{2\mu g(m+M)^2}\times\frac{kd^2}{m}\geqq L$$

$$\therefore\quad d\geqq(m+M)\sqrt{\frac{2\mu gL}{km}}$$

よって，最小値は

$$(m+M)\sqrt{\frac{2\mu gL}{km}}\quad\cdots\cdots(答)$$

◀解　説▶

≪衝突後に一体化した2物体のあらい水平面上の運動≫

(1)　ばねに蓄えられた弾性力による位置エネルギーのすべてが，物体Aの運動エネルギーになった。

(2)　物体Aは，なめらかな水平面上をすべるので，速さ v でAはBに衝突する。

(イ)　衝突前後で運動量保存則が成立する。

(ロ)　衝突前のAの運動エネルギーを K，衝突後一体化したときのAとBの運動エネルギーを K' とすると

$$\varDelta E=K-K'$$

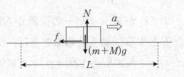

(3)　あらい水平面上を移動しているとき，一体化した物体にはたらく動摩擦力の大きさ，床から受ける垂直抗力の大きさをそれぞれ f，N とする。

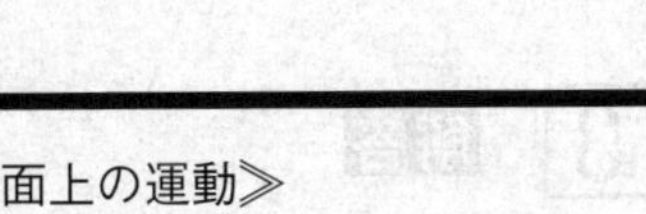

鉛直方向の力のつり合いより

$$N=(m+M)g$$

よって

$$f=\mu N=\mu(m+M)g$$

物体が静止するまで運動方向にはたらく力は動摩擦力だけになる。

(イ)　物体は初速度 V，加速度 a の等加速度直線運動をする。

(ロ)　$$\frac{\mu g}{2}t^2-Vt+\frac{V^2}{2\mu g}=0$$

t について，2 次方程式の解の公式より

$$t=\frac{-(-V)\pm\sqrt{(-V)^2-4\times\frac{\mu g}{2}\times\frac{V^2}{2\mu g}}}{2\times\frac{\mu g}{2}}=\frac{V\pm\sqrt{V^2-V^2}}{\mu g}$$

$$\therefore\quad t=\frac{V}{\mu g}=\frac{mv}{\mu g(m+M)}$$

(4)　(3)の一体化した物体が進んだ距離 l の条件が

$$l\geqq L$$

のとき，物体は長さ L のあらい水平面を通り過ぎる。

3　**解答**　(1)　(イ)　X の圧力を p とおく。理想気体の状態方程式より

$$pLS=(n+2n)RT_0$$

$$p=\frac{3nRT_0}{LS}\quad\cdots\cdots(答)$$

(ロ)　シリンダーの左端から A までの距離を l とする。

X，Y は圧力，温度が等しいため，その体積は物質量に比例している。

$$Sl=\frac{2n}{n+2n}SL$$

$$l=\frac{2}{3}L\quad\cdots\cdots(答)$$

(2)　B がストッパーの位置から動き始めるときの，気体 X の絶対温度を T とする。動き始めるときは，気体 X と Y の圧力は p_0 なので

$$p_0\times SL=(2n+n)\times R\times T$$

$$\therefore\quad T=\frac{p_0SL}{3nR}\quad\cdots\cdots(答)$$

(3)　A がストッパーの位置まで到達したときの，気体 X の絶対温度を T' とする。

$$p_0 \times SL = 2n \times R \times T'$$

$$\therefore \quad T' = \frac{p_0 SL}{2nR}$$

気体 Y の絶対温度も T' なので，気体 X と Y 全体の内部エネルギーの変化量を ΔU とすると

$$\Delta U = \frac{3}{2} \times (2n + n) \times R \times (T' - T)$$

$$= \frac{3}{2} \times 3n \times R \times \left(\frac{p_0 SL}{2nR} - \frac{p_0 SL}{3nR} \right)$$

$$\therefore \quad \Delta U = \frac{3}{4} p_0 SL \quad \cdots\cdots(答)$$

(4)　電熱器が気体 X と Y に与えた熱量をそれぞれ Q_X，Q_Y とする。

$$Q_X = 2n \times \frac{3}{2} R \times (3T_1 - T_1) = 6nRT_1$$

$$Q_Y = n \times \frac{5}{2} R \times (3T_1 - T_1) = 5nRT_1$$

したがって，電熱器が気体 X と Y 全体に与えた熱量 Q は

$$Q = Q_X + Q_Y$$

$$= 6nRT_1 + 5nRT_1$$

$$\therefore \quad Q = 11nRT_1 \quad \cdots\cdots(答)$$

◀解　説▶

≪2つのピストンをもつシリンダー内の気体の状態変化≫

(1)　(イ)　気体 X，Y は圧力，温度が等しいため，$2n + n = 3n$ の気体として扱ってよい。

(ロ)　気体 X は，理想気体の状態方程式が成り立つ。

(2)　ピストン A は熱を自由に通し，ピストン B とシリンダーは熱を通さないので，電熱器で気体 X を加熱すると同時に気体 Y は X と同じ温度で上昇し，体積も膨張する。また，B がストッパーの位置から動き始めるとき，気体 X と Y の圧力は外気圧 p_0 と等しく，X と Y のそれぞれの体積を V_X，V_Y として，それぞれの状態方程式は

$$p_0 V_X = 2nRT \quad \cdots\cdots①$$

$$p_0 V_Y = nRT \quad \cdots\cdots②$$

$$V_X + V_Y = SL \quad \cdots\cdots③$$

①・②・③式より

$$p_0\times SL=3nRT$$

$$\therefore\quad T=\frac{p_0SL}{3nR}$$

(3) A がストッパーの位置まで到達する間，気体 X は，圧力 p_0 の定圧変化になる。したがって，状態方程式は

$$p_0\times SL=2nRT'$$

また，気体 Y は A を通して熱を得るので，Y の絶対温度も T' になる。単原子分子理想気体の内部エネルギーの式より，気体 X と Y のそれぞれの内部エネルギーの変化量 U_X，U_Y は

$$U_X=\frac{3}{2}\times 2n\times(T'-T)$$

$$U_Y=\frac{3}{2}\times n\times(T'-T)$$

(4) 気体 X の絶対温度が T_1 から $3T_1$ に変化するとき，気体 X の体積は一定なので定積変化をする。よって，単原子分子理想気体の定積モル比熱 C_V は

$$C_V=\frac{3}{2}R$$

$$\therefore\quad Q_X=2n\times C_V\times(3T_1-T_1)$$

また，気体 Y は，圧力 p_0 の定圧変化をし，温度も A を通して X と同様に T_1 から $3T_1$ に変化する。よって，単原子分子理想気体の定圧モル比熱 C_p は

$$C_p=\frac{5}{2}R$$

$$Q_Y=n\times C_p\times(3T_1-T_1)$$

■化学■

1　解答

問１．(1) (a)—(ロ)　(b)—(ホ)　(c)—(ハ)　(d)—(チ)　(e)—(ト)

(2) (X) CuS　(Y) $Fe(OH)_3$　(Z) $CaCO_3$

(3) $AgCl+2NH_3 \longrightarrow [Ag(NH_3)_2]^+ + Cl^-$

問２．(1) (a)—(ハ)　(b)—(ホ)　(c)—(チ)　(d)—(ト)

(X)同素体

(2) S(固)＋O_2(気)＝SO_2(気)＋297kJ

問３．(1)—(ホ)　(2)—(ニ)　(3)—(ニ)

◀解　説▶

≪金属イオンの分離・確認，硫黄の性質，周期律，原子の構造≫

問１．H_2S の還元作用によって生じる Fe^{2+} を，酸化して Fe^{3+} に戻すために HNO_3 を加える。

$$2Fe^{3+}+H_2S \longrightarrow 2Fe^{2+}+2H^+ + S$$

$$3Fe^{2+}+4H^+ + NO_3^- \longrightarrow 3Fe^{3+}+2H_2O+NO$$

また，NH_3 水とともに NH_4Cl を加えるのは，これらの緩衝作用によって，水溶液の過度の pH 上昇を避けるためである。

問２．(1)　S の CS_2 溶液から溶媒を揮発させると，斜方硫黄の結晶が得られる。

問３．(1)　同周期の原子のイオン化エネルギーは，18 族の貴ガスを極大として概ね「右肩上がり」の傾向を示す。

(2)　原子の電気陰性度は，周期表上の位置がフッ素に近いものほど大きい値を示す傾向にある。なお，貴ガスは結合をほとんど形成しないので，電気陰性度は定義されない。

(3)　原子番号＝陽子数＝原子の電子数（イオンの場合は増減に注意）

2　解答

問１．(1) 1660kJ　(2) 45kJ/mol

問２．(1)—(イ)　(2)—(イ)

問３．(1)　状態方程式より，気体 X のモル質量は

$$M=\frac{wRT}{pV}=\frac{40\times10^{-3}\times8.3\times10^{3}\times300}{2.0\times10^{4}\times100\times10^{-3}}=49.8\,[\mathrm{g/mol}]$$

したがって，Xの分子量は　50　……(答)

(2)　混合後の分圧を p_{A}〔Pa〕，p_{B}〔Pa〕とすると，気体A，気体Bそれぞれについて $\frac{pV}{T}$＝一定が成り立つから

$$p_{\mathrm{A}}=\frac{2.0\times10^{4}\times100}{300}\times\frac{200}{1200}=\frac{1}{9}\times10^{4}\,[\mathrm{Pa}]$$

$$p_{\mathrm{B}}=\frac{3.0\times10^{4}\times400}{300}\times\frac{200}{1200}=\frac{2}{3}\times10^{4}\,[\mathrm{Pa}]$$

したがって，混合気体の圧力 $p_{\text{全}}$〔Pa〕は

$$p_{\text{全}}=p_{\mathrm{A}}+p_{\mathrm{B}}=\left(\frac{1}{9}+\frac{2}{3}\right)\times10^{4}$$

$$=7.78\times10^{3}\fallingdotseq7.8\times10^{3}\,[\mathrm{Pa}]\quad\cdots\cdots(答)$$

◀解　説▶

≪結合エネルギー，凝固点降下，気体の法則≫

問1．(1)　求めるエネルギーを x〔kJ〕とすると

$$x=E_{\mathrm{C-H}}\times4=415\times4=1660\,[\mathrm{kJ}]$$

(2)　H_2O(液)の蒸発熱 y〔kJ/mol〕を表すエネルギー図は下図のとおり。

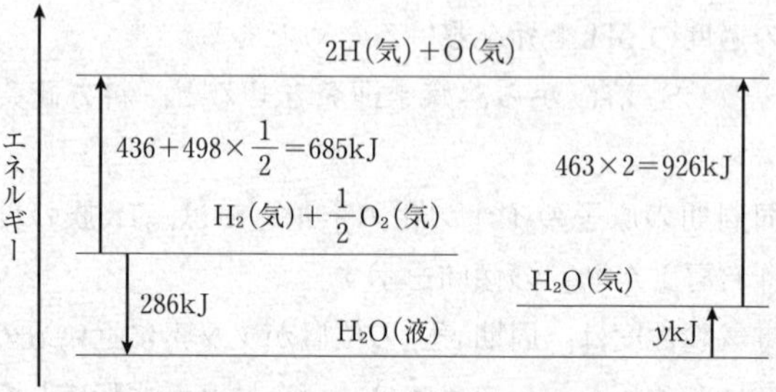

したがって　　$y=(685+286)-926=45\,[\mathrm{kJ/mol}]$

問2．(1)　溶媒量が同じであるから，凝固点降下度はそれぞれの溶質の電離を考慮した「みかけ」の物質量に比例する。また，凝固点降下度が大きい溶液ほど凝固点は低い。

(2)　生じた氷の質量を m〔g〕とすると，題意より

$$1.85\times0.010\times2\times\frac{1000}{100-m}=0.50$$

よって　　$m=26$〔g〕

3 **解答**　問 1．(1)—(ホ)　(2)—(イ)　(3)—(ニ)

(4)　ジエチルエーテル層に溶解している物質 X の質量を a〔g〕とすると，題意より

$$P=\frac{\dfrac{a}{100}}{\dfrac{2.0-a}{100}}=3.0$$

よって　　$a=1.5$〔g〕　……(答)

問 2．(1)—(イ)　(2)—(ト)　(3)—(ロ)　(4)—(ハ)

◀解　説▶

≪有機化合物の溶解性，分配平衡，高分子化合物の特徴≫

問 1．(1)　水 100〔mL〕に溶ける最大量が 100〔mL〕以上のものを選べばよい。一般に，分子中に占める疎水基（炭化水素基）の割合が大きいほど水に溶けにくくなる。たとえば 1 価アルコールでは，炭素数 4 以上になると次第に水に溶けにくくなる。

(2)　水より密度が大きいものを選べばよい。水より「重い」液体状有機化合物にはクロロホルムのほかに，ニトロベンゼン $1.20\,g/cm^3$，アニリン $1.02\,g/cm^3$，四塩化炭素 $1.63\,g/cm^3$ などがある。

(3)　極性溶媒である水への溶解性を考察する際の基本原則は，分子の極性に関して「似たものどうしは溶ける」ということと，塩（イオン化合物）になればよく溶けるということの 2 つである。フェノールは水にはごくわずかしか溶けないが，塩であるナトリウムフェノキシドは水によく溶ける。

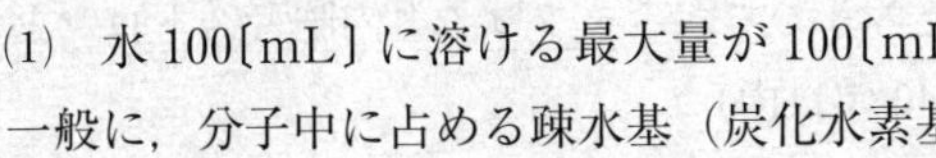

問 2．(1)　この高分子の構成単位中の C と H の組成比を $x:y$ とすると

$$x:y=\frac{132}{44}:\frac{45}{18}\times 2=3:5$$　⇨(イ)が該当

(2)　この高分子はポリ酢酸ビニル　⇨(ト)が該当

(3)　ゴム分子は構成単位の主鎖部分に C=C 結合あり　⇨(ロ)が該当

(4)　この高分子はナイロン 6　⇨(ハ)が該当

生物

1 **解答**　問1．①代謝　②ミトコンドリア

③・④二酸化炭素・水（順不同）　⑤光リン酸化

⑥化学

問2．同化：a・f　異化：c・e

問3．c・e

問4．a・d

問5．d

問6．解糖系，クエン酸回路，電子伝達系

問7．電子伝達系のはたらきでできるチラコイド内腔とストロマとの間の水素イオンの濃度差。（40字以内）

◀解　説▶

≪酵素の性質，呼吸，光リン酸化≫

問3．a．細胞膜にある免疫反応に関わるタンパク質。

b．神経における興奮の伝達においてシナプス後膜で活動電位を発生する現象。

d．イソプロピル-β-チオガラクトピラノシド（IPTG）は，ラクトースオペロンの調節に関わる物質の1つ。

e．脱水素酵素の補酵素でクエン酸回路でも利用されている。

f．緑色蛍光タンパク質で，遺伝子発現の解析などに用いられる。

h．ヒト免疫不全ウイルス（エイズウイルス）。

問4．b．消化酵素のように細胞外の消化管内ではたらく酵素もあるので不適切。

問5．酵素の本体であるタンパク質の変性は立体構造が変化することによって起きる。一次構造であるアミノ酸配列やペプチド結合，アミノ酸分子そのものが変化するわけではない。立体構造の変化には離れたところにあるアミノ酸同士をつないでいるS-S結合が切れることによって起きるものもある。bの側鎖の塩基どうしというのは，DNAのことである。

問7．チラコイド内腔側の方が水素イオンの濃度が高くなる。この濃度差

によって，チラコイド膜にあるATP合成酵素の内部を水素イオンが通過するときにATPが合成される。

2 解答

問1．a・d

問2．(1)小脳　(2)延髄

問3．(1)間脳の視床下部

(2)交感神経は，直接心臓の拍動を促進するほか，副腎髄質を刺激してアドレナリンの分泌を促進することによって間接的に心臓の拍動を促進する。副交感神経は直接心臓の拍動を抑制する。

問4．感覚ニューロン：受容器が受け取った刺激の情報を中枢神経に伝える。

運動ニューロン：筋肉に中枢神経からの刺激を伝えて収縮させる。

介在ニューロン：中枢神経系を構成するもので，感覚ニューロンと運動ニューロンの間で刺激を伝える。

問5．①－b　②－c　③－e

問6．④厚くなる　⑤短くなる　⑥薄くなる　⑦長くなる

問7．光の入る側：(c)→(b)→(a)：脈絡膜

問8．脳が盲斑の近くの視細胞から届いた信号を元にして視野の盲斑の部分の信号の欠落を補充して認識しているから。(50 字程度)

◀解　説▶

≪神経系，脳，視覚器≫

問1．a．正しい。b．誤り。これは興奮の伝達という。c．誤り。軸索の根元から興奮が伝導していくときは，一度興奮した場所は一時的に興奮できなくなるため（不応期），興奮は末端の方向にだけ伝わっていくが，実験的に軸索の途中を刺激すると活動電位は両方向に伝わっていく。d．正しい。無髄神経線維は太くなるほど伝導の速度が速くなるが，同じ太さなら跳躍伝導を行う有髄神経線維の方が速度が速い。

問4．介在ニューロンは中枢神経にだけあるわけではなく，例えば眼には視細胞と視神経細胞をつなぐ連絡神経細胞がある。

問8．よく行われる盲斑の実験では，黒点が見えなくなったところは紙の地の色（ふつうは白色）として認識される。これは盲斑のために見えない部分を近くの部分で埋めて認識しているものと考えられる。

3 **解答** 問1．メスに乳腺があり子に授乳を行う。皮膚に体毛が生えている。

問2．適応放散

問3．⑴収れん（収束進化） ⑵a・b

問4．⑴a・d

⑵単孔類が最初に分かれ，その後に有袋類と真獣類が分岐した。（30字程度）

⑶$120000000 \div (27 \div 2) = 8888888.888 \cdots \fallingdotseq 9 \times 10^6$

9×10^6 年 ……(答)

問5．約6000万年前には今の南米大陸，南極大陸，オーストラリア大陸がほぼ地続きであったので，南米の有袋類が南極大陸を経てオーストラリア大陸に移動してきたと考えられる。（80字程度）

問6．北米と南米が中米の地峡にて接続された。（20字程度）

◀解　説▶

≪進化のしくみ≫

問1．カモノハシやハリモグラ類が卵生であり，サメの仲間などに胎生の種があるため「胎生」を挙げるのはあまり適当でない。鳥類も恒温性であり2心房2心室の心臓をもつので「恒温動物」，「2心房2心室の心臓」を挙げるのもあまり適当でない。〔解答〕に挙げた2点は哺乳類だけが持つ特徴である（鳥類の羽毛はうろこが変化したもの）。

問3．⑵a．適切。系統的に遠縁であるのに似た生態的地位を占めている生物は，起源が異なるのに形や機能がよく似た器官をもっていることが多い。

b．適切。依存する食物が同じであるということは，同じ生態的地位を占めていることの有力な証拠である。

c．不適。発生段階が似ているということは系統的に近縁であることになるので収れんの考え方に合わない。

d．不適。これは相同器官のことであり，むしろ近縁であるのに異なった生活様式をもつ動物の間で見られるものである。

問4．⑴a．誤り。重要な分子の変異は致命的になるので進化速度は遅いのがふつうである。

b．正しい。自然淘汰という用語には有利な形質を持つものを残していくという意味も含まれるので（そのため自然選択という用語を使うことが多い），生存に不利な場合だけでなく有利な場合でも自然淘汰の対象になるとしてよい。

c．正しい。この部分の変化はできるタンパク質の構造に影響しないからである。

d．誤り。a と同様に重要な機能をもつタンパク質ほど分子進化の速度は遅くなる。

(2)ヒトから見るとカンガルーよりカモノハシの方が違いが大きく，カンガルーから見てもヒトよりカモノハシの方が違いが大きいが，カモノハシから見るとヒトよりもカンガルーの方が違いが大きい。これだけからだと 3 種類の哺乳類の位置関係は次のように推測される。

カンガルー―――ヒト――――――カモノハシ

さらに 3 種類の哺乳類とイモリとの差に注目すると，まず共通祖先から単孔類が分岐した後，残りが真獣類と有袋類に分かれたと推測するのが妥当である。

(3)表 1 のヒトとカンガルーの違いから，1 億 2000 万年かけてアミノ酸が 27 個変化しているが，ヒトとカンガルーそれぞれで 27÷2＝13.5 個の置換が生じたと考えて求める。

るだろう」とある。7、「遠近法と密接に関係」していたのは、傍線部⑪にあるように、十九世紀のカメラである。残る2・3についても検討しておく。写真行為の「『撮影―現像―閲覧』」というプロセスの形には変化がなくても、内容的には「流れの中で撮影行為は溶けてしまった」こと（傍線部⑦の段落）、「現像時間がなくなった」（空欄Bの段落）ことなどの変化が見られる。以上から2は問題文に合致する。3も銀塩写真には現像作業が不可欠であるから、問題文に合致する。

問十八　問題文における筆者の関心は、スマートフォンとSNSの社会的機能とその影響にある。したがってこの両者に全く触れていない1・2は不適である。3はキーワードであるスマートフォンを取り上げているが、「近代的なまなざし」（最終段落）は、傍線部⑫の段落にあるように旧来のカメラと結びつくもので不適。SNSと写真行為の関係をいう4が、表題として適当である。

問十三　選択肢は二つ目の読点まで共通しているので、〈固定カメラに同化する感覚で映像を見るはずが、複数の位置からの映像が次々あらわれると〉どうなるのが本文に合致するか、選択肢を検討する。傍線部⑨の前で、「自分が映画のカメラの位置から……見ている」と想像しているのに、「複数の位置から撮影したショットが続くシーン」では、自分がカメラのある場所に次々移動していることになってしまい、「自分が……見ている」感覚を得にくくなることが述べられている。これを「パラドックス」と言っているのである。4は、人は「同時に複数の視点を獲得」できないので、「複数の位置から撮影した映像が次々にあらわれる場合」には、「同化」の感覚の点では「不完全に映像を見」ることになる、という内容で、問題文に合致する。

問十四　直前の文で「ＳＮＳでシェアされる写真」と、「写真家が撮る作品としての写真」が対比されている。これはアマチュアとプロフェッショナルの写真の違いであり、意図の深さや明確さなどに差があるのだ。消去法でも容易に正解4が選べるだろう。消去法の活用は常に考えておく必要がある。

問十五　傍線部⑪は、直後に「カメラによって生み出された近代的なまなざし」と言い換えられている。筆者はカメラとスマートフォンを常に対置しながら論じてきたから、ここでも両者を対比して、その類似からスマートフォンもまた新しい時代の「まなざし（世界認識）」をもたらすだろうと推理しているのだ。この類推の根拠となるのが傍線部⑪だから、2の説明が最適である。他はいずれもこの類推の観点を欠いている。

問十六　かつて写真の「時間」とは、それが撮影された時点のことだったが、撮影と投稿・閲覧に時間差がなくなった現在では、ＳＮＳで閲覧された時点がその写真の「時間」であり、閲覧者にとってそれは常に「『今』」のことである。それを「写真から時間が失われ」たと表現したのだ。これは2に当たる。

問十七　まず合致しないものを挙げる。1、第一段落にあるとおり、スマートフォン以降、「カメラは機材ではなく機能になった」。4、「撮影者の特権性」は「カメラの希少性」による（傍線部⑨の次の段落）。5、空欄ウの後に「写真は……撮影者を軸として見るものではなくなった」とある。6、本文の最後から三つ目の段落に「写真家も増えていについて、サルに著作者としての権利を認めるかどうかの裁判であるから、Aは「著作権」である。

問七「おもしろい」のは、ニュースサイトや動物保護団体が「写真撮影とはシャッターボタンを押すことだ」と考えていた事実の背景である。写真行為はスマートフォン以前と以後で変化しているとする筆者の立場から見ると、両者の考えが古い社会通念に縛られており、そのために二〇一一年当時の現実とかけ離れてしまったことを皮肉っているのだ。この時代錯誤を指摘する3が正解。

問八 前段落から言っているとおり、今後カメラの性能がさらに向上して、フレーミングもシャッターのタイミングも自動化されれば、人間の仕事はできあがった画像を共有し閲覧することが主体となる。具体的には、スマートフォンのシェアボタンを押すだけで済むことになる。4が正解である。

問九 この「モラルの欠如」は直前の文の「画像パクリ」について言っている。それは一種の盗みであって犯罪性を伴うから、「モラル」は〝倫理〟の意味である。ただし筆者はこの種の「パクリ」の根底には、〝スマートフォンによってシェアされた写真に対する特有の意識があり、必ずしも〈倫理の欠如〉とばかりは言えないと考えている。

問十〈溶ける〉とは物が固有の形を失って、周囲との境界がなくなることである。かつて写真の撮影・現像・閲覧などは、それぞれ独自の時間と場所を要する個別の行為であったが、スマートフォンの出現によって、写真は撮影から投稿までが一連の流れとなり、撮影はその流れの一部として独自性を失った。これが〈溶ける〉ことで、正解は2。

問十一 写真には画像を可視化するための現像の作業が不可欠だが、銀塩写真では感光剤のハロゲン化銀（銀塩写真の〈注〉参照）を扱うために、光の入らない暗室、すなわちBの「暗い部屋」が必要となる。一方スマートフォンではこの可視化は自動的に行われて、画像は直ちにシェアされる。スマートフォンの場合この過程がCの「現像」に当たる。

問十二 容器の蓋に対して容器本体を身という。「身も蓋もない」とは、容れ物がなくて中身がむき出しになっているさまで、〝露骨で情味や含蓄がない〟意味だから2が適当。

問十七　２・３
問十八　４

◀解　説▶

長文問題なので、本文の主題を確実に把握する集中力が要求される。スマートフォンとＳＮＳの出現を、撮影だけの機材だったカメラと比較対照しながら、写真の持つ現代的意味とその影響を論じた主旨を読み取ろう。

問二　空欄アは、〈デジタルカメラも画像の保存場所に使われたが、ただしそれは自分が見るためだった〉という文脈から、「ただ」が適当。イ以下は「『サルの自撮り騒動』」裁判の決着に付け加えた話題なので、〝ついでに言うと〟の意味で「ちなみに」が適当。ウは写真の性格の変化を、別の側面から言い換えるための前置きで、「つまり」が適当。エは文末の「……かもしれない」という推量の語法との呼応から、「あるいは」がよい。

問三　傍線部①の意味は、段落後半の「カメラは機材ではなく機能になった」に集約されている。スマートフォンが『撮影―現像―閲覧』の働きを兼ねるようになった結果、撮影のみに関係していたカメラは、スマートフォンの機能の一部になった。これは３に当たる。１の内容は、段落末尾で今後の可能性として取り上げているに過ぎないので不適。

問四　傍線部②の「これ」は直前の「写真行為の目的」、すなわちＳＮＳに投稿して、閲覧者の関心を集めようとすることを指す。このことは次の段落で、写真は「『おしゃべり』のようなもの」で、それが写真の「あるべき姿」だというのと同じ意味だから、１の正解は明らかである。

問五　従来のカメラは写真撮影専用の機材だったが、直前にあるように、実際の使用にはレンズのピント合わせ、露光時間の決定など撮影者による面倒な操作が必要だった。それを専用の機器としての完成度の低さとしているのだ。正解は４。

問六　Ａの説明として、直後の文に「『サルの自撮り騒動』」がある。この騒動は、サルがシャッターボタンを押した写真い。４の編年体・紀伝体は歴史書の記述形式で、随筆とは無関係。１が正しい。

2

出典 大山顕『新写真論――スマホと顔』〈12 撮影行為を溶かすＳＮＳ〉（ゲンロン叢書）

解答

問一 (a)―1 (b)―3 (c)―3 (d)―4 (e)―2

問二 ア―2 イ―4 ウ―3 エ―1

問三 3

問四 1

問五 4

問六 1

問七 3

問八 4

問九 3

問十 2

問十一 3

問十二 2

問十三 4

問十四 4

問十五 2

問十六 2

いく〟という意になる。これと同じ意味になるのは1である。1の「……ありなむ」（「なむ」は完了「ぬ」の未然形＋推量「む」で〝きっと……だろう〟という確述の意味）によって、死が避けられないことを言っている。2は〝死ぬ日はあるまい〟の意で不適。3は反語で〝死なない日がないだろうか、いやある〟とやはり〝死なない〟意味になるので要注意。4は「けむ」（過去推量の助動詞）が蛇足。

問十五　傍線部⑬を含む文は「されば（＝それだから）」と始まっている。これが受けるのは、前にある〝毎日多くの死者が出る〟ことだから、⑬は〝その死者のための棺は作るそばから売れていく〟という2の意味となる。

問十六　これは無常観を強調した表現である。直前に「思ひかけぬは死期なり」とあるように、人は生命あることを当然とせず、むしろ今まで死を免れてきたのが、奇跡的な幸運だと考えるべきだと言うのだ。「ありがたき不思議」とは〝世にも稀な思慮を越えた出来事〟の意。

問十七　「いづれ」は不定称の代名詞で、〝多数の中のどれか一つ〟の意味である。〈注〉によると「ままこだて」とは、小石を並べて次々に盤上から取り除いていくゲームで、最後はどれも残らない。それを遅かれ早かれこの世から去って行く人の在りようにたとえたのだ。「いづれも」は〝どの小石も〟の意味。

問十八　「これを余所に聞く」のは草庵の隠者である。彼らは武士が戦場で命を捨てるのを、他人事のように思っているが、それは間違いだと言うのだ。「これ」は〈死という宿命〉であり、直後の文の「無常の敵（＝無常という敵）」である。

問十九　〈解説〉の初めに見た本文の大意をもう一度確認して、選択肢をチェックする。1の「田舎の人の……面白味がある」は本文に反する。3の「皆の長寿を願う」ことは本文にない。4は「敵」を〝敵対する人間〟としているのが誤り。2だけが本文の第二段落の内容に合致する。

問二十　古文には文学史関連の設問が必出と考えて、基本事項の学習をしておく必要がある。『徒然草』の成立が鎌倉末期と知っていれば、3は排除されるし、鎌倉初期に成立した『方丈記』の作者、鴨長明との交友をいう2はあり得な

問六 傍線部⑤の直前にある「の」は同格を表すから、この「ゆゆしげなる人」は「都の人」でもある。「ゆゆし」は本来〝神聖で畏れ多い〟の意味だが、ここは「人」であって「場合」ではないから、1でなく、3が適当。

問七 「立ち居」は〝立ったり座ったりする〟意味の複合動詞で、連用中止法によって一旦言い切りにした表現である。「若く末々なる」人が貴人に仕える動作をいう。「居る」はワ行上一段活用の動詞で、ここはその連用形。

問八 この段落は筆者の目に映った祭の一日の様子である。早々とやって来る物見車は、身分の高い女性などが人目につくのを嫌うのであろう。そのためには1では遅すぎるので、2の「夜が明けきらないころ」がふさわしい。「ぬ」は打消の助動詞「ず」の連体形。

問九 時間が経つにつれて人出も増え、着飾った人々が行き交うのを見るのも楽しくて、祭の行列の渡御《とぎょ》（いくつものグループに分かれて断続的に通過する）を待つ時間も苦にならない。「つれづれ」は〝何もすることがなく退屈なこと・寂しくもの思いに沈むこと〟であるが、見物の気分をいうのは2である。

問十 傍線部⑨は祭の日の夕暮れの光景である。見物の群衆が去った後は人影もまばらになり、昼間の賑わいに比べてもの寂しさが際だつさまを言っている。「ほどなく稀に成りて」と適合するのは、3でなく1である。

問十一 祭見物の真の興趣は華やかな行列を見ることだけではない。兼好にとっては、物見車が集まり始める明け方から、次第に祭の気分も盛り上がる昼間を過ぎて、日暮れとともに寂しくなる大路の一日の変化を味わうことが、大切なのだ。傍線部⑩はそのことを言っており、4の説明が適切。3の「寂寥感」はよいが「次の年の……期待」は不適。

問十二 「知りぬ」は次の文との倒置法によって、〝世間の人の数はそれ程多くはないことがわかる〟と言っている。世間の人数が圧倒的に多ければ、群衆の中にこれほど顔見知りの者がいるはずがない、と考えているのである。

問十三 この一文は〝水が容器の穴から漏れる場合、細い穴であっても絶え間なく流れ出るならば、やがて水は尽きるだろう〟という意味だから、順接の仮定条件を表す接続助詞「ば」が適当。滴る水は死んでいく人のたとえである。

問十四 傍線部⑫は二重否定による肯定文で、〝人の死なない日はないだろう〟の意であり、すなわち〝毎日人は死んで

問十五　2
問十六　1
問十七　3
問十八　3
問十九　2
問二十　1

▲解　説▼

設問数が多いので、初めに全文の趣旨を押さえてから設問の検討に入る。前半は、ものを見るには想像力と心の余裕が大切なことを、都人と片田舎の人の例を挙げて述べている。後半では、祭の一日の都大路の賑わいとその後の物寂しさ、そこに漂う無常感を語り、そこから人生における無常の観念について述べている。

問一　Aは形容詞「をかし」の活用語尾に当たる部分だが、前にある係助詞「こそ」との係り結びによって、已然形「けれ」となる。3・4の「ね」も打消「ず」の已然形だが、ここの文脈には合わない。

問二　傍線部①は、眼前の月・花を愛でるにも想像力を大切にする「よき人」の態度である。その態度は「片田舎の人」とは対照的で、2・3・4とは合わない。「なほざりなり」とは、〝さりげなくあっさりした様子〟である。

問三　問二と対照的な「片田舎の人」の花見である。桜の樹の間近に寄って、何一つ見逃すまいとする態度は4に当たる。「あからめ」は〝目を離すこと・脇見をすること〟。

問四　祭（これは、賀茂神社の葵祭）の行列を見物するために仮設した観覧席が「さじき（桟敷）」である。

問五　問四の桟敷は、祭の行列を見るために都大路に面した家の前に設けられているから、その後ろは家屋すなわち「奥なる屋」で、その家から桟敷に出て見物するのである。「なる」は断定の助動詞「なり」の連体形で〝～にある〟という所在・存在を表す用法だから、1の「京なる医師《くすし》」（＝京都にいる医者）の「なる」と同じものである。

国語

1

出典 兼好法師『徒然草』〈花はさかりに、日はくまなきをのみ見るものかは〉

解答

問一 2
問二 1
問三 4
問四 2
問五 1
問六 3
問七 1
問八 2
問九 2
問十 1
問十一 4
問十二 4
問十三 3
問十四 1

MEMO

MEMO

MEMO

MEMO

MEMO

MEMO

2020年度

問題と解答

問題編

▶試験科目・配点

学　部	教　科	科　目	配　点
法	外国語	コミュニケーション英語Ⅰ・Ⅱ，英語表現Ⅰ	100点
	地歴・公民	日本史B，世界史B，地理B，政治・経済から1科目選択	100点
	国　語	国語総合（漢文を除く）	100点
経済〈経済〈現代経済〉・現代ビジネス〉・人間科	外国語	コミュニケーション英語Ⅰ・Ⅱ，英語表現Ⅰ	100点
	選　択	日本史B，世界史B，地理B，政治・経済，「数学Ⅰ・Ⅱ・A」から1科目選択	100点
	国　語	国語総合（漢文を除く）	100点
経　済（経済〈経済分析〉）	外国語	コミュニケーション英語Ⅰ・Ⅱ，英語表現Ⅰ	100点
	数　学	数学Ⅰ・Ⅱ・A	100点
	国　語	国語総合（漢文を除く）	100点
経　営	外国語	コミュニケーション英語Ⅰ・Ⅱ，英語表現Ⅰ	150点
	選　択	日本史B，世界史B，地理B，政治・経済，「数学Ⅰ・Ⅱ・A」から1科目選択	100点
	国　語	国語総合（漢文を除く）	100点
外国語	外国語	コミュニケーション英語Ⅰ・Ⅱ，英語表現Ⅰ	150点
	地歴・公民	日本史B，世界史B，地理B，政治・経済から1科目選択	100点
	国　語	国語総合（漢文を除く）	100点
国際日本（国際文化交流）	外国語	コミュニケーション英語Ⅰ・Ⅱ，英語表現Ⅰ	150点
	地歴・公民	日本史B，世界史B，地理B，政治・経済から1科目選択	100点
	国　語	国語総合（漢文を除く）	100点
国際日本（日本文化）	外国語	コミュニケーション英語Ⅰ・Ⅱ，英語表現Ⅰ	100点
	地歴・公民	日本史B，世界史B，地理B，政治・経済から1科目選択	100点
	国　語	国語総合（漢文を除く）	150点

<table>
<tr><td rowspan="3">国際日本
（歴史民俗）</td><td>外国語</td><td colspan="2">コミュニケーション英語Ⅰ・Ⅱ，英語表現Ⅰ</td><td>100点</td></tr>
<tr><td>地歴・
公民</td><td colspan="2">日本史Ｂ，世界史Ｂ，地理Ｂ，政治・経済から１科目選択</td><td>150点</td></tr>
<tr><td>国　語</td><td colspan="2">国語総合（漢文を除く）</td><td>100点</td></tr>
<tr><td rowspan="3">理
（数理・物理／情報科／化）</td><td>外国語</td><td colspan="2">コミュニケーション英語Ⅰ・Ⅱ，英語表現Ⅰ</td><td>100点</td></tr>
<tr><td>数　学</td><td colspan="2">数学Ⅰ・Ⅱ・Ⅲ・Ａ・Ｂ</td><td>150点</td></tr>
<tr><td>理　科</td><td colspan="2">「物理基礎・物理」，「化学基礎・化学」，「生物基礎・生物」から１科目選択</td><td>100点</td></tr>
<tr><td rowspan="3">理
（生物科）</td><td>外国語</td><td colspan="2">コミュニケーション英語Ⅰ・Ⅱ，英語表現Ⅰ</td><td>150点</td></tr>
<tr><td>数　学</td><td colspan="2">数学Ⅰ・Ⅱ・Ⅲ・Ａ・Ｂ</td><td>150点</td></tr>
<tr><td>理　科</td><td colspan="2">「物理基礎・物理」，「化学基礎・化学」，「生物基礎・生物」から１科目選択</td><td>150点</td></tr>
<tr><td rowspan="5">理
（総合理学プログラム）</td><td>外国語</td><td colspan="2">コミュニケーション英語Ⅰ・Ⅱ，英語表現Ⅰ</td><td>150点</td></tr>
<tr><td>数　学
（理工系）</td><td>数学Ⅰ・Ⅱ・Ⅲ・Ａ・Ｂ</td><td rowspan="2">１科目選択</td><td rowspan="2">150点</td></tr>
<tr><td>国　語</td><td>国語総合（漢文を除く）</td></tr>
<tr><td>数　学
（文系）</td><td>数学Ⅰ・Ⅱ・Ａ</td><td rowspan="2">１科目選択</td><td rowspan="2">150点</td></tr>
<tr><td>理　科</td><td>「物理基礎・物理」，「化学基礎・化学」，「生物基礎・生物」</td></tr>
<tr><td rowspan="3">工
（機械工・電気電子情報工・情報システム創成・経営工・建築・総合工学プログラム）</td><td>外国語</td><td colspan="2">コミュニケーション英語Ⅰ・Ⅱ，英語表現Ⅰ</td><td>100点</td></tr>
<tr><td>数　学</td><td colspan="2">数学Ⅰ・Ⅱ・Ⅲ・Ａ・Ｂ</td><td>150点</td></tr>
<tr><td>理　科</td><td colspan="2">「物理基礎・物理」，「化学基礎・化学」から１科目選択</td><td>100点</td></tr>
<tr><td rowspan="3">工
（物質生命化）</td><td>外国語</td><td colspan="2">コミュニケーション英語Ⅰ・Ⅱ，英語表現Ⅰ</td><td>150点</td></tr>
<tr><td>数　学</td><td colspan="2">数学Ⅰ・Ⅱ・Ⅲ・Ａ・Ｂ</td><td>150点</td></tr>
<tr><td>理　科</td><td colspan="2">「物理基礎・物理」，「化学基礎・化学」から１科目選択</td><td>150点</td></tr>
</table>

▶備　考

- 「数学Ｂ」は「確率分布と統計的な推測」を除く。
- 理（総合理学プログラム）学部においては，国語選択者は「数学Ⅰ・Ⅱ・Ａ」（文系）を，「数学Ⅰ・Ⅱ・Ⅲ・Ａ・Ｂ」（理工系）選択者は理科から１科目の組合せでの選択となる。

英語

（70 分）

（注）　外国語学部，国際日本学部国際文化交流学科の受験者は 1 ～ 4 を，それ以外の受験者は 1 ～ 3 を解答すること。

1 次の英文を読んで，問いに答えなさい。

Danes* are often seen as some of the happiest people on Earth. They love nothing more than to read a book while wrapped in a blanket, spending a cozy* night at home with loved ones, laughing in the candle light with a cup of hot chocolate or coffee, depending on the time of day and year.

But this picture is almost too perfect. As a Dane, I can say for sure that even Danes have rainy days. So what do we do when there is no help to be had from these cozy activities? We say the magic word: *pyt*. Or we press the *pyt* button.

The word *pyt* does not have a direct English translation. It may include the meaning of "never mind," "don't worry," or "forget about it" — but these expressions do not convey the (A)positive aspect of the word. *Pyt* is used when you recognize that a situation is out of your control, and even though you might be annoyed or upset, you decide not to (B)waste energy on thinking about it any more. You accept it and move on. *Pyt* is also used to comfort other people and (C)reduce tensions in unfortunate situations.

Pyt is so beloved by Danes that in September 2018 it was chosen as their favorite word in a competition held during the country's annual "Library Week." Steen Andersen, president of the Danish* Library Association, sees the choice as evidence that Danes want to take it easy and relax. "I think it is a reaction against a Danish cultural characteristic of being good at complaining and finding fault," he explained. "It reminds us that things could be worse."

That the word is so popular does not surprise Chris MacDonald, a writer and public speaker who moved to Denmark* from the United States twenty years ago. In an article for a Danish national newspaper, he writes, "Pyt is one of my favorite words. It is the most positive sound I have ever heard. And it has enormous power when it comes to (D) letting go of things we cannot change. There is so much relief in that word."

During my interviews with MacDonald, we talked about how *pyt* is usually used to show that one accepts an upsetting, but not dangerous, situation that one cannot change. This effect partly comes clearly from the meaning of the word, but it is also the feeling that the soft and delicate sound of *pyt* creates.

The power of the word is also used in kindergarten* and primary school through the introduction of a *pyt* button. This is usually just a plastic lid with "PYT" written on it, fixed to a piece of cardboard* and placed somewhere in the center of the classroom. Children can push this button when they feel upset about something, such as not coming first in a race or not winning a game.

Charlotte Sørensen, a head teacher at a school in a Danish town, told me, "The 'PYT' button does not work for all children, but for some of them, it's great. The action of pressing a physical button seems to help them (E) clear their minds and move on." In this way, children learn from an early age that losing is part of life and so it is all right to lose sometimes.

From What to do when hygge no longer works, BBC Travel on February 19, 2019, by Karen Rosinger

(注)

*Dane(s)　デンマーク人　　*cozy　居心地の良い

*Danish　デンマークの　　*Denmark　デンマーク(国名)

*kindergarten　幼稚園　　*cardboard　厚紙

問 1　本文の内容を考え，下線部(A)～(E)の内容の説明として最も適切なものを

a～dから1つずつ選び，その記号をマークしなさい。

(A) positive aspect

a．definite meaning

b．good feature

c．active measure

d．passive means

(B) waste energy on thinking about

a．consume resources by not planning

b．take time wisely considering

c．spend too much time worrying over

d．make more problems by ignoring

(C) reduce tensions in unfortunate situations

a．express disappointment about serious mistakes

b．increase tensions in unhappy times

c．renew concern about unlucky events

d．ease stress in difficult circumstances

(D) letting go of things we cannot change

a．dismissing what cannot be helped

b．releasing what we cannot replace

c．remembering what we need to do

d．allowing others to make changes

(E) clear their minds and move on

a．ignore what happened until someone reminds them

b．refresh their memories and always remember

c．recall their mistakes and try not to repeat them

d．forget about what happened and not let it bother them

問2　本文の内容を考え，次の問い1～5の正しい答えになるものをa～dから1つずつ選び，その記号をマークしなさい。

1. In what situations do Danes say the word *pyt*?

　a. When they feel they can manage their emotions.

　b. When they are feeling happy about something.

　c. When they keep thinking about the past.

　d. When they see that things are beyond their control.

2. According to Andersen, why do Danes like to use the expression *pyt*?

　a. They need to relieve their stress.

　b. They are not very good at complaining.

　c. They think things could be better.

　d. They seldom feel the need to relax.

3. In MacDonald's opinion, why is the word *pyt* so popular among Danes?

　a. Because people use it to show regret.

　b. Because it has little power of expression.

　c. Because people can feel better by saying it.

　d. Because it makes a loud and dramatic sound.

4. Where is the "PYT" button located in most school classrooms?

　a. It is written on the blackboard.

　b. It is on the teacher's desk.

　c. It is set in the middle.

　d. It is kept in one corner.

5. What do some of Sørensen's students learn from pressing the "PYT" button in the classroom?

　a. It is a good way to celebrate winning a game.

　b. It is better to feel upset until they succeed.

　c. It is a means to make others feel pressure.

　d. It is natural that one cannot win all the time.

2　次の〔A〕〔B〕に答えなさい。

〔A〕　次の会話文の空欄（　1　）～（　5　）に入る最も適切なものをａ～ｄから1つずつ選び，その記号をマークしなさい。

1. A：Hey Sarah. Do you know when the test will be?

   B：This Friday. The teacher announced it in class today. （　1　）

   A：Apparently not. The soccer club has been really busy and I haven't been getting enough sleep.

   B：You need to decide what's more important, soccer or your grades.

   a．Did you pass it last time?

   b．Do you like baseball?

   c．Weren't you listening?

   d．Do you like mathematics?

2. A：Dad, I'm hungry. What are we going to have for dinner?

   B：I'm not sure yet. Maybe I'll make curry.

   A：If we're going to eat curry, （　2　）.

   B：We ate out last weekend. It isn't healthy to eat out so often.

   a．I'll cook some rice

   b．I want to go to an Indian restaurant

   c．Mom will get sick

   d．let's invite Grandma and Grandpa

3. A：Travis, I really need your help.

   B：Sure, what's wrong?

   A：I left the door to the house open, and （　3　）. Could you help me look for it?

   B：I'm sorry, but I can't. I have to go to band practice. But I'll call Jake and see if he can help you.

   a．a thief came in

   b．it started raining

c. I forgot my guitar

d. my dog ran outside

4. A：Excuse me, sir. I left my bag on the train.

B：(4) I can call the next station to have someone get your bag. What does it look like?

A：It is a gray backpack with a yellow stripe. I was sitting in car number six.

B：I see. I'll call right now. Do you want to go pick it up?

a. The train that just left?

b. I forgot about it.

c. Is the train on platform six?

d. That takes too long.

5. A：Susan, please wash the dishes.

B：I did them yesterday. (5)

A：He needs to study for his math test tomorrow. It's a very important test.

B：Okay. But he has to do them tomorrow.

a. And the day before that?

b. Why can't Charlie do them?

c. But not all of them.

d. John prefers to clean the floor.

〔B〕 次の会話文の空欄(1)～(5)に入る最も適切なものをａ～ｄから1つずつ選び，その記号をマークしなさい。

Sarah：Excuse me, do you know how to get to the Heartland Hotel?

Janet：No, I don't. (1)

Sarah：Oh, I'm sorry. You looked like you knew where you were going, so I thought you knew the area.

Janet：No, but I'm pretty good at maps and knowing how to get around.

Plus, (　2　)

Sarah : That's my problem. I use my phone so much that I never look at a paper map anymore. I went to some temples this morning and (　3　). Now I can't find my hotel.

Janet : That's too bad. I'm Janet by the way. Nice to meet you.

Sarah : I'm Sarah. Nice to meet you, too. (　4　), but could you look up the Heartland Hotel on your phone?

Janet : Of course. Oh, you're close to it. Go straight for two blocks, turn right and go three more blocks. It'll be on the right.

Sarah : Thank you so much. By the way, what are you doing this afternoon?

Janet : (　5　)

Sarah : I'm planning to go to the museum and then eat dinner somewhere around there. Do you want to come along?

Janet : Sure, sounds good. I'll meet you at your hotel at one o'clock.

Sarah : OK, I'll be out front.

(1)　a. I live in a small apartment.
　　b. Is that a post office?
　　c. Where are you going?
　　d. I'm a stranger here myself.

(2)　a. I have never liked taking taxis or riding buses.
　　b. I have an application on my phone that helps me.
　　c. I can't find my hotel key.
　　d. I didn't bring my bicycle with me.

(3)　a. my phone battery died
　　b. you should try going there
　　c. they were very nice
　　d. I got very tired from walking

(4) a. Where are you from

b. I hate to bother you

c. Where is your hotel

d. I need some help

(5) a. I haven't really decided yet.

b. I have an important meeting.

c. I really like art.

d. I have a dinner reservation.

3 次の〔A〕〔B〕に答えなさい。

〔A〕 次の英文の空欄（ 1 ）～（ 10 ）に入る最も適切なものをａ～ｄから1つずつ選び，その記号をマークしなさい。

1. What is really interesting (1) that the students did not take notes at all.

a. is b. are
c. was d. were

2. The orientation will start at 2:30 p.m., (2) by the campus tour.

a. follow b. followed
c. following d. have followed

3. Anna felt sleepy, so she drank (3) coffee at home.

a. few b. several
c. some d. many

4. The more he studied science, the (4) his interest became.

a. great b. more great
c. greater d. greatest

5. All my clothes got wet. I (5) the weather report earlier and taken an umbrella.

a. should check　　b. should have checked

c. might check　　d. might have checked

6. The woman can work late (6) that her three children have grown up.

a. so　　b. such

c. now　　d. in order

7. Professor Kirk is one of the best historians (7) his generation.

a. by　　b. of

c. over　　d. under

8. Mr. Todd started to play baseball at the age of twenty, and he came (8) it.

a. like　　b. liked

c. to like　　d. liking

9. If the class (9) be canceled today, I would go to the beach and enjoy the weather.

a. will　　b. has to

c. were　　d. were to

10. The customer waited at the repair shop while her bicycle (10).

a. was repairing　　b. was being repaired

c. has been repairing　　d. has been repaired

〔B〕 次の英文の空欄(1)～(10)に入る最も適切なものをa～dから1つずつ選び，その記号をマークしなさい。

1. These jackets were too small, so they did not (1) me.

a. match　　b. fit

c. suit　　d. adjust

2. Because my brother lacks (2) in himself, he rarely speaks in public.

a. wonder　　b. confidence

c. inspiration d. experience

3. Although the flight was delayed, our guests (3) to arrive in time.

a. kicked b. operated

c. managed d. exercised

4. He could not (4) the coat because it was made of leather.

a. restrict b. afford

c. report d. affect

5. My sister (5) me to buy a cheap ticket to save some money.

a. pleased b. pictured

c. criticized d. convinced

6. The tiger walked around for a while and then (6) without a trace.

a. vanished b. flashed

c. roared d. emerged

7. World leaders arrived in Tokyo to attend the (7).

a. summit b. property

c. trail d. stream

8. His joke made everyone in the room (8) into laughter.

a. run b. burst

c. transform d. step

9. Sarah was cut by a (9) of flying glass.

a. dose b. portion

c. slice d. fragment

10. Most high school students know that oil and water do not (10).

a. mix b. melt

c. settle d. separate

4 **の問題は外国語学部全学科，国際日本学部国際文化交流学科の受験者のみ解答してください。**

4 次の英文を読んで，問いに答えなさい。

According to a survey conducted last year, about 25 percent of adults in the United States do not have a regular doctor. That number jumps to 45 percent for those under age thirty. These results point to a new trend in health care called telemedicine*. People can use it to connect with a doctor in minutes without leaving their home or office.

Lisa Love has not seen her regular doctor since she discovered telemedicine. Love tried virtual* visits last summer for help with a skin problem and returned for another minor issue. She does not feel an urgent need to seek(1) care from her regular doctor, especially since she also gets free health checks at work. "I like technology and I like new things and I like saving money," Love said. "It was worth it to me to try it."

Love said she prefers virtual visits. They only cost forty-two dollars, or less than half the price of a visit to a doctor's office under her insurance plan. She wonders how much she still needs to visit her regular doctor. "Telemedicine probably can't do everything, but for most of the problems I might ever have, I'm pretty sure it will be helpful," she added.

Experts say the specialized nature of health care is precisely(2) why people still need someone who cares for their overall health, which is the traditional role of primary care physicians like family doctors. They know patients' medical histories, and they are trained to spot problems that may be developing instead of just addressing the symptoms that prompted(3) the patient's visit. They also can make sure new medicines do not conflict with current ones, and they can help make sense of the information patients dig up with an Internet search.

However, the nature(4) of primary care is changing as patients turn to drug store clinics and urgent care centers. In response, primary care clinics are slowly shifting to more of a team-based approach that helps them take a broader look at patient health. These teams might include mental health specialists and health coaches who can improve diet and recommend exercise. They focus on keeping patients healthy and reserve visits with a doctor for the more serious cases.

The basic idea is to keep patients healthy instead of waiting to treat them after they become sick. "We want to do as much outside the walls of the clinic as we can," said Dr. Megan Mahoney, noting that this push depends on insurance companies expanding what they will cover.

Doctors say the expanded scope(5) of their practices is causing them to change how they deal with patients. Dr. Russell Phillips frequently responds to email or cellphone questions from his patients. He also refers them to clinics for minor issues. "Getting medical care is such a complex activity that people really need somebody who can advise, guide, and manage their care for them," Phillips said. "People still really want a relationship with someone who can do that." Phillips said, "Primary care is changing into more of a flowing, virtual relationship. Patients have more frequent but briefer contact with their doctor's office, instead of just office visits maybe twice a year."

Associated Press

(注)

*telemedicine　電話回線を介した遠隔医療　　　*virtual　仮想的な

問 1　本文の内容を考え，下線部(1)～(5)の意味に最も近いものをａ～ｄから１つずつ選び，その記号をマークしなさい。

(1)　seek

ａ．inform　　　ｂ．request

ｃ．influence　　　ｄ．refuse

(2)　precisely

a. exactly　b. approximately
c. completely　d. hardly

(3) prompted
a. replied to　b. rewarded
c. canceled　d. led to

(4) nature
a. degree　b. space
c. character　d. location

(5) scope
a. range　b. freedom
c. instrument　d. effort

問 2 本文の内容を考え，次の問い1～5の正しい答えになるものをa～dから1つずつ選び，その記号をマークしなさい。

1. What is NOT a reason for Love's choice to use telemedicine?
a. It involves using a computer and the Internet.
b. It is a new trend in health care in the United States.
c. It is less expensive than visits to a doctor's office.
d. It can deal with any major health problem.

2. Why do experts say that people should still have a regular doctor?
a. Health care has become divided into specific areas.
b. Telemedicine is more expensive than visiting a doctor.
c. Family doctors mainly treat patients' special symptoms.
d. Medical information is hard to find on the Internet.

3. What are primary care clinics doing in response to changes?
a. They are opening clinics in drug stores.
b. They are focusing more narrowly on patients' health.
c. They are cooperating with other health care professionals.
d. They are having doctors deal with minor health issues.

4. What does Dr. Mahoney consider to be the most important goal at the primary care clinic?

a. To pay less for the care they receive.

b. To have insurance companies cover more treatments.

c. To help patients recover after they get sick.

d. To help patients maintain their health in their daily lives.

5. Why does Dr. Phillips think that primary care physicians are still needed?

a. Getting medical care has become a much simpler process.

b. Physicians do not answer patients' questions by email.

c. Physicians generally deal with minor health problems.

d. Patients need someone who can organize their health care.

日本史

（70分）

1　次の史料（Ａ～Ｄ）は，古代・中世の戦乱に関するものである。これらの史料をよく読んで，以下の設問（問１～問15）に答えなさい（史料は省略したり，表記を改めたりしたところがある）。

Ａ　『日本書紀』天武天皇元（672）年

①７月２日条

（天武）天皇，紀臣阿閉麻呂《きのおみあえまろ》……を遣《つかわ》して，数万の衆《いくさ》（＝軍勢）を率《い》て，伊勢の大山より越えて倭《やまと》に向わしむ。また，村国連男依《むらくにのむらじおより》……を遣して，数万の衆を率て，不破《ふわ》（注１）より出《い》でて直《ただ》に近江に入らしむ。その衆と近江の師《いくさ》と別《わ》き難きことを恐《お》じて，赤色を以《も》ちて衣の上に着く。

②７月22日条

男依ら瀬田《せた》（注２）に到る。時に，大友皇子と群臣ら共に橋の西に営《いお》りて，大きに陣を成し，その後《しりえ》を見ず。旗幟《きし》野を蔽《おお》い，埃塵《あいじん》天に連なり，鉦鼓《しょうこ》の声数十里に聞《きこ》ゆ。列弩《れつど》（＝機械仕掛けの弓）乱発し，矢の下《ふ》ること雨の如《ごと》し。……すなわち大友皇子・左右大臣ら，わずかに身免れて逃ぐ。

（注１）不破：美濃国（岐阜県）の地名。

（注２）瀬田：近江国（滋賀県），琵琶湖南岸の地名。

問１　史料Ａの戦乱に関係する人物の系図として最も適切なものを，下記の選択肢（ａ～ｄ）から１つ選び，その記号をマークしなさい。

ａ　┌ 天智天皇 ── 大友皇子
　　└ 天武天皇

ｂ　天智天皇 ─┬─ 大友皇子
　　　　　　　└─ 天武天皇

ｃ　┌ 天武天皇 ── 大友皇子
　　└ 天智天皇

ｄ　天武天皇 ─┬─ 大友皇子
　　　　　　　└─ 天智天皇

問２　史料Ａの内容について述べた文Ｘ・Ｙの正誤の組合せとして最も適切なものを，下記の選択肢（ａ～ｄ）から１つ選び，その記号をマークしなさい。

Ｘ　天武天皇は軍勢を二手に分け，一方を伊勢から大和(倭)に向かわせ，もう一方を不破からまっすぐ近江に向かわせた。

Ｙ　天武天皇の軍勢は瀬田の橋の西側に陣を構えて近江軍を迎え討ち，激しい戦闘の末，勝利をおさめた。

ａ　Ｘ－正　Ｙ－正　　　ｂ　Ｘ－正　Ｙ－誤

ｃ　Ｘ－誤　Ｙ－正　　　ｄ　Ｘ－誤　Ｙ－誤

問３　史料Ａに関連して，白鳳文化を代表する仏像として最も適切なものを，下記の選択肢（ａ～ｄ）から１つ選び，その記号をマークしなさい。

ａ

ｂ

c

d

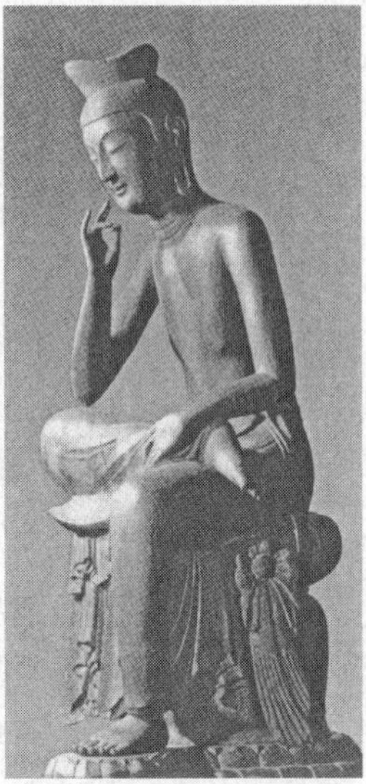

問 4　史料Aに関連して，７世紀の政治について述べた文Ⅰ～Ⅲを古い順に並べたものとして最も適切なものを，下記の選択肢(ａ～ｄ)から１つ選び，その記号をマークしなさい。

Ⅰ　飛鳥浄御原令が施行された。

Ⅱ　改新の詔が出され，豪族の田荘と部曲が廃止された。

Ⅲ　最初の戸籍である庚午年籍が作成された。

ａ　Ⅰ ― Ⅱ ― Ⅲ　　　ｂ　Ⅰ ― Ⅲ ― Ⅱ

ｃ　Ⅱ ― Ⅰ ― Ⅲ　　　ｄ　Ⅱ ― Ⅲ ― Ⅰ

B　『兵範記《へいはんき》』保元元(1156)年

①７月５日条

去月朔《ついたち》以後，院宣により，下野守《しもつけのかみ》義朝(＝源義朝)ならびに義康《よしやす》(＝源義康)ら，陣頭《じんとう》に参宿して禁中《きんちゅう》(＝宮中)を守護す。また，出雲守光保《いずものかみみつやす》朝臣《あそん》(＝源光保)・和泉守盛兼《いずみのかみもりかね》(＝平盛兼)，この外《ほか》源氏・平氏の輩《ともがら》①，皆ことごとく随兵を率いて鳥羽殿に祗候《しこう》す。蓋《けだ》し，これ法皇の崩後《ほうご》(＝死後)，上皇・左府(＝左大臣)同心して軍を発《おこ》し，国家を傾け奉《たてまつ》らんと欲《ほっ》す。その儀《ぎ》風聞あり。旁々《かたがた》用心せらるるなり。

②7月11日条

鶏鳴《けいめい》(＝午前2時ごろ)，清盛朝臣(＝平清盛)②・義朝・義康ら，軍兵すべて六百余騎，白河に発向す。……清盛ら勝ちに乗じ，逃ぐるを逐《お》う。上皇・左府，跡を晦《くら》まして逐電《ちくでん》(＝逃亡)し，白河御所等失焼し畢《おわ》んぬ。

問5　史料Bの戦乱に関わる人物の対立関係として最も適切なものを，下記の選択肢(a～d)から1つ選び，その記号をマークしなさい。

	天皇家	藤原氏	源氏・平氏
a	後白河天皇	：藤原忠通 ―	源義朝・平清盛
	崇徳上皇	：藤原頼長 ―	源為義・平忠正
b	後白河天皇	：藤原頼長 ―	源義朝・平清盛
	崇徳上皇	：藤原忠通 ―	源為義・平忠正
c	後白河天皇	：藤原忠通 ―	源為義・平忠正
	崇徳上皇	：藤原頼長 ―	源義朝・平清盛
d	後白河天皇	：藤原頼長 ―	源為義・平忠正
	崇徳上皇	：藤原忠通 ―	源義朝・平清盛

問6　史料Bの内容について述べた文として不適切なものを，下記の選択肢(a～d)から1つ選び，その記号をマークしなさい。

a　戦乱に備えて源氏・平氏の武士が宮中や鳥羽殿の警護に当たっていた。

b　白河法皇が亡くなったあと，戦乱が起きるとうわさされていた。

c　平清盛・源義朝らの軍勢が京郊外の白河御所を夜襲した。

d　戦いに敗れた上皇・左大臣は行方をくらました。

問7　下線部①について述べた文として不適切なものを，下記の選択肢(a～d)から1つ選び，その記号をマークしなさい。

a　源氏も平氏も天皇の子孫で，源・平の姓《せい》を与えられて臣下とされた。

b　源氏・平氏の武士たちは，上皇・天皇・摂関家などの警護や都の警備に当てられた。

c　平将門や平忠常は，関東地方で戦乱を引き起こしたが鎮圧された。

d　源頼義・義家親子は，関東地方で前九年合戦・後三年合戦を引き起こしたが鎮圧された。

問 8　下線部②に関連して，史料Bの戦乱後の平清盛について述べた文Ⅰ～Ⅲを古い順に並べたものとして最も適切なものを，下記の選択肢(a～d)から1つ選び，その記号をマークしなさい。

Ⅰ　武士として初めて太政大臣になった。

Ⅱ　藤原信頼・源義朝らを討ち滅ぼした。

Ⅲ　後白河法皇を幽閉し，関白以下多くの貴族の官職を奪った。

a　Ⅰ — Ⅱ — Ⅲ　　　b　Ⅰ — Ⅲ — Ⅱ

c　Ⅱ — Ⅰ — Ⅲ　　　d　Ⅱ — Ⅲ — Ⅰ

C　『吾妻鏡』承久3(1221)年5月19日条

二品《にほん》(＝北条政子)，家人らを簾下《れんか》に招き，秋田城介《じょうのすけ》景盛《かげもり》(＝安達景盛)を以《もっ》て示し含めて曰《いわ》く，「皆心を一にして奉《うけたまわ》るべし。これ最期《さいご》の詞《ことば》なり。故右大将軍(＝源頼朝)，朝敵を征罰《せいばつ》し，関東を草創して以降③，官位といい俸禄といい，その恩すでに山岳よりも高く，溟渤《めいぼつ》(＝大海)よりも深し。報謝の志浅からんや。しかるに，今逆臣の讒《そし》り(＝悪口)により，非義の綸旨を下さる。名を惜しむの族《やから》は，早く秀康《ひでやす》(＝藤原秀康)・胤義《たねよし》(＝三浦胤義)らを討ち取り，三代将軍の遺跡を全《まっと》うすべし。ただし，院中に参らんと欲《ほっ》する者は，ただ今申し切るべし」てえり(＝と言った)。群参の士ことごとく命に応じ，かつは涙に溺《おぼ》れて返報を申すこと委《くわ》しからず。ただ命《いのち》を軽んじて恩に酬《むく》わんことを思う。

問 9　下線部③に関連して，源頼朝について述べた文Ⅰ～Ⅲを古い順に並べたものとして最も適切なものを，下記の選択肢(a～d)から1つ選び，その記号をマークしなさい。

Ⅰ　後白河法皇から東国支配権を認められた。

Ⅱ　奥州藤原氏を滅ぼした。

Ⅲ　後白河法皇に迫って守護・地頭を任命する権限を得た。

a　Ⅰ — Ⅱ — Ⅲ　　　b　Ⅰ — Ⅲ — Ⅱ

c　Ⅱ―Ⅰ―Ⅲ　d　Ⅱ―Ⅲ―Ⅰ

問10　史料Cの内容について述べた文X・Yの正誤の組合せとして最も適切なものを，下記の選択肢（a～d）から1つ選び，その記号をマークしなさい。

X　北条政子は，源頼朝が御家人に官位・俸禄を与えたことが朝廷との対立を招く原因であったと述べている。

Y　北条政子は，上皇に味方する武士たちを討ち取って，源頼朝以来のご恩に報いるよう御家人に訴えかけている。

a　X―正　Y―正　b　X―正　Y―誤

c　X―誤　Y―正　d　X―誤　Y―誤

問11　史料Cの戦乱について述べた文として不適切なものを，下記の選択肢（a～d）から1つ選び，その記号をマークしなさい。

a　後鳥羽上皇は，源氏将軍が途絶えたあとの動揺をみてとって鎌倉幕府を討とうとした。

b　仲恭天皇が廃され，後鳥羽上皇をはじめ3人の上皇が隠岐・佐渡などに流された。

c　朝廷を監視し，西国御家人を統轄するため，北条泰時らが京都の六波羅にとどまった。

d　上皇方についた貴族・武士の所領3000余箇所が没収され，新たに守護が置かれた。

問12　史料Cの戦乱後の鎌倉幕府と京都の朝廷の政治に関して述べた文1～4について，正しいものの組合せとして最も適切なものを，下記の選択肢（a～d）から1つ選び，その記号をマークしなさい。

1　北条時頼が連署と評定衆を設置し，合議にもとづく政治を行った。

2　北条氏家督（得宗）の地位が高まり，御家人と御内人（得宗の家来）との対立が強まった。

3　後嵯峨上皇は院評定衆を置き，重要な政務や訴訟を審議させた。

4　天皇家は持明院統と大覚寺統とに分かれ，前者から後醍醐天皇が即位した。

a　1・3　b　1・4　c　2・3　d　2・4

D 『樵談治要』

昔より天下の乱るる事は侍《はべ》れど，足軽という事は旧記にも記《しる》さざる名目《みょうもく》(＝呼び名)なり。……④このたびはじめて出《い》で来《きた》れる足軽は超過したる(＝とんでもない)悪党なり。その故《ゆえ》は，洛中洛外《らくちゅうらくがい》の諸社・諸寺・五山十刹・公家・門跡の滅亡は彼らが所行《しょぎょう》なり。敵《かたき》の立て籠《こも》りたらん所におきては力なし。さもなき所々を打ち破り，あるいは火をかけて財宝をみさぐる(＝強奪する)事は，ひとえに昼強盗というべし。かかる例《ためし》は先代未聞の事なり。これは，しかしながら(＝すべて)武芸のすたるる所に，かかる事は出で来れり。名ある侍の戦うべき所を，彼らに抜ききせたる(＝任せた)故なるべし。されば，随分(＝有名)の人の足軽の一矢《いっし》に命を落として，当座の恥辱のみならず，末代《まつだい》までの瑕瑾《かきん》(＝不名誉)を残せる類《たぐい》もありとぞ聞えし。

問13　下線部④の戦乱をあらわした語句として最も適切なものを，下記の選択肢(a～d)から1つ選び，その記号をマークしなさい。

a　長篠合戦　　　　b　加賀の一向一揆

c　応仁の乱　　　　d　天文法華の乱

問14　史料Dの内容について述べた文X・Yの正誤の組合せとして最も適切なものを，下記の選択肢(a～d)から1つ選び，その記号をマークしなさい。

X　足軽が敵もいないような場所を襲撃したり，放火や略奪をくり返したりしたため，京都とその郊外は荒廃した。

Y　名のある武士が足軽によって討たれ，後世まで不名誉を残すことがあったと聞いている。

a　X－正　Y－正　　　　b　X－正　Y－誤

c　X－誤　Y－正　　　　d　X－誤　Y－誤

問15 史料Dが記す戦乱を描いた作品として最も適切なものを，下記の選択肢（a～d）から1つ選び，その記号をマークしなさい。

a

b

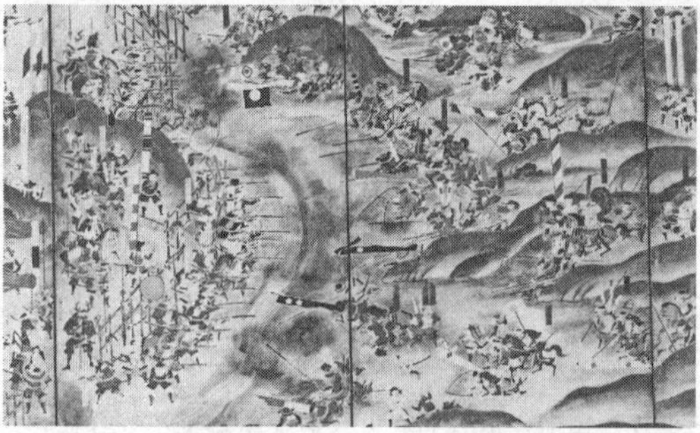

c

d

2　次の文章は，近世における武断政治から文治政治への展開について述べたものである。この文章をよく読んで，以下の設問(問１～問10)に答えなさい。

1615(元和元)年５月，大坂夏の陣で豊臣氏を滅ぼした江戸幕府は，同年閏６月には老中奉書によって豊臣恩顧の大名に居城以外の城郭の破却を命じ(一国一城令)，７月には武家諸法度(元和令)を定めて，すべての大名が守るべき規範を示した。①武家諸法度は，元和令以降も改訂を加えながら，将軍の代がわりごとに繰り返し発布されることになる。また，同月には②禁中並公家諸法度も発布している。江戸幕府は，大名・武家だけでなく，天皇・公家の行動や朝廷運営のあり方までも統制していった。これらの諸法度は，「黒衣の宰相」と呼ばれた金地院崇伝によって起草された。

２代将軍・３代将軍の政治は，圧倒的な軍事力を背景に，大名を改易・減封・転封するなど武断的なものであった。幕府の職制は３代将軍の頃までに整備され，諸大名の監察には［　ア　］が，朝廷の監視には京都所司代があたった。また幕府は，公家２名を選んで［　イ　］に就け，これを通じて朝廷を操作しようとした。③幕藩体制を基礎づける諸制度は，この時代にほぼ完備されたといえる。

4代将軍の政治は，会津藩主の保科正之や老中の松平信綱などの補佐で，武力で威圧する武断政治から儒教的礼節によって治める文治政治へと転換していった。たとえば，大名に対しては，1651(慶安4)年に④末期養子の禁止を緩和し，1663(寛文3)年に殉死を禁止した。さらに，その翌年には，すべての大名に領知宛行《あてがい》状を一斉に発給し，主従関係の固定化をはかった。17世紀後半，政治と社会は安定し，経済的にもめざましく発展した。

こうした政治・経済の安定期に5代将軍の治世は始まった。大老の堀田正俊の補佐のもとに行われた初期の政治は，1683(天和3)年の代がわりの武家諸法度(天和令)に象徴的なように，前代以上に儒教的徳目を重んじ，儀礼や法の整備，人心の教化による支配秩序の安定をめざすものであった。だが正俊が暗殺されたのちは，側用人を登用して独断的な政治へと転換していく。この時期の特徴的な政策には⑤生類憐みの令などがある。また，多くの寺社造営・修繕などのために逼迫した幕府財政を再建すべく，【　ウ　】を勘定吟味役(のちに勘定奉行)に抜擢し，⑥さまざまな経済改革を実施した。

6代将軍・7代将軍の治世には，儒学者の新井白石と側用人の【　エ　】が幕政の実権をにぎった。6代将軍は，就任するとすぐに生類憐みの令を廃止したが，儒学にもとづく文治政治は引き続き推進した。皇統を維持するために⑦閑院宮家を創設したり，7代将軍と皇女との婚約を計画したりするなど，朝廷との融和もはかられた。また朝鮮通信使への待遇を簡素化し，⑧朝鮮国王からの国書の宛名を「日本国大君」から「日本国王」に改めさせるなど，将軍の権威を強化しようとした。

問1　空欄【　ア　】【　イ　】にあてはまる役職の組合せとして最も適切なものを，下記の選択肢(a～d)から1つ選び，その記号をマークしなさい。

a　ア　若年寄　　イ　武家伝奏　　　b　ア　若年寄　　イ　京都町奉行

c　ア　大目付　　イ　武家伝奏　　　d　ア　大目付　　イ　京都町奉行

問2　空欄【　ウ　】【　エ　】にあてはまる人名の組合せとして最も適切なものを，下記の選択肢(a～d)から1つ選び，その記号をマークしなさい。

a　ウ　荻原重秀　　エ　間部詮房　　b　ウ　荻原重秀　　エ　柳沢吉保

c　ウ　神尾春央　　エ　間部詮房　　d　ウ　神尾春央　　エ　柳沢吉保

問 3　下線部①に関連して，次の3カ条を備えた武家諸法度を最初に発布した将軍の名前として最も適切なものを，下記の選択肢（a～d）から1つ選び，その記号をマークしなさい。

一　文武弓馬の道，専《もっぱ》ら相嗜《あいたしな》むべき事。

一　大名小名，在江戸交替，相定むる所也，毎歳《とし》夏四月中参勤致すべし。

一　五百石以上の船，停止の事。

a　徳川秀忠　　b　徳川家光　　c　徳川家綱　　d　徳川綱吉

問 4　下線部②に関連して，次の条文にかかわる事件で処罰された僧侶と譲位した天皇の組合せとして最も適切なものを，下記の選択肢（a～d）から1つ選び，その記号をマークしなさい。

一　紫衣の寺，住持職《じゅうじしき》，先規希有《けう》の事也。近年猥《みだ》りに勅許の事，且《かつ》は﨟次《ろうじ》を乱し，且は官寺を汚《けが》し，甚《はなは》だ然《しか》るべからず。

a　隠元 ― 後水尾天皇　　b　隠元 ― 後陽成天皇

c　沢庵 ― 後水尾天皇　　d　沢庵 ― 後陽成天皇

問 5　下線部③に関連して，次の図はいわゆる「鎖国」体制下の日本の対外関係を示したものである。図の空欄［　オ　］～［　ク　］にあてはまる語句の組合せとして最も適切なものを，下記の選択肢（a～d）から1つ選び，その記号をマークしなさい。

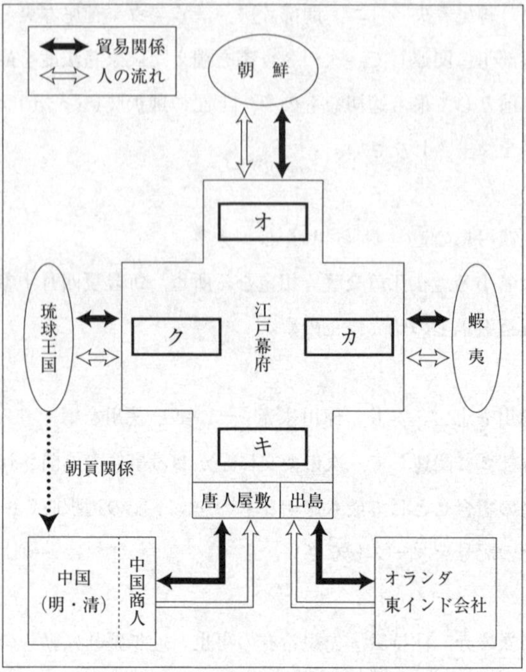

（ロナルド・トビ『「鎖国」という外交』より）

a　オ 長崎　カ 薩摩　キ 対馬　ク 松前

b　オ 長崎　カ 薩摩　キ 松前　ク 対馬

c　オ 対馬　カ 松前　キ 薩摩　ク 長崎

d　オ 対馬　カ 松前　キ 長崎　ク 薩摩

問 6　下線部④のきっかけとなった出来事として最も適切なものを，下記の選択肢（a～d）から1つ選び，その記号をマークしなさい。

a　赤穂事件　　b　島原の乱（島原・天草一揆）

c　大塩の乱　　d　由井正雪の乱（慶安の変）

問 7　下線部⑤とその結果について述べた文として不適切なものを，下記の選択肢（a～d）から1つ選び，その記号をマークしなさい。

a　江戸に広大な犬小屋を建てた。

b　忌引きや服喪の期間を定めた。

c　捨て子の保護，養育を命じた。

d　5代将軍は犬公方と称された。

問 8　下線部⑥に関連して，5代将軍の時代の貨幣政策と貿易政策の組合せとして最も適切なものを，下記の選択肢(a～d)から1つ選び，その記号をマークしなさい。

a　元禄金銀の発行 — 唐人屋敷の設置

b　正徳金銀の発行 — 海舶互市新例の制定

c　南鐐二朱銀の発行 — 俵物会所の設置

d　万延小判の発行 — 五品江戸廻送令の制定

問 9　下線部⑦に関連して，老中松平定信が閑院宮家から即位した天皇の意向に反対した事件は，幕府と朝廷の協調関係を崩した。その天皇名と事件名の組合せとして最も適切なものを，下記の選択肢(a～d)から1つ選び，その記号をマークしなさい。

a　明正天皇 — 宝暦事件　　b　明正天皇 — 尊号一件

c　光格天皇 — 宝暦事件　　d　光格天皇 — 尊号一件

問10　下線部⑧に関連して，次の史料はイギリスの初代駐日公使オールコックの『大君の都』である。史料中にみえる「大君」の人物名と史料に記された事件名の組合せとして最も適切なものを，下記の選択肢(a～d)から1つ選び，その記号をマークしなさい。

このようにして，白昼に，自分の家が見え，しかも大君の邸宅に近いという場所において，官職ではこの国で上から二番目の高官が……決死の人びとの小さな一隊によって殺された。

a　孝明天皇 — 禁門の変　　b　孝明天皇 — 桜田門外の変

c　徳川家茂 — 禁門の変　　d　徳川家茂 — 桜田門外の変

3　次の文章(A～C)は，近代の外交官・政党政治家である加藤高明について述べたものである。これらの文章をよく読んで，以下の設問(問１～問15)に答えなさい。

A　加藤高明は，1860(安政７)年に尾張(現愛知県)の下級武士の服部家に生まれた。幼名総吉。1872(明治５)年に下級武士の加藤家の養子となり，1874年，高明と改名した。1881年に東京大学を卒業し，三菱に入社した。1883年から２年間イギリスに遊学。帰国後，三菱本社副支配人を経て，1885年に日本郵船会社に入り，1886年に三菱の創業者 [ア] の長女春治と結婚した。1887年，公使館書記官兼外務省参事官として官界に入り，大隈重信外務大臣①のもとで不平等条約の改正交渉に従事したが，交渉が挫折すると大隈とともに外務省を離れた。1894年，イギリス遊学中に面識を得た陸奥宗光②外務大臣に招かれて，外務省政務局長となり，次いでイギリス駐在公使に任命されて５年間つとめた。1900年に第四次伊藤博文③内閣の外務大臣に就任した。1901年の内閣総辞職後，政界に転じて，衆議院④議員に連続当選した。1906年に第一次西園寺公望内閣の外務大臣となったが在職２ヶ月足らずで辞任。1908年にイギリス駐在大使に就任，1911年には男爵を授けられた。

問１　空欄 [ア] にあてはまる語句として最も適切なものを，下記の選択肢(a～d)から１つ選び，その記号をマークしなさい。

a　浅野総一郎　　b　岩崎弥太郎　　c　渋沢栄一　　d　古河市兵衛

問２　下線部①について述べた文として最も適切なものを，下記の選択肢(a～d)から１つ選び，その記号をマークしなさい。

a　不平等条約の改正案に反対する玄洋社の青年に襲撃され負傷した。

b　不平等条約の改正交渉を促進するため，鹿鳴館を建設した。

c　不平等条約改正の予備交渉と欧米諸国の実情視察を目的とした使節団の大使をつとめた。

d　不平等条約の改正交渉を進めたが，大津事件の発生により，引責辞任した。

問３　下線部②について述べた文Ｘ・Ｙの正誤の組合せとして最も適切なものを，下記の選択肢（ａ～ｄ）から１つ選び，その記号をマークしなさい。

Ｘ　日露戦争の講和会議で，全権をつとめ，ポーツマス条約を締結した。

Ｙ　日英通商航海条約を締結し，領事裁判権を撤廃した。

ａ　Ｘ－正　Ｙ－正　　ｂ　Ｘ－正　Ｙ－誤

ｃ　Ｘ－誤　Ｙ－正　　ｄ　Ｘ－誤　Ｙ－誤

問４　下線部③について述べた文として<u>不適切なもの</u>を，下記の選択肢（ａ～ｄ）から１つ選び，その記号をマークしなさい。

ａ　初代の内閣総理大臣となった。

ｂ　立憲政友会を結成し，初代の総裁となった。

ｃ　憲法草案審議のために設置された枢密院の初代議長となった。

ｄ　初代の台湾総督となった。

問５　下線部④について述べた文Ｘ・Ｙの正誤の組合せとして最も適切なものを，下記の選択肢（ａ～ｄ）から１つ選び，その記号をマークしなさい。

Ｘ　大日本帝国憲法と同時に公布された衆議院議員選挙法では，満25歳以上の男性で，直接国税15円以上を納入する者に選挙権が与えられた。

Ｙ　大日本帝国憲法の下では，帝国議会の同意がなければ予算や法律が成立しなかったため，衆議院の政党の政治的影響力が次第に拡大した。

ａ　Ｘ－正　Ｙ－正　　ｂ　Ｘ－正　Ｙ－誤

ｃ　Ｘ－誤　Ｙ－正　　ｄ　Ｘ－誤　Ｙ－誤

Ｂ　1913（大正２）年１月，加藤高明は，第三次［　イ　］内閣の外務大臣に就任した。だが，［　イ　］内閣は，<u>第一次護憲運動</u>⑤の高揚により，同年２月に総辞職。加藤は，［　イ　］が創立した立憲同志会に入党し，［　イ　］の死後，同党の総理に就任した。1914年，第二次大隈重信内閣が成立すると，副総理格の外務大臣に就任し，同年７月に<u>第一次世界大戦</u>⑥が始まると対独開戦を主導。1915年には，いわゆる二十一カ条の要求を袁世凱政権に迫り，その大部分を受諾させた。こうした加藤の外交は，山県有朋や中国の反発を招くなど，内外から批判を受けた。中国では，その後［　ウ　］が起こった。1915

年 8 月に外務大臣を辞任，貴族院議員に勅選され，1916 年に子爵を授けられた。

1916 年，第二次大隈内閣が総辞職すると，陸軍軍人で初代⑦朝鮮総督をつとめた寺内正毅が内閣を組織した。立憲同志会など，第二次大隈内閣の与党各派は合同して，憲政会を結成し，加藤が総裁となって，寺内内閣に対抗した。寺内内閣は，1917 年に衆議院を解散し，総選挙の結果，憲政会にかわり⑧立憲政友会が衆議院第一党となった。以後，加藤は，野党の党首として苦節の時期を過すことになった。

問 6　空欄 [イ] [ウ] にあてはまる語句の組合せとして最も適切なものを，下記の選択肢（ａ～ｄ）から１つ選び，その記号をマークしなさい。

ａ　イ　西園寺公望　　ウ　五・四運動

ｂ　イ　西園寺公望　　ウ　三・一独立運動

ｃ　イ　桂太郎　　　　ウ　五・四運動

ｄ　イ　桂太郎　　　　ウ　三・一独立運動

問 7　下線部⑤に関連して，近代における民衆運動について述べた文Ⅰ～Ⅲを古い順に並べたものとして最も適切なものを，下記の選択肢（ａ～ｄ）から１つ選び，その記号をマークしなさい。

Ⅰ　シベリア出兵に関係した米価急騰により，全国各地で騒動が起こった。

Ⅱ　埼玉県秩父地方で，松方デフレによって窮迫した農民たちが武装蜂起した。

Ⅲ　日比谷公園でひらかれた日露戦争講和反対の国民大会が暴動に発展した。

ａ　Ⅰ―Ⅱ―Ⅲ　　　ｂ　Ⅱ―Ⅰ―Ⅲ

ｃ　Ⅱ―Ⅲ―Ⅰ　　　ｄ　Ⅲ―Ⅰ―Ⅱ

問 8　下線部⑥について述べた文として最も適切なものを，下記の選択肢（ａ～ｄ）から１つ選び，その記号をマークしなさい。

ａ　ポーランドに侵攻したドイツに対して，イギリス・フランスが宣戦を布告した。

b　日本は，日英同盟を根拠として，ドイツに宣戦を布告した。

c　パリ講和会議に，日本は，イギリス・アメリカ・フランス・ソビエト連邦とともに五大国の一つとして参加した。

d　ヴェルサイユ条約により，日本は，旅順・大連地区の租借権，長春以南の東清鉄道支線とそれに付属する権利をドイツから継承した。

問 9　下線部⑦に関連して，日本と韓国との関係について述べた文Ⅰ～Ⅲを古い順に並べたものとして最も適切なものを，下記の選択肢（a～d）から1つ選び，その記号をマークしなさい。

Ⅰ　日本は，韓国の外交権をうばい，統監府をおいた。

Ⅱ　日本は，ハーグ密使事件を契機に，韓国皇帝高宗を退位させた。

Ⅲ　伊藤博文が，韓国の独立運動家安重根に暗殺された。

a　Ⅰ－Ⅱ－Ⅲ　　b　Ⅰ－Ⅲ－Ⅱ

c　Ⅱ－Ⅰ－Ⅲ　　d　Ⅲ－Ⅰ－Ⅱ

問10　下線部⑧に関連して，原敬内閣に関して述べた文1～4について，正しいものの組合せとして最も適切なものを，下記の選択肢（a～d）から1つ選び，その記号をマークしなさい。

1　文官任用令と軍部大臣現役武官制を改正して，官僚・軍部に対する政党の影響力の拡大をはかった。

2　大戦景気を背景に，高等教育機関の充実，鉄道や道路の拡張などの積極政策をかかげ，立憲政友会の党勢拡大をはかった。

3　皇太子が狙撃される虎ノ門事件がおこり，責任をとって総辞職した。

4　首相の原敬は，政党政治の腐敗に憤った青年によって東京駅で暗殺された。

a　1・3　　b　1・4　　c　2・3　　d　2・4

C　1924年，枢密院議長の［　エ　］が，貴族院に基礎をおく内閣を組織した。加藤高明が総裁をつとめる憲政会は，立憲政友会・革新倶楽部とともに，衆議院に基礎をもたない超然内閣の出現であるとして，第二次護憲運動をおこした。［　エ　］内閣は，立憲政友会を脱退した勢力によって組織された政友本党を与党として衆議院を解散したが，総選挙は護憲三派が圧勝した。

［　エ　］内閣は退陣し，⑨衆議院第一党の憲政会総裁である加藤高明が，3党の連立内閣を組織した。外務大臣には，幣原喜重郎が就任し，協調外交と⑩中国への内政不干渉を掲げた。1925年に護憲三派の提携が解消されると，加藤は，憲政会単独で第二次内閣を組織した。しかし，1926年1月28日，議会開会中に病に倒れた。享年67歳。臨終に際し伯爵に昇叙された。

加藤高明内閣の成立から，⑪1932(昭和7)年の五・一五事件で［　オ　］内閣が倒れるまでの約8年間は，二大政党である立憲政友会と憲政会(のち⑫立憲民政党)の総裁が交代で内閣を組織した。衆議院に基礎をもつ政党が交代で政権を担当することは，「憲政の常道」と称された。

問11　空欄［　エ　］［　オ　］にあてはまる語句の組合せとして最も適切なものを，下記の選択肢(a～d)から1つ選び，その記号をマークしなさい。

a　エ　清浦奎吾　　オ　若槻礼次郎

b　エ　清浦奎吾　　オ　犬養毅

c　エ　加藤友三郎　　オ　若槻礼次郎

d　エ　加藤友三郎　　オ　犬養毅

問12　下線部⑨の内閣の施策について述べた文X・Yの正誤の組合せとして最も適切なものを，下記の選択肢(a～d)から1つ選び，その記号をマークしなさい。

X　いわゆる普通選挙法を制定し，満20歳以上の男女に選挙権を与えた。

Y　「国体」の変革と私有財産制の否定をめざす者を取り締まる，治安警察法を制定した。

a　X－正　Y－正　　　b　X－正　Y－誤

c　X－誤　Y－正　　　d　X－誤　Y－誤

問13　下線部⑩と日本との関係について述べた文Ⅰ～Ⅲを古い順に並べたものとして最も適切なものを，下記の選択肢(a～d)から1つ選び，その記号をマークしなさい。

Ⅰ 盧溝橋事件を契機に，日中戦争が始まった。

Ⅱ 柳条湖事件を契機に，満州事変が始まった。

Ⅲ 関東軍が，満州軍閥の張作霖を爆殺した。

a Ⅰ — Ⅱ — Ⅲ　　b Ⅱ — Ⅰ — Ⅲ

c Ⅱ — Ⅲ — Ⅰ　　d Ⅲ — Ⅱ — Ⅰ

問14 下線部⑪後の出来事について述べた文Ⅰ～Ⅲを古い順に並べたものとして最も適切なものを，下記の選択肢（a～d）から1つ選び，その記号をマークしなさい。

Ⅰ 大政翼賛会が結成された。

Ⅱ 海軍大将の斎藤実を首相とする挙国一致内閣が成立した。

Ⅲ 国体明徴声明によって，天皇機関説が排除された。

a Ⅰ — Ⅱ — Ⅲ　　b Ⅱ — Ⅰ — Ⅲ

c Ⅱ — Ⅲ — Ⅰ　　d Ⅲ — Ⅱ — Ⅰ

問15 下線部⑫に関連して，浜口雄幸内閣の施策に関して述べた文1～4について，正しいものの組合せとして最も適切なものを，下記の選択肢（a～d）から1つ選び，その記号をマークしなさい。

1 外国為替相場の安定を目的として，金解禁を実施した。

2 金融恐慌の対策として，モラトリアム（支払い猶予令）を実施した。

3 ロンドン海軍軍縮条約に調印した。

4 パリ不戦条約に調印した。

a 1・3　　b 1・4　　c 2・3　　d 2・4

4　次の文章(A・B)は，近代の社会や教育，文化について述べたものである。これらをよく読んで，以下の設問(問1〜問10)に答えなさい。

A　「御一新」をスローガンに発足した新政府は，欧米列強に対抗するため海外の先進的な文物を積極的に吸収しながら変革を推し進めた。1868(慶応4)年9月には改元の詔が発せられ，元号が「明治」①と改められたほか，人々の暮らしと直結した社会の仕組みが次々と変革された。

神道の国教化を進めるなかで，新政府が1868年から打ち出した　ア　は全国的に廃仏毀釈の運動を展開させることになった。この運動はそれ以前の信仰世界に大きく変革を迫ることで，宗教界に大きな変動を引き起こした。

新政府は1871(明治4)年に文部省を新設，1872年には国民皆学，教育の機会均等を原則とする学制を公布した②。学制は軋轢《あつれき》を生みだしながらも，近代の初等教育が本格的に始まった。そして，1877年には東京大学が設立されるなど，高等教育機関も整備されていった。

明治初期には最初の邦字日刊新聞③として1870(明治3)年12月8日に『横浜毎日新聞』が創刊された。その後『東京日日新聞』など，今日に続く新聞が創刊される。政府は新聞を世論誘導に活用しながらも，1875年には新聞紙条例を制定するなど，政府に批判的な情報流通の統制を行った。

問1　空欄　ア　にあてはまる語句として最も適切なものを，下記の選択肢(a〜d)から1つ選び，その記号をマークしなさい。

a　神仏分離令　　b　五箇条の誓文

c　戊申詔書　　d　切支丹禁制高札の撤廃

問2　下線部①に関連して，元号「明治」や天皇について述べた文として最も適切なものを，下記の選択肢(a〜d)から1つ選び，その記号をマークしなさい。

a　改元の詔は，孝明天皇が生前退位した日に発せられた。

b　「明治」の元号は明治天皇が亡くなるまで使用された。

c　明治天皇は軍服を着ることはなかった。

d　靖国神社は天皇家の陵墓の一つとして創建された。

問3　下線部②について述べた文X・Yの正誤の組合せとして最も適切なものを，下記の選択肢(a～d)から1つ選び，その記号をマークしなさい。

X　学制はフランスの制度にならったもので，国民の開明化を目指したが現実とかけはなれていたため改められた。

Y　学制を改めて定められた教育令は，ドイツの制度を参考にして就学義務を強化するなど中央集権化した。

a　X－正　Y－正　　b　X－正　Y－誤

c　X－誤　Y－正　　d　X－誤　Y－誤

問4　下線部②に関連して，明治期の教育政策について述べた文Ⅰ～Ⅲを古い順に並べたものとして最も適切なものを，下記の選択肢(a～d)から1つ選び，その記号をマークしなさい。

Ⅰ　忠君愛国を学校教育の基本とする教育に関する勅語(教育勅語)が発布された。

Ⅱ　森有礼文部大臣のもとで，一連のいわゆる学校令が公布され学校体系が整備された。

Ⅲ　小学校の教科書を文部省の著作に限ることが定められた。

a　Ⅰ－Ⅱ－Ⅲ　　b　Ⅰ－Ⅲ－Ⅱ

c　Ⅱ－Ⅰ－Ⅲ　　d　Ⅱ－Ⅲ－Ⅰ

問5　下線部③に関連して，幕末・明治初期のジャーナリズムや出版技術に関して述べた文として最も適切なものを，下記の選択肢(a～d)から1つ選び，その記号をマークしなさい。

a　雑誌や新聞の創刊には，宣教師ヘボンが鉛製活字の量産技術普及に努めたことも手助けとなった。

b　横浜では，「横浜毎日新聞」より前に英語の新聞が発行されていた。

c　『郵便報知新聞』などの政治評論を中心とする新聞は「小新聞」と呼ばれた。

d　週刊雑誌『風俗画報』ではビゴーが挿絵を描き，政治や社会を風刺した。

B　日露戦争後の義務教育の普及による就学率や識字率の向上，マスメディアの発達，第一次世界大戦後の工業化や都市化の進展などで都市部を中心に人々の生活様式も大きく変わった。このような社会変化を背景に大正期にはサラリーマンなど大衆を担い手とした④大衆文化が誕生した。また，この時期には，大正デモクラシーの風潮のもとで多様な⑤学問や芸術も発達した。

大正時代には，大きな自然災害が社会を揺さぶった。1923(大正 12)年 9 月 1 日，⑥マグニチュード 7.9 の大地震が関東地方を襲った。関東大震災と名付けられたこの地震は，東京市・横浜市の大部分を廃墟とし，死者・行方不明者 10 万人以上の犠牲者をだした。

昭和になると，⑦軍部が台頭し戦争へ向かうなかで思想や言論が統制され，弾圧されるようになり，人々の日常の暮らしも戦争の影響を強く受けるようになった。

問 6　下線部④に関連して，大正時代の社会や文化に関して述べた文 1 ～ 4 について，正しいものの組合せとして最も適切なものを，下記の選択肢(a ～ d)から 1 つ選び，その記号をマークしなさい。

1　都心部から郊外へ延びる鉄道沿線には，新中間層向けの「集合住宅」と呼ばれた様式の住宅が多く建設された。

2　都市部では水道・ガスの供給が本格化し，農村部でも電灯が普及した。

3　急速に部数を伸ばした新聞では，女性作家樋口一葉の作品や河上肇の歴史小説の連載が人気を博した。

4　大正時代末になると，東京・大阪などでラジオ放送が始まった。

a　1・3　　b　1・4　　c　2・3　　d　2・4

問 7　下線部⑤について述べた文として最も適切なものを，下記の選択肢(a ～ d)から 1 つ選び，その記号をマークしなさい。

a　柳田国男は民間伝承の調査・研究を通して民俗学の基礎を築いた。

b　津田左右吉は『善の研究』を著して独自の哲学体系を打ち立てた。

c　社会主義運動・労働運動の高揚にともない労働者の生活体験を描く綴方

教育運動が推進された。

d　津田梅子が女性の感性の解放を目指す文学団体・新婦人協会を結成して活動を始めた。

問 8　下線部⑥後には朝鮮人・中国人への大規模な殺傷事件が起きたが，その惨状を表現した文学者の作品（X・Y）と文学者の説明（1・2）の組合せとして最も適切なものを，下記の選択肢（a～d）から1つ選び，その記号をマークしなさい。

X「地図の上朝鮮国にくろぐろと墨をぬりつゝ秋風を聴く」
（石川啄木）

Y「朝鮮人あまた殺され
その血百里の間に連なれり
われ怒りて視る，何の惨虐ぞ」（萩原朔太郎）

1　独自の生活短歌・詩を書いたほか，社会を批判した「時代閉塞の現状」などの評論も書いた。作品に『一握の砂』『悲しき玩具』がある。

2　口語自由詩と象徴詩の結合で口語詩を完成させた。作品に『月に吠える』などがある。

a　X－1　　b　X－2　　c　Y－1　　d　Y－2

問 9　下線部⑦以降の出来事について述べた文Ⅰ～Ⅲを古い順に並べたものとして最も適切なものを，下記の選択肢（a～d）から1つ選び，その記号をマークしなさい。

Ⅰ　作家や評論家らは「日本文学報国会」「大日本言論報国会」を結成し戦争に協力した。

Ⅱ　日本が国際連盟からの脱退を通告した。

Ⅲ　国家総動員法が制定され，政府は議会の承認なしに戦争遂行に必要な物資を調達し労働力を動員できるようになった。

a　Ⅰ－Ⅱ－Ⅲ　　b　Ⅰ－Ⅲ－Ⅱ

c　Ⅱ－Ⅰ－Ⅲ　　d　Ⅱ－Ⅲ－Ⅰ

問10　下線部⑦に関連して，盧溝橋事件以降の社会に関して述べた文1～4について，正しいものの組合せとして最も適切なものを，下記の選択肢（a～d）

から1つ選び，その記号をマークしなさい。

1　言論や思想が弾圧されるなかで，プロレタリア文学が登場した。

2　小学校は「国民学校」と改められ，「国民ノ基礎的錬成ヲ為ス」ことが目的とされた。

3　「欲しがりません　勝つまでは」「足らぬ　足らぬは工夫が足らぬ」などの合言葉などで節約が呼びかけられた。

4　政府は「臥薪嘗胆」をスローガンに戦時体制への協力を呼びかけた。

a　1・3　　b　1・4　　c　2・3　　d　2・4

世界史

（70 分）

1　次の文章を読んで，あとの設問に答えなさい。

南アジアに位置するインドは，ヒマラヤ山脈や砂漠，そしてデカン高原やガンジス川などを含む多様な地域であり，気候的には雨季と乾季をもつモンスーン気候帯に属している。紀元前 2600 年頃に起こったインダス文明の代表的な遺跡として，インダス川下流域の①モエンジョ＝ダーロ(モヘンジョ＝ダロ)などがあげられるが，この文明は前 1800 年頃までに衰退した。

前 1500 年頃，中央アジアからカイバル峠を越えて，アーリヤ人がインド西北部に侵入し始めた。彼らは雷・火などの自然現象を神として崇拝し，讃歌と供え物をささげていた。前 1000 年頃からアーリヤ人はガンジス川流域に進出した。青銅器から鉄器の使用にかわると土地開発も進み，稲作地帯が形成された。それにつれて社会の階層化が進行し，②ヴァルナ(種姓)と呼ばれる 4 つの基本的身分が成立した。前 6 世紀頃には都市国家がうまれ，コーサラ国やマガダ国が有力となった。このような都市国家において王侯や商人が台頭する中で仏教や③ジャイナ教がうまれた。またバラモン教の自己改革として，内面の思索を重視するウパニシャッドが編纂された。

前 4 世紀になると，アレクサンドロス大王が西北インドまで進出したが，その直後にマガダ国のナンダ朝を倒したチャンドラグプタ王が，マウリヤ朝を建てた。その後，この王朝は第 3 代④アショーカ王の時代に最盛期を迎えた。マウリヤ朝が衰退したのち，西北インドには紀元後 1 ～ 3 世紀に⑤クシャーナ朝が成立した。また同じ頃，西北インドから南インドにかけて栄えていたのがサータヴァーハナ朝である。その後インドでは，4 ～ 7 世紀にかけて，⑥グプタ朝やヴァルダナ朝などの王朝が興亡した。

ヴァルダナ朝の滅亡後，インド各地に諸勢力が割拠する中で，10 世紀末から中央アジアのイスラーム勢力がインドへの軍事進出を始めた。ガズナ朝とゴール朝が侵攻を繰り返し，ヒンドゥーの諸勢力はこれに対抗することができなかった。13世紀初めに，ゴール朝の将軍アイバクが，インド最初のイスラーム政権である奴隷王朝をデリーに樹立した。以後，⑦デリーを都とするイスラーム系の5王朝が交代した。

16世紀にはいると，ティムールの子孫バーブルが，北インドに進出し，1526年のパーニーパットの戦いで勝利をおさめ，ムガル帝国の基礎を築いた。帝国の実質的な建国者は第3代皇帝アクバルである。彼は支配階級の組織化をはかり，マンサブダール制を整備した。さらに，全国の土地を測量して徴税する制度を導入し，中央集権的な統治機構を整え，首都をアグラに移した。15～16世紀のインド社会では，⑧イスラーム教とヒンドゥー教との融合をはかる信仰が盛んとなった。こうした背景の下で，アクバルは，信仰と統治の両面で2つの宗教の融合をはかり，支配の基礎を固めた。その後，建築面では，インド様式とイスラーム様式が融合した⑨タージ＝マハル廟などの建築物が建てられている。ムガル帝国は，⑩第6代皇帝アウラングゼーブの時代に最大の領土となったが，その治世は支配の弱体化が進んだ時代でもあった。

17～18世紀にかけてのインドは，各地で政治・経済活動が活発になり，地方勢力が力をつけていった時期であった。⑪ヨーロッパ各国の東インド会社は，インド各地に商館を置き，商業活動を行った。18世紀初め，アウラングゼーブの没後，帝国の衰退は本格化し，地方勢力は互いに抗争を繰り返した。イギリスとフランスの東インド会社は，これらの抗争を利用して勢力を拡大した。イギリス東インド会社は，プラッシーの戦いに勝利し，またカーナティック戦争でフランスを破り，インドでの優位を決定づけた。イギリス東インド会社は，続いてインド内部に対しても支配を広げ，東部ではベンガルなどの地域の徴税権を獲得した。⑫その後，東インド会社は，インドの領土拡大のためにマイソール王国やシク王国などと戦った。こうして19世紀半ばまでに，イギリス東インド会社はインド全域をほぼ制圧することに成功し，植民地化を完成させた。その主要な収入源は地税で，北インドでは⑬ザミンダーリー制，南インドではライヤットワーリー制などが実施された。また，産業革命以降，イギリス製の綿布が流入すると，原料輸出・製品輸入国へと転落した。

19 世紀後半にはいると，イギリスの支配に対するインド人の不満が高まる中，北インドを中心にイギリス東インド会社のインド人傭兵(シパーヒー)による反乱が起こり，シパーヒーたちはムガル皇帝を擁立して戦った。それに対し，1858 年にイギリスはこの皇帝を廃し，東インド会社を解散してインドの直接統治に乗り出した。⑭1877 年には，ヴィクトリア女王がインド皇帝に即位してインド帝国が成立した。それ以後，インドでは西洋教育を受けた知識人層の形成や民族資本の成長を背景に，1885 年にインド国民会議が結成された。この国民会議は，当初穏健な組織として出発したが，やがて民族運動の中心となっていった。1905 年にイギリスは，⑮ベンガル分割令を発した。これに対して⑯国民会議は翌年のカルカッタの大会で，4 綱領を決議した。するとイスラーム教徒は，イギリスの支援で親英的な全インド＝ムスリム連盟を結成した。

第一次世界大戦中にインドに自治権を約束していた⑰イギリスは，1919 年，インド統治法を制定した。また同年ローラット法を制定して独立運動に備えた。これに対して⑱ガンディーは非暴力・不服従の抵抗運動を展開した。1920 年代前半に運動は停滞したが，憲法改革調査委員会の問題を契機に再燃し，1929 年には国民会議派内のネルーら急進派が完全独立(プールナ＝スワラージ)を決議した。

第二次世界大戦後，イギリスからの独立が予定されていたインドでは，分離・独立を求める全インド＝ムスリム連盟と統一インドを主張する国民会議派が対立したが，1947 年にインド独立法が制定されると，⑲インド連邦と⑳パキスタンの 2 国にわかれて独立した。

問 1　下線部①に関連して，モエンジョ＝ダーロと同様にインダス文明の都市遺跡として位置づけられるものを次の中から 1 つ選び，解答用紙にマークしなさい。

a　ウルク　　b　ニネヴェ　　c　サルデス(サルディス)　　d　ハラッパー

問 2　下線部②に関連して述べた下記の文アとイの正誤の組み合わせとして正しいものを次の中から 1 つ選び，解答用紙にマークしなさい。

ア　ヴァルナ制では，人はバラモン，クシャトリヤ，ヴァイシャ，シュードラという4つの身分にわかれると捉えられている。

イ　カースト制度は，ヴァルナと様々なジャーティが結びついて形成されたものである。

a　アー正　イー正　　b　アー正　イー誤

c　アー誤　イー正　　d　アー誤　イー誤

問3　下線部③について述べた下記の文アとイの正誤の組み合わせとして正しいものを次の中から1つ選び，解答用紙にマークしなさい。

ア　ジャイナ教の創始者はヴァスヴァンドゥである。

イ　ジャイナ教では，苦行や不殺生などにより解脱が得られるとしている。

a　アー正　イー正　　b　アー正　イー誤

c　アー誤　イー正　　d　アー誤　イー誤

問4　下線部④に関連して述べた下記の文アとイの正誤の組み合わせとして正しいものを次の中から1つ選び，解答用紙にマークしなさい。

ア　アショーカ王は，ダルマ(法)による統治を目指し各地に勅令を刻ませた。

イ　アショーカ王の時代には，スリランカへの布教が行われ，のちにこの地は大乗仏教布教の中心となった。

a　アー正　イー正　　b　アー正　イー誤

c　アー誤　イー正　　d　アー誤　イー誤

問5　下線部⑤に関連して述べた下記の文アとイの正誤の組み合わせとして正しいものを次の中から1つ選び，解答用紙にマークしなさい。

ア　クシャーナ朝の都は，パータリプトラに置かれ，ローマとの交易が盛んに行われた。

イ　クシャーナ朝は，アケメネス(アカイメネス)朝の圧迫により衰退した。

a　アー正　イー正　　b　アー正　イー誤

c　アー誤　イー正　　d　アー誤　イー誤

問6　下線部⑥の時代の出来事を次の中から1つ選び，解答用紙にマークしなさい。

a　ハルシャ王は，仏教教学のためにナーランダー僧院を建てた。

b　法顕は，仏典を求めてインドを訪れ，帰国後『仏国記』を著した。

c　玄奘は，仏典を求めてインドを訪れ，帰国後『大唐西域記』を著した。

d　義浄は，仏典を求めてインドを訪れ，帰国後『南海寄帰内法伝』を著した。

問7　下線部⑦について，これらの王朝の中で5番目に成立した王朝を次の中から1つ選び，解答用紙にマークしなさい。

a　ロディー朝　　b　ハルジー朝

c　トゥグルク朝　　d　サイイド朝

問8　下線部⑧に関連して，16世紀初めにインドで成立したシク教を創始した人物を次の中から1人選び，解答用紙にマークしなさい。

a　カビール　　b　ナーナク　　c　ウマル　　d　マンスール

問9　下線部⑨について，この廟を建てた人物を次の中から1人選び，解答用紙にマークしなさい。

a　イスマーイール　　b　アッバース1世

c　シャー＝ジャハーン　　d　スレイマン1世

問10　下線部⑩について述べた文として正しいものを次の中から1つ選び，解答用紙にマークしなさい。

a　アウラングゼーブは，デリー南方にクトゥブ＝ミナールを建てた。

b　アウラングゼーブは，ニコポリスの戦いで勝利し，領土を拡大した。

c　アウラングゼーブは，南インドのチョーラ朝と戦った。

d　アウラングゼーブは，非イスラーム教徒に対して人頭税(ジズヤ)を復活させた。

問11　下線部⑪に関連して，16～17世紀のヨーロッパ各国のインド進出について述べた文として正しいものを次の中から1つ選び，解答用紙にマークしなさい。

a　ポルトガルは，16世紀初頭にインド西岸のゴアに進出した。

b　オランダは，17世紀にボンベイに進出した。

c　イギリスは，17世紀にカルカッタ・ポンディシェリを拠点とした。

d　フランスは，17世紀にシャンデルナゴル・マドラスを拠点とした。

問12　下線部⑫に関連して述べた下記の文アとイの正誤の組み合わせとして正しいものを次の中から1つ選び，解答用紙にマークしなさい。

ア　インド南部では，イギリスがシク王国と2次にわたる戦争を繰り広げ，これに勝利した。

イ　マイソール戦争では，18世紀後半にイギリスが4次にわたる戦争でヒンドゥー教国を破った。

a　ア ― 正　イ ― 正　　　b　ア ― 正　イ ― 誤

c　ア ― 誤　イ ― 正　　　d　ア ― 誤　イ ― 誤

※設問文に誤りがあることが判明したため全員に加点したと大学から発表があった。

問13　下線部⑬について述べた下記の文アとイの正誤の組み合わせとして正しいものを次の中から1つ選び，解答用紙にマークしなさい。

ア　ザミンダーリー制は，イギリス東インド会社がマドラス地域に実施した地租徴収制度である。

イ　ザミンダーリー制は，地主ではなく実際の耕作者である自作農にのみ土地所有権を認めた。

a　ア ― 正　イ ― 正　　　b　ア ― 正　イ ― 誤

c　ア ― 誤　イ ― 正　　　d　ア ― 誤　イ ― 誤

問14　下線部⑭に関連して，この女王がインド皇帝に即位した時のイギリスの首相を次の中から1人選び，解答用紙にマークしなさい。

a　ネヴィル＝チェンバレン　　　b　ディズレーリ

c　ジョゼフ＝チェンバレン　　　d　ロイド＝ジョージ

問15　下線部⑮について述べた下記の文アとイの正誤の組み合わせとして正しいものを次の中から1つ選び，解答用紙にマークしなさい。

ア　ベンガル分割令は，イギリスがインドの民族運動の分断を意図して発表した。

イ　ベンガル分割令は，ベンガル州をヒンドゥー教徒の多い西ベンガルとイスラーム教徒の多い東ベンガルに分けようとした。

a　ア－正　イ－正　　b　ア－正　イ－誤

c　ア－誤　イ－正　　d　ア－誤　イ－誤

問16　下線部⑯に関連して述べた下記の文アとイの正誤の組み合わせとして正しいものを次の中から1つ選び，解答用紙にマークしなさい。

ア　ティラクが国民会議で主導権を握ったのち，カルカッタの大会で4綱領が採択された。

イ　カルカッタの大会で採択された4綱領は，英貨排斥・スワデーシ・スワラージ・民政の安定である。

a　ア－正　イ－正　　b　ア－正　イ－誤

c　ア－誤　イ－正　　d　ア－誤　イ－誤

問17　下線部⑰に関連して，これらの法律について述べた下記の文アとイの正誤の組み合わせとして正しいものを次の中から1つ選び，解答用紙にマークしなさい。

ア　ローラット法は，令状なしの逮捕や裁判抜きの投獄を認めていた。

イ　1919年のインド統治法は，州行政の一部をインド人にゆだねただけの内容で，インド人による完全な自治は認められなかった。

a　ア－正　イ－正　　b　ア－正　イ－誤

c　ア－誤　イ－正　　d　ア－誤　イ－誤

問18　下線部⑱について述べた文として誤っているものを次の中から1つ選び，解答用紙にマークしなさい。

a　ガンディーは，南アフリカからインドに帰国した。

b　ガンディーは，国民会議派の指導者として反英運動を進めた。

c　ガンディーは，「塩の行進」とよばれる抵抗運動を組織した。

d　ガンディーは，インド独立後イスラーム教徒の急進派によって暗殺された。

問19　下線部⑲に関連して，1954年にインド首相ネルーと会談して平和五原則を発表した中国の首相を次の中から1人選び，解答用紙にマークしなさい。

a　劉少奇　　b　華国鋒　　c　周恩来　　d　鄧小平

問20　下線部⑳に関連して，1971年の第3次インド＝パキスタン(印パ)戦争のおり，インドの支援でパキスタンから分離・独立した国を次の中から1つ選び，解答用紙にマークしなさい。

a　ネパール　　b　ブータン

c　アフガニスタン　　d　バングラデシュ

2　次の文章を読んで，あとの設問に答えなさい。

〔Ⅰ〕

13世紀初めに形成された大モンゴル国(モンゴル帝国)は，①その後の征服戦争による拡大の結果，同世紀後半までに，②中国の元朝(大元ウルス)を含むユーラシアの東西に広がる世界帝国に発展した。これにより，③ユーラシア全体での経済・文化の交流が活発化し，全般的な経済成長をもたらすとともに，人々の移動も活発となった。こうした東西交流の活発化が，14世紀に東南アジアを起点とした④ペスト(黒死病)のユーラシア全体での伝染をひきおこしたのである。

ペストをはじめとする疫病の流行や相次ぐ自然災害によって，14世紀には広大なユーラシアでの交流は停滞を余儀なくされた。この過程でモンゴル支配下の各地で政権が動揺し，⑤モンゴル帝国はしだいに解体していった。元も，⑥14世紀半ばに起きた農民反乱を契機とした混乱のなかで，⑦明に追われてモンゴル高原に退くことになった。

問1　下線部①に関連して述べた文として正しいものを次の中から1つ選び，解答用紙にマークしなさい。

a　チンギス＝ハンは，遼(契丹・キタイ帝国)を滅ぼした。

b　トゥルイの率いる軍は，ドイツ・ポーランド連合軍を破った。

c　フラグは，アッバース朝を滅ぼした。

d　ハイドゥは，イラン方面を征服して，イル＝ハン国をたてた。

問2　下線部②に関連して述べた文として正しいものを次の中から1つ選び，解答用紙にマークしなさい。

a　元は，大都を都に定めた。

b　元は，開封を都とする北宋を滅ぼした。

c　元は，高句麗を支配下においた。

d　元の時代に，科挙は全面的に廃止され，再開されることはなかった。

問 3　下線部③に関連して述べた文として正しいものを次の中から1つ選び，解答用紙にマークしなさい。

a　モンゴル帝国は，ジャムチとよばれる駅伝制を整備した。

b　モンゴル帝国の時代に，仏教徒のカーリミー商人が活躍した。

c　フランス国王ルイ9世は，プラノ＝カルピニをモンゴル帝国に派遣した。

d　元代に伝わったイスラームの天文学をもとに，王重陽が授時暦を作成した。

問 4　下線部④に関連して，ペストがヨーロッパに伝播したのは14世紀半ばであるが，この14世紀半ばのヨーロッパでおきた出来事を次の中から1つ選び，解答用紙にマークしなさい。

a　アナーニ事件　　b　ジャックリーの乱

c　百年戦争の終結　　d　フス戦争

問 5　下線部⑤に関連して，モンゴル帝国解体期の14世紀後半に中央アジアにおこったティムール朝，および15世紀後半に「タタール(モンゴル人)の軛《くびき》」からの自立を果たしたモスクワ大公国について述べた文として正しいものを次の中から1つ選び，解答用紙にマークしなさい。

a　ティムール朝の都は，イスファハーンである。

b　ティムール朝は，アンカラの戦いでオスマン帝国を破った。

c　モスクワ大公国のモンゴル人支配からの独立は，イヴァン4世のもとで達成された。

d　モスクワ大公国のミハイル＝ロマノフは，ロシア皇帝の正式称号としてツァーリを初めて用いた。

問 6　下線部⑥に該当する反乱を次の中から1つ選び，解答用紙にマークしなさい。

a　黄巣の乱　　b　黄巾の乱

c　赤眉の乱　　　　d　紅巾の乱

問7　下線部⑦に関連して述べた文として正しいものを次の中から1つ選び，解答用紙にマークしなさい。

a　明の建国者は，趙匡胤である。

b　明代に王陽明が道教の一派である陽明学を始めた。

c　明代初期に貿易の規制が緩和され，朝貢貿易のほか，民間貿易も栄えた。

d　明代の皇帝永楽帝は，宦官であった鄭和の船団を派遣し，インド洋からアフリカ沿岸にまで遠征させた。

〔Ⅱ〕

西欧世界において，16世紀⑧は経済成長の時代であったのに対して，17世紀は景気後退の時代であった。気候が寒冷化し，凶作や疫病の伝染が頻繁に起き，人口も停滞ないしは減少する傾向にあった。また，各地で三十年戦争⑨に代表される戦乱やイングランド(イギリス)革命⑩のような革命・内乱が頻発した。これらの影響で，オランダ⑪を除く西欧の各国は，17世紀後半まで経済的な不振にみまわれたのである。このような「17世紀の危機」に対応するために，西欧世界において国家が経済に介入する重商主義政策⑫が積極的に採用され，その結果，各国間での激しい国際商業の覇権争いがひきおこされた。

一方東アジアにおいても，17世紀半ばになると，それまで活況を呈していた南シナ海・東シナ海交易⑬の低迷や，中国での明末・清⑭初の不安定な情勢から，西欧と同様に，各地で政治・経済的な動揺がみられた。この危機に際して，日本の江戸幕府は，海外貿易の拡大よりも国内の秩序の維持を優先するために，海禁政策(いわゆる「鎖国」政策)⑮を採用することになった。

問8　下線部⑧に関連して，16世紀のヨーロッパにおける状況について述べた文として正しいものを次の中から1つ選び，解答用紙にマークしなさい。

a　16世紀にはいると三圃制が新たに普及し，麦の収穫量が急増した。

b　16世紀初頭に，ポトシ銀山が発見されて大量の銀がヨーロッパに流入するようになった。

c　16世紀を通じて，エルベ川以西の西ヨーロッパから東ヨーロッパへの穀物輸出が増加した。

d　16世紀は，遠隔地貿易の中心が地中海から大西洋沿岸の国々に移動した時代であった。

問 9　下線部⑨に関連して述べた文として正しいものを次の中から1つ選び，解答用紙にマークしなさい。

a　この戦争は，シュマルカルデン同盟の反乱を契機に勃発した。

b　スウェーデン王カール12世は，この時に戦死した。

c　フランスは，プロテスタント側について参戦した。

d　この戦争はウェストファリア条約で終結し，その結果，神聖ローマ皇帝の権限は大幅に強化された。

問10　下線部⑩に関連して，ピューリタン革命期およびその後の王政復古・名誉革命の時期について述べた文として正しいものを次の中から1つ選び，解答用紙にマークしなさい。

a　ピューリタン革命勃発時のイングランド国王は，チャールズ1世である。

b　ピューリタン革命時の議会派の主力となったのは，クロムウェル率いる長老派であった。

c　ピューリタン革命後の王政復古期に，人身保護法によって非国教徒が公職につくことが禁じられた。

d　名誉革命の際に，イングランド議会は「権利の章典」を「権利の宣言」として立法化した。

問11　下線部⑪に関連して述べた文として正しいものを次の中から1つ選び，解答用紙にマークしなさい。

a　オランダのアントウェルペン(アントワープ)は，17世紀にアムステルダムに代わって国際商業の中心地として繁栄した。

b　台湾に拠点を設けたオランダは，17世紀に鄭成功によって台湾から駆逐された。

c オランダは，17世紀のアンボイナ事件でポルトガルをモルッカ諸島から追放した。

d オランダは，17世紀にはいると，ジャワ島に強制栽培制度を導入した。

問12 下線部⑫に関連して，ルイ14世治世下のフランスで重商主義政策を推進した財務総監を次の中から1人選び，解答用紙にマークしなさい。

a リシュリュー　　b テュルゴー

c マザラン　　d コルベール

問13 下線部⑬の交易を通じて日本銀が，またマニラとの交易でメキシコ銀が，それぞれ中国へと大量に流入した結果，16世紀に各種の税や徭役の納入が銀納に一本化された。この明代に実施された新しい税制を次の中から1つ選び，解答用紙にマークしなさい。

a 租調庸制　　b 一条鞭法　　c 両税法　　d 地丁銀制

問14 下線部⑭に関連して述べた文として正しいものを次の中から1つ選び，解答用紙にマークしなさい。

a ヌルハチは，国号を後金から清に改めた。

b 清の雍正帝は，三藩の乱を鎮圧して，中国支配を安定化させた。

c 清は，ロシアとネルチンスク条約を結び，国境を画定した。

d 清代に，『水滸伝』や『西遊記』，『文選』などの小説が編纂された。

問15 下線部⑮に関連して述べた下記の文アとイの正誤の組み合わせとして正しいものを次の中から1つ選び，解答用紙にマークしなさい。

ア この政策によって，中国船とポルトガル船のみが長崎への来航を許された。

イ この政策がとられた後も，対馬を通じて日本と朝鮮との交流は維持された。

a ア ― 正　イ ― 正　　b ア ― 正　イ ― 誤

c ア ― 誤　イ ― 正　　d ア ― 誤　イ ― 誤

3　次の文章を読んで，あとの設問に答えなさい。

ヨーロッパ①に幽霊が出る――共産主義②という幽霊である。ふるいヨーロッパのすべての強国は，この幽霊を退治しようとして神聖な同盟③を結んでいる，法皇④とツァー⑤，［　A　］とギゾー⑥，フランス急進派⑦とドイツ官憲⑧。

反対党⑨にして，政府党から共産主義だと罵られなかったものがどこにあるか，反対党にして，自分より進歩的な反対派に対して，また反動的な政敵に対して，共産主義の烙印をおしつけて悪口を投げかえさなかったものがどこにあるか？

この事実から二つのことが考えられる。

共産主義はすでに，すべてのヨーロッパの強国から一つの力と認められているということ。

共産主義者がその考え方，その目的，その傾向を全世界のまえに公表し，共産主義の幽霊物語⑩に党自身の宣言を対立させるのに，いまがちょうどよい時期であるということ。

この目的のためにさまざまの国籍をもつ共産主義者がロンドンに集まり⑪，次の宣言を起草した。これは，英語，フランス語，ドイツ語，イタリー語，フランドル⑫語およびデンマーク⑬語で発表される。

出典：大内兵衛・向坂逸郎訳『共産党宣言』岩波文庫，1951年

問1　この文章を書いたのは誰か。最も適切な人物を次の中から1人選び，解答用紙にマークしなさい。

a　ブレジネフ　b　マルクス　c　レーニン　d　スターリン

問2　空欄Aには，ウィーン会議を主導したオーストリアの外相の名が入る。その人物の名を次の中から1つ選び，解答用紙にマークしなさい。

a　メッテルニヒ　b　タレーラン　c　カヴール　d　カニング

問3　下線部①に関連して，ヨーロッパ連合(EU)について述べた文として誤っているものを次の中から1つ選び，解答用紙にマークしなさい。

a　EUは，独立国家共同体(CIS)の諸国によって結成された。

b　EUは，マーストリヒト条約によって発足した。

c EUは，共通通貨「ユーロ」を導入した。

d 21世紀に入ると，イギリスが国民投票によってEUからの離脱を選択した。

問4 下線部②に関連して述べた文として誤っているものを次の中から1つ選び，解答用紙にマークしなさい。

a 十月革命(十一月革命)後に起こった対ソ干渉戦争に際し，ソヴィエト政府は戦時共産主義を実施した。

b 中国では，20世紀前半に陳独秀を指導者とする中国共産党が結成された。

c フランスが支配するインドシナでは，ベトナム共産党(後にインドシナ共産党に改称)が結成され，フランスに対して武力闘争を続けた。

d ワッハーブ王国の再興を目指すイブン＝サウードは，アラビア半島の統一を目指して共産党を結成し，イギリスに対抗した。

問5 下線部③に関連して，1815年に成立した神聖同盟について述べた文として誤っているものを次の中から1つ選び，解答用紙にマークしなさい。

a キリスト教の友愛精神にもとづいた同盟であった。

b ロシア皇帝アレクサンドル1世が提唱した。

c 自由主義とナショナリズムを鼓舞することが目的であった。

d イギリスはこの同盟に参加しなかった。

問6 下線部④に関連して，法皇(ローマ教皇)について述べた文として誤っているものを次の中から1つ選び，解答用紙にマークしなさい。

a 教皇レオ3世は，フランク国王カールにローマ帝国の帝冠を授けた。

b 教皇インノケンティウス3世は，イギリス国王ヘンリ8世を破門した。

c 清代にイエズス会の宣教にともなう典礼問題が起こると，教皇は18世紀初頭にイエズス会の布教方法を否定した。

d イタリアと国交断絶状態にあったローマ教皇庁は，ラテラノ(ラテラン)条約でイタリア政府と和解した。

問7 下線部⑤に関連して，ツァー(ツァーリ)について述べた文として誤っているものを次の中から1つ選び，解答用紙にマークしなさい。

a　ピョートル1世は，ステンカ＝ラージンの農民反乱を鎮圧した。

b　エカチェリーナ2世は，使節ラクスマンを日本に送った。

c　アレクサンドル2世は，農奴解放令を出して，農奴に人格的自由を認めた。

d　ニコライ2世は，二月革命(三月革命)によって退位し，ロマノフ朝は消滅した。

問8　下線部⑥が行った弾圧政策によって引き起こされた1848年の二月革命に関連して述べた文として誤っているものを次の中から1つ選び，解答用紙にマークしなさい。

a　この革命によって，第三共和政が発足した。

b　この革命によって，国王ルイ＝フィリップは亡命した。

c　この革命によって成立した臨時政府には，社会主義者ルイ＝ブランも加えられた。

d　この革命はドイツにも波及し，ベルリンで武装蜂起が起こった。

問9　下線部⑦に関連して，フランス革命期の急進派であるジャコバン派について述べた文として誤っているものを次の中から1つ選び，解答用紙にマークしなさい。

a　ジャコバン派は，徴兵制を導入した。

b　ジャコバン派は，理性崇拝の宗教を創始した。

c　ジャコバン派は，革命暦を導入した。

d　ジャコバン派は，対立関係にあったローマ教皇と和解した。

問10　下線部⑧に関連して，プロイセンの高級官僚・軍人を輩出した地主貴族を何と呼ぶか。次の中から1つ選び，解答用紙にマークしなさい。

a　ユンカー　　　　b　ゲルフ

c　インテリゲンツィア　　　　d　ヨーマン

問11　下線部⑨に関連して，1670年代のイギリスにおいて，議会の権利を主張して国王の専制に反対したホイッグ党について述べた下記の文アとイの正誤の組み合わせとして正しいものを次の中から1つ選び，解答用紙にマークしなさい。

ア　当時のホイッグ党は貴族・ジェントリが中心であった。

イ　ホイッグ党は，非国教徒や商工業者の立場にも配慮した。

a　ア — 正　イ — 正　　b　ア — 正　イ — 誤

c　ア — 誤　イ — 正　　d　ア — 誤　イ — 誤

問12　下線部⑩に関連して，オランダ人の幽霊船の伝説に着想を得て，オペラ「さまよえるオランダ人」を作曲したドイツのロマン派作曲家を次の中から1人選び，解答用紙にマークしなさい。

a　ワグナー(ヴァーグナー)　　b　ヴェルディ

c　ショパン　　d　ベルリオーズ

問13　下線部⑪に関連して，1864年に各国の社会主義者がロンドンに集まって結成した第1インターナショナルについて述べた下記の文アとイの正誤の組み合わせとして正しいものを次の中から1つ選び，解答用紙にマークしなさい。

ア　ウェッブ夫妻を指導者として選出した。

イ　バクーニンら無政府主義者と対立した。

a　ア — 正　イ — 正　　b　ア — 正　イ — 誤

c　ア — 誤　イ — 正　　d　ア — 誤　イ — 誤

問14　下線部⑫に関連して述べた文として正しいものを次の中から1つ選び，解答用紙にマークしなさい。

a　ガン(ヘント)やハンブルクなどのフランドル地方の諸都市は，中世に毛織物産業で繁栄した。

b　フランドル地方を直接支配下に置こうとしたフランスに対し，スペインが反発したことが百年戦争の原因の一つとなった。

c　油絵の技法を改良したファン＝アイク兄弟は，フランドル派を開いた。

d　16世紀後半，フランドル地方の南部10州はユトレヒト同盟を結んで，スペインの支配に対して独立戦争を起こした。

問15　下線部⑬に関連して述べた文として正しいものを次の中から1つ選び，解答用紙にマークしなさい。

a　14世紀末，デンマーク女王マルグレーテの主導で，カルマル同盟(連合)が結ばれた。

b　宗教改革の結果，デンマークではカルヴァン派が有力となった。

c　18世紀の初頭，バルト海の覇者であったデンマークは北方戦争においてロシアと戦ったが，敗北した。

d　19世紀後半，デンマーク国王の領有地としてコンゴ自由国が認められた。

地理

（70 分）

（注）　解答用紙は，解答用紙Ａ（マーク・センス方式）と解答用紙Ｂ（記述式）の２種類である。

1　地形に関する，以下の問いに答えなさい。

問１　次の図ａ～ｄは，プレート境界の模式図である。ただし，プレートが動く方向や海洋は省いてある。下の地図中ア～ウは，プレート境界がある場所を示している。この図と地図に関連して，以下の小問に答えなさい。

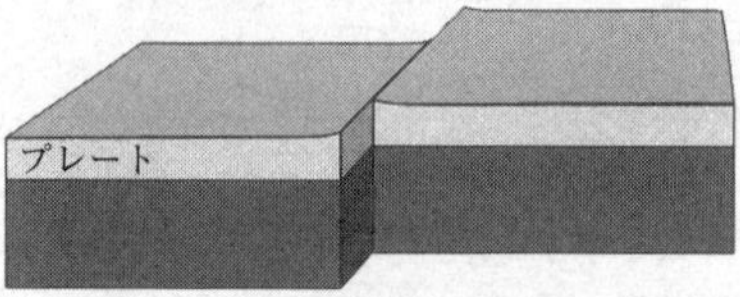

図ａ

図ｂ

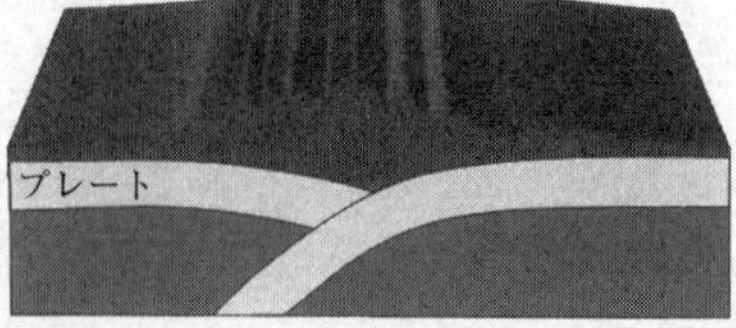

図ｃ

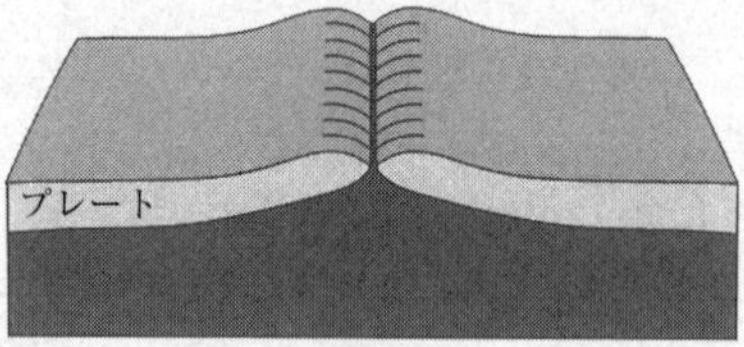

図ｄ

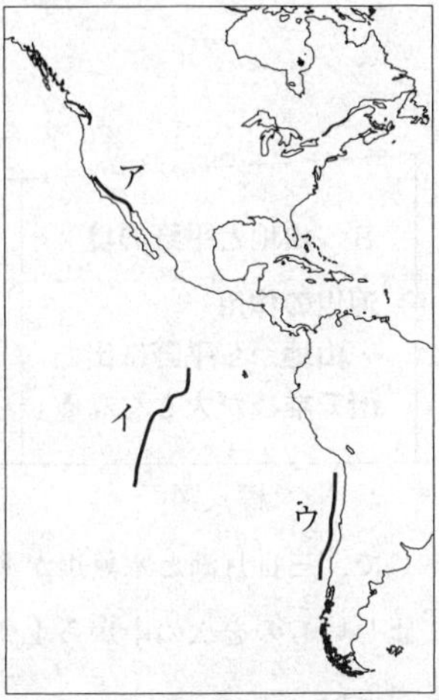

地図

小問 1　次の島や山脈について，現在の位置が図ａ～ｄのプレート境界のいずれにもあてはまらないものを次の中から１つ選び，その番号を解答用紙Ａにマークしなさい。

1　アイスランド島　　2　グレートディヴァイディング山脈

3　スマトラ島　　4　ヒマラヤ山脈

小問 2　図ａ～ｄの中で，大規模な地震と津波が発生することが最も多いプレート境界を１つ選び，その記号を解答用紙Ａにマークしなさい。

小問 3　地図中ア～ウのプレート境界の模式図としてあてはまらないものを図ａ～ｄの中から１つ選び，その記号を解答用紙Ａにマークしなさい。

小問 4　地図中アのプレート境界には，長さが 1,000 km 以上にもわたる断層がある。この断層の名称を，解答用紙Ｂに記入しなさい。

問 2　次の模式図は，山地，山地と平野の境，平野の各部分において地形形成におよぼす河川の作用を示している。この図に関連して，以下の小問に答えなさい。

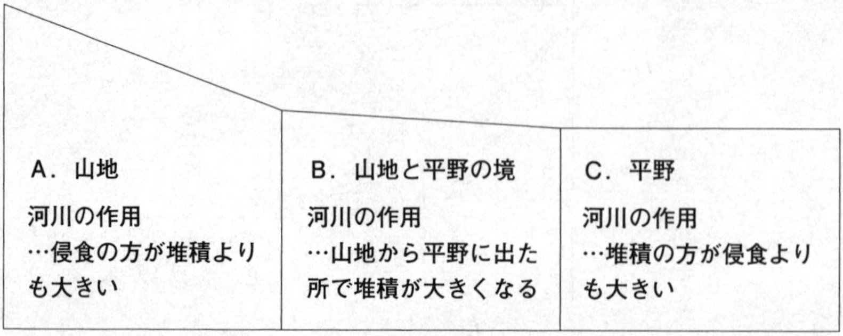

模式図

小問 1　模式図中A～Cで，三日月湖と水無川が典型的に見られる場所の組み合わせとして正しいものを次の中から1つ選び，その番号を解答用紙Aにマークしなさい。

	三日月湖	水無川
1	A	B
2	A	C
3	B	A
4	B	C
5	C	A
6	C	B

小問 2　模式図中Bについて，ここでは河川の運搬作用が弱くなり堆積作用が強くなることによって，ある特徴的な地形の形成が見られる。この地形の形成について述べた文として正しくないものを次の中から1つ選び，その番号を解答用紙Aにマークしなさい。

1　山地と平野の境が明確な断層地形でよく発達する。
2　河川の氾濫時には流路が変わり広範囲に堆積する。
3　堆積物は，上流側では砂，下流側では礫が多い。
4　人間が手を加えると天井川が発達することがある。

問 3　海岸地形に関連して，以下の小問に答えなさい。

小問 1　次の地形図で見られる特徴的な地形は，一般的に波の侵食作用と離水が組み合わさって形成される。この地形の名称として最も適切なものを，解答用紙Bに漢字4文字で記入しなさい。

地形図

（資料　電子地形図 25000　国土地理院）

小問 2　海岸部では，砂州によって外海から隔てられた潟湖や，サンゴ礁によって外海から隔てられた礁湖が見られる。このような水域の名称として正しいものを次の中から1つ選び，その番号を解答用紙Aにマークしなさい。

1　デルタ　　2　トンボロ　　3　バンク　　4　ラグーン

問 4　次の写真は，地図中のX地点で撮影されたものである。説明文は，この写真に見られる特徴的な地形に関するものである。これらに関連して，以下の小問に答えなさい。

写真

写真提供：ユニフォトプレス

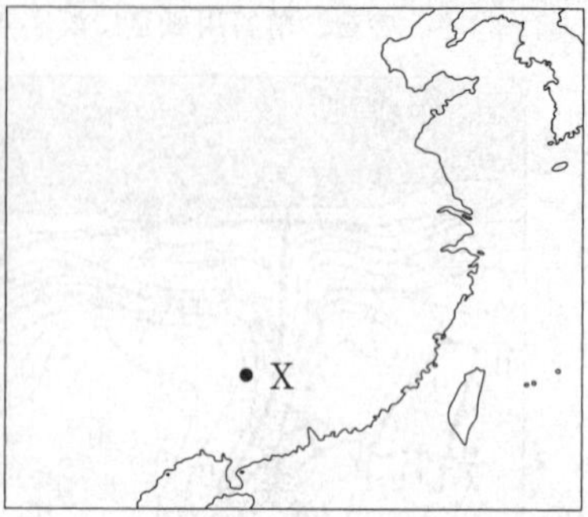

地図

※写真は編集の都合上，類似の写真と差し替えています―編集部

説明文

この地形が見られる地域では，溶食が進んで地形が変化していく。初期の段階では，地表に ア と呼ばれるすり鉢型の小さなくぼ地が分布している。このくぼ地が結合して，しだいに大きなくぼ地へと拡大していく。さらに溶食が進むと，写真のような イ と呼ばれる塔状の小山が林立する風景が見られるようになる。地図中X地点周辺は，この地形を生かした景勝地として多くの観光客を集めている。

小問 1　説明文中の空欄 ア にあてはまる語句として最も適切なものを，解答用紙Bにカタカナで記入しなさい。

小問 2　説明文中の空欄 イ にあてはまる語句として最も適切なものを次の中から1つ選び，その番号を解答用紙Aにマークしなさい。

1　ケスタ　　2　タワーカルスト　　3　ビュート　　4　メ　サ

小問 3　この地形が見られる地域では，産出される資源を主原料とする工業が発達することがある。この工業として最も適切なものを次の中から1つ選び，その番号を解答用紙Aにマークしなさい。

1　製紙工業　　　　　　2　精密機械工業

3　石油化学工業　　　　4　セメント工業

問 5　カナさんは，地域調査をするために次の地理院地図を手に入れた。また，地理院地図中の枠内について，傾斜量図※を用いて3D図を作り，4方向から立体的に見てみた。これらに関連して，以下の小問に答えなさい。

※傾斜量図は，地表面の傾きの量を算出し，その大きさを白黒の濃淡で表現したもので，白いほど傾斜が緩やか，黒いほど急峻であることを意味する。

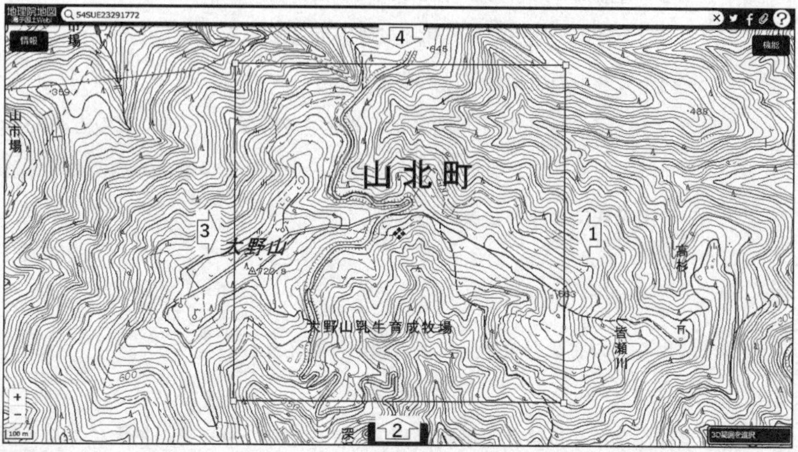

地理院地図

（編集の都合上，85％に縮小—編集部）

3D 図 a

3D 図 b

3D 図 c

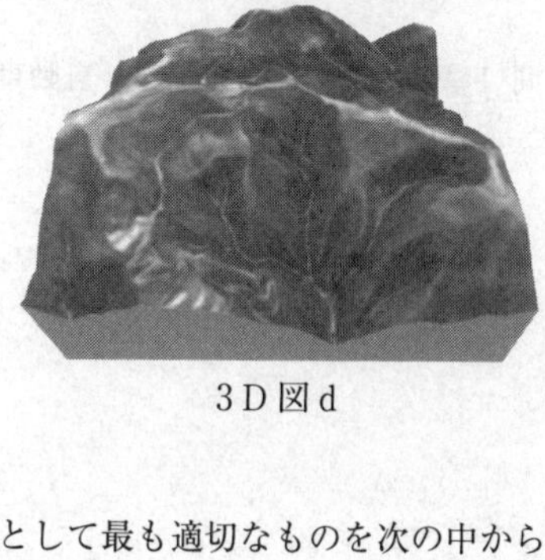

3D 図 d

小問 1　地理院地図から読み取れることとして最も適切なものを次の中から1つ選び，その番号を解答用紙Aにマークしなさい。

1 大野山にある△は，山頂を示す地図記号である。

2 皆瀬川の東にある神社は，尾根筋にある。

3 大野山の西方には，電子基準点が２つある。

4 大野山の山頂付近は，茶畑が広がっている。

小問２ ３Ｄ図ａ～ｄのうち図ｂは，地図中の矢印１～４のどの方向から見たものか。正しい方向を地図中１～４から１つ選び，その番号を解答用紙Ａにマークしなさい。

2 産業に関する次の文章を読み，以下の問いに答えなさい。

工業生産は産業革命以降に工場制機械工業が中心となり，その拡大により大量生産システム(1)が確立された。工業化は，初期は軽工業(2)，続いて重化学工業(3)や先端技術産業(4)が主導する場合が多い。その過程で，工業製品の大量生産の場が先進国から新興国・地域へ移転した結果，工業の発達が早かった先進国などの都市では，大規模な脱工業化が生じた。

そうした都市では，工業に代わって知識産業(5)や観光産業(6)など新たな産業が重要な役割を果たすようになっている。例えばロンドンでは，ドックランズ(7)の北に位置する工業地区が再開発され，その地域を中心に2012年に夏季オリンピック・パラリンピック大会(8)が開催された。また大阪(9)では，2025年に開催される国際博覧会に向けて，知識産業や観光産業のさらなる発展が期待されている。

問１ 下線部(1)に関連して，自動車の大量生産システムが発祥した都市の位置として正しいものを次の図中１～４から１つ選び，その番号を解答用紙Ａにマークしなさい。

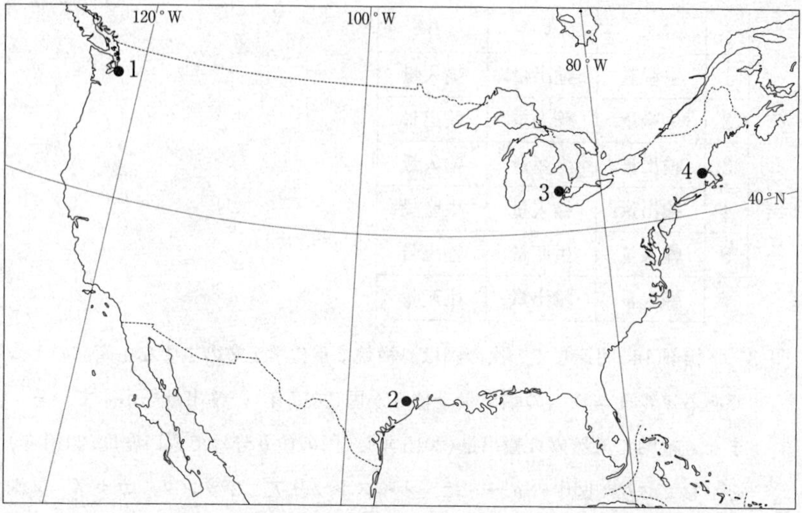

問２　下線部(2)に関連して，軽工業の典型は繊維工業であり，綿織物の生産はその代表であった。次の表中あ～うは，綿織物の原料となる綿花の生産量(2014年)と輸出量，輸入量(2016年)いずれかの上位５か国を示している。表中あ～うが示すものの組み合わせとして正しいものを下から１つ選び，その番号を解答用紙Ａにマークしなさい。

順　位	あ	い	う
1　位	アメリカ合衆国	インド	ベトナム
2　位	インド	中　国	中　国
3　位	ブラジル	アメリカ合衆国	トルコ
4　位	オーストラリア	パキスタン	インドネシア
5　位	ブルキナファソ	ブラジル	バングラデシュ

(資料　世界国勢図会 2018／19年版)

	あ	い	う
1	生産量	輸出量	輸入量
2	生産量	輸入量	輸出量
3	輸出量	生産量	輸入量
4	輸出量	輸入量	生産量
5	輸入量	生産量	輸出量
6	輸入量	輸出量	生産量

問 3　下線部(3)に関連して，次の図は，横軸で重化学工業の主要な生産品の１つであるアルミニウムの輸出量上位５か国(2017年)の輸出量を示している。また，縦軸で天然ガス輸出量(2015年)，円の塗り分けで人口密度(2018年)を示しており，図中のａ～ｅは，オーストラリア，オランダ，カナダ，ノルウェー，ロシアのいずれかである。この図に関連して，以下の小問に答えなさい。

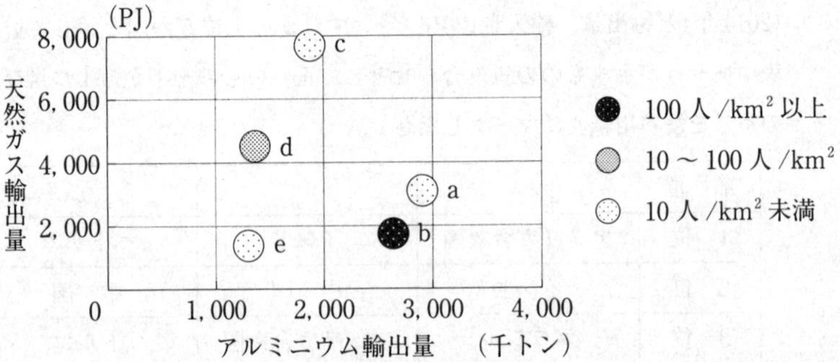

(資料　データブック オブ・ザ・ワールド 2019年版)

小問 1　図中のｂの国として正しいものを次の中から１つ選び，その番号を解答用紙Ａにマークしなさい。

1　オーストラリア　　2　オランダ

3　カナダ　　4　ノルウェー

小問 2　図中のｄの国について述べた文として正しいものを次の中から１つ選び，その番号を解答用紙Ａにマークしなさい。

1　原子力発電の発電量が火力発電の発電量より多い。

2　ケッペンの気候区分におけるB気候が国土の中央部に卓越している。

3　天然ガスの多くがパイプラインで輸出されている。

4　周辺諸国との共通通貨を導入している。

小問 3　アルミニウムは，ある鉱産資源を原料としてつくられるアルミナから精錬される。この鉱産資源の名称を，解答用紙Bに記入しなさい。

問 4　下線部(4)に関連して，次の図は，先端技術産業に重要とされる工作機械の生産額と国内消費額(2016年)を示しており，図中のa～fは，アメリカ合衆国，イタリア，韓国，中国，ドイツ，日本のいずれかである。この図に関連して，以下の小問に答えなさい。

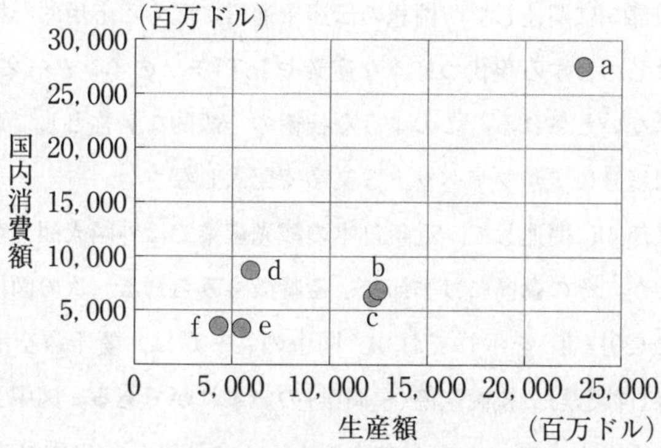

(資料　世界国勢図会 2018/19年版)

小問 1　図中のa，c，dは，アメリカ合衆国，中国，日本のいずれかである。a，c，dの国の組み合わせとして正しいものを次の中から1つ選び，その番号を解答用紙Aにマークしなさい。

	a	c	d
1	アメリカ合衆国	中　国	日　本
2	アメリカ合衆国	日　本	中　国
3	中　国	アメリカ合衆国	日　本
4	中　国	日　本	アメリカ合衆国
5	日　本	アメリカ合衆国	中　国
6	日　本	中　国	アメリカ合衆国

小問 2　図中のｅの国では，近代工業が発達した北部と農業が中心の南部という基本的な構造がみられる。しかし，中部から北東部の地域では，職人や中小企業を中心に服飾や家具などの高級品が生産されている。この地域の呼び名を，解答用紙Ｂに記入しなさい。

小問 3　図中のｆの国について述べた文として正しいものを次の中から１つ選び，その番号を解答用紙Ａにマークしなさい。

1　APEC に参加している。

2　原油の自給率が 80 % 以上である。

3　国連の常任理事国である。

4　運河による水運が発達している。

問 5　下線部(5)に関連して，情報の伝達や通信に関する応用的な技術は，知識産業をはじめとする現代の様々な産業や IoT（モノのインターネット）の発展に欠かせないとされる。このような技術の一般的な名称として適切な語句を，解答用紙Ｂにアルファベット３文字で記入しなさい。

問 6　下線部(6)に関連して，近年日本の観光産業では外国人観光客の増加が注目されるが，その動向には季節による特徴もみられる。次の図は月別外国人入国者数（2017 年）を示しており，図中のＡ～Ｃは，新千歳空港（北海道），那覇空港（沖縄県），福岡空港（福岡県）のいずれかである。図中Ａ～Ｃの空港の組み合わせとして正しいものを下から１つ選び，その番号を解答用紙Ａにマークしなさい。

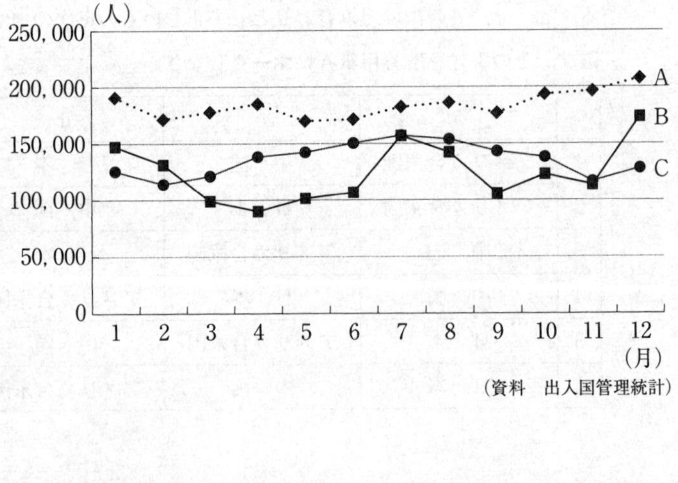

（資料　出入国管理統計）

	A	B	C
1	新千歳	那　覇	福　岡
2	新千歳	福　岡	那　覇
3	那　覇	新千歳	福　岡
4	那　覇	福　岡	新千歳
5	福　岡	新千歳	那　覇
6	福　岡	那　覇	新千歳

問 7　下線部(7)に関連して，ドックランズは第二次世界大戦以降，イギリスの植民地が独立したことや国外の大規模な港湾との競争に敗れたことにより，再開発されることになった。競合した港湾のひとつであるユーロポートが位置する都市として正しいものを次の中から1つ選び，その番号を解答用紙Aにマークしなさい。

1　ナルヴィク　　　2　ハンブルク

3　マルセイユ　　　4　ロッテルダム

問 8　下線部(8)に関連して，次の表は，過去4回の夏季オリンピック・パラリンピック大会が開催された4都市(アテネ，ペキン，ロンドン，リオデジャネイロ)が位置する国の産業別人口構成と1人あたり GNI(2016 年)を示している。表中Bの国として正しいものを下から1つ選び，その番号を解答用紙Aにマークしなさい。

国	第1次産業(%)	第2次産業(%)	第3次産業(%)	1人あたりGNI(ドル)
A	28.3	29.3	42.4	8,250
B	10.2	20.9	68.9	8,840
C	1.1	18.4	80.0	42,330
D	12.4	15.2	72.4	19,090

(資料　データブック オブ・ザ・ワールド 2019 年版)

注　産業別人口構成の合計は 100 とならないことがある。また，国Aの産業別人口構成は 2015 年のものである。

1　イギリス　　2　ギリシャ　　3　中　国　　4　ブラジル

問 9　下線部(9)に関連して，大阪を中心とした阪神工業地帯は日本の中心的な工業地帯の一つとして発展してきた。次の表は，北九州工業地帯，京浜工業地帯，中京工業地帯，阪神工業地帯いずれかの製造品出荷額等とそれに占める機械工業および金属工業の割合(2016年)を示している。阪神工業地帯を示すものとして正しいものを表中から1つ選び，その番号を解答用紙Aにマークしなさい。

	製造品出荷額等(億円)	機械(%)	金属(%)
1	245, 079	50. 9	8. 3
2	551, 211	69. 2	9. 1
3	93, 185	46. 3	16. 0
4	314, 134	36. 2	20. 0

(資料　日本国勢図会 2019 / 20年版)

注　表中の数値について，北九州工業地帯は福岡県，京浜工業地帯は東京都と神奈川県，中京工業地帯は愛知県と三重県，阪神工業地帯は大阪府と兵庫県の金額を合算したものである。

3　中国の気候と農業に関する次の文章と地図を読み，以下の問いに答えなさい。

(1)広大な国土を有する中国の気候は，多様性に富んでいる。次の地図は，中国各地の気候形成に影響を及ぼしている(2)気温と降水を表現したものである。

気温と降水に恵まれた中国東部では，古くから農耕を基盤とする社会が形成された。作付けの中心となる作物は，年降水量 800 ～ 1, 000 mm の等降水量線を境界として変化し，北側が小麦，南側が水稲であった。［　A　］は，800 ～ 1, 000 mm の等降水量線付近を流れているために，中国の人々に東部を南北に分かつ境界として認識されてきた。また，作付けの中心となる作物の相違は，北と南で異なる食文化の発達を促した。(3)北側の地域では，麺類やシャオビン(焼餅)などを主食とする食文化が発達し，南側の地域では，(4)米を主食とする食文化が発達した。なお，水稲は，水田に流れ込む水に含まれる養分が土壌の劣化を阻止する役割を果たすために，小麦よりも［　B　］の弊害が少ない。

他方，(5)砂漠や高地が多く分布する中国西部では，農耕の展開は(6)乾燥地域でありながら淡水の入手が比較的容易な場所に限られ，牧畜を基盤とする社会が形成された。羊(7)と馬は，西部の牧畜を代表する家畜であるが，［　C　］高原では，ウシ科の動物であるヤクの遊牧が盛んである。平均標高が4,500 mにも達する［　C　］高原は，ケッペンの気候区分には存在しない高山気候(8)の支配下にある。

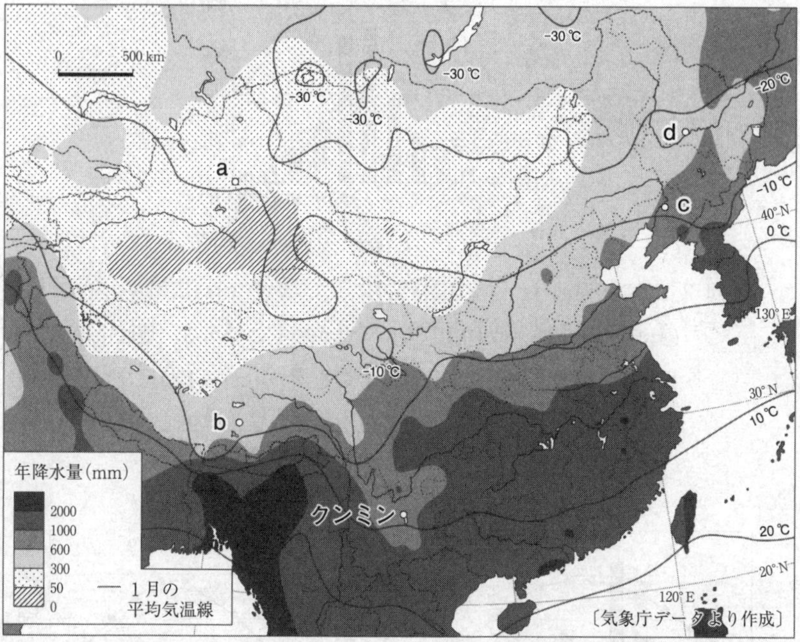

(資料　『新詳高等地図』帝国書院を一部改変)

問 1　下線部(1)に関連して，中国の国土は，日本の国土の約25倍に相当する。中国の国土面積として最も適切なものを次の中から1つ選び，その番号を解答用紙Aにマークしなさい。

1　約240万 km^2　　2　約480万 km^2

3　約720万 km^2　　4　約960万 km^2

問 2　下線部(2)に関連して，以下の小問に答えなさい。

小問 1　次の雨温図は，地図中の都市a～dのいずれかのものである。この都市の位置として正しいものを地図中のa～dの中から1つ選び，その記号を解答用紙Aにマークしなさい。

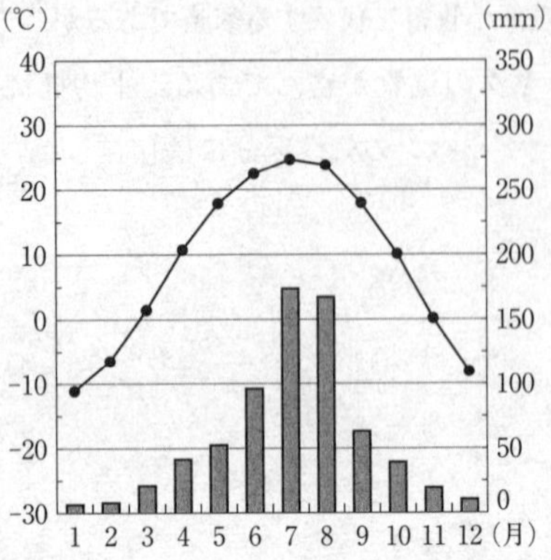

(資料 気象庁ウェブサイト)

小問 2 次の雨温図は，クンミン(昆明)，コワンチョウ(広州)，シャンハイ(上海)，フーチョウ(福州)のいずれかのものである。地図中のクンミン(昆明)の雨温図として正しいものを次の中から１つ選び，その番号を解答用紙Ａにマークしなさい。

1

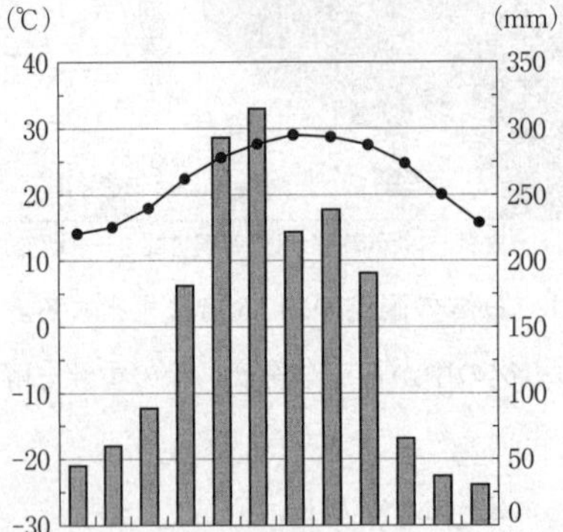

2

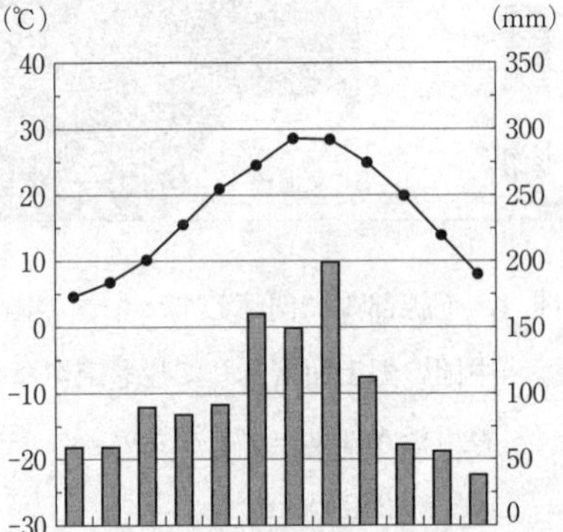

3

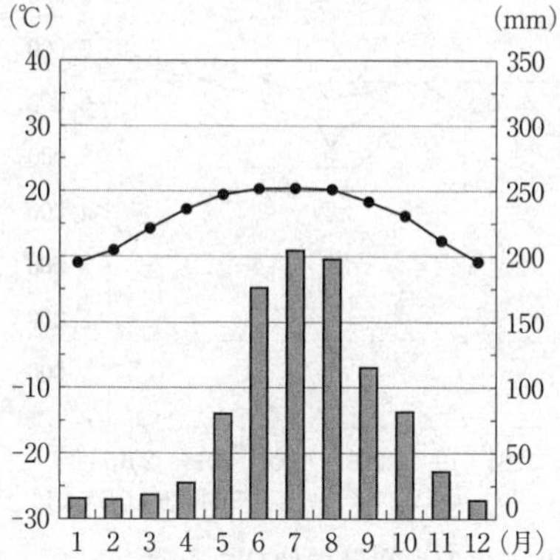

4

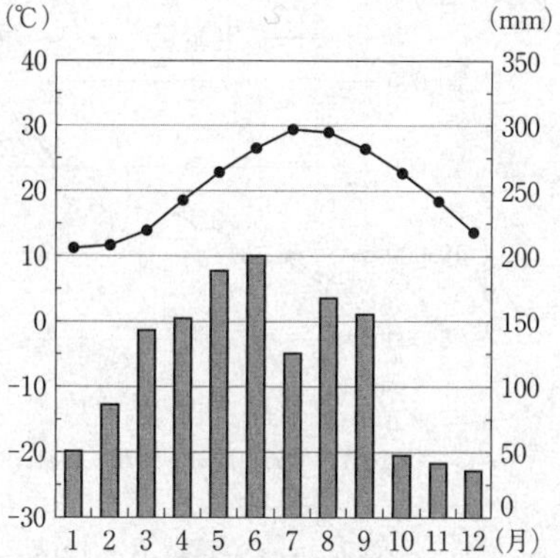

(資料　気象庁ウェブサイト)

問 3　文中の空欄 [A] にあてはまる河川の名称として正しいものを次の中から1つ選び，その番号を解答用紙Aにマークしなさい。

1　チュー川(珠江)　　2　ハン川(漢江)

3　ホワイ川(淮河)　　4　ホワンホー(黄河)

問 4　下線部(3)に関連して，この地域で伝統的に食されている小麦を用いた食物として正しいものを次の中から1つ選び，その番号を解答用紙Aにマークしなさい。

1　トルティーヤ　　2　ナ　ン

3　フォー　　4　マントウ

問 5　下線部(4)に関連して，次の図は，中国における米の生産量と単収(単位面積あたり生産量)の推移を示している。図から読み取れる内容として正しいものを下から1つ選び，その番号を解答用紙Aにマークしなさい。

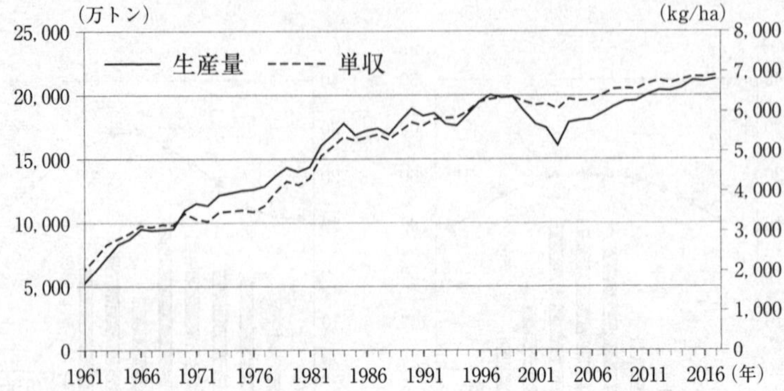

(資料　FAOSTAT)

1　1990年代の生産量の伸びは，1980年代の生産量の伸びを上回る。

2　1990年代末から2000年代初頭の生産量の減少は，作付面積の減少の影響を受けている。

3　生産量は，改革開放政策の実施以前に2億トンを超えていた。

4　近年の単収は，1960年代初頭の5倍以上に相当する。

問6　文中の空欄 [B] にあてはまる栽培の形態として正しいものを次の中から1つ選び，その番号を解答用紙Aにマークしなさい。

1　間　作　　　2　混　作　　　3　輪　作　　　4　連　作

問7　下線部(5)に関連して，タリム盆地に広がる内陸砂漠の名称として正しいものを次の中から1つ選び，その番号を解答用紙Aにマークしなさい。

1　ゴビ砂漠　　　2　タクラマカン砂漠

3　ナミブ砂漠　　　4　ルブアルハリ砂漠

問8　下線部(6)に関連して，このような場所では穀物や果物などを集約的に栽培する [X] 農業が営まれている。[X] にあてはまる適切な語句を，解答用紙Bにカタカナで記入しなさい。

問9　下線部(7)に関連して，次の表は，牛，鶏，羊，豚の飼育頭数上位5か国と世界に占める割合(2016年)を示している。表中㋐～㋒の国の組み合わせとして正しいものを下から1つ選び，その番号を解答用紙Aにマークしなさい。

牛

国　名	割合(%)
㋐	14.8
インド	12.6
㋑	6.2
㋒	5.7
エチオピア	4.0

鶏

国　名	割合(%)
㋒	22.3
インドネシア	9.0
㋑	8.7
㋐	6.0
イラン	4.5

羊

国　名	割合(%)
㋒	13.8
オーストラリア	5.8
インド	5.4
イラン	3.6
ナイジェリア	3.6

豚

国　名	割合(%)
㋒	45.9
㋑	7.3
㋐	4.1
スペイン	3.0
ベトナム	3.0

(資料　世界国勢図会 2018/19年版)

	㋐	㋑	㋒
1	アメリカ合衆国	中　国	ブラジル
2	アメリカ合衆国	ブラジル	中　国
3	中　国	アメリカ合衆国	ブラジル
4	中　国	ブラジル	アメリカ合衆国
5	ブラジル	アメリカ合衆国	中　国
6	ブラジル	中　国	アメリカ合衆国

問10　文中の空欄 [C] にあてはまる高原の名称として正しいものを次の中から1つ選び，その番号を解答用紙Aにマークしなさい。

1　チベット(西蔵)　　2　ホワンツー(黄土)

3　モンゴル(蒙古)　　4　ユンコイ(雲貴)

問11　下線部(8)に関連して，気温は，標高が [Y] m高くなるごとにおおよそ0.6℃下がる。空欄 [Y] にあてはまる数値として正しいものを次の中から1つ選び，その番号を解答用紙Aにマークしなさい。

1　100　　2　200　　3　1,000　　4　2,000

4　ヨーロッパに関する次の文章と地図を読み，以下の問いに答えなさい。

ヨーロッパは東西に広がるユーラシア大陸の西側に位置(1)し，ロシアにある古期造山帯のなだらかな［ X ］山脈がアジアとの境界となっている。これに対して，新期造山帯のアルプス山脈には4,000 m 級の険しい山々が連なり，氷河地形(2)もみられる。海岸線(3)は複雑に入り組み，多くの半島や島々に加えて様々な海(4)も存在する。

ヨーロッパは日本よりも高緯度にあり，北極圏(5)に属する地域もある。一方，南部は温暖な気候を利用して様々な農産物(6)が栽培されている。

民族は大きく3つに分かれ(7)，宗教は主としてキリスト教の3つの宗派(8)が信仰されてきた。

西ヨーロッパ諸国は大航海時代以降，本格的に海外へ進出し，さらに18世紀からの産業革命で近代工業を確立して経済力，科学技術力(9)，軍事力を高めて，世界各地に植民地(10)を拡大していった。その結果，ヨーロッパ近代文明は次第に世界中に広まり，西ヨーロッパ諸国は経済的に繁栄を極め，人々の生活水準は著しく向上した。しかし，第二次世界大戦後はアメリカ合衆国(11)と当時のソビエト連邦(ソ連)という2つの超大国に主導権を奪われた。その後，西ヨーロッパ諸国はEC(ヨーロッパ共同体)を結成して団結を強め，現在では旧社会主義国も加盟するEU(ヨーロッパ連合)(12)へと発展させ，かつての栄光を取り戻そうとしている。

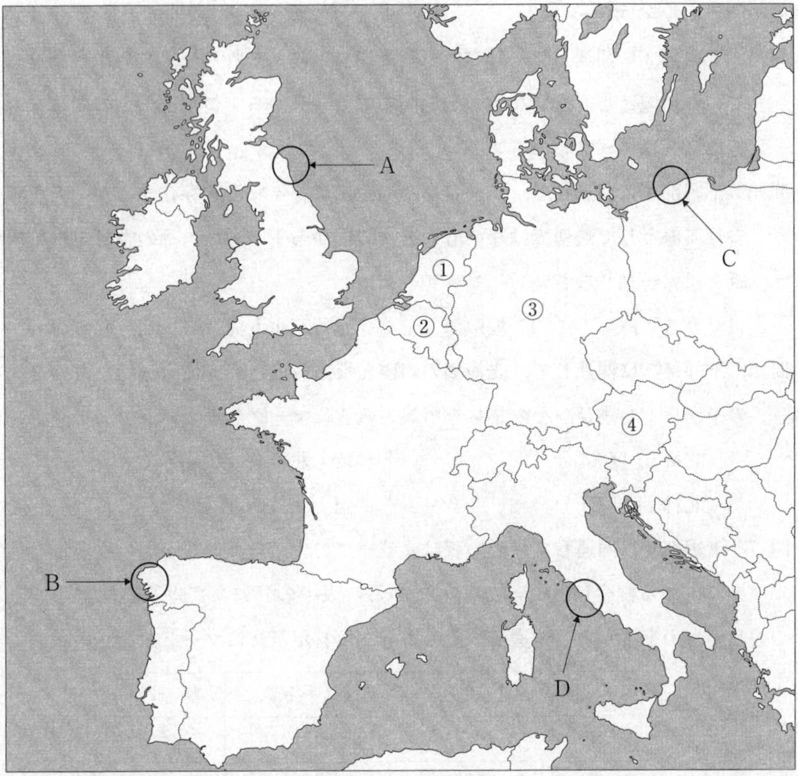

注　国土面積が 400 km^2 未満の国は省略した。

問 1　下線部(1)に関連して，ロンドンが 2 月 1 日午前 3 時の時，ウラジオストク(東経 150 度の等時刻帯)の月日と時刻として正しいものを次の中から 1 つ選び，その番号を解答用紙 A にマークしなさい。

1　1 月 31 日午後 5 時　　2　1 月 31 日午後 9 時

3　2 月 1 日午後 1 時　　4　2 月 1 日午後 11 時

問 2　文中の空欄 X にあてはまる山脈の名称を，解答用紙 B に記入しなさい。

問 3　下線部(2)に関連して，氷河によって運搬された岩くずによって作られる堆積地形の名称として適切なものを次の中から 1 つ選び，その番号を解答用紙 A にマークしなさい。

1　カール　　2　フィヨルド

3 ホルン(ホーン)　　4 モレーン

問 4 下線部(3)に関連して，日本の三陸海岸などにみられるリアス海岸が発達している地域として適切なものを地図中のA～Dから1つ選び，その記号を解答用紙Aにマークしなさい。

問 5 下線部(4)に関連して，ヨーロッパ周辺には様々な海が存在するが，大西洋の付属海として適切ではないものを次の中から1つ選び，その番号を解答用紙Aにマークしなさい。

1 カスピ海　　2 地中海　　3 バルト海　　4 北 海

問 6 下線部(5)に関連して，北極圏の南限となる緯度として最も適切なものを次の中から1つ選び，その番号を解答用紙Aにマークしなさい。

1 北緯61度34分　　2 北緯66度34分

3 北緯71度34分　　4 北緯76度34分

問 7 下線部(6)に関連して，次の表はオリーブの生産量上位5か国の生産量と世界に占める割合(2016年)を示している。表中のFにあてはまる国として正しいものを下から1つ選び，その番号を解答用紙Aにマークしなさい。

順 位	国 名	生産量(千トン)	割合(%)
1 位	F	6,560	34.0
2 位	ギリシャ	2,343	12.2
3 位	イタリア	2,092	10.9
4 位	トルコ	1,730	9.0
5 位	モロッコ	1,416	7.3

(資料 データブック オブ・ザ・ワールド 2019年版)

1 クロアチア　　2 スペイン

3 フランス　　4 ポルトガル

問 8 下線部(7)に関連して，3つの民族の名称の組み合わせとして適切なものを次の中から1つ選び，その番号を解答用紙Aにマークしなさい。

1 アルタイ系―ゲルマン系―スラブ系

2 アルタイ系―ゲルマン系―ラテン系

3 アルタイ系―スラブ系―ラテン系

4 ゲルマン系―スラブ系―ラテン系

問 9　下線部⑻に関連して，以下の小問に答えなさい。

小問 1　カトリックの総本山であるサンピエトロ大聖堂が位置する国の名称を，解答用紙Bに記入しなさい。

小問 2　プロテスタントの信者が多数を占める国として適切なものを次の中から1つ選び，その番号を解答用紙Aにマークしなさい。

1　ウクライナ　　2　オーストリア
3　デンマーク　　4　ルーマニア

問10　下線部⑼に関連して，現在，イギリスのシリコングレンと呼ばれている地域では，先端技術産業が発達している。この地域の中心的都市として適切なものを次の中から1つ選び，その番号を解答用紙Aにマークしなさい。

1　カーディフ　　2　グラスゴー
3　バーミンガム　　4　リーズ

問11　下線部⑽に関連して，西ヨーロッパ諸国は大航海時代以降，東南アジアに植民地を獲得していった。西ヨーロッパのかつての宗主国と旧植民地であった東南アジアの国の組み合わせとして正しくないものを次の中から1つ選び，その番号を解答用紙Aにマークしなさい。

1　イギリス―マレーシア　　2　オランダ―インドネシア
3　ドイツ―タイ　　4　フランス―ベトナム

問12　下線部⑾に関連して，第二次世界大戦後にアメリカ合衆国と西ヨーロッパ諸国などで結成した軍事機構の略称として正しいものを次の中から1つ選び，その番号を解答用紙Aにマークしなさい。

1　NAFTA　　2　NATO　　3　OECD　　4　WTO

問13　下線部⑿に関連して，EUの本部が置かれているブリュッセルを首都とする国の位置として正しいものを地図中の①～④から1つ選び，その番号を解答用紙Aにマークしなさい。

政治・経済

（70分）

1 次の文章を読んで，下記の問いに答えなさい。

日本国憲法は，「政府の行為によつて再び戦争の惨禍が起ることのないやうにする」という決意のもとに制定され，「全世界の国民」が，「平和のうちに生存する権利を有することを確認」している（前文）。この平和的生存権は，新しい人権(1)の1つとして主張されることもある。

そして，前文を受けて憲法第9条は，その第1項において「国権の発動たる戦争と，武力による威嚇又は武力の行使は，国際紛争(2)を解決する手段としては，永久にこれを放棄する」とし，第2項において「前項の目的を達するため，陸海空軍その他の戦力は，これを保持しない」と規定すると同時に，「国の［　A　］」も否認している。

しかし，まず第1項が規定する戦争の放棄との関係で，国家による個別的自衛権の発動までもが否定されるわけではないとしても，どこまでの行為が国家に容認されているのかが問題となる。重要影響事態への対処や，存立危機事態における集団的自衛権の行使を容認する安全保障関連法制(3)の制定に際して，政府による解釈改憲(4)ではないかという批判を含む，激しい議論がなされていたことを記憶している人も多いであろう。

また，第2項が規定する戦力の不保持との関係では，自衛隊(5)の存在が問題となる。警察予備隊，保安隊を経て発足した自衛隊には，その発足以来，「戦力」に該当するのではないのかという疑義がつきまとってきた。政府解釈(6)によれば自衛隊は合憲であるとされているが，自衛隊の合憲性(7)が実際に裁判において争点となったこともある。このような疑義の中にあって，自衛隊は，国際協調などを理由に海外に派遣(8)されてきたのである。

さらに，日米安全保障条約(9)に基づいて日本国内の基地に駐留する米軍は，「戦力」に該当しないのかという議論がある。駐留米軍に関しては，日本側による経費負担が問題とされたり，沖縄への基地の集中，基地移転をめぐる対立，米軍兵士による犯罪が社会問題となったりもしている。

問1　文中の空欄 A に当てはまる語句を，下記の選択肢（1～4）の中から1つ選び，その番号をマークしなさい。

1　抵抗権　　2　防衛権　　3　宣戦権　　4　交戦権

問2　文中の下線部(1)に関連して，新しい人権に関する記述として最適なものを，下記の選択肢（1～4）の中から1つ選び，その番号をマークしなさい。

1　環境権は，生存権（憲法第25条）や幸福追求権（第13条）を根拠として主張されている。

2　犯罪捜査のための個人情報の利用が，プライバシーの権利を侵害することはない。

3　知る権利とは，知りたいことが学べる教育制度の整備を国家に積極的に請求することができる権利である。

4　平和的生存権は，全世界の人々に保障されているので，外国人がこの権利に基づいて日本政府に難民としての保護を請求することもできる。

問3　文中の下線部(2)に関連して，世界の紛争に関する記述として誤っているものを，下記の選択肢（1～4）の中から1つ選び，その番号をマークしなさい。

1　パレスチナ問題は，イスラエル建国に伴い，ユダヤ人とアラブ人との間の対立が激化したものである。

2　チェチェン紛争は，チェチェン共和国がウクライナからの独立を宣言し，これに介入したロシアがチェチェン共和国の自国への編入を宣言したことから生じた。

3　ダルフール紛争は，スーダン西部で勃発した，政府・アラブ系民兵と，反政府武装組織の武力衝突である。

4　シリア内戦は，「アラブの春」の流れのなかで，アサド政権と，民主化を求める反体制派との間で生じた武力衝突である。

問４　文中の下線部(3)に関連して，2015年に改正された現在の安全保障関連法制において一定限度(国民を守るために他に手段がないこと，事態に対処するため必要最小限度であること)で認められる日本国の武力行使として最適なものを，下記の選択肢(１～４)の中から１つ選び，その番号をマークしなさい。

1　日本国外に展開中の米軍部隊に対する武力攻撃があった場合に，攻撃国に対して直接単独で行う武力行使。

2　米国に対する武力攻撃により，日本の存立が脅かされ，国民の生命，自由および幸福追求の権利が根底から覆される明白な危険がある場合における，日本の存立を全《まっと》うし，日本国民を守るための武力行使。

3　そのまま放置すれば日本に対する直接の武力攻撃に至るおそれのある事態に対して，後方支援活動を超えて，米国による武力行使と一体となって行う武力行使。

4　日本と密接な関係にある他国が当事国となっている国際紛争において，停戦を実現するために行う武力行使。

問５　文中の下線部(4)に関連して，日本国憲法の改正に関する記述として最適なものを，下記の選択肢(１～４)の中から１つ選び，その番号をマークしなさい。

1　硬性憲法とは制定後に一度も改正されたことがない憲法なので，日本国憲法は硬性憲法である。

2　憲法改正は，各議院の総議員の３分の２以上の賛成で，国会が，これを発議し，国民に提案する。

3　憲法改正は，国民投票において全有権者の過半数の賛成による承認を必要とする。

4　憲法改正は，内閣総理大臣が，国民の名で，これを公布する。

問６　文中の下線部(5)に関連して，自衛隊についての下記の文章中の空欄 [B] に当てはまる語句として最適なものを，下記の選択肢(１～４)の中から１つ選び，その番号をマークしなさい。

［ B ］が軍事的組織をコントロールする仕組みは多くの民主主義国家においてとられており，日本でも自衛隊は［ B ］で構成される内閣(日本国憲法第66条2項)によってコントロールされている。

1 文　民　　2 市　民　　3 国　民　　4 人　民

問7　文中の下線部(6)に関連して，自衛隊についての政府解釈に関する記述として最適なものを，下記の選択肢(1～4)の中から1つ選び，その番号をマークしなさい。

1　自衛隊は，もっぱら治安維持を目的とする組織であるから，憲法第9条で禁止される「戦力」にはあたらない。

2　自衛隊は，国連軍の一組織として創設されたものであるから，憲法第9条で禁止される「戦力」にはあたらない。

3　自衛隊は，自衛のための必要最小限度の実力であるから，憲法第9条で禁止される「戦力」にはあたらない。

4　自衛隊は，日本国憲法前文で設置を要請されている組織であるから，憲法第9条で禁止される「戦力」にはあたらない。

問8　文中の下線部(7)に関連して，憲法第9条をめぐる最高裁判所の判断に関する記述として最適なものを，下記の選択肢(1～4)の中から1つ選び，その番号をマークしなさい。

1　自衛のための戦力の保持は禁止されないから，自衛隊は合憲である。

2　侵略的戦争の遂行能力を有するようになれば，自衛隊は違憲となる。

3　日本の存立の基礎にとって極めて重要な組織であるから，自衛隊は合憲である。

4　最高裁判所が自衛隊の合憲性について直接判断したことはない。

問9　文中の下線部(8)に関連して，自衛隊の海外派遣に関する記述として最適なものを，下記の選択肢(1～4)の中から1つ選び，その番号をマークしなさい。

1　多国籍軍の一員として，自衛隊が旧ユーゴスラビアに派遣された。

2　国連平和維持活動(PKO)協力法に基づいて，カンボジアに自衛隊が派遣された。

3　ソマリア沖で海賊対策を行うことは国連平和維持軍(PKF)への参加にあたるとして，自衛隊の派遣は断念された。

4　テロ対策特別措置法に基づいて，自衛隊がイスラム国への武力行使に参加するために派遣された。

問10　文中の下線部(9)に関連して，1960年改定後の，いわゆる新安保条約下の安全保障体制に関する記述として最適なものを，下記の選択肢(1～4)の中から1つ選び，その番号をマークしなさい。

1　米国が日本国内の施設及び区域を使用して軍事行動をとることが許されるのは，日本の安全への寄与を目的とする場合に限られる。

2　日本の施政の下にある領域における，日本に対する武力攻撃に対して，日米が共同で対処する。

3　日米地位協定及び在日米軍駐留経費負担特別協定には，在日米軍の駐留経費は全て日本が負担することが規定されている。

4　日米両国は在沖縄米軍の軍用飛行場である普天間飛行場の廃止に合意し，その代替施設がグアムに建設されている。

2　次の文章を読んで，下記の問いに答えなさい。

大日本帝国憲法(1)では，天皇が統治権を「　A　」するとされ(第4条)，立法権・行政権・司法権は天皇の名において行使されていた。さらに，天皇が陸海軍を「　B　」するとも定められていた(第11条)。とはいえ，天皇がすべての行為をひとりで行うのは不可能である。それゆえ，立法権は帝国議会(2)の「　C　」に基づいて行使されると定められた(第5条)。また，行政権の行使に当たっては，国務大臣が天皇を「　D　」するものとされた(第55条)。

しかし，帝国議会と国務大臣が立法・行政をつねに主導できたわけではない。大日本帝国憲法の下では軍や枢密院《すうみついん》なども大きな力を持っており，帝国議会や国務大臣にとってはこれらの機関が大きな障害となった。こうして，どの機関も主導権を握ることができなくなったのである。大正デモクラシー(3)の時代には，政党が内閣を組織して，主導的な役割を果たすことが試みられた。だが，この企ては短期間で終わりを迎えた。

日本国憲法(4)では，以上のような大日本帝国憲法の問題点の改善が試みられた。新憲法では，衆議院の多数派が内閣を組織し，立法と行政の主導権を握るものとされた。大日本帝国憲法の下ではどの機関も主導権を握ることができなかったのに対して，日本国憲法では衆議院の多数派が国政を主導する仕組みが整備されたのである。

けれども，55年体制(5)下の自由民主党(自民党)は幅広い勢力の支持を獲得することを目指しており，強引な決定を避けることが少なくなかった。多くの内閣総理大臣は自民党の幹部や野党などにも配慮しながら，政権を運営していた。

このような状況が変わったのは，55年体制の崩壊後のことである。この時期には「政権選択」が重視され，国民がどの政党に政権を委ねるかを決定できるようにするべきだと考えられるようになったのである。そして，「政権選択」は政策の選択をも意味している。選挙(6)で勝った政党の方針は国民の民意であるから，新政権は公約した政策を実現させなければならないのである。55年体制では野党への配慮が重視されてきたが，このようにして，政府・与党が野党に配慮する必要はないとの考えが広がることになった。

ただし，衆議院の多数派が主導権を握り，その内部では党首(内閣総理大臣)の影響力が強まるという構図には，限界も見られる。「ねじれ国会」(「ねじれ現象」)(7)の時期に明らかになったように，野党をはじめとするさまざまな勢力との話し合いや協調は，今でも大きな意味を持っていると言えるだろう。

問1　文中の空欄 A ・ B に当てはまる語句の組み合わせとして最適なものを，下記の選択肢（1～4）の中から1つ選び，その番号をマークしなさい。

1　A：象《しょう》徴《ちょう》　　B：統《とう》帥《すい》

2　A：象　徴　　B：統《とう》制《せい》

3　A：総《そう》攬《らん》　　B：統　帥

4　A：総　攬　　B：統　制

問 2　文中の空欄 C ・ D に当てはまる語句の組み合わせとして最適なものを，下記の選択肢（1～4）の中から1つ選び，その番号をマークしなさい。

1　C：助《じょ》言《げん》　D：補《ほ》佐《さ》

2　C：助　言　D：輔《ほ》弼《ひつ》

3　C：協《きょう》賛《さん》　D：補　佐

4　C：協　賛　D：輔　弼

問 3　文中の下線部(1)に関連して，大日本帝国憲法の制定時に模範とされた君主主権型の成文憲法を持っていた国として最適なものを，下記の選択肢（1～4）の中から1つ選び，その番号をマークしなさい。

1　アメリカ　　2　イギリス

3　フランス　　4　ドイツ（プロイセン）

問 4　文中の下線部(2)に関連して，帝国議会に関する記述として最適なものを，下記の選択肢（1～4）の中から1つ選び，その番号をマークしなさい。

1　衆議院議員の選挙については大正デモクラシーの時代に男子普通選挙が実現し，18歳以上の男性に選挙権が与えられた。

2　貴族院議員の選挙では，被選挙権は25歳以上の男性の華族に，選挙権は25歳以上の男性の高額納税者に与えられていた。

3　衆議院と貴族院は，議決権に関しては対等であり，衆議院の優越は認められていなかった。

4　内閣総理大臣に任命されるには，衆議院と貴族院の両方で指名されることが不可欠だった。

問 5　文中の下線部(3)に関連して，大正デモクラシーに関する記述として誤っているものを，下記の選択肢（1～4）の中から1つ選び，その番号をマークしなさい。

1　美濃部達吉は，天皇が国家機関であるとする天皇機関説を唱えたが，のちに軍部や右翼によって批判された。

2　吉野作造の民本主義は，普通選挙の実現のためには国民主権への変更が必要だと主張するものだった。

3　衆議院の多数派となった政党が政権を担うことが慣例となり，この仕組みが「憲政の常道」であると言われた。

4　治安維持法では，国体の変革や私有財産制の否定を目指す運動を取り締まることが目的とされていた。

問 6　文中の下線部(4)に関連して，日本国憲法の制定に関する記述として最適なものを，下記の選択肢（1～4）の中から1つ選び，その番号をマークしなさい。

1　憲法問題調査委員会の改正案（松本案）は，天皇主権に基づく政治体制に根本的な変更を加えるものではなかったため，連合国軍総司令部（GHQ）によって拒否された。

2　マッカーサー三原則では，天皇を国家元首としないこと，戦争の放棄，封建的諸制度の廃止が打ち出された。

3　憲法改正案を審議したときの衆議院議員は，男子普通選挙の下で選出されていたので全員男性だった。

4　帝国議会に提出された憲法改正案は，無修正で可決され，成立した。

問 7　文中の下線部(5)に関連して，55 年体制に関する記述として<u>誤っているもの</u>を，下記の選択肢（1～4）の中から1つ選び，その番号をマークしなさい。

1　族議員が，特定の分野ごとに関連する官庁・団体・企業と密接な関係を築き，政治的影響力を行使していた。

2　衆議院議員の選挙では中選挙区制が採用されていたため，各選挙区では異なる派閥に属する自民党の候補が複数立候補し，争うことになった。

3　社会主義体制の実現を目指す日本社会党が憲法改正を要求し，憲法擁護を掲げて結成された自由民主党と対立した。

4　民社党や公明党などの中道政党が結成されて多党化の時代を迎えたが，その後も自民党政権が続いた。

問 8　文中の下線部(6)に関連して，現在，衆議院議員選挙で採用されている投票方法に関する記述として最適なものを，下記の選択肢（1～4）の中から1つ選び，その番号をマークしなさい。

1　有権者は，小選挙区でも比例代表でも候補者の個人名を記入する。

2　有権者は，小選挙区では候補者の個人名を記入し，比例代表では政党名を記入する。

3　有権者は，小選挙区では候補者の個人名を記入し，比例代表では個人名または政党名を記入する。

4　有権者は，小選挙区では候補者の所属する政党名を記入し，比例代表における各政党の得票は小選挙区での得票に基づいて計算される。

問9　文中の下線部(6)に関連して，日本の選挙に関する記述として最適なものを，下記の選択肢（1～4）の中から1つ選び，その番号をマークしなさい。

1　ウェブサイトやブログを用いた選挙運動が一定の範囲で認められている。

2　選挙期間中に候補者が文書を配布することに関しては制限がない。

3　候補者による選挙期間中の戸別訪問は，選挙管理委員会が指定した立会人の立ち会いを条件として認められている。

4　投票日の前日までに投票できる期日前投票制度が設けられていたが，投票用紙の紛失や票数の不正操作などのおそれがあるため，この制度は廃止された。

問10　文中の下線部(7)に関連して，衆議院と参議院の関係に関する記述として最適なものを，下記の選択肢（1～4）の中から1つ選び，その番号をマークしなさい。

1　条約の承認案が衆議院で可決されると，その条約はただちに承認され，参議院での審議は省略される。

2　憲法で衆議院の優越が定められている議案以外は，衆参両院で議決が異なるときには，両院協議会で意見が一致しないかぎり，廃案になる。

3　不逮捕特権は衆議院議員にのみ認められており，参議院議員には認められていない。

4　衆議院の緊急集会において採られた措置に関しては，参議院の同意は必要とされていない。

3　次の文章を読んで，下記の問いに答えなさい。

図1は，企業によって供給され，家計によって需要されるある財の需要曲線と供給曲線を描いたものである。このような需要曲線と供給曲線の位置や形状は，企業の生産技術や家計の嗜好(1)を反映しており，ライフスタイルの変化やイノベーション(2)によってこれらが変化すると需要曲線・供給曲線の変化(3)が生じる。

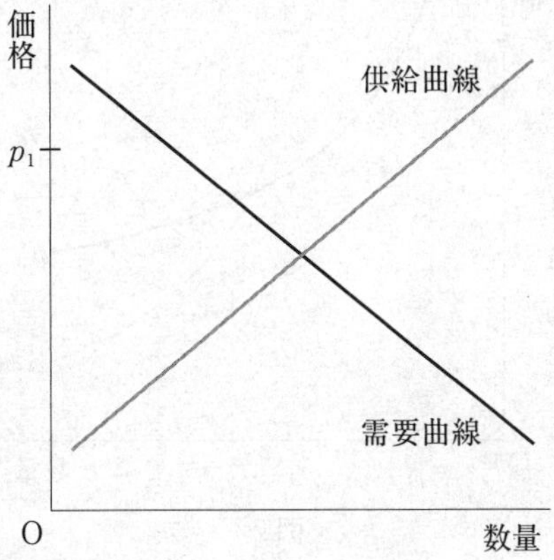

図1

需要曲線と供給曲線が図1のように表されるとき，価格の自動調節機能(4)により達成される市場均衡において，効率的な資源配分がもたらされることが知られている。ただし，このメカニズムが十分に機能するためには，財が取引される市場が完全競争市場であることが前提となる。現実には，様々な要因によって市場で実現する資源配分が効率的とはならないこともある。

例えば，市場が独占(5)や寡占の状態にあるケース，財の生産や消費に伴う外部性(6)があるケース，取引される財が非競合性・非排除性(7)によって特徴づけられる公共財であるケースにおいて，資源配分が非効率となることがある。

また，市場メカニズムが機能していても公平性の問題が生じることがありえる。すなわち，市場メカニズムの働きにより効率的な資源配分が達成されていても，公平な分配が達成されているとは限らず，不平等(8)な状態がもたらされる可能性も排除できないのである。

問 1　文中の下線部(1)に関連して，図2の曲線aaと曲線bbは，ある2種類の財の需要曲線を描いたものである。このうちのどちらか一方はぜいたく品の需要曲線，他方は生活必需品の需要曲線である。曲線aaに関する記述として最適なものを，下記の選択肢（1～4）の中から1つ選び，その番号をマークしなさい。

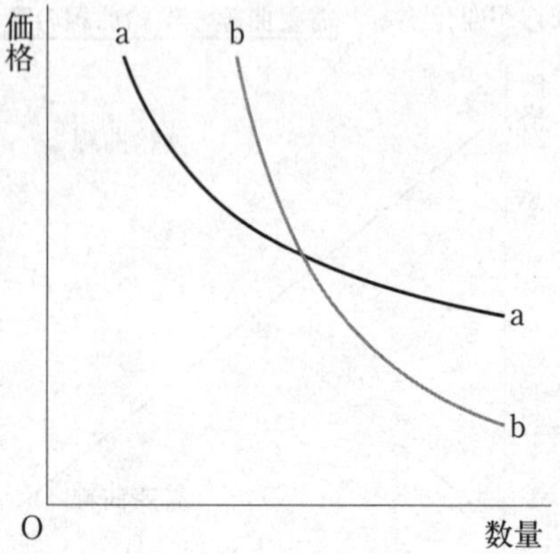

図2

1　需要の価格弾力性の大きい生活必需品の需要曲線である。

2　需要の価格弾力性の小さい生活必需品の需要曲線である。

3　需要の価格弾力性の大きいぜいたく品の需要曲線である。

4　需要の価格弾力性の小さいぜいたく品の需要曲線である。

問 2　文中の下線部(2)に関連して，次のA～Dのうち，シュンペーターが著書『経済発展の理論』の中で挙げた，イノベーションの分類に含まれるものはどれか。最適な記述を下記の選択肢（1～4）の中から1つ選び，その番号をマークしなさい。

A　新しい生産方法の導入　　　B　新しい財貨の生産

C　新しい組織の実現　　　D　新しい販路の開拓

1　Aのみ　　　2　A，B

3　A，B，C　　　4　A，B，C，Dすべて

問 3　文中の下線部(3)に関連して，図1の需要曲線・供給曲線に関する以下の問

いに答えなさい。

(1) 需要曲線をシフトさせる要因として誤っているものを，下記の選択肢（1～4）の中から1つ選び，その番号をマークしなさい。

1 家計の所得が増加したことにより，財の需要が増加した。

2 代替的な関係にある財の価格が上昇したことで，財の需要が増加した。

3 技術革新によってこの財の生産コストが低下し価格が下がったことで，財の需要が増加した。

4 テレビで取り上げられたことで，人々の嗜好が変化し，財の需要が増加した。

(2) 需要曲線・供給曲線の変化とその財の売上額の合計の関係について述べたa～dの中で最適なものを，下記の選択肢（1～4）の中から1つ選び，その番号をマークしなさい。

a 需要曲線のみが右方にシフトした場合，売上額は必ず増加する。

b 需要曲線のみが左方にシフトした場合，売上額は必ず増加する。

c 供給曲線のみが右方にシフトした場合，売上額は必ず増加する。

d 供給曲線のみが左方にシフトした場合，売上額は必ず増加する。

1 aのみ　　2 bのみ

3 aとc　　4 bとd

(3) 図1の市場において，需要曲線の右方へのシフトと供給曲線の左方へのシフトが同時に生じたときに起きる変化の記述として最適なものを，下記の選択肢（1～4）の中から1つ選び，その番号をマークしなさい。

1 均衡価格は必ず上昇する。

2 均衡価格は必ず低下する。

3 均衡での取引量は必ず増加する。

4 均衡での取引量は必ず減少する。

問 4 文中の下線部(4)に関連して，市場における価格の自動調節機能が働くとき，財の価格が図1で示されている p_1 であるときの市場の状態と価格の変化についての記述として最適なものを，下記の選択肢（1～4）の中から1つ選び，その番号をマークしなさい。

1　超過供給が存在しているため，価格は低下する。

2　超過需要が存在しているため，価格は低下する。

3　超過供給が存在しているため，価格は上昇する。

4　超過需要が存在しているため，価格は上昇する。

問5　文中の下線部(5)に関連して，独占市場に関する記述として最適なものを，下記の選択肢（1～4）の中から1つ選び，その番号をマークしなさい。

1　通常，独占市場においては，効率的な経済状態を達成する均衡と比較して，価格は高くなり，取引量は小さくなる。

2　通常，独占市場においては，効率的な経済状態を達成する均衡と比較して，価格は低くなり，取引量は小さくなる。

3　通常，独占市場においては，効率的な経済状態を達成する均衡と比較して，価格は高くなり，取引量は大きくなる。

4　通常，独占市場においては，効率的な経済状態を達成する均衡と比較して，価格は低くなり，取引量は大きくなる。

問6　文中の下線部(6)に関連して，外部性が引き起こす市場の失敗に関する記述として最適なものを，下記の選択肢（1～4）の中から1つ選び，その番号をマークしなさい。

1　財の生産に伴う外部不経済があるとき，企業の私的費用が社会的費用よりも大きくなり，市場での財の取引量は効率的な水準と比べて過大となる。

2　財の生産に伴う外部経済があるとき，企業の私的費用が社会的費用よりも大きくなり，市場での財の取引量は効率的な水準と比べて過大となる。

3　財の生産に伴う外部不経済があるとき，企業の私的費用が社会的費用よりも小さくなり，市場での財の取引量は効率的な水準と比べて過大となる。

4　財の生産に伴う外部経済があるとき，企業の私的費用が社会的費用よりも小さくなり，市場での財の取引量は効率的な水準と比べて過大となる。

問7　文中の下線部(7)に関連して，座席数が十分にある映画館が提供するサービスは，映画館の入場料金を支払った人であるならば多くの人が同時に利用可能であり，ある人が映画を見ることが他の人が映画を見ることの妨げとはならない。このようなサービスの性質を表す記述として最適なものを，下記の選択肢（1～4）の中から1つ選び，その番号をマークしなさい。

1　非競合性も非排除性もある。

2　非競合性はないが，非排除性はある。

3　非競合性はあるが，非排除性はない。

4　非競合性も非排除性もない。

問8　文中の下線部(8)に関連して，図3は横軸に世帯数の累積比率，縦軸に所得の累積比率をとって，ある経済の所得の不平等の度合いを表すため，ローレンツ曲線と45度線を描いたものである。A，B，Cはローレンツ曲線や45度線で区切られた領域を示している。ジニ係数の説明として最適なものを，下記の選択肢（1～4）の中から1つ選び，その番号をマークしなさい。

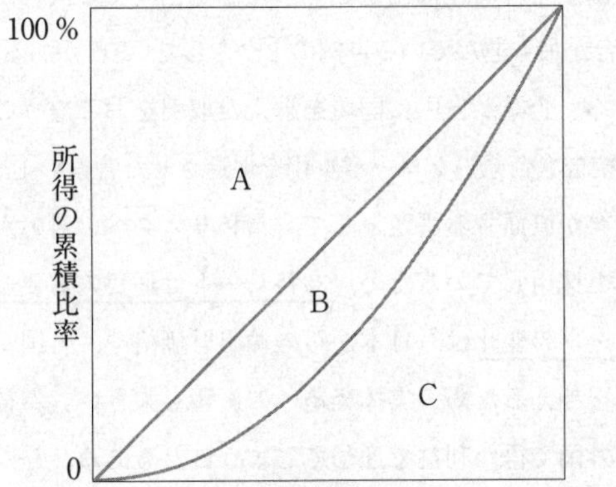

図3

1　ジニ係数は　Cの面積／Aの面積で計算される。

2　ジニ係数は　Cの面積／(Bの面積＋Cの面積)で計算される。

3　ジニ係数は　Bの面積／Cの面積で計算される。

4　ジニ係数は　Bの面積／(Bの面積＋Cの面積)で計算される。

4　次の文章を読んで，下記の問いに答えなさい。

私たちは毎日の生活の中で，グローバル化の恩恵を受けている。例えば，インターネットを通じた販売サービスの拡充により，日本にいながらにして，アメリカの企業が販売する財を簡単に購入することが出来る。また，スーパーでは，中国産の椎茸や，メキシコ産のアボカドなど，外国産の(1)農産物も多数販売されており，30年前と比較すると消費者の選択肢は格段に広がった。こうした日本と外国との経済取引を記録しているのが(2)国際収支である。私たちは国際収支をはじめとした(3)経済データを見ることで，日本と世界とのつながりを知ることが出来る。

グローバル化は，企業の生産システムも大きく変えてきた。例えば，自動車のように，多くの部品を要する財では，部品ごとに生産国が異なるケースが多い。自動車部品は，部品ごとに(4)比較優位をもつ国が異なるため，このような分業が起きる。部品の生産国を複数に分ける際，重要なのが関税である。関税が高いと，部品を他国へ輸送する際のコストが高くなってしまう。近年，(5)地域経済の統合が進み，自由貿易協定や経済連携協定といった協定国間での関税が非常に低くなっている。地域統合が最も進んでいる事例の1つとして，(6)EUがある。EU域内では，原則，関税がなく，企業が自由に国境を越えた取引をおこなうことができる。こうした地域経済統合も企業のグローバル化を促進させた背景の1つとなっている。

グローバル企業が直面する課題として，為替リスクへの対応がある。現在，日本は(7)変動相場制を採用しているため，(8)為替レートは通貨の需要と供給の関係で変化する。(9)為替レートの変化は，日本からの輸出財価格や，外国からの輸入財価格にも大きな影響を与えるため，実体経済への影響も大きい。為替レートの変化によって，企業は外国で得た利益を逸してしまうこともある。しかし企業は，(10)金融取引によって，ある程度為替リスクを減少させることもできる。あらかじめ，将来の特定日に通貨を交換する際の為替レートを契約しておくのである。だが，こうした金融取引も，すべての為替リスクをなくすことは出来ない。2008－09年の世界金融危機では，世界的な金融混乱を背景に大規模な為替レートの変動が発生し，多くの企業が損失を被った。グローバルな活動を展開する企業は，日々変化する為替レートを注視しながら，最適な戦略を展開していく必要がある。

問 1　文中の下線部(1)に関連して，日本の農業の貿易自由化に関する記述として，最適なものを下記の選択肢(1～4)の中から1つ選び，その番号をマークしなさい。

1　日本における食料安全保障論とは，食料の安定供給確保のために，積極的に輸入を受け入れていくべきという考え方である。

2　日本は，GATTのウルグアイ・ラウンドにおける交渉ののち，米のミニマム・アクセスを導入した。

3　日本は，TPP 11協定締結により，米の全面関税化をおこなった。

4　日本は，1995年の新食糧法において，牛肉・オレンジの輸入自由化をおこなった。

問 2　文中の下線部(2)に関連して，以下の問いに答えなさい。

下の表は，A国の20××年における国際収支である。表中の(イ)と(ロ)の差はいくらになるか。最適なものを下記の選択肢(a～d)の中から1つ選び，その記号をマークしなさい。

経常収支	(イ)
貿易・サービス収支	40,000
第一次所得収支	180,000
第二次所得収支	−20,000
資本移転等収支	−2,000
金融収支	(ロ)
誤差脱漏	0

a　200,000　　b　2,000　　c　198,000　　d　202,000

問 3　文中の下線部(3)に関連して，経済データにはストックを表すものとフローを表すものがある。ストックとフローに関する記述として，最適なものを下記の選択肢(a～d)の中から1つ選び，その記号をマークしなさい。

a　経常収支は外国との経済取引を計上するため，フローだが，金融収支はその国が保有する対外資産を計上しており，ストックである。

b　2018年3月末時点における個人の貯蓄残高はフローだが，2018年3月末時点における日本全体の貯蓄残高はストックである。

c　国内総生産，国民総生産，国民総所得はすべてフローである。

d　2019年度の日本の国内総生産と国民総所得と国民総支出の合計が，2019年度の日本の富のストックを表している。

問 4　文中の下線部(4)に関連して，以下の問いに答えなさい。

A国とB国は，ともに洋服と自動車を生産している。両国が洋服1着と自動車1台を生産するのに必要とする労働者の数は，下の表のようになっているとする。このとき，比較生産費説を唱えた人物をa，bから，比較生産費説から導かれるA国とB国の生産パターンを(イ)，(ロ)から選び，その組み合わせとして，最適なものを下記の選択肢(1～4)の中から1つ選び，その番号をマークしなさい。

	洋服1着	自動車1台
A国	12	4
B国	2	3

a　リスト　　b　リカード

(イ)　A国が洋服の生産に特化し，B国が自動車の生産に特化する。

(ロ)　B国が洋服の生産に特化し，A国が自動車の生産に特化する。

1　a —(イ)　　2　a —(ロ)　　3　b —(イ)　　4　b —(ロ)

問 5　文中の下線部(5)に関連して，多国間での経済協力を目的とした以下の組織のうち，日本が加盟しているものを下記の選択肢(1～4)の中から1つ選び，その番号をマークしなさい。

1　NAFTA　　2　AFTA

3　MERCOSUR　　4　APEC

問 6　文中の下線部(6)に関連して，ヨーロッパ諸国の統合の歴史に関する記述として，最適なものを下記の選択肢(1～4)の中から1つ選び，その番号をマークしなさい。

1　欧州統合の歴史はECSCに始まり，その後，マーストリヒト条約に基づいてECが発足した。

2　ECの下で関税同盟が成立してモノの移動が自由化され，EU 発足後に共通通貨であるユーロが導入された。

3　EUでは，2008 年の世界金融危機をきっかけとして，欧州の銀行監督機関である ECB が設立された。

4　イギリスは，EC 発足当初からの原加盟国であったが，2016 年の国民投票で，EU から離脱することになった。

問 7　文中の下線部(7)に関連して，(a) 1973 年に日本が変動相場制に移行した直後と，(b) 1985 年にプラザ合意がおこなわれた直後に，円ドル為替レートはおおむねどのように推移したか，最適なものを下記の選択肢（1～4）の中から1つ選び，その番号をマークしなさい。

1　(a)，(b)の両方で円安ドル高傾向に推移した。

2　(a)の際は円安ドル高傾向に推移したが，(b)の際は円高ドル安傾向に推移した。

3　(a)の際は円高ドル安傾向に推移したが，(b)の際は円安ドル高傾向に推移した。

4　(a)，(b)の両方で円高ドル安傾向に推移した。

問 8　文中の下線部(8)に関連して，以下の問いに答えなさい。

日本の投資家によるアメリカへの投資が増加した場合，他の条件が変わらなければ，円とドルの需要と供給，そして円ドル為替レートはどう変化するか，最適なものを下記の選択肢（1～4）の中から1つ選び，その番号をマークしなさい。

1　円の需要が増加して，円高ドル安になる。

2　円の需要が増加して，円安ドル高になる。

3　ドルの需要が増加して，円高ドル安になる。

4　ドルの需要が増加して，円安ドル高になる。

問 9　文中の下線部(9)に関連して，以下の問いに答えなさい。

日本はアメリカに対して，財Mを輸入し，財Eを輸出しているとする。当初，アメリカからの輸入財Mの価格は 20,000 ドルで，アメリカへの輸出財Eの価格は 20,000 円であったとする。円ドル為替レートが1ドル＝100 円から1ドル＝50円に変わった場合，円で測った輸入財Mの価格と，ドルで測った輸出財Eの価格はどのように変化するか。為替レートの変化と輸入財と輸出財の価格に関する説明として，最適なものを下記の選択肢(１～４)の中から１つ選び，その番号をマークしなさい。ただし，為替レートの変化は，他の条件を変化させないものとする。

1 円で測ったドルの価格が１/２になったため，円で測った輸入財Mの価格は２倍になり，ドルで測った輸出財Eの価格は１/２になった。

2 円で測ったドルの価格が１/２になったため，円で測った輸入財Mの価格は１/２になり，ドルで測った輸出財Eの価格は２倍になった。

3 円で測ったドルの価格が２倍になったため，円で測った輸入財Mの価格は２倍になり，ドルで測った輸出財Eの価格は１/２になった。

4 円で測ったドルの価格が２倍になったため，円で測った輸入財Mの価格は１/２になり，ドルで測った輸出財Eの価格は２倍になった。

問10 文中の下線部⑽に関連して，日本の金融の自由化と規制に関する記述として，最適なものを下記の選択肢(１～４)の中から１つ選び，その番号をマークしなさい。

1 かつて日本の金融機関に対しておこなわれていた護送船団方式は，小規模の金融機関を合併させながら経営の合理化と大規模化を図る政策であった。

2 日本は，金融自由化を進める過程で，預金金利・貸出金利などの｢金利の自由化｣をおこなったため，日本銀行の金融政策の１つである公定歩合操作は，現在は政策手段として用いられていない。

3 ペイオフ制度は，日本の金融システムを安定化させるための制度であり，預金者が金融不安によって多額の預金引出をおこなわないように，すべての預金の全額を保証している。

4 金融システムを安定化させるためにおこなわれる各金融機関への検査・監督・監視の業務は，日本銀行だけが担っている。

数学

（注）　2 3の解答は，途中の説明，式，計算等をできるだけていねいに書くこと。

◀理（総合理学プログラム〈文系〉を除く）・工学部▶

（90 分）

1　次の空欄((a)～(g))を適当に補え。

(1)　$\dfrac{2}{3-\sqrt{8}}$ の整数部分は　(a)　である。

(2)　$\vec{0}$ でない2つのベクトル $\vec{a}$，$\vec{b}$ について，$2|\vec{a}|=|\vec{b}|$ で，$\vec{a}$ と $\vec{a}+\vec{b}$ が垂直であるとき，$\vec{a}$ と $\vec{b}$ のなす角 θ は $\theta=$　(b)　である。ただし，$0^\circ \leqq \theta \leqq 180^\circ$ とする。

(3)　2つの2次方程式

$$x^2-2ax+6a=0, \quad x^2-2(a-1)x+3a=0$$

が0でない共通の解をもつような定数 a の値は　(c)　である。

(4)　座標平面上の点Pが円 $x^2+y^2=1$ 上を動くとき，点Pと直線 $2x+\sqrt{5}y-4=0$ との距離の最小値は　(d)　である。

(5)　極限値 $\displaystyle\lim_{n\to\infty}\left(\frac{1}{n^2+1^2}+\frac{2}{n^2+2^2}+\cdots+\frac{n}{n^2+n^2}\right)=$　(e)　である。

(6)　実部と虚部がともに負である複素数 z が $z^6=1$ を満たしている。このとき，z^{2020} の値は　(f)　であり，$\dfrac{1}{z^{2020}}$ の偏角 θ は $\theta=$　(g)　である。ただし，$0 \leqq \theta < 2\pi$ とする。

2 曲線 $C: y = xe^{-x}$ について，次の問いに答えよ。ただし，e は自然対数の底である。

(1) 曲線 C 上の点 $(t,\ te^{-t})$ における接線の方程式を求めよ。

(2) (1)で求めた接線のうち点 $(a,\ 0)$ を通る接線がただ1つであるような，定数 a の値を求めよ。ただし，$a > 0$ とする。

(3) 定数 a が(2)で求めた値のとき，直線 $x = a$，曲線 C および x 軸で囲まれた部分の面積を求めよ。

3 赤玉3個，白玉2個，青玉4個が入っている袋から，玉を1個取り出して色を調べてから元に戻す。この試行を n 回続けて行うとき，赤玉が奇数回出る確率を p_n とする。次の問いに答えよ。

(1) p_1 および p_2 を求めよ。

(2) p_{n+1} を p_n の式で表せ。

(3) p_n を求めよ。

(4) 極限値 $\lim_{n \to \infty} p_n$ を求めよ。

◀経済・経営・人間科・理（総合理学プログラム〈文系〉）学部▶

（70 分）

1 次の空欄((a)〜(d))を適当に補え。

(1) $pq-p+2q=32$ を満たす自然数の組$(p,\ q)$は [(a)] 個ある。

(2) $4^x-7\cdot 2^x-8=0$ の解は $x=$ [(b)] である。

(3) さいころを 3 回投げて，同じ目が全く出ない確率は [(c)] である。

(4) x の関数 $f(x)$ が等式 $f(x)=3x^2+2x\int_0^2 f(t)\,dt$ を満たす。このとき，$\int_0^2 f(x)\,dx$ の値は [(d)] である。

2 実数 a について，放物線 $y=x^2+4x+a$ を考える。次の問いに答えよ。

(1) この放物線が直線 $y=2x+3$ と異なる 2 点で交わり，かつ $y=2x$ とは共有点をもたないような a の範囲を求めよ。

(2) a が(1)で求めた範囲にあるとき，この放物線の直線 $y=2x+3$ との 2 交点において，それぞれ接線を考える。この 2 本の接線が $y=2x$ 上で交わるとき，a の値を求めよ。

3　x 軸正の部分および半直線 $l : y = x\tan\dfrac{\pi}{3}$ $(x \geqq 0)$ に接する半径 1 の円 C を考える。次の問いに答えよ。

(1)　x 軸正の部分にある接点 P の座標と，半直線 l 上にある接点 Q の座標を求めよ。

(2)　Q と x 軸上の点 $\mathrm{R}\left(\dfrac{3\sqrt{3}}{2},\ 0\right)$ とを結ぶ直線が C と交わる点で Q とは異なるものを S とする。線分 SR の長さを求めよ。

物理

（70分）

（注）　解答用紙は，解答用紙Ａ（マーク・センス方式）と解答用紙Ｂ（記述式）の２種類である。

解答用紙Ｂは，解の欄に途中の説明，式，計算を書くこと。

1　次の文章中の空欄(1)～(10)に当てはまる最も適切なものを，各文章の次に掲げた(イ)～(ヘ)の中から一つずつ選び，その記号を解答用紙Ａにマークしなさい。

(1)　なめらかな水平面上で静止していた小物体に一定の力を加えて加速したところ，10秒後の速さは5.0 m/sで，進んだ距離は　(1)　mであった。

(イ)　5.0　　(ロ)　10　　(ハ)　15　　(ニ)　20　　(ホ)　25　　(ヘ)　30

(2)　鉛直下向きに投げ下ろした質量mの小球が，速さに比例する比例定数kの空気抵抗力を受けて落下するとき，終端速度は　(2)　である。ただし，重力加速度の大きさをgとする。

(イ)　$\frac{1}{kmg}$　　(ロ)　kmg　　(ハ)　$\frac{mg}{k}$

(ニ)　$\frac{k}{mg}$　　(ホ)　$\frac{m}{kg}$　　(ヘ)　$\frac{kg}{m}$

(3)　図１のように，自然長が等しいばね定数k_1の２個のばねを並列に接続し，ばね定数k_2の１個のばねをそれに直列に接続した。これらを一つのばねとみなしたときのばね定数は　(3)　である。

(イ)　$\frac{2k_1k_2}{2k_1+k_2}$　　(ロ)　$\frac{k_1k_2}{2k_1+k_2}$　　(ハ)　$k_1+\frac{k_2}{2}$

(ニ)　$\frac{k_1}{2}+k_2$　　(ホ)　$\frac{k_1k_2}{k_1+2k_2}$　　(ヘ)　$\frac{2k_1k_2}{k_1+2k_2}$

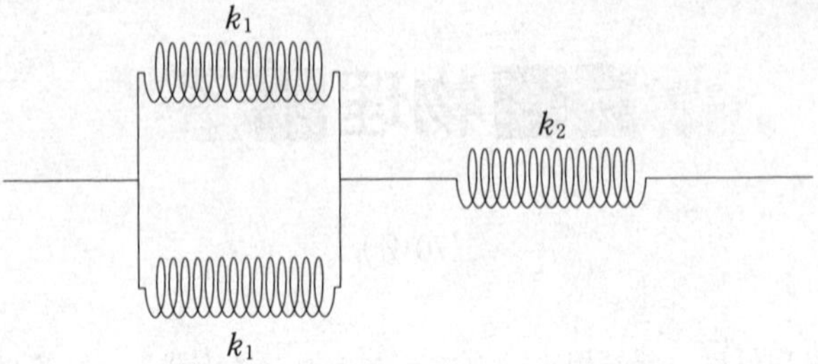

図　1

(4)　質量 m，電気量 $q(>0)$ の静止した荷電粒子を電圧 V で加速した後の速さは　(4)　である。

(イ)　$\dfrac{m}{2qV}$　　(ロ)　$\dfrac{2qV}{m}$　　(ハ)　$\dfrac{m^2}{(2qV)^2}$

(ニ)　$\dfrac{(2qV)^2}{m^2}$　　(ホ)　$\sqrt{\dfrac{2qV}{m}}$　　(ヘ)　$\sqrt{\dfrac{m}{2qV}}$

(5)　極板間が真空で電気容量が $2.0\,\mu$F の平行板コンデンサーに，比誘電率　(5)　の誘電体をすき間なく挿入して 2.0 V の電圧を加えたところ，じゅうぶんに時間がたった後に $20\,\mu$J の静電エネルギーが蓄えられた。

(イ)　5.0　　(ロ)　10　　(ハ)　20　　(ニ)　30　　(ホ)　40　　(ヘ)　50

(6)　断熱容器に 0℃ の水と氷がそれぞれ 95 g と 5.0 g 入っている。この中に 90℃ に熱した 100 g の鉄球を入れてしばらく時間がたつと，水の温度は　(6)　℃ となる。ただし，氷の融解熱は 334 J/g，水と鉄の比熱はそれぞれ 4.2 J/(g・K)，0.46 J/(g・K) とする。

(イ)　5.3　　(ロ)　6.0　　(ハ)　6.7　　(ニ)　7.4　　(ホ)　8.1　　(ヘ)　8.8

(7)　圧力　(7)　Pa，体積 0.60 $\mathrm{m^3}$，温度 27℃ の理想気体がある。この気体の体積を 0.30 $\mathrm{m^3}$，温度を 77℃ にすると，気体の圧力は 3.5×10^5 Pa になった。

(イ)　1.0×10^5　　(ロ)　1.5×10^5　　(ハ)　2.0×10^5

(ニ)　1.0×10^6　　(ホ)　1.5×10^6　　(ヘ)　2.0×10^6

⑻ 真空中から媒質に入射角45°で入射した光の屈折角が30°であった。この媒質の絶対屈折率は [⑻] である。

(イ) 0.58　(ロ) 0.71　(ハ) 1.0　(ニ) 1.4　(ホ) 1.7　(ヘ) 2.0

⑼ 静止した観測者に音源が速さ v で近づくときに聞こえる音の振動数と，静止している同じ音源に観測者が速さ [⑼] で近づくときに聞こえる音の振動数は等しい。ただし，音速を V とし，音源や観測者の速さは V より小さいものとする。

(イ) $\dfrac{v(V-v)}{V}$　(ロ) $\dfrac{v(V+v)}{V}$　(ハ) $\dfrac{V(V-v)}{v}$

(ニ) $\dfrac{V(v+V)}{v}$　(ホ) $\dfrac{vV}{V+v}$　(ヘ) $\dfrac{vV}{V-v}$

⑽ ある音源と振動数400 Hzのおんさから同時に音を出すと，毎秒4回のうなりが聞こえた。同じ音源と振動数410 Hzのおんさから同時に音を出すと，うなりは毎秒 [⑽] 回であった。ただし，音源からの音は振動数400 Hzのおんさの音よりやや高かった。

(イ) 0　(ロ) 2　(ハ) 4　(ニ) 6　(ホ) 10　(ヘ) 14

2　半径 R のなめらかな球内面上を質量 m の小球が等速円運動をしている。重力加速度の大きさを g として，以下の問いについて解答用紙Bに答えなさい。

(1)　小球は，図2のように鉛直下向きから一定の角度 $\theta(<90^\circ)$ を保って，等速円運動している。

(イ)　小球が球面から受けている垂直抗力の大きさを求めなさい。

(ロ)　等速円運動する小球の速さを v として，小球にかかる遠心力の大きさを v，R，m，θ を用いて表しなさい。

(ハ)　小球の速さ v を，R，g，θ を用いて表しなさい。

(2)　小球が半径 R の球の中心と同じ高さにあるときの，重力による位置エネルギーをゼロとする。小球が $\theta = 60^\circ$ を保って等速円運動をしているときの，

(イ)　小球の，重力による位置エネルギーを求めなさい。

(ロ)　小球の力学的エネルギーを求めなさい。

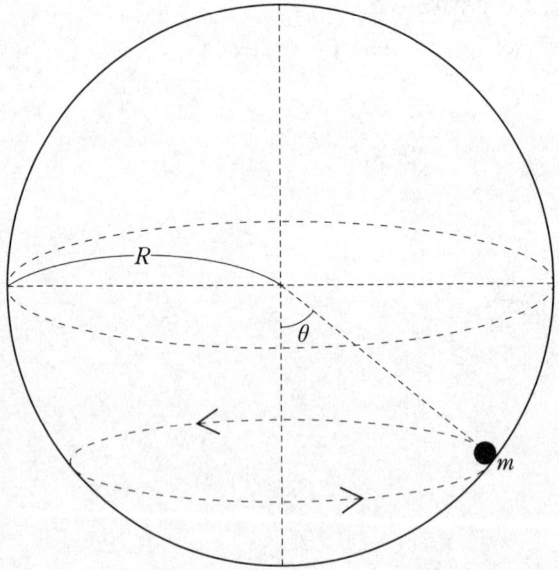

図　2

3 z 軸の正の向きに磁束密度の大きさが B の一様な磁場がある。x 軸に平行に間隔 L で 2 本の導線レールを xy 面上に固定し，レール上に y 軸に平行で抵抗の無視できる長さ L の導体棒を置き，レールの左端を抵抗値 R の抵抗器とスイッチ S を通してつないだ(図 3)。電子の電荷を $-e$(ただし $e > 0$)とし，以下の問いについて解答用紙 B に答えなさい。

(1) S が開いた状態で，導体棒を x 軸の正の向きに一定の速さ v で移動させた。

(イ) 導体棒中の 1 個の電子が受けるローレンツ力の向きと大きさを答えなさい。向きについては，例えば「x 軸の正の向き」などと表現すればよい。

(ロ) 電子がローレンツ力を受けて移動すると導体棒内に電場が生じ，やがてローレンツ力と電場による力がつりあうようになる。この電場の向きと，この電場により生じる導体棒の両端間の電位差を求めなさい。

(2) 次に S を閉じて，導体棒に x 軸の正の向きの一定の大きさ F の外力を加えたところ，導体棒は y 軸に平行なまま一定の速さ v で外力と同じ向きに移動した。このとき抵抗器には電流が流れた。ただし，この電流による磁場の変化と，導体棒とレール間の摩擦は無視できるものとする。

(イ) 外力の仕事率を求めなさい。

(ロ) 抵抗器を流れる電流の大きさと，抵抗器で単位時間に発生するジュール熱を v, B, L, R を用いて表しなさい。

(ハ) F を v, B, L, R を用いて表しなさい。

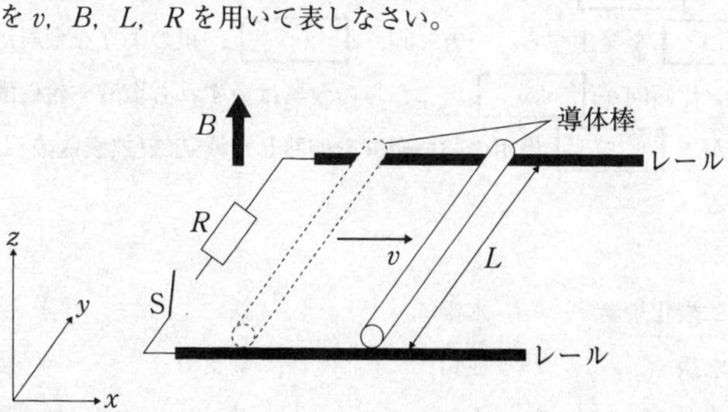

図 3

化学

（70分）

（注）　解答用紙は，解答用紙A（マーク・センス方式）と解答用紙B（記述式）の2種類である。

> 必要があれば，原子量は次の値を使いなさい。
>
> H 1.0　C 12　N 14　O 16

1　次の問1～問3に答えなさい。

問1　次の文章中の空欄(a)～(g)にあてはまるもっとも適切なものを(イ)～(ヲ)の中から1つずつ選び，その記号を解答用紙Aにマークしなさい。なお，空欄(a)と(b)では，答の順序は問わない。

マグネシウム，［ (a) ］，［ (b) ］のような金属は水素よりイオン化傾向が［ (c) ］，これらの金属はいずれも塩酸や希硫酸と反応して［ (d) ］を発生する。一方，銅，［ (e) ］，銀のような金属は水素よりイオン化傾向が［ (f) ］，これらの金属はいずれも塩酸や希硫酸と反応しないが，［ (g) ］作用の強い硝酸や加熱した濃硫酸（熱濃硫酸）と反応して溶ける。

(イ)　二酸化炭素	(ロ)　水素	(ハ)　鉄	(ニ)　金
(ホ)　水銀	(ヘ)　亜鉛	(ト)　酸素	(チ)　塩素
(リ)　小さく	(ヌ)　大きく	(ル)　還元	(ヲ)　酸化

問 2　次の(1)〜(3)の問いに答えなさい。答えは(イ)〜(ホ)の中からもっとも適切なものを選び，その記号を解答用紙Aにマークしなさい。

(1)　次の原子のうち，イオン化エネルギーがもっとも大きいものはどれか。

(イ)　ナトリウム　(ロ)　ケイ素　(ハ)　リン

(ニ)　塩素　(ホ)　アルゴン

(2)　次の分子のうち，非共有電子対をもっとも多くもつものはどれか。

(イ)　H_2　(ロ)　NH_3　(ハ)　N_2　(ニ)　HF　(ホ)　CO_2

(3)　硫酸銅(Ⅱ)水溶液を 0.200 A の電流で 32 分 10 秒間電気分解して析出する銅の物質量〔mol〕として，もっとも適切な値を1つ選びなさい。ただし，ファラデー定数は 9.65×10^4 C/mol である。

(イ)　0.00100　(ロ)　0.00200　(ハ)　0.00300

(ニ)　0.00400　(ホ)　0.00500

問 3　次の(a)〜(d)は，ある物質の工業的製法に関する語句である。これらの製法で生産される物質としてもっとも適切なものを(イ)〜(ヲ)の中から1つずつ選び，その記号を解答用紙Aにマークしなさい。

(a)　酸化バナジウム(Ⅴ)V_2O_5 触媒，接触法

(b)　四酸化三鉄 Fe_3O_4 を主成分とする触媒，ハーバー・ボッシュ法

(c)　白金 Pt 触媒，オストワルト法

(d)　氷晶石 Na_3AlF_6，溶融塩電解法

(イ)　ナトリウム　(ロ)　アルミニウム　(ハ)　チタン

(ニ)　鉄　(ホ)　硫酸　(ヘ)　硝酸

(ト)　塩酸　(チ)　酢酸　(リ)　水酸化ナトリウム

(ヌ)　アンモニア　(ル)　硫化水素　(ヲ)　塩素

2 次の問1と問2に答えなさい。

問 1 次の文章を読み，(1)と(2)の問いに答えなさい。

右図のようなピストンのついた容器に40℃の水5.0LとN_2 0.0455 molを入れた。その後ピストンを固定して全体の温度を40℃に保ちながら，N_2を十分に水に溶解させた。N_2はヘンリーの法則に従って，1.0×10^5 Pa，40℃において，1.0Lの水に対し5.5×10^{-4} mol溶解するものとする。なお，水の蒸気圧は無視でき，N_2は理想気体としてふるまうとし，気体定数を8.3×10^3 Pa・L/(mol・K)とする。

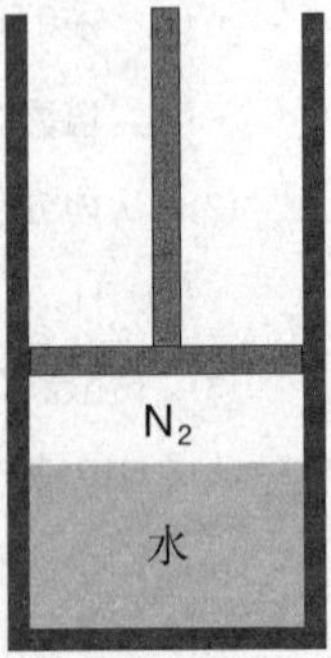

(1) 水中に溶けているN_2は0.0770 gであった。このときの容器内の圧力としてもっとも適切なものを次の(イ)～(ホ)の中から1つ選び，その記号を解答用紙Aにマークしなさい。

(イ) 1.0×10^5 Pa　(ロ) 1.2×10^5 Pa　(ハ) 1.5×10^5 Pa

(ニ) 5.0×10^5 Pa　(ホ) 1.0×10^6 Pa

(2) 温度を40℃に保ちながらピストンを動かして，再び固定した。その後十分な時間がたったとき，容器内の圧力は2.0×10^5 Paであった。このときの気体の体積は何Lか。計算過程を示し，答えを有効数字2桁で解答用紙Bに書きなさい。

問 2 次の(1)～(3)の問いに答えなさい。

(1) 次の(イ)～(ホ)の文章の中から，下線部分に誤りを含むものを1つ選び，その記号を解答用紙Aにマークしなさい。

(イ) 16族の元素の水素化合物H_2X(X＝O，S，Se，Te)のうち，沸点がもっとも高いものはH_2Oである。

(ロ) 直鎖状のアルカンの沸点は，分子量が大きくなるほど高い。

(ハ) CH_4 分子の構造は，正四面体形である。

(ニ) 黒鉛，希硫酸，銅の結晶，融解した塩化ナトリウムは，いずれも電気を通す。

(ホ) 同じ質量モル濃度の K_2SO_4 希薄水溶液と $NaNO_3$ 希薄水溶液では，沸点は同じである。

(2) ある糖 3.6 g が溶けた水溶液 1.0 L の浸透圧を測定したところ，温度 300 K で 0.50×10^5 Pa であった。この糖の分子量としてもっとも適切なものを次の(イ)～(ホ)の中から1つ選び，その記号を解答用紙Aにマークしなさい。ただし，気体定数は 8.3×10^3 Pa・L/(mol・K)とする。

(イ) 150　(ロ) 180　(ハ) 324　(ニ) 342　(ホ) 360

(3) 水溶液中の水酸化ナトリウムと気体の塩化水素を 25 ℃ で反応させて，塩化ナトリウム水溶液が生じる場合の熱化学方程式を，解答用紙Bに書きなさい。ただし，固体の水酸化ナトリウムおよび気体の塩化水素の 25 ℃ における水への溶解熱は，それぞれ，45 kJ/mol および 75 kJ/mol である。また，固体の水酸化ナトリウムと希塩酸の 25 ℃ における反応は，以下の熱化学方程式であらわされる。

$$NaOH(固) + HCl\,aq = NaCl\,aq + H_2O(液) + 101\,kJ$$

生成物も含め，いずれの水溶液も，溶質は多量の水で希釈されているものとし，水はすべて液体とする。

3　次の問1と問2に答えなさい。

問 1　水素結合について，次の(1)〜(3)の問いに答えなさい。

(1)　次の(イ)〜(ホ)の中から，水素結合が関与していないものを1つ選び，その記号を解答用紙Aにマークしなさい。

(イ)　タンパク質がα-ヘリックス構造やβ-シート構造などの二次構造をとること。

(ロ)　メタノール CH_3OH の沸点が，ほぼ同じ分子量をもつフルオロメタン CH_3F に比べて高いこと。

(ハ)　ナイロンが高い強度をもつ繊維であること。

(ニ)　セルロースが水や有機溶媒に溶解しにくいこと。

(ホ)　グルコースが還元作用を示すこと。

(2)　次の文章を読み，(a)と(b)の問いに答えなさい。

DNA(デオキシリボ核酸)を構成する塩基には，アデニン，グアニン，シトシン，チミンの4種類がある。これらの構造を図1に示す(R = H)。アデニンはチミンと，グアニンはシトシンと，それぞれ水素結合によって塩基対を形成し，DNAの二重らせん構造のもととなっている。このとき，図中のRがDNAの主鎖になる。

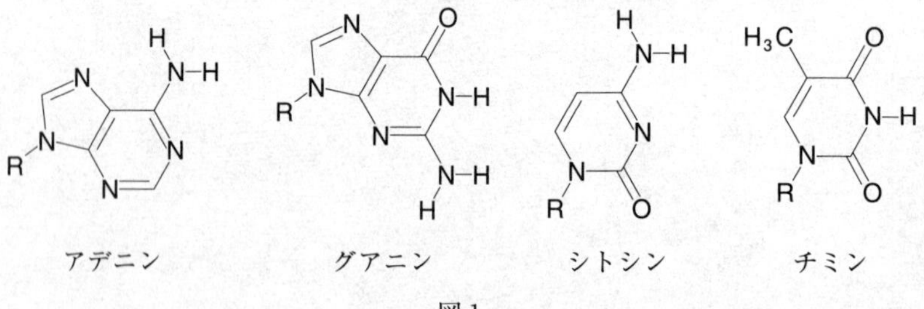

図1

(a)　ある二重らせんのDNAに含まれるこれら4種類の塩基の数を分析したところ，チミンの数の割合が19％であった。このDNAに含まれるグアニンの数の割合は何％か。もっとも近い値を(イ)〜(ホ)の中から1つ選び，その記号を解答用紙Aにマークしなさい。

(イ)　19　　(ロ)　31　　(ハ)　38　　(ニ)　62　　(ホ)　81

(b)　アデニンとチミンの間の水素結合は，図2の点線のように表される。これを参考にして，グアニンとシトシンの間の水素結合の様子を解答用紙Bに書きこんで，図を完成させなさい。なお，解答中で水素結合を図示する際は，図2のように点線を用いて示しなさい。

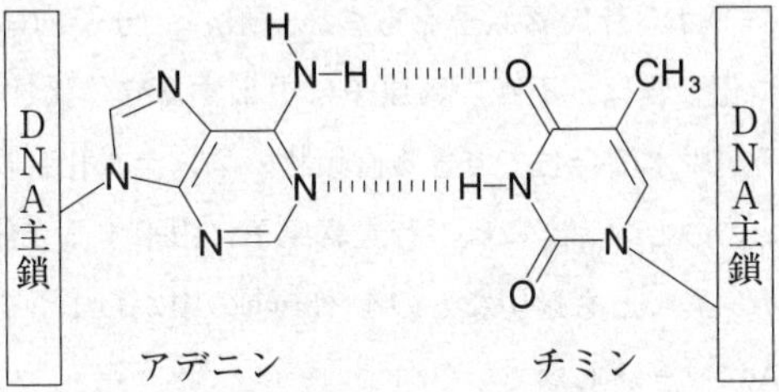

図2

〔解答欄〕

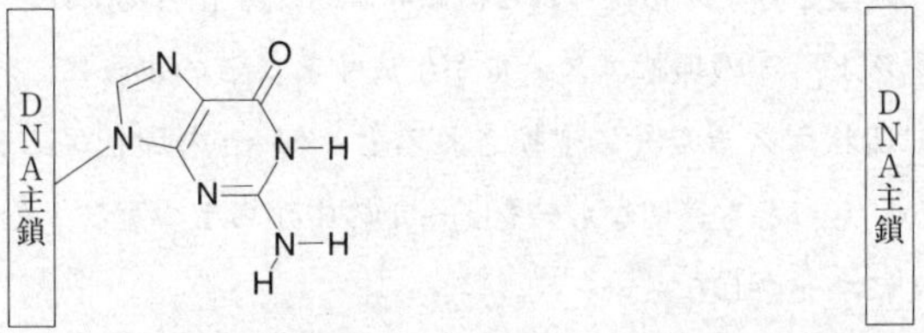

(3)　酢酸の希薄ベンゼン溶液の凝固点降下により，酢酸の分子量を求めると，酢酸の分子量は60であるにもかかわらず，その2倍の120という値が得られた。これは酢酸分子が希薄ベンゼン溶液中でどのような状態をとっているからだと考えられるか。それを説明する図を解答用紙Bに図示しなさい。なお，水素結合を表す場合は，(2)(b)の問いと同様に点線を用いなさい。

問2　下図に示す①～③の物質について，次の(1)～(4)の問いに答えなさい。ただし，図中の結合で，実線のくさび形(◀)は中央のC原子から紙面の手前側へ，破線のくさび形(⋯⋯ıı)はC原子から紙面の向こう側へ出ている結合を表す。

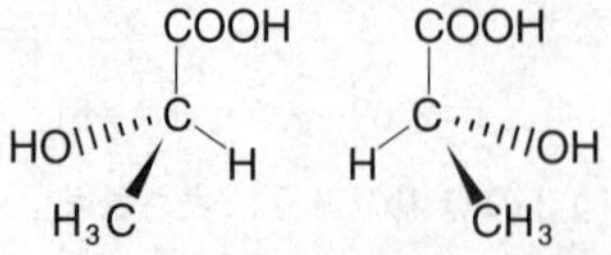

D−乳酸　L−乳酸

①

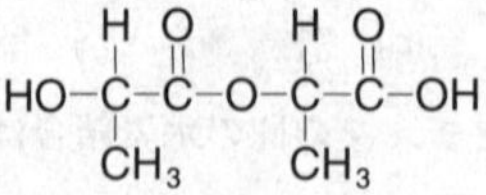

②

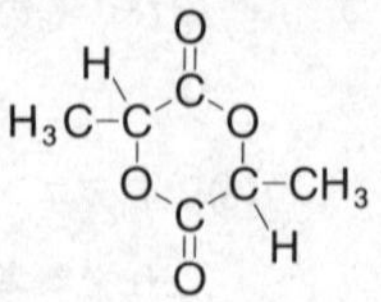

③

(1) 乳酸分子①は不斉炭素原子をもつ。一般に，分子内に n 個の不斉炭素原子をもつ化合物は，不斉炭素原子に由来する立体異性体を 2^n 個もつ。乳酸２分子が脱水縮合してできる直鎖状のエステル化合物②は，この一般則に従う。このとき，②には不斉炭素原子に由来する立体異性体がいくつ存在するか。もっとも適切なものを(イ)～(ホ)の中から１つ選び，その記号を解答用紙Ａにマークしなさい。

(イ) 2　(ロ) 3　(ハ) 4　(ニ) 6　(ホ) 8

(2) 乳酸２分子から得られる直鎖状エステル化合物②が，分子内で脱水縮合すると，③の環状エステルが生成する。このように，乳酸 180 kg がすべて環状エステル③に変換されると，何 kg の環状エステル③が得られるか。もっとも適切なものを(イ)～(ホ)の中から１つ選び，その記号を解答用紙Ａにマークしなさい。

(イ) 72　(ロ) 90　(ハ) 144　(ニ) 162　(ホ) 180

(3) 触媒を使って，環状エステル③を開環重合させると，ポリ乳酸が生成する。ポリ乳酸の構造式または示性式を解答用紙Ｂに書きなさい。ただし，不斉炭素原子に由来する異性体を区別しなくてよい。

(4) 分子量が 9.36×10^4 のポリ乳酸には，分子１個あたりエステル結合が何個含まれるか。計算過程を示して，有効数字２桁で解答用紙Ｂに書きなさい。

生物

（70分）

1　次の文を読み，各問いに答えよ。

真核細胞および原核細胞の細胞膜と$_{\text{A}}$真核細胞の細胞小器官のいくつかは共通した構造の膜に包まれており，これらの膜は生体膜とよばれる。生体膜に包まれた構造同士は，$_{\text{B}}$一つの細胞内で相互に変換することができる。生体膜は燐《りん》脂質を始めとする脂質と蛋白《たんぱく》質をほぼ等しい重量で含んでおり，この二種類の分子の配置については二十世紀の中ごろにさまざまな説が提唱されたが，現在では1972年にSingerとNicolsonが発表した流動モザイクモデルが広く認められている。そのモデルによると生体膜の礎質《そしつ》をなす膜状の構造は［　①　］で構成され，そのところどころに［　②　］からなる$_{\text{C}}$構造が膜を貫通したり，膜のどちらかの表面に結合した状態で存在している。生体膜の中での［　①　］と［　②　］の相互の配置は［　③　］。

問1　空欄①～③に適した用語，または記述を次のa～gから選び，記号で答えよ。

a　蛋白質　　b　脂質　　c　核酸　　d　糖

e　ほぼ固定されている　　f　ある決まりのもとで自由に変わり得る

g　まだ明らかになっていない

問2　下線部Aについて，(1)と(2)に答えよ。

(1)　次のa～kの細胞小器官を，一枚の生体膜を持つもの，内外二枚の生体膜を持つもの，生体膜を持たないもの，に分類して記号で記せ。

a　ゴルジ体　　b　葉緑体　　c　ミトコンドリア　　d　細胞骨格

e　リボソーム　　f　核小体　　g　中心体　　h　分泌小胞

i　リソソーム　　k　小胞体

(2)　真核細胞が細胞小器官を持つに至った過程については現在どのように考えられているか。知るところを記せ。

問 3　下線部Bについて，(1)と(2)に答えよ。

(1)　このような現象の一例であるエンドサイトーシスとは何か，簡潔に説明せよ。

(2)　ゴルジ体などから遊離した小胞が細胞膜と融合してその内部の物質を細胞外に放出する現象を何とよぶか。

問 4　下線部Cについて，次の【A群】a～dはこのような構造の主な役割についての記述である。それぞれに最も関連が深い生命現象を【B群】i～viから選び，記号で答えよ。ただし同じ選択肢を二度使ってはいけない。

【A群】a　細胞内外の構造物と結合する。

b　細胞表面で情報分子を受け取る。

c　イオンの通り道となる。

d　小さな分子の通り道となる。

【B群】i　核分裂の際に染色体を娘細胞へ均等配分する。

ii　細胞がその環境に応じた特定の形態を保つ。

iii　原尿中の体に必要な成分を細尿管で再吸収する。

iv　膜電位が変化して細胞が興奮する。

v　細胞内の特定の酵素が活性化する。

vi　tRNA がコドンに対応したアミノ酸を運ぶ。

問 5　酸素や二酸化炭素が生体膜を透過するときは，蛋白質部分と脂質部分のどちらを通るか。またそれはなぜか。

2　文1と文2を読み，各問いに答えよ。

［文1］　被子植物の中には，$_{\text{A}}$日長の変化を葉で感知し，花を咲かせるのに適切な時期に花芽を形成するものがある。アサガオの品種の一つであるムラサキは日長に対する感受性が極めて高く，発芽後の子葉の段階にただ一度の短日処理を施すだけで花芽を形成することができる。図1は$_{\text{B}}$ムラサキに様々な日長条件を与えたときの花芽形成の有無について調べた結果である。図中の○は花芽が形成したことを，×は形成しなかったことを示している。

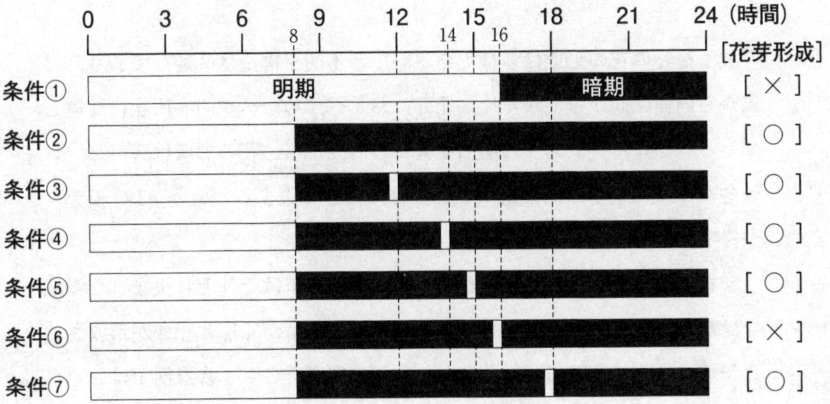

図1　花芽の形成と日長条件

問1　下線部Aについて，(1)～(3)に答えよ。

(1)　生物が日長の変化に反応する性質を何とよぶか。

(2)　花芽形成時に，葉で光受容体としてはたらく色素蛋白《たんぱく》質を記せ。

(3)　葉で合成され，花芽形成を促すホルモン(フロリゲン)の実体として報告された蛋白質の例を一つ挙《あ》げよ。

問2　下線部Bについて，(1)～(5)に答えよ。

(1)　発芽後，条件②で栽培を続けると花芽を形成する植物を次のａ～ｅから全て選び，記号で答えよ。

a　アブラナ　　b　エンドウ　　c　オナモミ

d　キク　　e　トウモロコシ

(2)　(1)のような植物を何とよぶか。

(3)　図1の条件⑥の一時的な光の照射のことを何とよぶか。

(4)　花芽を分化するかしないかの境界となる暗期の長さを何とよぶか。

(5)　ムラサキが花芽をつけるにはどのような日長条件が必要か，簡潔に説明せよ。

問3　葉を食用とするある植物は，夏から秋にかけて頂芽に花芽をつけ，花芽形成後は新たな葉を形成しない。この植物の葉を冬に収穫するには，どのような日長条件で栽培すればよいか。50字以内で述べよ。

［文2］　被子植物の花の形態は多様であるが，基本的な構造は共通しており，外側から内側に向かってがく片，花弁，おしべ，めしべが同心円状に配置している。シロイヌナズナの突然変異体の研究から，花の形成はA，B，Cの各クラスに属する調節遺伝子群のはたらきで決まるというABCモデルが提唱された(図2)。

シロイヌナズナのA，B，Cの各クラス遺伝子はそれぞれ決まった領域ではたらいている。すなわち，Aクラス遺伝子はがく片と花弁が形成される領域，Bクラス遺伝子は花弁とおしべの領域，Cクラス遺伝子はおしべとめしべの領域で発現する。また，Aクラス遺伝子とCクラス遺伝子は互いに発現を抑制し合っており，どちらか一方の遺伝子の機能が失われた場合には，抑制されていた遺伝子が全ての領域で発現するようになる。ただし，機能を失った対立遺伝子は機能をもつ対立遺伝子(野生型)に対して完全に劣性であるとする。

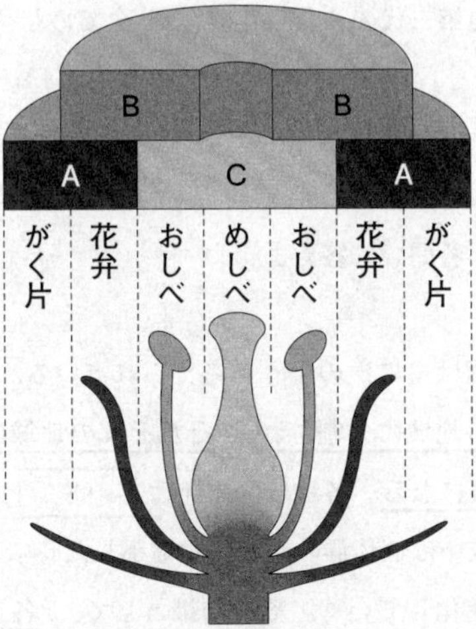

図 2　ABC モデル

問 4　ABC モデルが成立するある植物において，次のアとイの突然変異個体を交配して雑種第一代を得て，さらに雑種第一代の自家受精により雑種第二代を得た。A クラス遺伝子の一つを A，B クラス遺伝子の一つを B，C クラス遺伝子の一つを C，それぞれの機能を失った遺伝子を a，b，c として，(1)〜(5)に答えよ。なお，A，B，C の各遺伝子は別々の染色体上に存在することとし，野生型の遺伝子型は AABB$\underline{CC}$ とする。大文字の「C」は下線をつけて「$\underline{C}$」と表記すること。

ア：花器官が外側から順に「がく片，がく片，めしべ，めしべ」の純系の個体
イ：花器官が外側から順に「めしべ，おしべ，おしべ，めしべ」の純系の個体

(1)　アの遺伝子型を記せ。

(2)　イの遺伝子型を記せ。

(3)　雑種第一代の遺伝子型とそれがつくる花器官を記せ。ただし，花器官は形成される器官を外側から順に書くこと。

(4)　雑種第一代の個体で形成される配偶子の遺伝子型を全て記せ。

(5)　得られた雑種第二代のうち，花器官が「全てめしべ」となる個体の割合を分数で記せ。

3　文1と文2を読み，各問いに答えよ。

［文1］　種分化の過程は主に次のように考えられている。$_{\mathrm{A}}$元の種の分布する地域がいくつかの地域に分割され，$_{\mathrm{B}}$それぞれの地域に生息する個体群は相互の移動が困難になる。各地域個体群は［　①　］によってそれぞれの環境に適応し，或いは個体群のサイズが縮小した時に［　②　］を経験することによって進化していく。その結果として，$_{\mathrm{C}}$各地域個体群の間で違いが生じ，この違いは時間の経過とともに拡大して$_{\mathrm{D}}$異なった個体群の間ではうまく子孫を残すことができなくなる。こうして，それぞれの個体群は別々の種として独自の進化を遂げる。

問 1　下線部Aの要因として考えられる自然現象を二つ挙《あ》げよ。

問 2　下線部Bのような状態を何とよぶか。

問 3　空欄①と②に適した進化機構に関する用語を記せ。

問 4　下線部Cについて，個体群間で生じた違いがどのような違いであれば，それを小進化と認定できるか。20字程度で記せ。

問 5　下線部CとDについて，個体群の間で明らかな違いが生じたのにも拘《かか》わらず，それらの個体群の間で子孫を残すことができた場合，その理由を30字程度で説明せよ。

［文2］　種間で競争が生じているかどうかを推定する目的で，動物種Aと動物種Bが分布する地域で100地点(各100 m^2)を無作為に選び，各地点にそれぞれの種が生息しているかを調べた。その結果，種Aは60地点，種Bは50地点で確認され，両方の種が見つかったのは14地点であった。

問 6　この調査結果から，この地域のある地点(100 m^2)で両方の種が見つかる確率 $P(A \cap B)$ は，幾つかの条件が満たされる場合，

$$P(A \cap B) = \frac{60}{100} \times \frac{50}{100}$$

となる。(1)と(2)に答えよ。

(1)　この理論的な確率によれば，今回の調査で両方の種が見つかる地点はいくつと予測されるか。

(2)　この理論的な確率を導くために仮定した条件として正しいものを次のa～fから全て選び，記号で答えよ。

a　調査地点間で環境が異なる。

b　調査地点間で環境が異ならない。

c　種Aと種Bは競争関係にある。

d　種Aと種Bは競争関係にない。

e　種Aと種Bは同じ地点で生活する傾向がある。

f　種Aと種Bは異なる地点で生活する傾向がある。

問 7　実際の調査結果と理論的な予測との比較から，この地域の種Aと種Bの競争関係について何が言えるか。問6を参考にし，理由を付して100字程度で論述せよ。

問 8　種Aが種Bと競争している可能性を示す例として妥当なものを次のa～eから全て選び，記号で答えよ。

a　種Bがいないと産卵数が減少する。

b　種Bがいないと成長率が上昇する。

c　種Bがいないと死亡率が低下する。

d　種Bがいないと寄生されにくくなる。

e　種Bがいないと病気に罹《かか》りやすくなる。

7　疑うことは科学的な思考において重要だが、何もかもを疑う必要はなく、疑問に思ったことも一度は受け入れてみることも必要である。

次の中から一つ選び、その番号をマークしなさい。

1　一般向けの科学についての本やエッセーであっても、できる限り事実の正しさにこだわること。

2　正しいかどうかを常に疑い、非科学的な説や単なる意見と、科学的な仮説とを区別すること。

3　正しい事実を集めるだけでなく、その足りないところを補うために必要な仮説を立てること。

4　批判的に考えることによって、その仮説が反証不可能な理論となるまで思考を積み上げること。

問十七　問題文の内容に合致するものを次の中から二つ選び、その番号をマークしなさい。

1　サイエンスの語源がラテン語で知識を意味する言葉であることからも分かるように、知識を積み重ねることが科学研究にとって最も重要である。

2　何か複雑なことを科学的に理解しようとする際には、何が分からないかが分かる、つまり自分の無知を知るということも多い。

3　自由意志があり、偶然に起こっているように思える人間の行動や心のはたらきも、将来的に科学によって完全に解明されることになる。

4　空飛ぶ円盤の存在は科学的に証明されていないが、存在しないことの証明もできないので、その存在を信じることが非科学的とは言い切れない。

5　科学研究において、対象を分けてうまく分類した後に多様性の根底にある法則を発見するためには、予備知識はむしろ邪魔である。

6　科学的であるためには、自分の科学的な仮説と単なる思いつきを分けて述べることだけでなく、他人の仮説と意見を見分けることも大切である。

異なるものであるため。

4 科学者の述べる説が仮説とは限らない場合、一般の人々には、その科学者が信ずるに足る人物かどうかを見抜く眼力が必要となるため。

問十三 傍線部⑨「雷同《らいどう》」とあるが、この語の意味に最も近いものを次の中から一つ選び、その番号をマークしなさい。

1 面従腹背　2 異口同音　3 軽挙妄動　4 唯唯諾諾

問十四 傍線部⑩「旋毛曲りの性質」とあるが、ここではどのような「性質」を指すか。その説明として最適なものを次の中から選び、その番号をマークしなさい。

1 権威ある人の言葉であっても、自分が納得できるまでは簡単には受け入れない性質。

2 他人に何を言われたとしても、自分の否を決して認めようとしないかたくなな性質。

3 自分自身の考えをもたず、十分に理解しないままむやみに他人の考えに同調する性質。

4 他人の考えを十分に理解した上で、なお自分の考えを決して曲げずに主張し続ける性質。

問十五 傍線部⑪「科学者としては終わりである」とあるが、筆者がそのように判断する理由として最適なものを次の中から選び、その番号をマークしなさい。

1 科学で説明できない現象の存在を意識しておらず、法則の解明に挑む科学者に必須の視点を失っているから。

2 自分の信じる意見や仮説を広く一般向けに説明し、普及させるという科学者に必須の役割を忘れているから。

3 自説の正しさが他の科学者によって確認、証明されることなしには科学者としての立場を維持できないから。

4 科学者に不可欠な、本当に正しいのかと絶えず自問する姿勢を失い、自分の思い込みを優先させているから。

問十六 傍線部⑫「科学的な厳密さに対する感覚」とあるが、その感覚を磨くために必要なことの例としてあてはまるものをを次の中から選び、その番号をマークしなさい。

1　科学自体が未熟であるために、本来必要な仮説が欠けている可能性があるから。
2　現実的には、すべての条件について仮説を検証することが、きわめて困難だから。
3　間違っていた場合には修正される可能性を持つ仮説の方が、科学的とされるから。
4　科学的な仮説を支持する都合の良い事例が、たまたま見つかる可能性があるから。

問十一　空欄 A ～ D に入る語句の組み合わせとして最適なものを次の中から選び、その番号をマークしなさい。

1　A 科学的　B 非科学的　C 科学的　D 科学的
2　A 科学的　B 非科学的　C 非科学的　D 科学的
3　A 非科学的　B 科学的　C 科学的　D 科学的
4　A 非科学的　B 科学的　C 非科学的　D 科学的

問十二　傍線部⑧「科学者は仮説と意見をきちんと分けて述べる必要がある」とあるが、その理由として不適切なものを次の中から一つ選び、その番号をマークしなさい。

1　科学者ではない一般の人々には仮説と意見の違いが区別できず、科学者の単なる思いつきで述べた予想を鵜呑みにする傾向にあるため。
2　科学者が仮説と意見を分けずに考えを述べると、科学者ではない一般の人々に無責任な意見を信じさせてしまう可能性があるため。
3　科学的な思考は仮説を疑うことから始まるものであり、その仮説は自分にとって都合のいい思いつきや予想とは本来適なものを次の中から選び、その番号をマークしなさい。

1　必然的に起きている面と偶然に起きている面
2　科学だといえる面と科学だとはいえない面
3　科学ですでに解明された面とされていない面
4　主観的である面と客観的である面

問八　傍線部⑤「この考え」とあるが、J・モノーの考えによって「拒否」されるものを次の中から一つ選び、その番号をマークしなさい。

1　生物は生存のためにそれぞれの環境で有利な形態へと進化してきた。
2　生物の進化の中で、生存に有利な形態は保持され、不利な形態は廃棄されてきた。
3　生存競争によって、より有利な形態を持った生物が生存してきた。
4　生存に有利な形態を持つ生物の遺伝子がより多くの子孫に引き継がれてきた。

問九　傍線部⑥「占いは、当たらないことがあるから非科学的なのではない」とあるが、では、筆者が占いを非科学的だと考える理由とは何か。最適なものを次の中から選び、その番号をマークしなさい。

1　天気予報と比べて当たる確率が低いから
2　合理的に見えて理屈に合わないから
3　間違っていることを証明できないから
4　占いが科学的だと信じる人にしか受け入れられないから

問十　傍線部⑦「逆説めいていて面白い」とあるが、「面白い」と筆者が感じているのはなぜか。その理由として最適なもの

3　対象を分析してうまく分類する能力

4　対象の本質をとらえ法則を解明する分析力

問四　傍線部②「神々がチェスのようなすぐれたゲームをやっている」とあるが、これはどのようなことをたとえたものか。その説明として最適なものを次の中から選び、その番号をマークしなさい。

1　自然界のルールは、人間がつくりだしたり変更したりすることなどできないということ。

2　さまざまな状況に応じて、自然界のルールは刻々と変化していくものであるということ。

3　人間の目には見えないながらも、自然は、一定のルールに従って動いているということ。

4　自然は一定のルールに従って動いているが、そのルールは人知を超えているということ。

問五　傍線部③「科学研究は、科学という知識体系と区別して考える必要がある」とあるが、その理由として最適なものを次の中から選び、その番号をマークしなさい。

1　科学とは経験的に実証可能な知識であるが、科学研究ではその知識をもとに、より深く理解することが重要だから。

2　科学には社会科学や人間科学も含まれるが、科学研究では自然法則を理解するための自然科学のみが対象だから。

3　科学とは経験的に実証可能な知識であるが、科学研究では実験的に自然法則を解明することがまずは必要だから。

4　科学には社会科学や人間科学も含まれるが、科学研究では人間の行動や心のはたらきを解明することは困難だから。

問六　空欄 Z に入る語句として最適なものを次の中から選び、その番号をマークしなさい。

1　手かせ足かせとなる　　　2　爪に火をともすことになる

3　血となり肉となる　　　4　尻に帆をかけることになる

問七　傍線部④「二面性」とあるが、「現代の心理学」にはどのような二面があると筆者は考えているか。その説明として最

〈注〉＊芟除《さんじょ》…取り除くこと。

問一 傍線部(a)〜(h)の漢字と同じ漢字を含むものをそれぞれ次の中から一つ選び、その番号をマークしなさい。

(a) ズカン　1 カン理業務　2 映画カン賞　3 博物カン　4 カン概無量

(b) セイソク　1 観ソク記事　2 延滞利ソク　3 自給自ソク　4 四ソク演算

(c) コユウ　1 コ人情報　2 温コ知新　3 コ今東西　4 コ形燃料

(d) カクメイ　1 意識不メイ　2 汚メイ返上　3 延メイ治療　4 メイ惑千万

(e) トウカイ　1 器物損カイ　2 因数分カイ　3 カイ級社会　4 カイ既日食

(f) シンレイ　1 衛星通シン　2 巨大地シン　3 シン海生物　4 一シン不乱

(g) ホウキ　1 控訴キ却　2 宇宙探査キ　3 キ得権益　4 絶滅キ惧種

(h) マヒ　1 百戦錬マ　2 快刀乱マ　3 マ擦係数　4 マ女裁判

問二 空欄 ア 〜 エ に入る最適な語をそれぞれ次の中から一つ選び、その番号をマークしなさい（ただし、同じ語は二度用いない）。

1 しかし　2 だから　3 たとえば　4 つまり

問三 傍線部①「これでは蝶のコレクターと変わらない」とあるが、科学者は単なるコレクターとどのような点で異なると筆者は考えているか。最適なものを次の中から選び、その番号をマークしなさい。

1 分析した際に爽快感や感動を覚えた経験の有無

2 記録の正確さと経験的な知識の量と質

寺田寅彦は、「物理学は他の科学と同様に知の学であって同時に又《また》疑の学である。疑うが故に知り、知るが故に疑う。（中略）疑は知の基《もと》である。能《よ》く疑う者は能く知る人である」と述べている（一九一五年ころ）。さらに「恐るべきは権威でなくて無批判な群衆の⑨雷同《らいどう》心理でなければならない」とも言う。

本当の科学を修めるのみならず其《そ》の研究に従事しようというものの忘るべからざる事は此様《このよう》な雷同心の*芟除《さんじょ》にある。換言すれば勉《つと》めて旋毛《つむじ》を曲げてかかる事である。如何《いか》なる人が何と云《い》っても自分の腑《ふ》に落ちる迄《まで》は決して鵜呑《うのみ》にしないという事である。⑩此の旋毛曲りの性質がなかったら科学の進歩は如何になったであろうか。

ラテン語の「コギト・エルゴ・スム」（われ思う、ゆえにわれあり）というR・デカルトの言葉は、「われ疑う、ゆえにわれあり」と訳す方が実際の意味に近い。これは、疑っている「私」の存在を疑うことはできない、ということなのである。ただし、自分の意見を「われ思う、ゆえに真なり」のように見なすようになったら、⑪もはや科学者としては終わりである。科学にとって実証性こそが命であり、これを失うことは科学を(g)ホウキするのに等しい。危険なのは、一般の人々に向けて自分の考えを述べているうちに、仮説と意見の境についての感覚が(h)マヒしてしまうことである。そのため、科学者が書いたエッセーの中にもずいぶん無責任な意見があるのだ。

一般向けの科学についての本を手に取ったら、どの程度科学的な良心に従って書かれているかを見抜く眼力が必要である。⑫科学的な厳密さに対する感覚は、どのような証拠があるのか、どうして別の説ではいけないのか、と仮説と意見を見分けるべく批判的に考えることによってのみ磨かれる。科学が分かるには、そのような思考の積み重ねが大切なのだ。

（酒井邦嘉『科学者という仕事』による。ただし、一部省略がある。）

で、その理論を「証明」したことにはならない。しかも、ある法則が成り立つ条件を調べるといっても、すべての条件をテストすることは難しい。むしろ、科学の進歩によって間違っていると修正を受けうるものの方が、はるかに「科学的」であると言える。

一方、非科学的な説は、検証も反証もできないので、それを受け入れるためには、無条件に信じるしかない。科学と非科学の境を決めるこの基準は、「反証可能性」と呼ばれている。反証できるかどうかが科学的な根拠となるというのは、⑦逆説めいていて面白い。

たとえば、「すべてのカラスは黒い」という説は、一羽でも白いカラスを見つければ反証されるので、［A］である。しかし、「お化け」が存在することは検証も反証もできないので、その存在を信じることは［B］である。逆に、「お化けなど存在しない」と主張することは、どこかでお化けが見つかれば反証されるので、より［C］だということになる。一方、「分子など存在しない」という説は、一つの分子を計測装置でとらえることですでに反証されており、分子が存在することは［D］な事実である。

科学における仮説の役割がとても大きいことは、数学者・物理学者のH・ポアンカレがはっきりと述べているところでもある。

［エ］、科学者が述べる説が、いつも仮説の形を取っているとは限らない。科学者の単なる思いつきや予想はあくまで意見にすぎず、科学的な仮説とは違う。⑧科学者は仮説と意見をきちんと分けて述べる必要があるが、一般の人にはその区別がよく分からないので、両者を混同することで誤解が生じやすい。

科学的な仮説に対しては、それが正しいかどうかをまず疑ってみることが、科学的な思考の第一歩である。仮説を鵜呑《うの》みにしたのでは、科学は始まらない。

⑤この考えに従えば、「高いところの葉を食べる目的でキリンの首が長くなった」とか「社会的なコミュニケーションの目的で人間の言語が生まれた」といった類の進化にまつわる説は、問題となる現象を目的から解釈しようとしているので、いかに非科学的であるか分かるだろう。本当に科学的に難しい問題は、人間の行動や主観的な心のはたらきを、いかに「客観的に」科学の力で明らかにするかということなのである。

多くの人は、科学は正しい事実だけを積み上げてできていると思うかもしれないが、それは真実ではない。実際の科学は、事実の足りないところを「科学的仮説」で補いながら作り上げた構造物である。科学が未熟なために、本来必要となるべき鉄骨が欠けているかもしれないのだ。新しい発見による(d)カクメイ的な一揺れが来たら、いつ(e)トウカイしてもおかしくない位である。

［ウ］、「科学が何であるか」を知るには、逆に「何が科学でないか」を理解することも大切だ。科学は確かに合理的だから、理屈に合わない迷信は科学ではない。それでは、占いや(f)シンレイ現象についてはどうだろうか。

⑥占いは、当たらないことがあるから非科学的なのではない。天気予報は、いつも正確に予測できるとは限らないが、科学的な方法に基づいている。また、お化けや空飛ぶ円盤の存在は、科学的に証明されてはいないわけだが、逆に「お化けが存在しない」ということを証明するのも難しい。なぜなら、いつどこに現れるかも分からないお化けを徹底的に探すことはできないわけで、結局見つからなかったとしても、「お化けが存在しない」と結論するわけにはいかない。ひょっとして今この瞬間に自分の目の前にお化けが現れるかもしれないからだ。

哲学者のK・R・ポパーは、科学と非科学を分けるために、次のような方法を提案した。反証（間違っていることを証明すること）が可能な理論は科学的であり、反証が不可能な説は非科学的だと考える。検証ができるかどうかは問わない。

そもそも、ある理論を裏づける事実があったとしても、たまたまそのような都合の良い事例があっただけかもしれないの時にできるだけたくさん「分かる」という経験を積んでおくことが大切だ。分かった時には、ある種の爽快感や感動を覚えることが多い。これは、数学や物理の問題がうまく解けた時のように、分かれば十分な確信度をもって分かる、つまり「分かることは一〇〇パーセント分かる」、という感覚である。

だから、分かった内容や知識ではなく、この「分かる」という深い理解の積み重ねこそが、将来の科学研究の［　Z　］。「知識より理解」、すなわち「知るより分かる」ということが科学研究のフィロソフィーなのである。

多くの人にとって、アインシュタインの次の言葉（一九三六年に学生へ語ったもの）は意外に思われるのではないだろうか。

> 科学研究は、人間の行動を含めて、すべてのできごとが自然法則によって決められているという仮定に基づいているのです。

つまり、自由意志があり、偶然に起こっているように思える人間の行動も、実は自然法則によって必然的に定められていると科学は仮定している。したがって、このことを前提とする心理学は科学であるが、前提としない心理学は科学とは言えないことになる。現代の心理学がこのように④二面性を持っているのは、人間の行動を含めて心のはたらきがまだ完全には科学で解明されていないからである。

分子生物学者のJ・モノーは、『偶然と必然』という著書の中で次のように書いている。

> 科学的方法の基礎は、自然が客観的な存在であるという原則にある。つまり、諸現象を目的因、いわば《（造物主の）計画》から解釈することで《真実の》認識に到達できるという考えを徹頭徹尾、拒否しようということなのである。

しろ分類することは科学研究の始まりであって、終わりではないのである。科学は、常に一歩踏み込んだ説明を必要とする。[ア]、蝶《ちょう》をたくさん集めたとしよう。まず、(a)ズカンと照らし合わせて蝶の名前を調べ、色や形で分類して、(b)セイソク地や採集時期を正確に記録すれば、蝶に対する経験的な知識は、かなり深まることだろう。しかし、①これでは蝶のコレクターと変わらない。単なるコレクターから科学者に脱皮できるかどうかは、その先の分析にかかっている。

蝶に共通した(c)コユウの性質（たとえば、羽にある鱗粉《りんぷん》）を見つけ、それがどのような法則によって多様に変化するかを考えること、それが分析である。多様性の根底にある法則を発見するためには、対象の本質をとらえる分析力が必要となる。[イ]、科学研究を一言で表すならば、「自然法則の解明」に他ならない。物理学者R・P・ファインマンの次の言葉は分かりやすい。

> 自然を理解しようとするときの一つのやり方は、②神々がチェスのようなすぐれたゲームをやっているのを想像してみることです。こうした観察から、ゲームのルールや、駒の動きのルールがどうなっているかを分かろうとするわけです。

このように、自然界のルール、すなわち自然法則を「分かる」ことが、科学研究である。

科学について、『広辞苑（第五版）』では、「体系的であり、経験的に実証可能な知識。物理学・化学・生物学などの自然科学が科学の典型であるとされるが、経済学・法学などの社会科学、心理学・言語学などの人間科学もある」と定義している。確かに科学そのものは「体系的であり、経験的に実証可能な知識」であるが、科学研究は、知識を越えたその先の「分かる」という領域にある。だから、③科学研究は、科学という知識体系と区別して考える必要がある。

また、この世界が「分かる」という確信を持つか持たないかで、学問に対する心構えは大きく変わりうる。だから、学生の

問十七　『たまきはる』の書名の基となった枕詞「たまきはる」が導く語の例として最適なものを次の中から選び、その番号をマークしなさい。

1　黒髪　　2　大宮　　3　命　　4　光　　5　道

問十八　書かれている内容が、『たまきはる』のような宮仕え女房の記録とは大きく異なっている日記作品を次の中から一つ選び、その番号をマークしなさい。

1　『蜻蛉日記』　　2　『紫式部日記』　　3　『更級日記』　　4　『讃岐典侍日記』

2

次の文章を読んで、問いに答えなさい。

科学者をめざすためには、まず科学（サイエンス）が何であるかを正しく知る必要がある。

サイエンス（science）の語源はラテン語で「知識・原理（scientia）」で、「分ける（scindere）」ことに関係している。日本語でも、「分かる」という言葉が「分ける」や「分かつ」と関係しているのは興味深い。

科学で「分かる」と言う場合、確かに対象となる自然現象を分けながら理解している。つまり、「ここまでは分かる、ここから分からない」という線を引き、少しずつ分かる部分を増やしていくのが科学研究だと言える。しかし、対象が複雑な場合は、一筋縄ではいかない。謎が謎を呼んで、分かろうとしているのに、逆に分からないことの方がたくさんあることが明らかになることも多い。

科学が分けることならば、対象を分けてうまく分類ができてしまえば科学研究は終わりかというと、そんなことはない。む

2　⑬　門院　⑭　筆者

3　⑬　筆者　⑭　門院

4　⑬　筆者　⑭　常陸

問十四　傍線部⑮「御心にかなひける」とはどういうことか。その説明として最適なものを次の中から選び、その番号をマークしなさい。

1　自分の髪は門院に手づから削いでほしいという思いを、門院ご自身が理解されたということ

2　自分の髪のすそを門院に削がせるのは畏れ多くて、武蔵の中将に削いでもらったということ

3　若い人たちに髪のすそを削いでもらうのを、門院はことのほか楽しみにしていたということ

4　若い女房たちの髪のすそを削ぐのを役とした武蔵の中将の意向に従わなかったということ

問十五　傍線部⑯「ましていかに思ふらむ」とあるが、常陸に対して筆者が「まして」と推測しているのはなぜか。本文中の波線部a〜dの語句のうちから、その理由として最適なものを選び、その番号をマークしなさい。

1　a「近く馴《な》れ仕うまつりし」

2　b「え堪ふまじき気色なり」

3　c「心に余る事をも、おのづからうち語らふ人もなし」

4　d「はばかるよし申して、出でざりし」

問十六　空欄［A］と［B］に入る語句として最適なものを、次の中からそれぞれ選び、その番号をマークしなさい。

1　けり　　2　き　　3　し　　4　しか

問十 傍線部⑩「小さきを植ゑられし萩、女郎花《をみなへし》、わがままに所得て、縁《えん》の上まで咲きこぼれたる盛りさへ恨めし」とあるが、なぜ「恨めし」と思ったのか。その理由として最適なものを次の中から選び、その番号をマークしなさい。

1 その生命力のたくましさが、手入れしてきた人の命のはかなさと対比されて、忌まわしく思われたから。
2 夏の暑い季節もようやく終わり、秋を迎えた草花が咲きほこる様子に人生のむなしさを感じ取ったから。
3 今年もまた秋の季節がめぐってきたのに、誰一人その草花をめでる人がいないのは残念でならないから。
4 手入れするもののなくなって荒れ果てたままの草花の様子に、無常の思いを激しく掻《か》きたてられたから。

問十一 傍線部⑪「あいなけれ」のここでの意味として最適なものを次の中から選び、その番号をマークしなさい。

1 愛着がわかない　2 残念でならない
3 理屈に合わない　4 道理にかなっている

問十二 傍線部⑫「やがて押しあてて、うつ臥し臥したる」の解釈として最適なものを次の中から選び、その番号をマークしなさい。

1 身を屈めて髪のすそを手づから削ぎ落す門院の、ささやかな手つきを思っている。
2 髪のすそをおたがいに削ぎ落した昔の幼いころを思い出し、悲しみに臥せっている。
3 常陸の髪を手に取り、手づからそのすそを削ぎ落した門院に、思いを致している。
4 言うそばから筆者の髪のすそに自分の顔を押しあて、さめざめと泣き臥している。

問十三 傍線部⑬「その面影」と⑭「わが黒髪」は、それぞれ誰の面影であり、また誰の黒髪であるのか。その組み合わせとして最適なものを次の中から選び、その番号をマークしなさい。

1 ⑬ 常陸　⑭ 筆者

つとめて、あるかなきかの心地する」とある描写から、筆者のどのような意図が読み取れるか。その説明として最適なものを次の中から選び、その番号をマークしなさい。

1　髪洗いという女性の身だしなみに託して、病状の急変した際の門院の苦しげな様子を事細かに描きとろうとする。
2　髪洗いの最中に人事不省におちいった門院の様子を、側近くお仕えする人々のまなざしを通して描き出そうとする。
3　親しくお仕えしてきた門院の病状の悪化の予兆でもあるかのように、筆者自身の体調も急に悪化したことを示す。
4　お仕えする門院の病状も気がかりとはいえ、それにも増して筆者自身の病状もまた思わしくなかったことを示す。

問八　傍線部⑧「早くにておはしませば、申すはかりなし」の解釈として最適なものを次の中から選び、その番号をマークしなさい。

1　病状が急変されたので、お知らせしようもありません
2　早々にお帰りになられたので、お知らせしようもありません
3　お手紙の返事はすぐに返されてくるので、お知らせしようもありません
4　急ぎこちらへおいでいただければ、お知らせしようもありませんが

問九　傍線部⑨「あやにくに音する人」とはどのような「人」か。その説明として最適なものを次の中から選び、その番号をマークしなさい。

1　困惑を隠しきれずにおしゃべりをしている人
2　その場にふさわしくない物音を立てるような人
3　悲しみに打ちひしがれて泣きわめいている人
4　茫然自失の状態でわれを失っている人

問三　傍線部③「いとどしき心の内」とはどのような「心の内（＝気持ち）」か。最適なものを次の中から選び、その番号をマークしなさい。

1　ますますお慕いする気持ち
2　つかの間、心休まる気持ち
3　いっそのこと死んでしまいたい気持ち
4　ことさらに取り立ててもらいたい気持ち

問四　傍線部④「あからさまに」の意味として最適なものを次の中から選び、その番号をマークしなさい。

1　わざとらしく　　2　まだ日のあるうちに
3　ほんのすこしばかり　　4　前もって知らせたうえで

問五　傍線部⑤「局もみなふたがりてなければ」のあとに省略されている言葉として最適なものを次の中から選び、その番号をマークしなさい。

1　帰り給ひね　　2　侍《さぶら》ひ給ひね　　3　参り給ひね　　4　待ち給ひね

問六　傍線部⑥「物はかなき心」の意味として最適なものを次の中から選び、その番号をマークしなさい。

1　悲しみに打ちひしがれた心
2　何ごとにも気がかりでならない不安な気持ち
3　今にも消えてなくなりそうな思い
4　思いの至らない愚かな考え

問七　傍線部⑦「髪洗ふほどに、いかにしたりしにか、心地限りなく損なひて、絶え入りなど言ふばかり、人々も騒ぎたりしそのほど過ごさず、法華堂に参りて背《そむ》き捨ててしこそ、なほ近う召し使ひけるも、人には異なりけりとおぼえ A 。
二十二とかやぞ聞き B 。

（『たまきはる』による）

〈注〉＊御薬の事…体調を崩して病床に臥した建春門院への施薬が始まったことをいう。門院はこのとき三十五歳。
＊冷泉殿…門院の同母姉で、門院の側近第一の女房。
＊折節なき事…都合の悪いこと。病気療養のため蒜《ひる》を服したことをいう。臭気が強いため人と逢うことをはばかる。
＊御修法《みしほ》…病気平癒のための加持祈禱。
＊幼くより候ひしかば…筆者は十二歳で初出仕し、この時二十歳くらい。
＊武蔵の中将…門院の乳母のひとり。

問一　傍線部①「さばかりの事」の意味として最適なものを次の中から選び、その番号をマークしなさい。

1　歳相応の事
2　体調がすぐれない事
3　生死にかかわるほどの事
4　治療に専念するあいだの事

問二　傍線部②「おぼつかなく思ひまゐらするも」の解釈として最適なものを次の中から選び、その番号をマークしなさい。

1　記憶も定かでないことを門院に申し上げるにつけても
2　門院のご病状を気がかりに思い申し上げるにつけても
3　不安なお気持ちを門院にご相談申し上げるにつけても
4　門院に逢いたい気持ちをお伝え申し上げるにつけても

七月七日、堪へがたく暑きに、この事も果てにしむつかしさに、⑦髪洗ふほどに、いかにしたりしにか、心地限りなく損なひて、絶え入りなど言ふばかり、人々も騒ぎたりしつとめて、あるかなきかの心地するに、日ごろ、「ただおなじ御事」とのみありつる冷泉殿の返事に、⑧「早くにておはしませば、申すはかりなし」とばかりあるを見る心地は、何にかは似たらむ。なべての世、たれかは思ひ嘆かぬ人あらむ。されど、うち向かひたる人々も、わが思ふばかり、たれかはあらむ。置き所なき心地ぞする。

九日ぞ、人々出だし立てしかば、泣く泣く参りたれば、⑨あやにくに音する人もなく、静かなり。近く候《さぶら》ひける人は、日ごろにいたく困《こう》じにければ、うち臥しやすむにや、ただおのがどち、忍びやかにうち群れゐたれど、物言ふ声もせず。まして、つつましう恥づかしければ、晴るる方もなくて出でぬ。折節なきその匂ひなど失ひてぞ、御忌みのころ、しばし候ひし。先々は、もとあるを取り捨てて、⑩小さきを植ゑられし萩、女郎花《をみなへし》、わがままに所得て、縁《えん》の上まで咲きこぼれたる盛りさへ恨めし。

　露消ゆる憂き世に秋の女郎花ことしも知らぬ色ぞ悲しき

それより、女郎花のうとましきこそ⑪あいなけれ。

常陸《ひたち》とて、いと若きが、a近く馴《な》れ仕うまつりし、ことわりと言ひながら、bえ堪ふまじき気色なり。通るとて、髪のすそを見て、「これは御手《て》のままな」とて、⑫やがて押しあてて、うつ臥し臥したるに、いとど忍びがたし。

　忘られぬ⑬その面影に恋ひわびて⑭わが黒髪を形見とや見む

c心に余る事をも、おのづからうち語らふ人もなし。*幼くより候ひしかば、よろしき日は、かならず削《そ》がせ給ふ。何事にか、御はばかりありし折、「若き人々の髪削がざらむ、口惜し」とて、「*武蔵の中将に削がせよ」とて、人々召し出でしに、みな参りしかど、さることもなかりしを、dはばかるよし申して、出でざりしなどを、⑮のちには御心にかなひけると見えし御気色などまで、忘れがたきに、⑯ましていかに思ふらむとあはれなり。

国語

（七〇分）

1　次の文章は、高倉天皇の生母建春門院（平滋子）にお仕えした女房が、その宮仕え体験を記した『たまきはる』の一節である。これを読んで、あとの問いに答えなさい。

その夏ごろ、久しく籠りゐたりし水無月のほどより、*御薬の事、大方の世にもおどろおどろしく言ひ騒ぎ、御祈りなど数知らず始まると聞けど、年ごろの御ありさま、御歳のほどを思ふに、①さばかりの事とやは思ひかけし。ただしばしも、所狭《せ》き御薬の事を心苦しう、②おぼつかなく思ひまゐらするも、静心なし。去年、今年などは、年ごろよりもなつかしうれしき御気色のみ見ゆるに、ただ我が身ひとつの心地して、日々に*冷泉殿のもとへ申せば、こまやかなる御返事にて、「まことに、さぞ思ふらむ。ありさま、こまかに言へ」と仰せあるなどあるに、③いとどしき心の内なり。

六月二十六日の夕《ゆふ》つ方、④あからさまに参りて、*折節なき事思ひ立つよし申す。それも人々のはからひなれば。この程の事どもに、おはしまし所も変はりて、東の大盤所と言ひし方へ参りたれば、やがて御声も聞こゆ。「このほどは、*御修法《みしほ》どもに、⑤局もみなふたがりてなければ。まことに疾《と》く蒜《ひる》して、よくなりたらむに、疾く疾く参らせ給へよ」と仰せらるる御声も、ただ例のおなじ事なれば、⑥物はかなき心に、何事かはとうち思ひて、出でぬ。

明くる日よりその事始めて、暑くわびしけれど、文は日ごとに参らす。

解答編

英語

1 **解答** 問1．(A)—b　(B)—c　(C)—d　(D)—a　(E)—d
問2．1—d　2—a　3—c　4—c　5—d

◆全　訳◆

≪人生を幸福にするデンマークの魔法の言葉≫

デンマーク人はしばしば地球上で最も幸福な人々だとみなされる。彼らは毛布にくるまれながら読書をすることを何より愛し，大好きな人たちと家で居心地の良い夜を過ごし，ホットチョコレートやコーヒーを飲みながらロウソクの明かりの中で笑うが，それは時間帯や季節次第で変わる。

しかしこのイメージは完璧すぎるほどである。私はデンマーク人として，デンマーク人にも雨の日はあるということが確実に言える。それでは，これらの居心地の良い活動から得られるような逃げ道がない場合に，私たちはどうするのか。私たちは pyt という魔法の言葉を唱える。もしくは pyt ボタンを押すのだ。

その pyt という言葉は英語には直訳できる語が存在しない。それには「気にするな」や「心配するな」や「もう忘れよう」といった意味が含まれるかもしれないが，これらの表現ではその言葉の肯定的な側面が伝わらない。状況が手に負えないと認識したり，たとえあなたが悩みイライラしても，もうそれについて考えることにエネルギーを浪費しないと決めたりするときに，pyt は使われる。あなたはそれを受け入れて前へ進むのだ。pyt は他者を安心させて，不運な状況の緊張を減らすためにも使われる。

pyt はデンマーク人にとても愛されているので，2018 年 9 月に，その国の毎年恒例の「ライブラリーウィーク」の間に開かれた大会で，デンマーク人に最も好かれている言葉に選ばれた。デンマーク図書館協会の会長であるステーン＝アンデルセンは，その選択をデンマーク人が気楽に過ごしてリラックスしたいと思っている証拠であるとみなしている。「それは不平を言ったりあら捜しをしたりするのが得意であるという，デンマーク人の文化的性格に対しての反動だと私は思うのです」と彼は説明している。「これにより，状況はもっと悪いのかもしれないということを私たちは思い出すのです」

20 年前にアメリカ合衆国からデンマークへ移住した作家であり講演家であるクリス＝マクドナルドにとって，その言葉がとても人気があるということは驚きではない。デンマークの全国紙の記事で，彼は「pyt は私の大好きな言葉の一つだ。それには私がこれまで聞いてきた中で最も肯定的な響きがある。そして私たちが変えられないことを放っておくのに大きな力を持つ。その言葉には非常に安心感があるのだ」と書いている。

マクドナルドとのインタビューの間に，私たちはイライラするものの危険ではなく，自分では変えられない状況を受け入れるということを示すために，通常どのようにして pyt が使われるかについて語った。この効果は，一部には明らかにその言葉の意味から生じるが，それは pyt の柔らかく繊細な音が作り出す感情でもあるのだ。

その言葉の力は，pyt ボタンの導入により幼稚園や小学校でも利用されている。これは普通 "PYT" と書かれている単なるプラスチックの蓋で，厚紙に固定され，教室の中心のどこかに置かれているのだ。競走で一位になれなかったり，試合に勝てなかったりといったことにイライラを感じるときに，子供たちはこのボタンを押すことができる。

デンマークの町にある学校の校長であるシャルロット＝セレンセンは，「"PYT" ボタンはすべての子供たちに効果があるわけではありませんが，何人かの子供にとっては素晴らしいのです。物理的なボタンを押すという行為によって，彼らが気持ちをすっきりさせて前へ進む手助けになるようなのです」と私に言った。このようにして，子供たちは小さいころから，負けることは人生の一部分であり，ゆえに時々負けるのは心配のいらないことであるということを学ぶのだ。

◀解　説▶

問 1．(A) positive aspect は「プラス面，肯定的側面」という意味なので，b の good feature「良い特徴」が最も近い。

(B) waste energy on thinking about は「～について考えることにエネルギーを浪費する」という意味であり，c の spend too much time

解答編

worrying over「～のことを心配するのに時間を使い過ぎる」が最も近い。
(C) reduce tensions in unfortunate situations は「不運な状況の緊張を減らす」という意味であり，d の ease stress in difficult circumstances「困難な状況においてストレスを和らげる」が最も近い。
(D) letting go of things we cannot change は「変えられないことを放っておく〔忘れてしまう〕」という意味であり，a の dismissing what cannot be helped「避けられないことを忘れてしまう」が最も近い。ここでの help は「～を避ける」，dismiss は「～を忘れ去る」と訳せる。
(E) clear their minds and move on は「気持ちをすっきりさせて前へ進む」という意味であり，d の forget about what happened and not let it bother them「起こったことについて忘れて，それに煩わされないようにする」が最も近い。
問２．１．設問は「どんな状況でデンマーク人は pyt という言葉を言うのか」である。第３段第３文（*Pyt* is used when you …）「状況が手に負えないと認識するときに，pyt は使われる」とあり，これに最も近いのは d「物事が手に負えないと悟るとき」で，これが正解。beyond *one's* control は「～の手に負えない，～には制御できない」の意味。
２．設問は「アンデルセンによると，なぜデンマーク人は pyt という表現を使うのが好きなのか」である。第４段第２文（Steen Andersen, president of …）に，「アンデルセンはその選択をデンマーク人が気楽に過ごしてリラックスしたいと思っている証拠であるとみなしている」とあり，この内容を要約している a「彼らはストレスを和らげる必要がある」が正解。
３．設問は「マクドナルドの意見では，なぜ pyt という言葉がデンマーク人の間でそんなに人気があるのか」である。第５段第３文（It is the most positive …）に「それには私がこれまで聞いてきた中で最も肯定的な響きがある」とあり，同段最終文（There is so much relief …）に「その言葉には非常に安心感があるのだ」とある。この２文の内容から，c「それを言うことによって人々の気分が良くなるからだ」が正解となる。
４．設問は「ほとんどの学校の教室ではどこに“PYT”ボタンが置かれているか」である。第７段第２文（This is usually just a …）の後半で placed somewhere in the center of the classroom「教室の中心のどこかに置かれている」とあるので，c「それは真ん中に置かれている」が正解。

5．設問は「セレンセンの生徒たちの何人かは，教室にある "PYT" ボタンを押すことから何を学ぶのか」である。最終段最終文（In this way, children learn …）に「このようにして，子供たちは小さいころから，負けることは人生の一部分であり，ゆえに時々負けるのは心配のいらないことであるということを学ぶのだ」とあり，これに最も近い d「いつも勝つことができるわけではないというのは当然だ」が正解となる。

2 解答

〔A〕 1－c　2－b　3－d　4－a　5－b

〔B〕 (1)－d　(2)－b　(3)－a　(4)－b　(5)－a

◆全　訳◆

〔B〕≪二人の旅行者の会話≫

サラ：すみません，ハートランドホテルへの行き方をご存じですか。

ジャネット：いいえ，わかりません。私はここの地理に詳しくないのです。

サラ：ああ，すみません。ご自身の行く場所がわかっているように見えたので，この地域のことをご存じなのかと思ったのです。

ジャネット：そうではないのですが，地図を読むのはかなり得意で動き回り方はよくわかるのです。そのうえ，私の携帯電話には私を助けてくれるアプリがあります。

サラ：それが私にとって問題なのです。私は携帯電話を使い過ぎてもう紙の地図を読まなくなってしまったのです。今朝，いくつか寺に行ったのですが，それで私の携帯電話の電池が切れてしまいました。今では自分のホテルも見つけられないのです。

ジャネット：お気の毒ですね。話は逸れますが，私はジャネットです。初めまして。

サラ：私はサラです。初めまして。ご迷惑をかけてすみませんが，あなたの携帯電話でハートランドホテルを調べていただけませんか。

ジャネット：もちろんですよ。ああ，ここから近いですよ。2ブロック直進して，右折して，さらに3ブロック進みます。ホテルは右側にありますよ。

サラ：ありがとうございます。ところで，今日の午後は何をするご予定ですか。

ジャネット：実はまだ決めていないんです。
サラ：私は博物館に行って，それからそのあたりのどこかで夕食を食べる予定です。ご一緒しませんか。
ジャネット：ぜひ。いいですね。1時にホテルでお会いしましょう。
サラ：わかりました。私は建物の前に出ておきます。

◀解　説▶

〔A〕1．テストがいつあるか尋ねるＡに対する，Ｂの「今週の金曜日よ。先生が今日授業で言っていたわよ」に続く発言を考える。空欄の後で，Ａはサッカー部が忙しくてあまり眠れていないことを理由に，Apparently not. と答えている。それゆえ空欄に入るのは「(先生がテストの日を言ったのを）聞いていなかったのか」という問いかけだと推測できる。したがって正解はc。

2．父と子が夕食をどうするか相談する場面。空欄はＡの「もしカレーを食べるなら」に続く部分。その直後にＢが「先週末に外食したよ。そんなに頻繁に外食するのは健康的ではないよ」と返しているので，空欄に入るのは「外で食べたい」という内容のものだと推測できる。したがって正解はｂ「インド料理店に行きたいなあ」。

3．ＡがＢに助けを求める場面。Ａが「家のドアを開けっ放しにしていたら，(　　)。それを探すのを手伝ってくれないかしら」とＢに頼んでいる。ここから，ドアを開けていたせいで行方がわからなくなったものに関する発言を選べばよい。したがって正解はｄ「私の犬が外に走り出ちゃったの」。

4．まず，Ａが「すみません。列車にかばんを忘れたのです」とＢに話しかけている。Ｂは空欄の後で「次の駅に連絡して，誰かにあなたのかばんを確保してもらうことができますよ」と伝えており，その列車が出発してしまったことが推測できる。したがってその会話の流れにつながるものはａ「ちょうど出発したばかりの列車ですか」となる。

5．ＡがＢに対して皿を洗うように言った場面。Ｂは空欄の前で「昨日やったよ」と答えている。空欄を受けてＡは「彼は明日の数学のテストの勉強をしなければいけないの」と発言しており，「男の子」が「皿洗いをできない」ということが推測できる。したがって空欄に入るのは，ｂ「どうしてチャーリーができないの」となる。

〔B〕⑴ハートランドホテルへの行き方を知っているかどうか尋ねるサラに対して，ジャネットがNo, I don't.「いいえ，知りません」と答えているので，dの「私はここの地理に詳しくないのです」が最もうまくつながる。

⑵空欄の後にサラが「それが私にとって問題なのです。私は携帯電話を使い過ぎてもう紙の地図を読まなくなってしまったのです」と発言しているので，それが携帯電話に関係するものだということがわかる。したがって正解はb「私の携帯電話には私を助けてくれるアプリがあるのです」となる。

⑶空欄の直前で，携帯電話が問題であると発言して，「もう紙の地図を読まなくなった」と言っていることから，地図のアプリを使っているということがわかる。現在，ホテルの場所がわからず困っているのだから，携帯電話の地図のアプリを使えなくなった状況を表す発言を選べばよい。

⑷空欄直後のbut以下で〈お願い〉をしているので，それの前置きになる表現を入れる。I hate〔I'm sorry〕to bother you, but ～「ご迷惑をおかけしてすみませんが，～」

⑸サラがこの先の予定を尋ねており，空欄直後では一緒に観光するように誘っているので，ジャネットには特に予定がないと推測できる。

3 **解答** 〔A〕1－a　2－b　3－c　4－c　5－b
6－c　7－b　8－c　9－d　10－b

〔B〕1－b　2－b　3－c　4－b　5－d　6－a　7－a
8－b　9－d　10－a

◀解　説▶

〔A〕1．この文の主語はWhat is really interestingで，現在形のbe動詞を用いた名詞節である。したがって述語動詞は単数扱いの現在形となる。

2．*A* follow *B*で「*B*の次に*A*がある」と訳せ，受動態にすると，*B* is followed by *A*となる。前半部分は第1文型（SV）の主節となるので，コンマの後の空欄には分詞構文が入るのが自然である。なお空欄の後には目的語らしき名詞も存在せずbyが続くので，正解はb。文全体の意味は「オリエンテーションは午後2時半に始まり，その次にキャンパスツアーがある」となる。

3．coffee は不可算名詞で，選択肢の中で不可算名詞に対応でき，かつ意味が通るのは c のみ。

4．the＋比較級＋SV ～，the＋比較級＋S′V′ …「～であればあるほど…」の構文。the の直後の形容詞の形は比較級以外ありえない。「理科を勉強すればするほど，彼の興味は強くなった」となる。

5．直前に「服が全部濡れた」とあるので，天気予報を確認しなかったことを悔いる意味の表現を入れる。should have *done*「～すべきだった(のにしなかった)」

6．now that SV「もう～するのだから」という接続詞。「もう3人の子供も大きくなったのだから，その女性も遅くまで働ける」となる。

7．最上級の後で「彼の世代の人々の中で」となるので，of を選ぶ。

8．come to *do*「～するようになる」 come に対して用いられる準動詞は不定詞のみ。

9．If S were to *do*「仮に S が～するとすれば」 仮定法過去の表現。

10．while の節の述語動詞には進行形がよく使われる。前半にある主節の動詞は waited で過去形なので過去進行形。さらに while の節を訳すと「自転車が修理されている間に」となり，受動態だと推測できるので，was being *done*「～されていた」の形を選べばよい。

〔B〕1．文の前半に「このジャケットは小さすぎる」とあるので，ここでは b を選ぶ。fit「～に（大きさや形が）合う」 *A* match *B*「*A*（もの）が *B*（もの）と合う，調和する」 suit「～に（色や柄などが）似合う」

2．「人前でめったに話さない」理由としては，「自信」がないということが推測できる。

3．manage to *do*「なんとか～する」 この選択肢で to 不定詞を目的語にとれるのは c のみ。

4．can afford ～「～を買う余裕がある」 全体を訳すと「革でできているから，彼はその上着を買う余裕がなかった〔買うことができなかった〕」となる。

5．convince *A* to *do*「*A* を説得して～させる」 目的語＋to *do* の形をとれる動詞は d のみ。

6．without a trace「跡形もなく」につながる動詞は vanished「消えた」。

7．世界のリーダーが集まって行う会議は summit「サミット」である。

8．burst into laughter「いきなり笑い出す」 burst into tears なら「いきなり泣き出す」の意。

9．問題文を訳すと「サラは飛び散ったガラスの（　　）で傷ついた」となり，空欄に入るのはガラスの「破片」であると推測できる。

10．問題文を訳すと「油と水が（　　）ないことをほとんどの高校生は知っている」となり，「混ざら」ないと推測できる。

4 解答

問1．(1)―b　(2)―a　(3)―d　(4)―c　(5)―a

問2．1―d　2―a　3―c　4―d　5―d

◆全　訳◆

≪医療の新潮流と一次医療の在り方の変化≫

昨年行われた調査によると，アメリカ合衆国の約 25 パーセントの大人にかかりつけ医がいない。その数値は 30 代未満の大人に対しては 45 パーセントにまで跳ね上がる。これらの結果は，電話回線を介した遠隔医療と呼ばれる医療の新しい潮流を指し示している。人々はそれを使って，家や職場を出ずに数分で医者とつながることができる。

リサ＝ラブは遠隔医療を見つけて以来，かかりつけ医に診てもらったことがない。ラブは昨年の夏，皮膚の問題で助けを求めて仮想的な通院を試し，別の小さな問題で再び通院した。特に彼女は勤め先で無料の健康診断を受けてもいるので，かかりつけ医による治療を求める差し迫った必要を感じていない。「私は技術が好きで，新しい物好きで，お金を節約するのが好きなのです」とラブは言った。「私にとってそれは試してみる価値があったのです」

ラブは仮想的な通院の方が好みだと言った。それらはたった 42 ドルしかかからず，それは彼女の保険のプランでは病院に通う値段の半分未満であった。相変わらずかかりつけ医のもとに通う必要はどれくらいあるのだろうと彼女は考えた。「おそらく，遠隔医療ではすべてのことができるわけではないでしょうが，私がこれまで抱えている問題のほとんどに対して，それは役に立つだろうとかなり確信しています」と彼女は付け加えた。

医療の専門化された性質こそがまさに，人々が健康全般を診てくれる人を必要とする理由であり，それはかかりつけ医のような一次医療に携わる医師の伝統的な役割であると専門家は言う。彼らは患者の病歴を知っており，単に患者の通院を促すような症状に対処するだけではなく，これから発症するかもしれない問題を特定するよう訓練されている。また彼らは新しい薬が従来の薬と相容れないことがないということも確認でき，患者がインターネット検索で掘り当てた情報を解明する手助けもできる。

しかし，患者が薬局による診療や緊急医療センターに頼るにつれて，一次医療の性質は変化しつつある。それに応じて，一次医療の診療所は患者の健康をより広い視野で見る手助けとなるような，むしろチームを基礎とした方法に緩やかに移行しつつある。これらのチームは精神衛生の専門家や食習慣を改善したり運動を勧めたりできる健康指導員を含むかもしれない。彼らは患者たちの健康を保つことに集中し，より重い症状の場合に医者を訪ねさせるのである。

その基本的な考えは，患者が病気になってから治療するのを待つのではなく，患者を健康に保つことである。「私たちは診療所の壁の外でできるだけたくさんのことをしたいのです」とミーガン＝マホーニー医師は言い，この動きは保険会社が保障範囲を広げること次第だということを指摘している。

実践の範囲の拡張により患者の扱い方に変化が起こっていると医者は言う。ラッセル＝フィリップス医師は頻繁に患者からのｅメールや携帯電話の質問に答えている。彼はまた，小さな症状を扱う診療所に患者を紹介することもある。「医療を受けることはとても複雑な活動であるので，人々は彼らのために助言し，導き，治療を管理することができる人を必要としているのです」とフィリップスは言った。「人々は今でも本当に，それができる人との関係を欲しています」と。「一次医療は，より流動的で仮想的な関係に変化しつつあります。単に1年に2回の病院通いのかわりに，患者は病院と，より頻繁でありながら短時間の接触をするようになっているのです」ともフィリップスは言った。

◀解　説▶

問1．(1)seekは「～を求める」という意味なので，bのrequest「～を頼む」が近い意味を持つ。

(2)preciselyは「まさに」という意味なので，aのexactlyがほぼ同じ意味を持つ。

(3)promptedは「～を促した」という意味なので，dのled to「～につながった」が近い意味を持つ。

⑷ここでの nature は「性質」という意味なので，c の character「特徴」が近い意味を持つ。

⑸ scope は「範囲」という意味なので，a の range が近い意味を持つ。

問2．1．「ラブが電話回線を用いた遠隔医療を使う選択をした理由でないものは何か」という設問。第2段最後から2番目の文（"I like technology and …）のラブの発言に「私は技術が好きで新しい物好きでお金を節約するのが好き」とある。その内容に当てはまらない選択肢は，d「それはいかなる重大な健康問題でも扱える」となる。

2．「それでも人はかかりつけ医を持つべきだと専門家が言うのはなぜか」という設問。第4段第1文（Experts say the specialized …）に「医療の専門化された性質こそがまさに，人々が健康全般を診てくれる人を必要とする理由であり，それはかかりつけ医のような一次医療に携わる医師の伝統的な役割であると専門家は言う」とある。この文において someone who cares for their overall health と primary care physicians と family doctors は同じ立場の存在を指すので，専門家がかかりつけ医を推奨する理由はこの that 節の主語にあたる「医療の専門化された性質」となる。したがって正解は a「医療が専門分野に分かれた」からとなる。

3．「一次医療の診療所は変化に対応して何をしているか」という設問。第5段第2・3文（In response, primary care … and recommend exercise.）に「それに応じて，一次医療の診療所は患者の健康をより広い視野で見る手助けとなるような，むしろチームを基礎とした方法に緩やかに移行しつつある。これらのチームは精神衛生の専門家や食習慣を改善したり運動を勧めたりできる健康指導員を含むかもしれない」とある。この2文より，医師だけでない他分野の専門家とチームを組むことが推測できるので，正解は c「他の医療の専門職と協力している」となる。

4．「マホーニー医師は，一次医療の診療所で最も重要な目標は何だと考えているか」という設問。第6段第1文（The basic idea is to …）に「その基本的な考えは，患者が病気になってから治療するのを待つのではなく，患者を健康に保つことである」とあり，続く第2文（"We want to do as …）で，マホーニーは「私たちは診療所の壁の外でできるだけたくさんのことをしたいのです」と述べている。「診療所の壁の外で」が，d

の「患者の日常生活で」に対応すると考えられる。

5.「一次医療の医師が今でも必要とされているとフィリップス医師が考えるのはなぜか」という設問。最終段第 4 文（“Getting medical care is …）のフィリップス医師の発言に「医療を受けることはとても複雑な活動であるので，人々は彼らのために助言し，導き，治療を管理することができる人を必要としているのです」とある。したがって，正解は d「患者は自分の医療を組織化できる人を必要としている」となる。

日本史

1 解答

問1．a　問2．b　問3．c　問4．d　問5．a
問6．b　問7．d　問8．c　問9．b　問10．c
問11．d　問12．c　問13．c　問14．a　問15．d

◀解　説▶

≪古代・中世の戦乱≫

問2．史料の読解を要する問題。史料Aが壬申の乱に関するものと判別できることがまず大切である。X．正文。Y．誤文。史料には「大友皇子と…西に営りて」とある。瀬田の橋の西側に陣を構えたのは天武天皇軍ではなく大友皇子の近江軍である。

問3．aは法隆寺金堂釈迦三尊像で飛鳥文化。bは興福寺阿修羅像で天平文化。cは興福寺仏頭で白鳳文化。dは広隆寺半跏思惟像で飛鳥文化。

問4．それぞれの政策を行った天皇で考えるとわかりやすい。Ⅰ．飛鳥浄御原令が施行されたのは持統天皇の時代。Ⅱ．改新の詔が出されたのは孝徳天皇の時代。Ⅲ．庚午年籍が作成されたのは天智天皇の時代。

問5．史料Bが保元の乱に関するものと判別できることが必要である。保元の乱は対立の構図が複雑である。正確に把握しておこう。

問6．b．誤文。保元の乱は，白河法皇ではなく鳥羽法皇の死がきっかけとなっている。史料には「鳥羽殿」「白河御所」などの記述があり，史料だけでは判別が難しい。

問7．d．誤文。源頼義・義家親子が，前九年合戦・後三年合戦を鎮圧した。

問8．平氏政権の成立過程に関するやや細かな内容を問う問題であった。Ⅱ．1159 年に平清盛が藤原信頼・源義朝らを滅ぼした平治の乱は，平氏政権成立の端緒になった事件である。Ⅰ．平治の乱の後，平清盛は後白河法皇の信認を得て昇進をとげ，1167 年には太政大臣となった。Ⅲ．平氏の支配が全盛を迎えると，平清盛は協力関係にあった後白河法皇と対立するようになり，1179 年にはついに法皇を幽閉した。

問9．史料Cは承久の乱についてのものであり，鎌倉幕府の成立過程に関する問題。Ⅰ．1183年に下された寿永二年十月宣旨によって，源頼朝は東国支配権を認められた。Ⅲ．守護・地頭が設置されたのは1185年。Ⅱ．奥州の征伐は1189年のこと。

問10．X．誤文。史料では「逆臣の讒り」を理由としている。Y．正文。

問11．d．誤文。承久の乱で没収された所領におかれたのは守護ではなく新補地頭である。

問12．1．誤文。連署と評定衆を設置したのは北条泰時。4．誤文。後醍醐天皇は大覚寺統である。

問13．史料Dは応仁の乱に関するものである。足軽がはじめて現れたとあることから，応仁の乱と判断できる。

問15．aは『後三年合戦絵巻』で後三年の役。bは『長篠合戦図屛風』で長篠合戦。cは『平治物語絵巻』で平治の乱。dは『真如堂縁起絵巻』で応仁の乱。

2　解答

問1．c　問2．a　問3．b　問4．c　問5．d
問6．d　問7．b　問8．a　問9．d　問10．d

◀解　説▶

≪武断政治から文治政治への転換≫

問3．参勤交代の規定と大船建造の禁止規定が入っているので，寛永令と判断できる。寛永令を発布したのは徳川家光である。武家諸法度は元和令・寛永令など複数あるので，各令をポイントごとにまとめておこう。なお，江戸時代に関する用語には年号の用いられているものが多く，その時代の将軍とあわせてまとめておくと時代の判別がしやすい。

問4．史料に「紫衣」とあるので，紫衣事件に関するものと判断できる。この事件に際して，抗議をした僧侶の沢庵は流罪となり，また後水尾天皇が譲位した。

問5．図を使用した問題。鎖国体制下で対外的に開かれていた4つの窓口が図で示されている。朝鮮は対馬，蝦夷は松前，中国・オランダは長崎，琉球は薩摩に，それぞれ対応している。

問7．b．誤文。a・c・dは生類憐みの令に関するものだが，bは服忌令の内容である。

問8．5代将軍徳川綱吉の治世の後半期は元禄時代と呼ばれることから，同じ「元禄」とあるaが選べる。唐人屋敷が設置されたのは1689（元禄2）年だが，これが綱吉時代のことというのは詳細な知識である。

問10．dが正解。「大君」が将軍を指す言葉であると知っていれば選択は容易である。もしそれを知らなくても，「二番目の高官」が「決死の人びとの小さな一隊」に殺されたという記述から，この事件が戦いではなく個人を殺害したテロ事件と読み取れるので，禁門の変ではなく桜田門外の変と判断できる。桜田門外の変は江戸城付近で起こったので，「大君の邸宅」は江戸城であると考えられる。したがって，大君に該当するのは将軍の徳川家茂である。

3 解答

問1．b　問2．a　問3．c　問4．d　問5．a
問6．c　問7．c　問8．b　問9．a　問10．d
問11．b　問12．d　問13．d　問14．c　問15．a

◀解　説▶

≪加藤高明の生涯≫

問2．不平等条約改正交渉に関する問題。aは大隈重信，bは井上馨，cは岩倉具視，dは青木周蔵が該当する。

問3．X．誤文。日露戦争の講和会議で全権をつとめ，ポーツマス条約を締結したのは，小村寿太郎である。Y．正文。

問4．d．誤文。初代の台湾総督は樺山資紀。伊藤博文は初代の韓国統監。

問6．空欄イは，第一次護憲運動で辞職した内閣なので桂太郎が入る。空欄ウは中国で起こったものなので五・四運動が入る。三・一独立運動は朝鮮で起こった。

問8．c．誤文。パリ講和会議にはソビエト連邦は参加していない。

問9．Ⅰ．統監府の設置は第二次日韓協約によるもので，1905年のこと。Ⅱ．ハーグ密使事件は1907年のこと。Ⅲ．伊藤博文が暗殺されたのは1909年で，韓国併合直前のこと。

問11．空欄エは護憲三派の直前の内閣であるので，清浦奎吾である。空欄オは五・一五事件で倒れた内閣なので，犬養毅である。

問12．X．誤文。1925年の普通選挙法では満25歳以上の男性全員に選挙権が与えられた。満20歳以上の男女に選挙権が与えられたのは終戦後の1945年のこと。Y．誤文。加藤高明内閣が制定したのは治安警察法ではなく治安維持法である。

問14. Ⅰ. 大政翼賛会は1940年，第二次近衛文麿内閣のときに結成された。Ⅱ. 斎藤実内閣は1932年，五・一五事件直後に成立している。Ⅲ. 国体明徴声明は岡田啓介内閣が1935年に出したものである。正確な年号がわからなくても，それぞれの出来事に対応する内閣の順番をおさえていれば，解答を導くことができる。

4 解答

問1. a　問2. b　問3. b　問4. c　問5. b
問6. d　問7. a　問8. d　問9. d　問10. c

◀解　説▶

≪近代の社会・教育・文化≫

問2. a. 誤文。孝明天皇は生前退位していない。b. 正文。明治から一世一元の制が採用された。c. 誤文。憲法において天皇は統帥権を持ち，軍の大元帥であるから，当然，天皇も軍服を着用することはあった。写真嫌いであったと言われる明治天皇の現存する写真にも軍服姿のものがある。d. 靖国神社は戊辰戦争以降の国内外の戦争等，国事に殉じた軍人，軍属等の戦没者を「英霊」として祀る施設である。

問3. X. 正文。学制は学区制を採用するなどフランスをモデルとした。Y. 誤文。教育令は当初はアメリカをモデルとし，また就学義務を緩和している。

問4. Ⅱ. 学校令は初代文部大臣森有礼により1886年に公布された。Ⅰ. 教育勅語が発布されたのは1890年。Ⅲ. 国定教科書制度の制定は1903年のこと。

問5. a. 誤文。鉛製活字の量産は本木昌造の業績。b. 正文。幕末・明治初期に，横浜では外国人居留民が英字新聞を発行していた。c. 誤文。小新聞とは娯楽を中心とする瓦版の系譜を引くもので，政治評論中心のものは大新聞という。d. 誤文。『風俗画報』は，日本最初のグラフィック雑誌である。風刺もあるが，主に社会の実相を絵画や写真で紹介した。ビゴーは風刺雑誌の『トバエ』を創刊して活躍した。

問6. 1. 誤文。新中間層向けの住宅は，集合住宅ではなく文化住宅である。3. 誤文。樋口一葉は1896年に亡くなっており，大正時代には生存していない。また，河上肇は経済学者で，歴史小説ではなく，評論『貧乏物語』を書いた。

問8．見慣れない史料で難しく感じたかもしれない。1は石川啄木，2は萩原朔太郎の説明であるため，a（X－1）とd（Y－2）が正しい組み合わせである。このうち，関東大震災後の朝鮮人・中国人への大規模な殺傷事件を表現した文学者には，d（Y－2）が該当する。a（X－1）は日韓併合に関するものである。

問9．Ⅱ．1931年に発生した満州事変に対する国際連盟の勧告に反対して，日本は1933年に国際連盟からの脱退を通告した。Ⅲ．国家総動員法は1938年，日中戦争が泥沼化するなかで制定された。Ⅰ．1940年に結成された大政翼賛会は多くの団体をその傘下に置き，さらに1942年には日本文学報国会や大日本言論報国会なども組織された。

世界史

1 **解答** 問1．d 問2．a 問3．c 問4．b 問5．d
問6．b 問7．a 問8．b 問9．c 問10．d
問11．a 問12．(※) 問13．d 問14．b 問15．a 問16．b
問17．a 問18．d 問19．c 問20．d

※問12については，設問文に誤りがあることが判明したため全員に加点したと大学から発表があった。

◀解　説▶

≪インドの歴史≫

問3．ア．誤文。ジャイナ教の創始者はヴァルダマーナ。ヴァスヴァンドゥは，古代インドの仏僧。日本では世親と呼ばれた。イ．正文。

問5．ア．誤文。クシャーナ朝の都は，プルシャプラ。イ．誤文。クシャーナ朝は，ササン朝に敗れてから衰退した。

問6．a．誤文。ハルシャ王はヴァルダナ朝の王。c．誤文。玄奘はヴァルダナ朝の時期にインドを訪れた。d．誤文。義浄はヴァルダナ朝分裂後のインドを訪れた。

問10．a．誤文。クトゥブ＝ミナールを建てたのは，アイバク。b．誤文。ニコポリスの戦いは，オスマン帝国のバヤジット1世がハンガリー王ジギスムントを破った戦い。c．誤文。チョーラ朝は13世紀に滅亡している。アウラングゼーブの治世は1658～1707年。

問11．b．誤文。ポルトガルは16世紀にボンベイに進出し，17世紀にそれをイギリスに譲渡した。オランダはボンベイに進出していない。c．誤文。ポンディシェリはフランスの拠点。d．誤文。マドラスはイギリスの拠点。

問13．ア．誤文。ザミンダーリー制は，マドラス地域ではなくベンガル・ビハール・オリッサ地方で実施された。イ．誤文。自作農にのみ土地所有権を認めたのはライヤットワーリー制。

問16．ア．正文。イ．誤文。カルカッタ大会4綱領は，英貨排斥・スワデーシ・スワラージ・民族教育である。

問18. d．誤文。ガンディーは，イスラーム教徒との融和に反対するヒンドゥー教徒の急進派によって暗殺された。

2 解答 問1．c 問2．a 問3．a 問4．b 問5．b 問6．d 問7．d 問8．d 問9．c 問10．a 問11．b 問12．d 問13．b 問14．c 問15．c

◀解 説▶

≪モンゴル帝国史，近世の西欧と東アジア≫

問1．a．誤文。遼は女真族の金に滅ぼされた。b．誤文。ワールシュタットの戦いでドイツ・ポーランド連合軍を破ったのはバトゥの率いた軍。d．誤文。イル＝ハン国建国者はフラグ。

問2．b．誤文。北宋を滅ぼしたのは女真族の金。c．誤文。高句麗は668年に唐・新羅連合軍によって滅ぼされている。元が支配下に置いた朝鮮半島の王朝は高麗。d．誤文。元の時代，当初科挙は廃止されていたが1314年に復活した。

問3．b．誤文。カイロを拠点としたカーリミー商人は，イスラーム教徒であった。c．誤文。ルイ9世がモンゴル帝国に派遣したのは，フランチェスコ会修道士ルブルック。d．誤文。イスラーム天文学をもとに授時暦を作成したのは，郭守敬。

問4．aのアナーニ事件は1303年の出来事。cの百年戦争の終結は1453年。dのフス戦争は1419～36年の出来事。

問5．a．誤文。ティムール朝の都は，サマルカンド。c．誤文。モスクワ大公国のモンゴル帝国からの独立は，イヴァン3世のもとで達成された。d．誤文。ツァーリの称号を初めて用いたのは，イヴァン3世である。

問7．a．誤文。明の建国者は朱元璋。b．誤文。陽明学は，儒学の一派。c．誤文。明代初期の海禁令によって朝貢貿易のみが認められ，民間貿易は禁圧された。

問8．a．誤文。三圃制の普及は16世紀ではなく中世から。b．誤文。ポトシ銀山の発見は1545年（16世紀の半ば）である。c．誤文。16世紀を通じて，エルベ川以東の東ヨーロッパから西ヨーロッパへ穀物輸出が増加した。

問9．a．誤文。三十年戦争は，ベーメンのプロテスタントの反乱を契機に勃発した。b．誤文。三十年戦争の中で戦死したスウェーデン王は，グスタフ＝アドルフ（グスタフ2世）。d．誤文。ウェストファリア条約によって神聖ローマ帝国内の領邦がそれぞれの主権を認められた結果，神聖ローマ帝国は有名無実化した。

問10．b．誤文。クロムウェルが率いていたのは議会派の中の独立派。c．誤文。非国教徒が公職につくことを禁じたのは，審査法（1673年）。d．誤文。名誉革命の際，イングランド議会は「権利の宣言」を「権利の章典」として立法化した。

問11．a．誤文。オランダのアムステルダムが，17世紀にアントウェルペン（アントワープ）に代わって国際商業の中心地として繁栄した。c．誤文。オランダは，17世紀のアンボイナ事件でイギリスをモルッカ諸島から追放した。d．誤文。オランダは，1830年（19世紀）にジャワ島に強制栽培制度を導入した。

問14．a．誤文。ホンタイジは，国号を後金から清に改めた。b．誤文。清の康熙帝は，三藩の乱を鎮圧した。d．誤文。『水滸伝』『西遊記』は明代に成立した小説。『文選』は，梁の昭明太子が編纂した詩・散文集。

問15．ア．誤文。海禁政策（鎖国）によって長崎への来航が許されたのは中国船とオランダ船。イ．正文。

3　解答

問1．b　問2．a　問3．a　問4．d　問5．c
問6．b　問7．a　問8．a　問9．d　問10．a
問11．c　問12．a　問13．c　問14．c　問15．a

◀解　説▶

≪中世～現代のヨーロッパ史≫

問3．a．誤文。EUは，イギリス・フランス・ドイツなどのEC加盟国によって結成された。

問4．d．誤文。イブン＝サウードは，イギリスの支持をえて勢力を拡大し，サウジアラビア王国を建国した。

問5．c．誤文。神聖同盟はキリスト教にもとづく君主間同盟。ウィーン体制を維持し，自由主義とナショナリズムを抑圧することが目的とされた。

問6．b．誤文。教皇インノケンティウス3世はイギリス王ジョンを破門した。

問7．a．誤文。ピョートル1世の治世下（在位 1682～1725 年）にステンカ＝ラージンの農民反乱（1670～71 年）は起こっていない。

問8．a．誤文。二月革命によって発足したのは第二共和政の政権。

問9．d．誤文。フランス政府とローマ教皇との和解（コンコルダート）は，ナポレオン政権時代の 1801 年。

問11．ア．誤文。ホイッグ党の支持基盤は，ジェントリ・商工業者・非国教徒。イ．正文。

問13．ア．誤文。第1インターナショナルの指導者は，マルクス。イ．正文。第1インターナショナルにおいては，マルクス派とプルードン派・バクーニン派らの無政府主義者が対立した。

問14．a．誤文。ハンブルクは，フランドル地方の都市ではない。b．誤文。フランドル地方を直接支配下に置こうとしたイギリスに対し，フランスが反発したことが百年戦争の原因の一つとなった。d．誤文。ユトレヒト同盟は，ネーデルラントの北部7州によって結成された。

問15．b．誤文。宗教改革の結果，デンマークではルター派が有力となった。c．誤文。18 世紀の初頭，バルト海の覇者であったスウェーデンは北方戦争においてロシアと戦ったが，敗北した。d．誤文。19 世紀後半，ベルギー国王の領有地としてコンゴ自由国が認められた。

地理

1　**解答**　問1．小問1．2　小問2．b　小問3．c
小問4．サンアンドレアス

問2．小問1．6　小問2．3

問3．小問1．海岸段丘　小問2．4

問4．小問1．ドリーネ　小問2．2　小問3．4

問5．小問1．2　小問2．1

◀解　説▶

≪世界と日本の地形≫

問1．小問1．図aはプレートの「ずれる境界」，図bは海洋プレートが大陸プレートの下に沈み込む「狭まる境界」，図cは大陸プレートどうしが衝突する「狭まる境界」，図dは「広がる境界」である。1のアイスランド島は図dに，3のスマトラ島は図bに，4のヒマラヤ山脈は図cにあたるが，2のグレートディヴァイディング山脈は，古期造山帯に属する山脈でプレート内部に位置し，どのプレート境界にもあたらない。

小問3．地図のアは図aに，イは図dに，ウは図bにあたる。

問2．小問1．模式図のBには扇状地が，Cには氾濫原や三角州が形成される。三日月湖は蛇行する河川の一部が切り離されたもので，蛇行河川はCの氾濫原で典型的に発達する。水無川は河川水が伏流するBの扇状地に見られる。

小問2．3．誤文。逆に，堆積物は，上流側では粒径の大きな礫が，下流側では粒径の小さな砂が多い。

問4．写真にはカルスト地形が見られる。石灰岩台地が雨水によって溶食されると，地表にはすり鉢状の凹地ができる。これが空欄アのドリーネで，複数のドリーネが集合した凹地はウバーレと呼ばれる。低緯度のXは高温多雨の気候下にあるため，ドリーネやウバーレの下方への溶食が活発で，溶食に抵抗した石灰岩は高さの揃った小山となって残る。これが空欄イのタワーカルストである。

問5．小問1．1．誤文。記号は，山頂を示すものではなく，位置を測る三角測量の基準となる三角点である。3．誤文。電子基準点ではなく，電波塔である。4．誤文。茶畑ではなく，畑（牧草地）が広がっている。

小問2．地理院地図の□で囲まれた範囲の最高地点は大野山の三角点（722.8m）で，ここから東端の標高点（663m）まで東西方向に尾根が延びる。この尾根は，図中で最も標高の高い部分である。大野山の三角点付近からは南北にも尾根が延びている。下図の太線は，これらの尾根を標高650m以上の部分に限って示したものである。3D図で色の白い部分は，尾根，谷，山腹の平坦地，道路のいずれかである。このうち，尾根の部分がどのように見えるか検討すると，3D図aとbは下図の東西方向の尾根が上下に通るから視点は1か3で，aは尾根線が，くの字に見えることから3（西）から見たもの，bは尾根線が，くの字を左右逆にした形に見えるので1（東）から見たものである。c・dは東西方向の尾根が左右に通るから視点は2か4で，cは尾根線がV字型に見えるから4（北）から見たもの，dは尾根の左端の標高が右端より高く，北方，南方への尾根も左端に見えるから2（南）から見たものである。

2 **解答**　問1．3　問2．3
問3．小問1．2　小問2．3　小問3．ボーキサイト
問4．小問1．4　小問2．サードイタリー〔第3のイタリア〕
小問3．1
問5．ICT　問6．5　問7．4　問8．4　問9．4

◀解　説▶

≪世界と日本の産業≫

問2．綿織物をはじめとする繊維工業は，今日，人件費の安い発展途上国

で盛んである。綿花の生産は，インド・中国・アメリカ合衆国が上位3カ国だが，アメリカ合衆国は人件費が高く繊維工業は盛んでないので，綿花の輸出量が多く世界一である。一方，綿花の輸入では，綿花を産しないが繊維工業の盛んなベトナムが世界一である。

問3．小問1．人口密度からbはオランダ，dはノルウェーである。また，dは天然ガス輸出量が多いことからも，北海油田から天然ガスを産出するノルウェーであると判断できる。他の3カ国は国土が広く人口密度がともに低いが，天然ガス輸出量が多いcがロシア，アルミニウム輸出量が多いaがカナダ，eがオーストラリアである。

小問2．3が正文。ノルウェーの天然ガスは，ほとんどがパイプラインを経由して近隣のドイツ，イギリス，フランスなどヨーロッパ諸国に輸出される。

問4．小問1．工作機械の生産・消費では，aの中国が特に多い。cの日本（およびbのドイツ）がそれに次ぎ，両国は工作機械の世界的輸出国としても知られる（グラフの生産額＞国内消費額に注目)。一方，dのアメリカ合衆国は脱工業化が進み，工作機械の輸入国（グラフの国内消費額＞生産額）である。

小問2．eは設問文からイタリアである。サードイタリーは，フィレンツェ，ボローニャ，ヴェネツィアを中心とした地域をいう。

小問3．fは消去法により韓国となるので，1の（APECに参加）が正文である。

問6．Aは観光客数がどの月もB・Cより多く，月ごとの差も小さい。韓国，中国，台湾に近く，日本への南の玄関口としてこれらの国からの訪問客が季節を問わず多いので福岡である。Bは冬と夏に訪問客のピークがある。雪に恵まれ，雪の降らない温暖な台湾，香港などから冬に訪れる訪問客が多いので，北海道の新千歳である。Cは夏に訪問客のピークがあるので，海洋レジャーの盛んな沖縄の那覇である。

問8．1人あたりGNIが4万ドルを超えるCはロンドンの位置するイギリス，2万ドル近いDはアテネの位置するギリシャである。A・Bは1人あたりGNIがほぼ同じである，リオデジャネイロの位置するブラジル，北京の位置する中国のいずれかである。Aは第1次産業，第2次産業人口率がどちらもBより高いことから中国，よってBはブラジルである。中国は労働集約型を中心に工業が盛んで，第2次産業人口率は世界有数の高さである。

問9．表は，かつて4大工業地帯と呼ばれた地域の工業生産を示す。このうち北九州工業地帯は，第二次世界大戦後地位が著しく低下したので，製造品出荷額が最も少ない3である。中京工業地帯は，戦後自動車工業を中心に目ざましい発展を遂げ，今日，日本最大の工業地帯となっているので出荷額が最大の2である。戦前に日本最大であった阪神工業地帯は，金属や化学のウエートが高く，機械工業の集積で他地域に後れをとったため，戦後は伸び悩んだ。よって阪神工業地帯は，機械の比率が最も低く金属の比率が高い4である。京浜工業地帯は，阪神より出荷額は少ないが機械の比率が高い1である。

3 解答

問1．4

問2．小問1．c　小問2．3

問3．3　問4．4　問5．2　問6．4　問7．2　問8．オアシス

問9．5　問10．1　問11．1

◀解　説▶

≪中国の地誌≫

問2．小問1．グラフの1月の気温が−11℃ほどだから，地図では−10℃の等温線のやや北に位置するaかcのいずれかであり，夏の月降水量が150mm以上あり湿潤だから，海からの水蒸気が季節風によって運ばれるcが該当する（aは乾燥気候）。

小問2．地図のクンミンは，1月の10℃の等温線より少し北に位置するから，1月の気温が10℃をわずかに下回る3が該当する。また，クンミンは標高1900mほどの高原に位置するので，夏の気温は他都市より低く20℃ほどにしかならない。なお，コワンチョウは1，シャンハイは2，フーチョウは4である。

問5．2が正文。グラフを見ると，生産量は，1999年から2003年にかけて減少しているが，この間，単収はほぼ横ばいで，生産量のように大きく減少していない。単収＝単位面積あたり生産量が減少していないのに生産量が減ったのは，栽培される面積＝作付面積が減少したためである（生産量＝単収×作付面積である）。

問6．4の連作は，同じ耕地で毎年同じ作物を栽培することをいう。畑で小麦などを連作すると，特定の養分が急速に失われるので地力が低下し，収量は年々減少する。このため畑作では3の輪作（同じ耕地で異なる作物を栽培する）を行い，地力の低下を最小限にするよう努めている。水田では，水を入れ換えると養分も補われるので，連作が可能である。

問9．中国で肉といえば，通常豚肉のことをいい，世界で飼育される豚の半数近くをこの国が占める（㋒中国）。牛は長年インドの飼育頭数が世界一だったが，近年はカンポやセルバを開発して大規模な牧場が増えたブラジルの飼育頭数が最も多い（㋐ブラジル）。㋑は消去法によりアメリカ合衆国である。

4　**解答**　問1．3　問2．ウラル　問3．4　問4．B
問5．1　問6．2　問7．2　問8．4
問9．小問1．バチカン市国　小問2．3
問10．2　問11．3　問12．2　問13．②

◀解　説▶

≪ヨーロッパの地誌≫

問1．東経150度を等時刻帯にしているウラジオストクは，ロンドンより10時間時刻が早い。ロンドンの時刻が2月1日午前3時なら，ウラジオストクは10時間早い2月1日午後1時である。

問4．地図のBには小規模な入江（スペイン語でリアと呼ぶ）が多い。リアス海岸という語は，この地域の入江に因んで名付けられたものである。

問5．海洋は地形的に「大洋」と「付属海」に区分される。前者は太平洋，大西洋，インド洋の3つをいい，後者は大洋の縁辺にあり大陸と接している海域をいう。選択肢の地中海，バルト海，北海はいずれも大西洋の付属海だが，1のカスピ海は大西洋とつながっていない湖なので，付属海ではない。

問7．オリーブは，Fのスペインやイタリアなど地中海沿岸諸国の生産量が多いが，フランスの生産量は極めて少なく，世界全体の0.1%ほどにすぎない。

問9．小問2．ヨーロッパでプロテスタントの信者が多数派の国は，イギリスと，デンマークを含む北欧諸国である。

問 10. シリコングレンは，スコットランドにおける情報技術産業の集積地の通称で，中心都市はグラスゴーとエディンバラである。

問 13. EU は，ベルギーのブリュッセルに政策執行を担う委員会と理事会を置く。なお，議会はフランスのストラスブールに，裁判所はルクセンブルクに，中央銀行はドイツのフランクフルトに置かれている。

政治・経済

1 解答

問1．4　問2．1　問3．2　問4．2　問5．2
問6．1　問7．3　問8．4　問9．2　問10．2

◀解　説▶

≪平和主義≫

問2．1が正文。2．誤文。GPS などを利用した犯罪捜査のための個人情報の利用が，プライバシーの権利を侵害することがある。3．誤文。知る権利とは，国民が国や地方公共団体などの情報を，国家に妨げられることなく，自由かつ十分に入手できる権利である。4．誤文。平和的生存権は，日本国憲法前文の「われらは，全世界の国民が，ひとしく恐怖と欠乏から免かれ，平和のうちに生存する権利を有することを確認する」から導き出された人権であるが，裁判などを通じて確立された具体的な権利とはいえず，外国人による難民認定申請の法的根拠ともされていない。

問3．2が誤文。チェチェン紛争は，チェチェン共和国がロシアからの独立を宣言したが，ロシアがこれを認めなかったために生じた。

問5．2が正文。1．誤文。硬性憲法とは，憲法を改正するために厳しい手続きを経なければならない憲法のことである。3．誤文。日本国憲法の改正の際に行われる国民投票は，全有権者ではなく有効投票総数の過半数の承認を必要とする。4．誤文。憲法改正は，内閣総理大臣ではなく天皇が，国民の名で，これを公布する。

問9．2が正文。1．誤文。多国籍軍の一員として，自衛隊が旧ユーゴスラビアに派遣されたことはない。3．誤文。ソマリア沖へは，国連平和維持軍（PKF）の一員としてではなく，海賊対処法に基づいて独自に自衛隊が派遣された。4．誤文。自衛隊がイスラム国への武力行使に参加するために派遣されたことはない。テロ対策特別措置法は 2001 年アメリカの同時多発テロ後に制定されたもので，自衛隊はインド洋に派遣され，アメリカなどの後方支援を行った。

問10．2が正文。1．誤文。日本国と米国との間の相互協力及び安全保障条約（新日米安全保障条約）の第6条より，「日本国の安全に寄与し，並びに極東における国際の平和及び安全の維持に寄与する」ことを目的に，米国は日本国内の施設及び区域を使用して防衛的軍事行動をとることが許される。3．誤文。日米地位協定及び在日米軍駐留経費負担特別協定において，在日米軍の駐留経費は，日米双方が負担することが定められており，日本がすべて負担するとは規定されていない。4．誤文。日米両国は，普天間飛行場の廃止に合意したが，その代替施設はグアムではなく，沖縄県の辺野古での建設が予定されている。

2 解答

問1．3　問2．4　問3．4　問4．3　問5．2
問6．1　問7．3　問8．2　問9．1　問10．2

◀解　説▶

≪大日本帝国憲法と日本国憲法≫

問4．3が正文。1．誤文。大正デモクラシーの時代に男子普通選挙が実現したが，選挙権が与えられたのは18歳以上ではなく25歳以上の男性である。2．誤文。貴族院議員は，皇族・華族，勅任議員で構成されるため，選挙は実施されない。4．誤文。内閣総理大臣は，元老や重臣の推薦により，天皇が任命した。衆議院と貴族院の指名は必要なかった。

問5．2が誤文。吉野作造の民本主義の考え方において，主権者は国民ではなく，天皇である。

問6．1が正文。2．誤文。マッカーサー三原則は，天皇は国家の元首であること，戦争放棄，封建的諸制度の廃止，の3点である。3．誤文。憲法改正案を審議したときの衆議院議員は，女性の国政参加を認めた新選挙法のもとで実施された選挙で選ばれており，男性だけではなく女性も含まれる。4．誤文。憲法改正案は，議会において修正されたものが可決され，成立した。

問7．3が誤文。55年体制において憲法改正を要求したのは自由民主党で，憲法擁護を掲げたのは日本社会党である。

問9．1が正文。2．誤文。選挙期間中の候補者による文書配布は，公職選挙法によって制限されている。3．誤文。候補者による選挙期間中の戸別訪問は，公職選挙法で禁止されている。4．誤文。投票権は代議制民主主義においては参政権の中核であるため，期日前投票制度は近年拡充されている。

問10．2が正文。1．誤文。条約の承認は衆参両議院で審議が行われる。3．誤文。不逮捕特権は，衆議院議員だけでなく参議院議員も認められている。4．誤文。緊急集会は，衆議院が解散されたときから，総選挙が行われて特別国会が開かれるまでの間に，国に緊急の必要があると内閣が認めた場合に，参議院で開かれる。

3　解答

問1．3　問2．4
問3．(1)―3　(2)―1　(3)―1
問4．1　問5．1　問6．3　問7．3　問8．4

◀解　説▶

≪市場メカニズム≫

問1．3が正文。価格弾力性とは，ある商品の価格の変化に対する，その商品の需要量や供給量の変化の比率を示したものである。需要の価格弾力性が大きいとは，商品の価格変化に比して需要量の変化が大きい場合であり，需要曲線は緩い傾斜になる。ぜいたく品などがこれにあたる。反対に，需要の価格弾力性が小さいとは，商品の価格変化に比して需要量の変化が小さい場合であり，需要曲線は急な傾斜となる。生活必需品などがこれにあたる。以上より，曲線 aa は曲線 bb よりも緩い傾斜であるため，需要の価格弾力性の大きいぜいたく品の需要曲線であることがわかる。

問3．(1)3が誤文。技術革新は，財の生産コストを低下させ，供給価格の低下が起こるため，需要曲線ではなく供給曲線のシフトの要因となる。

(2)a．需要曲線のみが右方にシフトすると，均衡価格は上昇し，その下での取引量も増加するので，売上額は必ず増加する。b．需要曲線のみが左方にシフトすると，均衡価格は下落し，その下での取引量も減少するので，売上額は必ず減少する。c．供給曲線のみが右方にシフトした場合，均衡価格は下落するが，その下での取引量は増加するため，売上額が必ず増加するとは限らない。d．供給曲線のみが左方にシフトした場合，均衡価格は上昇するが，その下での取引量は減少するため，売上額が必ず増加するとは限らない。よってaのみが適切であるため，1を選択する。

(3)実際にシフトさせた需要曲線と供給曲線を図1に記入するとよくわかる。需要曲線の右方シフトは，均衡価格もその下での取引量も押し上げるが，供給曲線の左方シフトは，均衡価格を押し上げる一方でその下での取引量を押し下げる。したがって，均衡価格は必ず上昇するが，その下での取引量は，両曲線のシフトの幅の大小関係によって増加する場合と減少する場合があることがわかる。以上から，1を選択できる。

問4．1が正文。価格がp_1であるとき，供給が需要を上回っているため，超過供給（モノ余りの状態）であり，供給者は価格を引き下げてモノ余りを解消しようとするため，価格は低下する。

問6．やや難。外部不経済とは，企業の経済活動が第三者に不利益を与えること，外部経済は反対に第三者に利益を与えることである。ともに市場を介さずに影響が及ぶ点が重要である。企業の私的費用は企業が財・サービスを生産する際に支払う原材料費や人件費などのコストである。社会的費用は，企業の経済活動による公害や環境破壊といった悪影響の除去や損害の救済などにかかるコストで，外部不経済に伴って発生する。規制がない場合，当の企業や買い手が自発的に支払うことは少ないため，第三者や社会の負担となることが多く，財・サービスの取引は過大になりがちである。すべての選択肢に，財の取引量は「過大となる」とあるため，外部不経済について記述した1と3に絞れる。一般に，財の取引量が増えるほど私的費用は減少し社会的費用は増加するので，財の取引量が過大な場合は，私的費用＜社会的費用となることが多いと考えられる。よって3が最も適切である。

問7．やや難。3が正文。非競合性とは，ある人が消費しても他の人の消費に影響を与えないこと，非排除性とは利用料を支払わなくても財を使用できることである。映画館の利用料を支払う必要があるため，非排除性はないが，支払った人は同時に映画を見ることができるため非競合性はある。

4 **解答**　問1．2　問2．b　問3．c　問4．4　問5．4
問6．2　問7．4　問8．4　問9．2　問10．2

◀解　説▶

≪国際経済≫

問1．2が正文。1．誤文。日本における食料安全保障論とは，食料の安定供給確保のために，国内の農業生産の増大を図るという考え方である。3．誤文。日本は，TPP（環太平洋パートナーシップ）11協定締結以前から，米の関税化を行っている。4．誤文。1988年の日米交渉において，牛肉・オレンジの輸入自由化が決定した。新食糧法は，食糧管理制度を廃止して政府による米の管理を緩和するために制定された。

問2．経常収支＝貿易・サービス収支＋第一次所得収支＋第二次所得収支であるため，経常収支(イ)＝40,000＋180,000＋(−20,000)＝200,000となる。経常収支＋資本移転等収支−金融収支＋誤差脱漏＝0となるので，

金融収支(ロ)＝200,000＋(−2,000)＋0＝198,000となる。よって，(イ)と(ロ)の差は2,000となるので，bを選ぶことができる。

問3．cが正文。a．誤文。ストックとは，一定時点における富の合計である。フローとは，ある一定期間に生み出された富の量である。経常収支，金融収支ともに一定期間の富を表すものなので，フローである。b．誤文。個人の貯蓄残高，日本全体の貯蓄残高ともに，一定時点における富の合計なので，ストックである。d．誤文。2019年度の富のストック＝2018年度の富のストック＋2019年度の富のフローである。

問4．比較生産費説は，イギリスの経済学者のリカードが唱えた学説で，各国が自国でより少ない生産費で生産できる商品に特化した生産を行い，それを輸出し，生産費が高い商品を外国から輸入することによって，双方の国の利益となるという考え方である。A国は，自動車が洋服よりも少ない労働者で生産でき，B国は洋服が自動車よりも少ない労働者で生産できる。よってA国は自動車，B国は洋服に特化した生産を行えばよいので，4が正解になる。

問6．2が正文。1．誤文。マーストリヒト条約に基づいて発足したのは，EC（欧州共同体）ではなくEU（欧州連合）である。3．誤文。ECB（欧州中央銀行）はマーストリヒト条約に基づき，1998年に設立された。4．誤文。イギリスはEC発足当初からの原加盟国ではなく，1973年に加盟した。

問8．4が正文。日本の投資家がアメリカへの投資を増やす際には，円をドルに替える必要があるため，円の需要が減り，ドルの需要が増加する。よって円の価値が下がり，ドルの価値が上がるため，円安ドル高になる。

問9．1ドルを手に入れるために100円を支払う必要があったところ，為替変動によって50円で済むようになったのだから，円で測ったドルの価格は$\frac{1}{2}$になった。次に，円で測った輸入材Mの価格は20,000ドルなの

で，1ドル＝100円のときは100円×20,000＝200万円だったが，1ドル＝50円のときは50円×20,000＝100万円となるため，$\frac{1}{2}$となる。また，ドルで測った輸出財Eの価格は20,000円なので，1ドル＝100円のときは20,000÷100で200ドルだったが，1ドル＝50円のときは20,000÷50で400ドルとなるため，2倍となる。よって2を選ぶことができる。

問10．2が正文。1．誤文。護送船団方式は，小規模の金融機関に足並みを合わせて，金融業界全体を守っていく政策である。3．誤文。ペイオフ制度では，預金者は一つの金融機関につき元本1000万円までとその利息が保証されている。4．誤文。各金融機関への検査・監督・監視の業務は，日本銀行ではなく金融庁が担当する。

数学

◀理（総合理学プログラム〈文系〉を除く）・工学部▶

1　**解答**　(a) 11　(b) 120°　(c) 8　(d) $\dfrac{1}{3}$　(e) $\dfrac{1}{2}\log 2$

(f) $-\dfrac{1}{2}-\dfrac{\sqrt{3}}{2}i$　(g) $\dfrac{2}{3}\pi$

◀解　説▶

≪小問 6 問≫

(1)　$$\frac{2}{3-\sqrt{8}}=\frac{2(3+\sqrt{8})}{(3-\sqrt{8})(3+\sqrt{8})}=\frac{6+2\sqrt{8}}{9-8}=6+\sqrt{32}$$

ここで，$5=\sqrt{25}<\sqrt{32}<\sqrt{36}=6$ だから　　$11<6+\sqrt{32}<12$

したがって，整数部分は 11　→(a)

(2)　$\vec{a}$ と $\vec{a}+\vec{b}$ は垂直なので，$\vec{a}\cdot(\vec{a}+\vec{b})=|\vec{a}|^2+\vec{a}\cdot\vec{b}=0$ より

$\vec{a}\cdot\vec{b}=-|\vec{a}|^2$ である。

ここで，$\vec{a}$ と $\vec{b}$ はいずれも $\vec{0}$ ではないので

$$\cos\theta=\frac{\vec{a}\cdot\vec{b}}{|\vec{a}||\vec{b}|}=-\frac{|\vec{a}|^2}{2|\vec{a}|^2}=-\frac{1}{2}$$

が成り立つ。$0°\leqq\theta\leqq 180°$ なので　　$\theta=120°$　→(b)

(3)　2 つの 2 次方程式が 0 でない共通解 α をもつとすると

$$\begin{cases}\alpha^2-2a\alpha+6a=0 & \cdots\cdots ① \\ \alpha^2-2(a-1)\alpha+3a=0 & \cdots\cdots ②\end{cases}$$

①−②より，$-2\alpha+3a=0$ なので　　$\alpha=\dfrac{3}{2}a$

これを①に代入して

$$\frac{9}{4}a^2-3a^2+6a=0$$

$$-\frac{3}{4}a(a-8)=0$$

$a\neq0$ なので　　$a=8$　→(c)

このとき 2 つの 2 次方程式は

$$\begin{cases} x^2-16x+48=(x-12)(x-4)=0 \\ x^2-14x+24=(x-12)(x-2)=0 \end{cases}$$

となり，共通解 $x=12$ をもつ。

(4)　座標平面の原点を O，直線 $2x+\sqrt{5}y-4=0$ を l とおく。O から直線 l に下ろした垂線と，直線 l との交点を H とおく。点と直線の距離の公式より，O と l の距離は

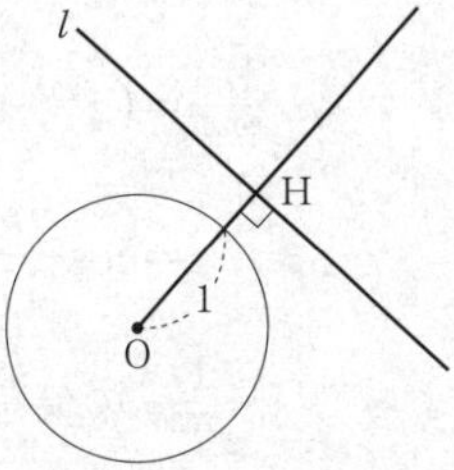

$$\frac{|-4|}{\sqrt{2^2+(\sqrt{5})^2}}=\frac{4}{3}$$

であり，直線 l は円と交わらないので，点 P と l との距離が最小となるのは，点 P が線分 OH 上にあるときである。

よって点 P と l の距離の最小値は　　$\frac{4}{3}-1=\frac{1}{3}$　→(d)

(5)　$$\lim_{n\to\infty}\left(\frac{1}{n^2+1^2}+\frac{2}{n^2+2^2}+\ \cdots\ +\frac{n}{n^2+n^2}\right)$$

$$=\lim_{n\to\infty}\sum_{k=1}^{n}\frac{k}{n^2+k^2}=\lim_{n\to\infty}\frac{1}{n}\sum_{k=1}^{n}\frac{\frac{k}{n}}{1+\left(\frac{k}{n}\right)^2}=\int_0^1\frac{x}{1+x^2}dx$$

$$=\frac{1}{2}\int_0^1\frac{(1+x^2)'}{1+x^2}dx=\frac{1}{2}\Big[\log(1+x^2)\Big]_0^1=\frac{1}{2}\log2$$　→(e)

(6)　複素数 z が $z^6=1$ を満たすので，$|z|^6=1$ だから $|z|=1$ である。したがって，実数 α（$0\leqq\alpha<2\pi$）に対して $z=\cos\alpha+i\sin\alpha$ とおける。実部と虚部がともに負なので，$\pi<\alpha<\frac{3}{2}\pi$ である。ド・モアブルの定理より

$$z^6=(\cos\alpha+i\sin\alpha)^6=\cos6\alpha+i\sin6\alpha$$

だから，$\cos6\alpha=1$，$\sin6\alpha=0$ より $6\alpha=2\pi n$（n は整数）とおける。

$6\pi<6\alpha<9\pi$ なので $6\pi<2\pi n<9\pi$ より，$n=4$ である。したがって，

$6\alpha=8\pi$ より $\alpha=\dfrac{4}{3}\pi$ である。

$2020=6\times336+4$ だから，$z^{2020}=(z^6)^{336}\times z^4=z^4$ であるので，ド・モアブルの定理より

$$z^{2020}=\cos\frac{16}{3}\pi+i\sin\frac{16}{3}\pi=\cos\frac{4}{3}\pi+i\sin\frac{4}{3}\pi$$

$$=-\frac{1}{2}-\frac{\sqrt{3}}{2}i \quad \to\text{(f)}$$

$$\frac{1}{z^{2020}}=(z^{2020})^{-1}=\cos\left(-\frac{4}{3}\pi\right)+i\sin\left(-\frac{4}{3}\pi\right)$$

$$=\cos\frac{2}{3}\pi+i\sin\frac{2}{3}\pi$$

よって，$\dfrac{1}{z^{2020}}$ の偏角は　$\dfrac{2}{3}\pi$　→(g)

2 **解答**　(1)　$f(x)=xe^{-x}$ とおく。

$$f'(x)=(x)'e^{-x}+x(e^{-x})'=(1-x)e^{-x}$$

なので，曲線 C 上の点 $(t,\ te^{-t})$ における接線の方程式は

$$y-te^{-t}=(1-t)e^{-t}(x-t)$$

$$\therefore\quad y=(1-t)e^{-t}x+t^2e^{-t}\quad \cdots\cdots(\text{答})$$

(2)　(1)で求めた接線が点 $(a,\ 0)$ を通るので

$$0=(1-t)e^{-t}a+t^2e^{-t}$$

$e^{-t}\neq0$ なので

$$0=t^2-at+a\quad\cdots\cdots①$$

が成り立つ。①の異なる実数解の個数は，$(a,\ 0)$ を通る C の接線の本数と一致するので，2 次方程式①が重解をもてばよい。したがって，①の判別式を D とすると

$$D=a^2-4a=a(a-4)=0$$

$a>0$ なので　$a=4$　……(答)

(3)　$f'(x)=(1-x)e^{-x}$ なので，$y=f(x)$ の増減表は右表のようになる。

x	$\cdots$	1	$\cdots$
$f'(x)$	$+$	0	$-$
$f(x)$	↗	e^{-1}	↘

また，$f(x)=0$ となるのは $x=0$ のときだけなので，

$y=f(x)$ のグラフは下図のようになり，求める面積は図の網かけ部分である。

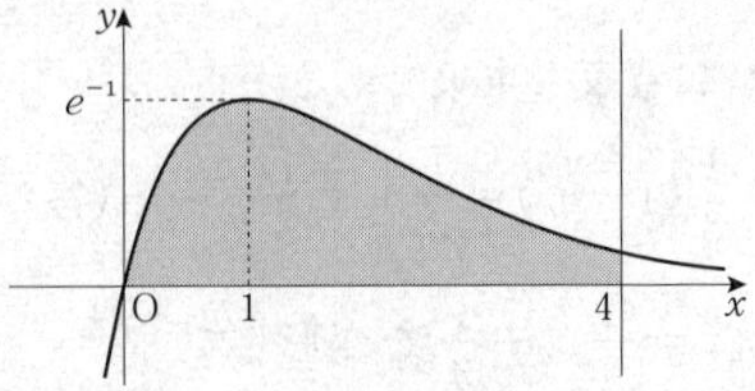

したがって，求める面積を S とすると

$$S=\int_0^4 xe^{-x}dx=\int_0^4 x(-e^{-x})'dx=\Big[-xe^{-x}\Big]_0^4+\int_0^4 (x)'e^{-x}dx$$

$$=\Big[-xe^{-x}-e^{-x}\Big]_0^4=-5e^{-4}+1=1-\frac{5}{e^4}\quad\cdots\cdots(答)$$

◀解　説▶

≪接線の方程式，曲線で囲まれた部分の面積≫

微・積分の基本的な問題である。(1)は接点の x 座標が文字で与えられている場合に接線の方程式を求める問題で，非常に問われやすい事項である。(2)は定点から引いた接線の本数に関する問題で，接点の個数と接線の本数が等しいと考えて，条件から導かれる方程式の解の個数を考える（ただし，1本の接線が2点以上で接する場合もある。この問題では，グラフの状況からそうなることはない）。(3)は部分積分を利用すればよい。

3

解答　(1)　1回の試行で赤玉が出る確率は $\frac{3}{9}=\frac{1}{3}$，赤玉以外の玉が出る確率は $\frac{2}{3}$ である。よって　　$p_1=\frac{1}{3}$　……(答)

また，この試行を2回行うとき，赤玉がちょうど1回出る確率 p_2 は

$$p_2={}_2C_1\left(\frac{1}{3}\right)\left(\frac{2}{3}\right)=\frac{4}{9}\quad\cdots\cdots(答)$$

(2)　この試行を $n+1$ 回行うとき，赤玉が奇数回出るのは次の（Ⅰ），（Ⅱ）のいずれかの場合である。

（Ⅰ）　n 回目の試行までに赤玉が奇数回出て，かつ $n+1$ 回目の試行では赤玉以外の玉が出る。

（Ⅱ）　n 回目の試行までに赤玉が偶数回出て，かつ $n+1$ 回目の試行で

は赤玉が出る。

（Ⅰ）が起きる確率は $\frac{2}{3}p_n$,（Ⅱ）が起きる確率は $\frac{1}{3}(1-p_n)$ であり,

（Ⅰ）と（Ⅱ）は互いに背反な事象であるから

$$p_{n+1}=\frac{2}{3}p_n+\frac{1}{3}(1-p_n)=\frac{1}{3}p_n+\frac{1}{3} \quad \cdots\cdots(答)$$

(3) (2)で得られた $p_{n+1}=\frac{1}{3}p_n+\frac{1}{3}$ を変形して

$$p_{n+1}-\frac{1}{2}=\frac{1}{3}\left(p_n-\frac{1}{2}\right)$$

とできる。したがって，数列 $\left\{p_n-\frac{1}{2}\right\}$ は初項 $p_1-\frac{1}{2}=-\frac{1}{6}$，公比 $\frac{1}{3}$ の等比数列であるから

$$p_n-\frac{1}{2}=-\frac{1}{6}\left(\frac{1}{3}\right)^{n-1}$$

$$\therefore \quad p_n=\frac{1}{2}-\frac{1}{6}\left(\frac{1}{3}\right)^{n-1} \quad \cdots\cdots(答)$$

(4) $$\lim_{n\to\infty}p_n=\lim_{n\to\infty}\left\{\frac{1}{2}-\frac{1}{6}\left(\frac{1}{3}\right)^{n-1}\right\}=\frac{1}{2} \quad \cdots\cdots(答)$$

◀解 説▶

≪反復試行の確率，確率漸化式，数列の極限≫

袋の中から玉を取り出して，色を確認してから袋に戻す試行を繰り返し行うとき，赤玉が出る回数が奇数回となる確率を求める問題である。(2)で漸化式を導くときは，赤玉が出る回数が奇数回の場合だけではなく，偶数回の場合にも注目すると式を立てやすい。(3)のような変形は，いわゆる特性方程式を利用した変形だが，〔解答〕のようにいきなり変形しても構わない。

◀経済・経営・人間科・理（総合理学プログラム〈文系〉）学部▶

1

解答　(a) 6　(b) 3　(c) $\frac{5}{9}$　(d) $-\frac{8}{3}$

◀解　説▶

≪小問 4 問≫

(1)
$$pq-p+2q=32$$
$$p(q-1)+2(q-1)=30$$
$$(p+2)(q-1)=30$$

と変形できるので，$p+2$，$q-1$ は積が 30 となる 30 の約数である。p，q はともに自然数なので，$p+2\geqq 3$，$q-1\geqq 0$ であるから

$$(p+2,\ q-1)$$
$$=(3,\ 10),\ (5,\ 6),\ (6,\ 5),\ (10,\ 3),\ (15,\ 2),\ (30,\ 1)$$
$$\therefore\quad (p,\ q)=(1,\ 11),\ (3,\ 7),\ (4,\ 6),\ (8,\ 4),\ (13,\ 3),\ (28,\ 2)$$

より，自然数 $(p,\ q)$ の組は 6 個　→(a)

(2)
$$4^x-7\cdot 2^x-8=0$$
$$(2^x)^2-7\cdot 2^x-8=0$$
$$(2^x+1)(2^x-8)=0$$

x が実数のとき $2^x+1>0$ なので，$2^x=8$ より　　$x=3$　→(b)

(3)　さいころを 3 回投げるとき，目の出方は全部で $6^3=216$ 通りあり，これらはすべて同様に確からしい。このうち，同じ目が全く出ないような目の出方は，6 種類の目から異なる 3 種類の目を選んで並べる並べ方と同じなので，${}_6\mathrm{P}_3=120$ 通りある。したがって，求める確率は

$$\frac{120}{216}=\frac{5}{9}\quad\rightarrow\text{(c)}$$

(4)　$c=\int_0^2 f(t)dt$　……①とおく。このとき，$f(x)=3x^2+2cx$ となるので，これを①に代入して

$$c=\int_0^2(3t^2+2ct)dt=\Big[t^3+ct^2\Big]_0^2=8+4c$$

$$\therefore\quad c=-\frac{8}{3}\quad\rightarrow\text{(d)}$$

2　**解答**　(1)　放物線 $y=x^2+4x+a$　……①と

直線 $y=2x+3$　……②が異なる2点で交わるので，

2次方程式 $x^2+4x+a=2x+3 \Longleftrightarrow x^2+2x+a-3=0$　……③の判別式を D_1 とおくと

$$\frac{D_1}{4}=1-(a-3)>0$$

なので，$a<4$ である。また，①と直線 $y=2x$ が共有点をもたないので，

2次方程式 $x^2+4x+a=2x \Longleftrightarrow x^2+2x+a=0$ の判別式を D_2 とおくと

$$\frac{D_2}{4}=1-a<0$$

なので，$a>1$ である。

以上より，求める a の範囲は　　$1<a<4$　……(答)

(2)　$1<a<4$ のとき，①と②の交点の x 座標を s，t $(s<t)$ として，$\mathrm{A}(s,\ s^2+4s+a)$，$\mathrm{B}(t,\ t^2+4t+a)$ とおく。s，t は2次方程式③の解であるから，解と係数の関係より

$$s+t=-2 \quad ……④$$

が成り立つ。また，放物線①の式を x で微分すると $y'=2x+4$ なので，点Aと点Bにおける接線の方程式はそれぞれ

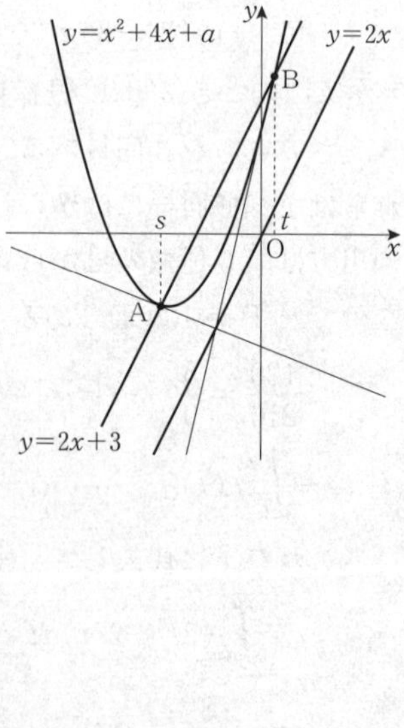

$$y=(2s+4)(x-s)+s^2+4s+a$$

$$\Longleftrightarrow y=(2s+4)x-s^2+a \quad ……⑤$$

$$y=(2t+4)(x-t)+t^2+4t+a$$

$$\Longleftrightarrow y=(2t+4)x-t^2+a \quad ……⑥$$

となる。ここで，⑤と⑥の交点は，⑤−⑥より

$$0=(2s-2t)x-s^2+t^2$$

$$x=\frac{s^2-t^2}{2(s-t)}=\frac{s+t}{2}=-1$$

(∵　④より)

これを⑤に代入して

$$y=-(2s+4)-s^2+a$$

$$=-s^2-2s+a-4$$

ここで，$x=s$ は2次方程式③の解なので $s^2+2s=-a+3$ である。よって

$$-s^2-2s+a-4=2a-7$$

したがって，⑤と⑥の交点の座標は $(-1,\ 2a-7)$ となる。これが $y=2x$ 上にあるので

$$2a-7=-2$$

$$\therefore\quad a=\frac{5}{2}\quad \cdots\cdots(答)$$

参考　2 次方程式③に関する解と係数の関係より，$s+t=-2$，$st=a-3$ である。よって

$$s^2+t^2=(s+t)^2-2st=-2a+10$$

ここで，⑤＋⑥を計算すると

$$2y=(2t+2s+8)x+2a-s^2-t^2$$

$$\therefore\quad y=2x+2a-5\quad \cdots\cdots⑦$$

直線⑦は，⑤と⑥の交点を通る直線を表し，傾きが 2 であるから，$y=2x$ と一致する。これから $2a-5=0$ より $a=\dfrac{5}{2}$ がわかる。

◀解　説▶

≪2 次方程式の解の個数，接線の方程式≫

放物線上の 2 点から引いた 2 本の接線の交点に関する応用的な問題である。(1)は 2 次方程式の解の判別式の正負を考えればよい。(2)では接点の x 座標を文字で置き，解と係数の関係を用いて問題文の条件を整理する。登場する文字の種類は多くなるが，接線を扱うときは接点の x 座標を設定することで見通しがよくなる。ちなみに，2 つの接点の x 座標の平均が接線の交点の x 座標となっているが，これは一般の放物線でも成り立つことである。

3　**解答**　(1)　原点を O，円 C の中心を A，x 軸と円 C との接点を P とすると，直線 OA は $\angle$POQ を 2 等分するので，$\angle\mathrm{AOP}=\dfrac{\pi}{6}$ である。したがって，$\mathrm{OP}:\mathrm{PA}=\sqrt{3}:1$ であるから，P の座標は

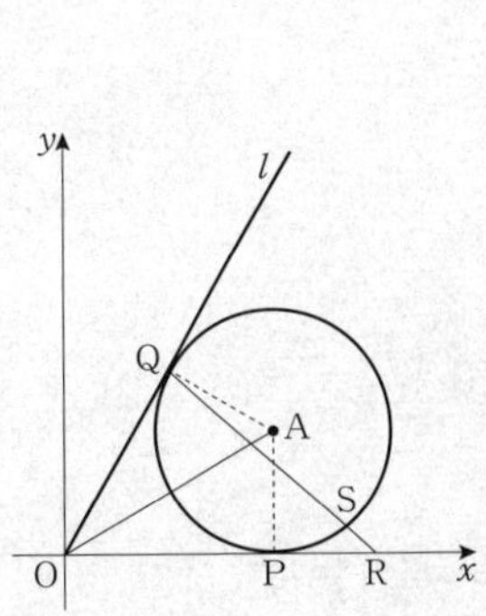

$$(\sqrt{3},\ 0)\quad \cdots\cdots(答)$$

また，OP＝OQ，$\angle POQ=\dfrac{\pi}{3}$ なので，Q の座標は

$$\left(\sqrt{3}\cos\frac{\pi}{3},\ \sqrt{3}\sin\frac{\pi}{3}\right)=\left(\frac{\sqrt{3}}{2},\ \frac{3}{2}\right)\quad\cdots\cdots(\text{答})$$

(2)

$$QR=\sqrt{\left(\frac{\sqrt{3}}{2}-\frac{3\sqrt{3}}{2}\right)^2+\left(\frac{3}{2}\right)^2}=\frac{\sqrt{21}}{2}$$

$$PR=\frac{3\sqrt{3}}{2}-\sqrt{3}=\frac{\sqrt{3}}{2}$$

ここで，方べきの定理より $RP^2=RS\cdot RQ$ であるから

$$SR=\frac{RP^2}{RQ}=\frac{\frac{3}{4}}{\frac{\sqrt{21}}{2}}=\frac{\sqrt{21}}{14}\quad\cdots\cdots(\text{答})$$

◀解　説▶

≪円の接線，方べきの定理≫

2本の平行ではない直線に接する円に関する基本的な問題である。接点の座標や線分の長さを求めるのに円や直線の方程式を立式すると計算が煩雑になるので，円の性質を使って図形的に解くことが望ましい。とくに，(2)で方べきの定理が使える状況になっていることはやや気が付きにくいので，注意したい。

物理

1 解答

(1)―(ホ)　(2)―(ハ)　(3)―(イ)　(4)―(ホ)　(5)―(イ)
(6)―(イ)　(7)―(ロ)　(8)―(ニ)　(9)―(ヘ)　(10)―(ニ)

◀解　説▶

≪小問10問≫

(1)　小物体の加速度の大きさを a〔m/s^2〕，10秒間で進んだ距離を s〔m〕とする。小物体は等加速度直線運動をするので

$$5.0=a\times10 \quad \cdots\cdots①$$

$$s=\frac{1}{2}\times a\times10^2 \quad \cdots\cdots②$$

①，②式より　$s=25$〔m〕

(2)　小球の速さが v のとき，小球の加速度を a，鉛直下向きを正とすると，運動方程式は

$$ma=mg-kv$$

小球が終端速度 v_f になったとき，$a=0$ となる。つまり，空気の抵抗力 kv_f と重力 mg がつり合うので

$$0=mg-kv_\mathrm{f} \qquad \therefore \quad v_\mathrm{f}=\frac{mg}{k}$$

(3)　直列に接続したばねを引く力を F，全体のばね定数を K，全体の伸びを x，ばね定数 k_1 のばねの伸びを x_1，ばね定数 k_2 のばねの伸びを x_2 とすると，並列のばねは，ばね定数が k_1 で同じであるから，一つのばねを引く力は $\frac{F}{2}$ となる。

よって

$$F=k_2x_2,\ \ \frac{F}{2}=k_1x_1,\ \ x=x_1+x_2,\ \ F=Kx$$

したがって，これらの式より

$$K=\frac{2k_1k_2}{2k_1+k_2}$$

(4)　加速された後の荷電粒子の速さを v とすると，荷電粒子に電場から

された仕事はすべて荷電粒子の運動エネルギーになるので

$$\frac{1}{2}mv^2=qV \qquad \therefore \quad v=\sqrt{\frac{2qV}{m}}$$

(5)　誘電体の比誘電率を ε_r とすると，この平行板コンデンサーの電気容量は $\varepsilon_r\times2.0$〔μF〕になるので，コンデンサーの静電エネルギーの式より

$$20\times10^{-6}=\frac{1}{2}\times\varepsilon_r\times2.0\times10^{-6}\times2.0^2$$

$\therefore \quad \varepsilon_r=5.0$

(6)　鉄球を入れてしばらく時間がたった水の温度を t〔°C〕とする。
5.0 g の氷が融けて 0°C の水になるのに必要な熱量は，5.0×334〔J〕。
鉄球が失った熱量のすべてが水と氷に与えられるので，熱量保存則より

$$100\times0.46\times(90-t)=5.0\times334+(95+5.0)\times4.2\times t$$

$\therefore \quad t=5.30\fallingdotseq5.3$〔°C〕

(7)　初めの気体の圧力を P〔Pa〕とする。ボイル・シャルルの法則より

$$\frac{P\times0.60}{27+273}=\frac{3.5\times10^5\times0.30}{77+273}$$

$\therefore \quad P=1.5\times10^5$〔Pa〕

(8)　この媒質の絶対屈折率を n とする。

$$n=\frac{\sin45^\circ}{\sin30^\circ}=\sqrt{2}=1.41\fallingdotseq1.4$$

(9)　観測者の速さを u，音源の音の振動数を f_0 とする。ドップラー効果の式より

$$\frac{V}{V-v}f_0=\frac{V+u}{V}f_0 \qquad \therefore \quad u=\frac{vV}{V-v}$$

(10)　音源の音の振動数を f〔Hz〕，うなりの 1 秒間の回数を n〔回/s〕とする。音源からの音は振動数 400 Hz のおんさの音よりやや高いので，$f>400$ であるから

$$f-400=4 \quad \cdots\cdots①$$

$$410-f=n \quad \cdots\cdots②$$

①，②式より　　$n=6$〔回/s〕

2 **解答** (1)　小球とともに動く立場から見て，小球にはたらく力は，右図のように，球面から受ける垂直抗力 N，遠心力 F と重力 mg になる。

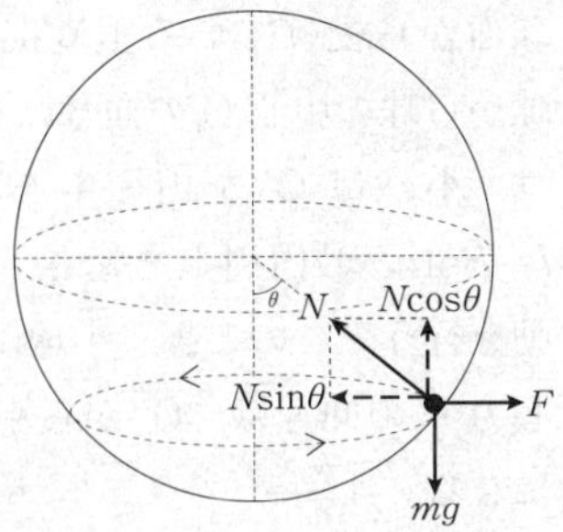

(イ)　鉛直方向の力のつり合いより

$$N\cos\theta = mg$$

$$\therefore \quad N = \frac{mg}{\cos\theta} \quad \cdots\cdots(\text{答})$$

(ロ)　小球の等速円運動の半径を l とすると

$$F = \frac{mv^2}{l} = \frac{mv^2}{R\sin\theta} \quad \cdots\cdots(\text{答})$$

(ハ)　水平方向の力のつり合いより

$$N\sin\theta = F$$

$$\frac{mg\sin\theta}{\cos\theta} = \frac{mv^2}{R\sin\theta}$$

$$\therefore \quad v = \sin\theta\sqrt{\frac{gR}{\cos\theta}} \quad \cdots\cdots(\text{答})$$

(2)　小球は球の中心から高さ h 低い球内面上を速さ V で等速円運動をしているとする。

(イ)　小球の重力による位置エネルギー U は

$$U = -mgh = -mgR\cos 60^\circ = -\frac{1}{2}mgR \quad \cdots\cdots(\text{答})$$

(ロ)　(1)の(ハ)の式に $\theta = 60^\circ$ を代入すると

$$V = \sin 60^\circ\sqrt{\frac{gR}{\cos 60^\circ}} = \sqrt{\frac{3gR}{2}}$$

したがって，小球の力学的エネルギー E は

$$E = \frac{1}{2}mV^2 + U$$

$$= \frac{1}{2}m \times \left(\sqrt{\frac{3gR}{2}}\right)^2 - \frac{1}{2}mgR = \frac{1}{4}mgR \quad \cdots\cdots(\text{答})$$

◀解　説▶

≪なめらかな球内面上を等速円運動する小球≫

(1)　(イ)　遠心力を考えると，小球にはたらく力はつり合う。また，小球が

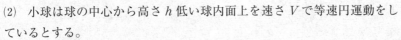

球面から受けている垂直抗力 N は，小球から球の中心 O の向きになる。

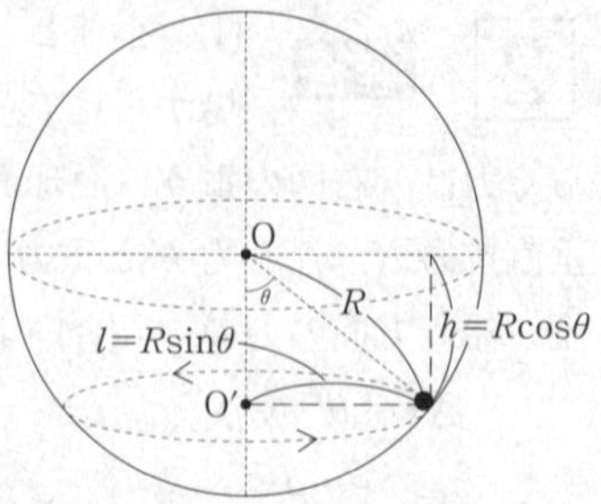

(ロ)　小球は O′ を円の中心とする半径 $l=R\sin\theta$ の円周上を速さ v で等速円運動を行う。このとき，小球にはたらく遠心力 F の向きは，O′ から小球の外向きになる。

(ハ)　小球にはたらく水平方向の力は，垂直抗力 N の水平成分と遠心力になる。

(2)　(イ)　重力による位置エネルギーが 0 の位置が基準面になる。小球は基準面より，$h=R\cos 60^\circ=\frac{1}{2}R$ 低い位置にあるので，負の位置エネルギーになる。

(ロ)　小球の力学的エネルギーは，運動エネルギーと重力による位置エネルギーの和になる。このときの小球の速さ V は，(1)の(ハ)の式に $\theta=60^\circ$ を入れた値になる。

よって　　$V=\sqrt{\dfrac{3gR}{2}}$

3

解答　(1)　(イ)　電子は，速さ v で x 軸の正の向きに動く。よって，ローレンツ力の向きは

y 軸の正の向き　……(答)

また，ローレンツ力の大きさ f は

$f=evB$　……(答)

(ロ)　自由電子は，導体棒の b 端のほうへ移動するので，導体棒に生じる電場 E の向きは

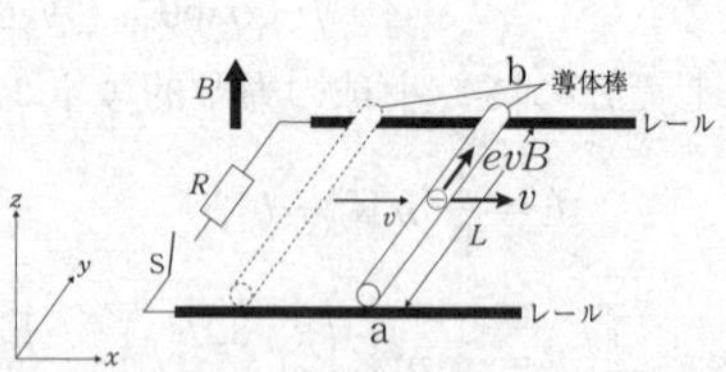

y 軸の正の向き　……(答)

電場 E による導体棒に生じる ab 間の電位差を V とすると

$evB=eE$　……①

$V=EL$　……②

①, ②式より　　$V=vBL$　……(答)

(2)　(イ)　外力 F がする仕事率 P は

$$P=Fv \quad \cdots\cdots(\text{答})$$

(ロ)　抵抗器の両端にかかる電圧は，導体棒に発生する誘導起電力に等しく，その大きさは(1)の(ロ)より $V=vBL$ なので，抵抗器を流れる電流の大きさは

$$\frac{V}{R}=\frac{vBL}{R} \quad \cdots\cdots(\text{答})$$

抵抗器で単位時間に発生するジュール熱 Q は

$$Q=\frac{V^2}{R}=\frac{v^2B^2L^2}{R} \quad \cdots\cdots(\text{答})$$

(ハ)　$P=Q$ より　　$Fv=\dfrac{v^2B^2L^2}{R}$

$$\therefore \quad F=\frac{vB^2L^2}{R} \quad \cdots\cdots(\text{答})$$

◀解　説▶

≪導体棒に生じる誘導起電力と回路の抵抗に発生するジュール熱≫

(1)　(イ)　導体棒中の自由電子も導体棒と同じ速さ v で，x 軸の正の向きに動く。また，電子の電荷は $-e$ なので，ローレンツ力の大きさ f は

$$f=evB$$

(ロ)　電子はローレンツ力によって b 端に移動し，b 端は負に，a 端は電子不足により正に帯電し，a 端から b 端の向きに電場 E が生じる。自由電子は，生じた電場から受ける力 eE とローレンツ力 f がつり合う。よって

$$evB=eE \qquad \therefore \quad E=vB$$

また，導体棒の長さが L なので，ab 間に生じる電位差 V は

$$V=EL=vBL$$

(2)　(イ)　一定の大きさ F の外力を加えて，導体棒が外力 F の向きに一定の速さ v で動くとき，外力 F のする仕事率 P は　　$P=Fv$

(ロ)　導体棒に発生する誘導起電力 V は抵抗器の両端の電圧と等しくなる。

(ハ)　導体棒は摩擦が無視できるので，外力 F のする仕事率 P は，抵抗器 R で単位時間に発生するジュール熱と等しくなるというエネルギー保存の法則が成り立つ。

化学

1　解答

問1．(a)・(b)―(ハ)・(ヘ)（順不同）　(c)―(ヌ)　(d)―(ロ)　(e)―(ホ)　(f)―(リ)　(g)―(ヲ)

問2．(1)―(ホ)　(2)―(ホ)　(3)―(ロ)

問3．(a)―(ホ)　(b)―(ヌ)　(c)―(ヘ)　(d)―(ロ)

◀解　説▶

≪イオン化傾向，非共有電子対，電気分解の析出量，工業的製法≫

問1．金属と酸の反応は，金属のイオン化傾向の大きさで異なる。イオン化傾向の大きなものから順に金属を並べたものをイオン化列といい，イオン化傾向が小さくなるに従って酸との反応は起きにくくなる。

問2．(1)　周期表上では，同一周期であればより右へ，同一族であればより上へいくほどイオン化エネルギーは大きくなる傾向にある。(イ)～(ホ)はいずれも周期表第3周期の元素であり，最も右の18族，貴ガスに属するアルゴンが最もイオン化エネルギーが大きい。

(2)　(イ)～(ホ)の各物質を電子式で表すと，次のようになる。

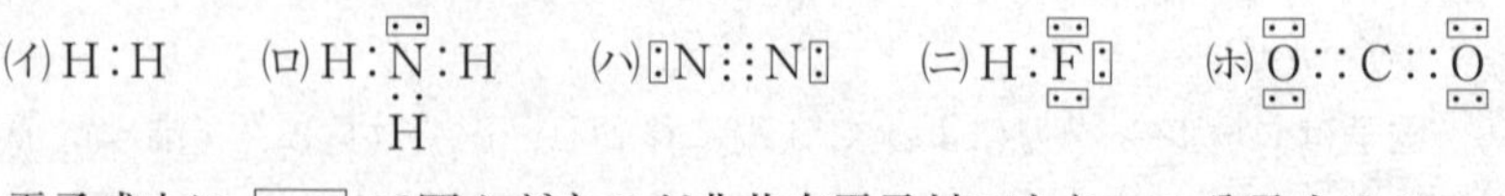

電子式中に □ で囲んだものが非共有電子対であり，1分子中に4つの非共有電子対をもつ CO_2 が最も多い。

(3)　電気分解の陰極で，銅が析出する反応式は次のように示される。

$$Cu^{2+} + 2e^- \longrightarrow Cu$$

1 mol の銅が析出するのに 2 mol の電子が必要であるから

$$\frac{0.200 \times (32 \times 60 + 10)}{9.65 \times 10^4} \times \frac{1}{2} = 0.00200\,[\mathrm{mol}]$$

問3．(a)　接触法は硫酸の工業的製法であり，二酸化硫黄 SO_2 を酸化バナジウム(V) V_2O_5 を触媒として酸化して三酸化硫黄 SO_3 とし，さらに硫酸にする。

(b)　ハーバー・ボッシュ法はアンモニアの工業的製法で，窒素と水素の混合物を高温・高圧で四酸化三鉄 Fe_3O_4 を主成分とする触媒を用いて反応させる。

(c)　オストワルト法は硝酸の工業的製法で，アンモニアを白金 Pt 触媒で空気酸化して得られる一酸化窒素 NO から硝酸を作る。

(d)　溶融塩電解法はアルミニウムの工業的製法で，原料のアルミナ Al_2O_3 の融点を下げて融解させて電気分解するために，氷晶石 Na_3AlF_6 が用いられる。

2

解答

問1．(1)―(イ)

(2)　水に溶けている N_2 の物質量は

$$5.5\times10^{-4}\times5\times\frac{2.0\times10^5}{1.0\times10^5}=5.5\times10^{-3}\,[\text{mol}]$$

よって，気体部分の N_2 の物質量は

$$0.0455-0.0055=0.0400\,[\text{mol}]$$

したがって，気体の体積 V[L] は，気体の状態方程式より

$$V=\frac{0.0400\times8.3\times10^3\times(273+40)}{2.0\times10^5}=0.519\fallingdotseq0.52\,[\text{L}]$$ ……(答)

問2．(1)―(ホ)　(2)―(ロ)

(3) $NaOHaq+HCl(気)=NaClaq+H_2O(液)+131\,kJ$

◀解　説▶

≪ヘンリーの法則，物質の構造と沸点，浸透圧，熱化学方程式≫

問1．(1)　容器内の圧力を P[Pa] とすると，ヘンリーの法則により

$$5.5\times10^{-4}\times\frac{P}{1.0\times10^5}\times5\times28=0.0770$$

$$\therefore\quad P=1.0\times10^5\,[\text{Pa}]$$

(2)　ヘンリーの法則より水に溶けている N_2 の物質量が求まる。最初に入れた N_2 の総物質量（0.0455 mol）からこれを引いたものが気体部分の物質量であるから，気体の状態方程式より体積を算出できる。

問2．(1)　(イ)　正しい。同族元素の水素化合物に関しては，一般に分子量の大きなものほど強い分子間力が働くので沸点が高い。しかし，水 H_2O は分子間に水素結合が存在し，より強く分子が引き合うので，分子量は小さくても他の水素化合物より高い沸点を示す。

(ロ) 正しい。分子の形が似ている場合は，分子量が大きいほど分子間力が強く働くので沸点は高い。

(ハ) 正しい。CH_4 の分子は，炭素原子の周りに 4 つの水素原子が均一に配置した正四面体構造をもつ。

(ニ) 正しい。自由に動くイオンや電子等があれば，電気伝導性をもつ。

(ホ) 誤り。K_2SO_4 と $NaNO_3$ はそれぞれ次のように電離する。

$$K_2SO_4 \longrightarrow 2K^+ + SO_4^{2-},\ NaNO_3 \longrightarrow Na^+ + NO_3^-$$

化合物が完全に電離すると，全粒子の質量モル濃度は K_2SO_4 は 3 倍，$NaNO_3$ は 2 倍となり，より濃度の高い K_2SO_4 がより高い沸点を示す。

(2) 糖の分子量を M とすると，ファントホッフの法則より

$$M=\frac{3.6\times8.3\times10^3\times300}{0.50\times10^5\times1.0}=179.2\fallingdotseq180$$

(3) 熱化学方程式は

$$NaOHaq + HCl(気) = NaClaq + H_2O(液) + Q\,kJ$$

と書ける。溶解熱や他の反応熱の値より，次の熱化学方程式も書ける。

$$NaOH(固) + aq = NaOHaq + 45\,kJ \quad \cdots\cdots①$$
$$HCl(気) + aq = HClaq + 75\,kJ \quad \cdots\cdots②$$
$$NaOH(固) + HClaq = NaClaq + H_2O(液) + 101\,kJ \quad \cdots\cdots③$$

③−①+②より

$$NaOHaq + HCl(気) = NaClaq + H_2O(液) + (101-45+75)\,kJ$$
$$= NaClaq + H_2O(液) + 131\,kJ$$

3 解答

問1．(1)—(ホ) (2)(a)—(ロ)

(b)

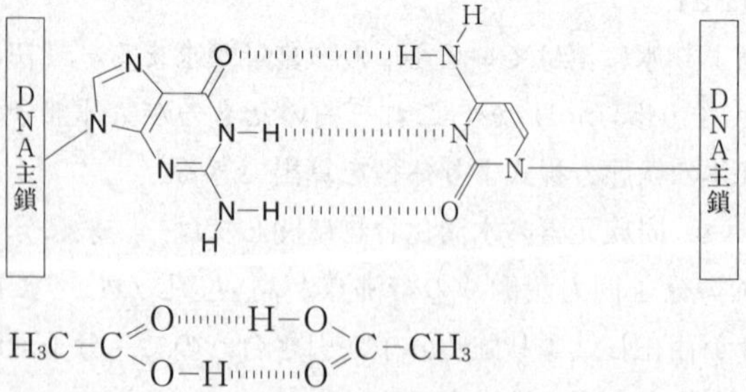

(3)

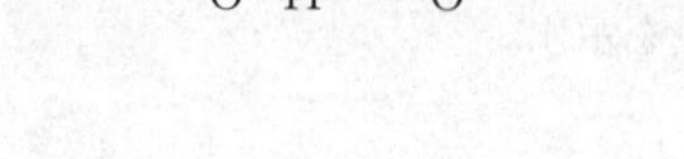

問２．(1)―(ハ)　(2)―(ハ)　(3)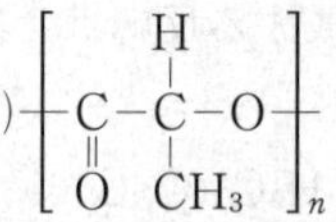

(4)　ポリ乳酸のくり返し単位の式量は 72 である。１単位あたり１個のエステル結合を含むので

$$\frac{9.36\times10^4}{72}\times1=1.3\times10^3\text{ 個}\quad\cdots\cdots(\text{答})$$

◀解　説▶

≪水素結合，DNA の塩基対，酢酸の二量体，乳酸のエステル≫

問１．(1)　(イ)　正しい。タンパク質の二次構造では，構成アミノ酸分子内の酸素や窒素原子と水素原子の間に水素結合が存在する。

(ロ)　正しい。メタノール分子内の酸素原子と他の分子内の水素原子が水素結合することで分子間力が大きくなり，沸点も高くなる。

(ハ)　正しい。ナイロン分子中にはアミド結合が多数存在し，酸素や窒素原子と水素原子間で水素結合が形成されることで高い強度を示す。

(ニ)　正しい。セルロースはグルコース分子が縮合重合した直鎖状構造をもち，分子間に多くの水素結合が形成されるので水や有機溶媒に溶解しにくい。

(ホ)　誤り。グルコースの還元作用は，水素結合の関与ではなく水溶液中での構造に生じるアルデヒド基（ホルミル基）が原因である。

(2) (a)　チミンはアデニンと塩基対を形成し，ともに 19% 存在する。残りがグアニンとシトシンの塩基対であるから，DNA に含まれるグアニンの数の割合を x〔%〕とすると

$$19\times2+2x=100\qquad x=31〔\%〕$$

(b)　グアニンとシトシンの塩基対では，３カ所に水素結合が形成される。

(3)　分子量が２倍であるから，２つの酢酸分子が酸素原子と水素原子間の水素結合によって１つの分子のような状態（二量体）になっていると考えられる。

問２．(1)　乳酸２分子からなる直鎖状のエステルには，１分子中に２個の不斉炭素原子があり，光学異性体は $2^2=4$ 種存在する。分子内に対称面がある場合には，メソ体の存在も考えられるが，この場合はそれに当てはまらない。

⑵　乳酸から環状エステルが生成する反応は，次のように示される。

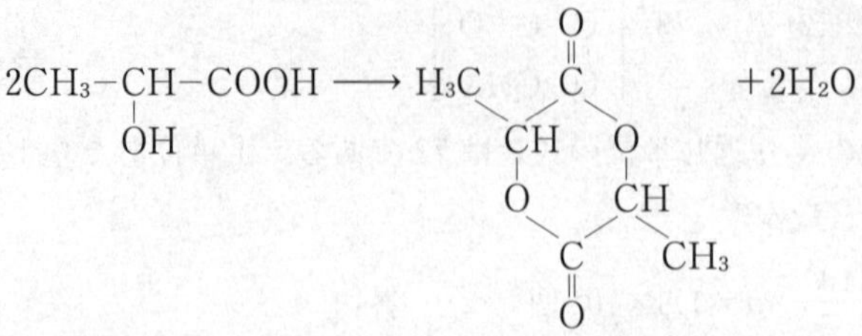

（分子量 90）　　　　　　　（分子量 144）

$$\frac{180\times10^3}{90}\times\frac{1}{2}\times144\times\frac{1}{10^3}=144\text{〔kg〕}$$

⑶　ポリ乳酸は，乳酸分子内のカルボキシ基と他の分子内のヒドロキシ基がエステル結合した直鎖状構造をもち，構成単位1個に1個のエステル結合がある。

⑷　ポリ乳酸の構成単位の式量は 90－18＝72 である。

生物

1 解答

問1．①―b　②―a　③―f

問2．⑴一枚：a・h・i・k　二枚：b・c

なし：d・e・f・g

⑵原始的な嫌気性細胞において，細胞膜が内側に取り込まれて核膜を形成した。さらに好気性細菌を共生させてミトコンドリアとし，シアノバクテリアを共生させて葉緑体としたと考えられている。

問3．⑴細胞外の物質を，細胞膜で取り囲むようにして陥入させて取り込むことであり，細胞内に取り込んだ物質が入った小胞ができる。

⑵エキソサイトーシス

問4．a―ii　b―v　c―iv　d―iii

問5．通る場所：脂質　理由：酸素分子と二酸化炭素分子はどちらも非極性の分子であり，生体膜を構成しているリン脂質になじみやすいから。

◀解　説▶

≪膜タンパク質のはたらき≫

問1．③水平方向には自由に移動できるが，垂直方向にひっくり返るような移動はふつうできないとされている。また，水平方向でも，ある区画内での移動しかできないということがある。

問4．a．例えば，インテグリンは細胞外の物質と細胞内のアクチンとともに結合して，細胞の形や機能の制御に関わっている。

b．「情報分子」には，例えばペプチドホルモンがある。ホルモンの受容体の中には，別の物質を介して細胞内の酵素の活性化に関わるものがある。

c．神経細胞の興奮には，ナトリウムチャネルやカリウムチャネルが関わっている。

d．例えば，グルコースは細尿管の細胞の細胞膜にあるナトリウム－グルコース共輸送体というタンパク質のはたらきで再吸収される。

2 解答

問1．⑴光周性　⑵フィトクロム　⑶FT(Hd3a)

問2．⑴―c・d　⑵短日植物　⑶光中断

⑷限界暗期　⑸約9時間以上，連続した暗期が続くこと。

問3．夏至を過ぎたころから電気照明などを利用して，暗期が一定時間より長くならないようにして栽培する。(50字以内)

問4．⑴AAbbCC　⑵aaBBCC

⑶遺伝子型：AaBbCC　花器官：がく片，花弁，おしべ，めしべ

⑷ABC，AbC，aBC，abC

⑸$\frac{1}{16}$

◀解　説▶

≪花芽形成，ABCモデル≫

問2．⑴・⑵長日植物にはアブラナ・シロイヌナズナ・コムギなど，短日植物にはオナモミ・キク・アサガオ・サツマイモ・ダイズ・イネなど，中性植物にはトマト・ナス・エンドウ・トウモロコシなどがある。条件②で開花するのは短日植物と中性植物であると考えられるが，リード文において光周性を示す植物について言及されているので，短日植物であるオナモミとキクを解答する。

問4．Aのみの発現でがく片，AとBの発現で花弁，BとCの発現でおしべ，Cのみの発現でめしべができる。

⑴純系の場合は，対象の遺伝子はすべてホモ接合である。AとCは発現しているが，Bは全く発現していない。

⑵がく片と花弁の領域がめしべとおしべになっているのは，Aが発現していないため，本来であればAに抑制されているCが発現しているからである。

⑶AとBはそれぞれaとbに対して優性であることに注意する。

⑸優性のホモ接合となるCは必ず発現するので，AとBがともに発現しない個体の割合を求めればよい。Aクラス遺伝子とBクラス遺伝子との間には独立の法則が成り立つので，これらの遺伝子にのみ着目すると

	AB	Ab	aB	ab
AB	AABB	AABb	AaBB	AaBb
Ab	AABb	AAbb	AaBb	Aabb
aB	AaBB	AaBb	aaBB	aaBb
ab	AaBb	Aabb	aaBb	aabb

となるので，本問の条件に合う aabb は，16通りのうち1つだけである。

3 **解答**　問1．土地の隆起，海面の上昇

問2．地理的隔離

問3．①適応放散（自然選択）　②びん首効果（遺伝的浮動）

問4．遺伝的変異であり，個体群間の交配が可能な違い。(20字程度)

問5．生殖器の形など，生殖隔離につながる形質の違いではなかったから。(30字程度)

問6．⑴30地点　⑵－b・d

問7．実際の調査結果は理論的な予測を下回っている。種Aと種Bがあまり同所的に分布しない理由としては，両種が競争関係にあるか，もしくは実際は調査地点間で環境が異なっており，両種の分布に偏りが生じているということが考えられる。(100字程度)

問8．b・c

◀解　説▶

≪隔離と種分化，種間競争≫

問6．⑵a・b．調査地点間で環境が異なると，生息する生物相は大きく変わり，同じ地点に異なる2種の動物が見つかる可能性は下がると考えられる。

c・d．競争関係にある2種はニッチの重複が大きく，同所的に存在しにくい。

e・f．理論的な確率となるのは，種Aと種Bが互いに影響を及ぼし合うことなく分布する場合である。fはお互いを避け合っているのは互いに影響を与え合っていることと同じなので不適当である。

問7．問6の⑵で仮定した条件が不適切であったために，理論的な確率と実際の調査結果が異なる結果となったと考える。すなわち，実際は調査地点間で環境が異なっていたということ（同じ草むらでも，森に近いか人里に近いかといった違いなど）や，種Aと種Bが競争関係にあって同所的に存在しにくくなっていることが考えられる。

問8．種Aと種Bが競争関係にあるならば，両種は資源を奪い合っており，片方の種を除去すれば，もう片方の種が利用できる資源が増加すると考えられる。利用できる資源が増えると，成長率は上昇し，死亡率は低下

するため，ｂとｃが妥当。産卵数は増加するため，ａは不適。ｄとｅは競争とは関連性がないため，不適。

る）ので科学的。正解は1。

問十二　傍線部⑧を含む段落からは、「仮説」と「思いつきや予想（＝意見）」を分けて述べないと、一般の人が混乱し、誤解が生じてしまうということが読み取れる。1、2はこの趣旨に合う。また、3は「分けて述べる必要がある」ことについて正しく説明している。最終段落の「どの程度……見抜く眼力が必要である」は、科学者としての心得を述べたものであり、4の「一般の人々には……眼力が必要となる」は本文とずれる。よって4が正解。

問十四　二つ前の文に、「旋毛《つむじ》を曲げてかかる事」とあり、これは、「如何《いか》なる人が何と云っても自分の腑に落ちる迄は決して鵜呑にしない」ことだとある。1が正解。

問十五　傍線部⑪の段落で、「仮説と意見の境についての感覚」が麻痺してしまい、自分の「意見」を「真なり」と見なすようになったら、科学者としては終わりだと述べられている。よって4が正解。

問十六　傍線部⑫の段落に、「科学的な厳密さに対する感覚」は「仮説と意見を見分けるべく批判的に考えることによってのみ磨かれる」とある。「批判的に考える」とは、傍線部⑧の次の段落にあるように「正しいかどうかをまず疑ってみる」ことである。したがって、正解は2。

問十七　空欄Zの段落から、科学研究にとって最も重要なのは知識よりも理解の積み重ねだとわかるので、1は誤り。第三段落に、対象が複雑な場合は分からないことがたくさんあると明らかになることも多いとあるので、2は本文の内容と合致。傍線部④の段落に、「人間の行動を含めて心のはたらきがまだ完全には科学で解明されていない」とあるが、将来どうなるかには触れていないので3はふさわしくない。空欄Bの一文に、「お化け」が存在することは検証も反証もできないとあり、これは「空飛ぶ円盤」についても同様だから、4は誤り。傍線部⑧に、科学者は仮説と意見を分けて述べる必要があると述べられており、最終段落には、他人が書いた本の仮説と意見を見分ける「眼力」が必要だとあるから、6は本文の内容と合致。5、7については本文にないので不適切。以上より、2と6が正解。

問三　傍線部①の次の文に、科学者であるかどうかは分析にかかっているとあり、傍線部①の次の段落に、分析とは固有の性質を見つけ、それを支配する法則を考えることだとある。よって正解は4。

問四　傍線部②の次の文に、「こうした観察から、ゲームのルールや、駒の動きのルール」を「分かろうとする」とある。ルールをつくりだしたり変更したりするわけではないから、1は誤り。チェスのルールが刻々と変更されることはないから、2は誤り。「人知を超えている」ことについて分かることはできないので、4は誤り。よって正解は3。

問五　傍線部③を含む文は「だから」で始まるので、その理由は直前にある。この一つ前の文に、「科学そのものは『体系的であり、経験的に実証可能な知識』であるが、科学研究は、知識を越えたその先の『分かる』という領域にある」と書かれている。よって正解は1。

問六　「分かる」という深い理解の積み重ねが将来の科学研究の源となるという文脈なので、正解は3。

問七　傍線部④の直前に「このように」とあるので、前に書かれている内容に注目する。この段落に、人間の行動は自然法則によって必然的に定められていると科学は仮定しており、これを前提とする心理学は科学だが、前提としない心理学は科学とは言えないとある。正解は2。

問八　J・モノーの考え方によれば、諸現象を目的因（〜のために）から解釈してはならないということになる。したがって、「生存のために」とある1が正解。

問九　傍線部⑥の次の段落に、反証が可能な理論は科学的であり、反証が不可能な説は非科学的だと考えるとある。よって③が正解。

問十　正しい事実の積み重ねであると思われているのが科学なのに、間違っていることを証明できる可能性を持つものが科学的であるとされる。この点が「逆説」的であるのだから、3が正解。

問十一　A、「すべてのカラスは黒い」は反証できるので科学的。B、お化けの存在は反証できないので非科学的。C、「お化けなど存在しない」は反証できるので科学的。D、「分子など存在しない」は反証できる（すでに反証されてい

問十　3
問十一　1
問十二　4
問十三　4
問十四　1
問十五　4
問十六　2
問十七　2・6

▲解　説▼

問二　ア、空欄の直前の段落には、〈科学は分類することに始まり、一歩踏み込んだ説明を要する〉とあり、空欄の直後にはこのことについて蝶の具体例が提示されている。正解は3。

イ、空欄アの段落から「科学研究」について具体例を出して説明して、ここで「科学研究を一言で表すならば」とまとめているので、正解は4。

ウ、空欄の直前の段落に、〈科学は正しい事実と「科学的仮説」の構造物だ〉とある。また、空欄エの段落には、〈科学者が述べる説の中には、仮説ではなく、単なる意見にすぎないものも含まれているが、一般の人にはその区別がつきにくい〉と書かれている。よって、科学の体系を知るには〈科学でないもの〉を見分ける必要があるから、2が正解。

エ、空欄の直前の段落に「科学における仮説の役割がとても大きい」とあり、空欄を含む段落に「科学者が述べる説が、いつも仮説の形を取っているとは限らない」とある。反対の内容や、不釣り合いな事柄をつなぐ「しかし」があてはまる。よって正解は1。

問十七 「たまきはる」は、「命」「うち」「幾世」などを導きだす枕詞。3が正解。

問十八 『蜻蛉日記』は、藤原道綱母《ふじわらのみちつなのはは》による平安中期の日記で、夫・藤原兼家との結婚生活における苦悩や、息子・道綱への愛情などが綴られており、「宮仕え女房の記録とは大きく異なっている」ので、1が正解。『紫式部日記』は、中宮彰子《しょうし》の女房として仕えた紫式部が、宮中での生活とその苦悩のほか、彰子の父・藤原道長の振る舞いなどを記した平安中期の日記。『更級日記』は、菅原孝標女《すがわらのたかすえのむすめ》による平安中期の日記で、『源氏物語』への憧れや、母の死、仏教への傾倒、そして馴染めない宮仕えの生活などが克明に描かれている。『讃岐典侍日記』《さぬきのすけにっき》は、讃岐典侍による平安後期の日記で、堀河天皇に出仕し、天皇の発病から崩御を綴り、その後、鳥羽天皇に仕えながら亡き堀河帝をしのぶ心模様が記されている。

2

出典 酒井邦嘉『科学者という仕事——独創性はどのように生まれるか』〈第1章 科学研究のフィロソフィー——知るより分かる〉(中公新書)

解答

問一 (a)—2 (b)—2 (c)—4 (d)—3 (e)—1 (f)—4 (g)—1 (h)—2

問二 ア—3 イ—4 ウ—2 エ—1

問三 4

問四 3

問五 1

問六 3

問七 2

問八 1

問九 3

にそのとき、それと同調するかのように冷泉殿から建春門院の急変を知らせる手紙が届くので、3が正解。

問八　傍線部⑧の前半は、病状の変化が〝「早くにて（＝急なことで）」あられたので〟の意。1が正解。

問九　形容動詞「あやにくなり」は〝意に反する〟の意で、傍線部⑨は、〝建春門院の死に静かに悲嘆に暮れる人々の雰囲気をかき乱すような物音を立てる人〟の意となる。正解は2。

問十　傍線部⑩に続く筆者の和歌に注目する。筆者は〝建春門院の死にあってつらい世であるのに、それを知らずに秋に咲きほこる女郎花《おみなえし》の様子に、悲しみをおぼえる〟と歌に詠む。よって、亡くなった建春門院と、萩・女郎花のたくましさとの対比を説明した1が正解。2は「咲きほこる様子」と「人生のむなしさ」に飛躍があり、説明不足となる。

問十一　形容詞「あいなし」は〝道理に合わない〟の意。ここでは、問十で説明した内容以降、（本来建春門院の死とは何の関係もない）女郎花をいとわしく感じる筆者の思いを〝道理に合わない〟といっている。正解は3。

問十二　傍線部⑫は、筆者のそばを通りがかった常陸《ひたち》が、「これは御手のままな（＝建春門院が削がれたままですね）」といってすぐに、筆者の髪を自らに押しあてて建春門院を思う様子を描いている。正解は4。

問十三　問十二で確認したことから、傍線部⑬は建春門院の面影、傍線部⑭は筆者の黒髪を指すとわかる。正解は2。

問十四　建春門院は筆者の髪を削ぐことができなかった折に、代わりに武蔵の中将に髪を削がせようとしている。しかし「（筆者は）はばかるよし申して、出でざりし」とあり、結局武蔵の中将が髪を削ぐことはなかった。そのことが建春門院の「御心にかな」うというのだから、1が正解。

問十五　筆者は自分の悲しみもさることながら、まして常陸はどう思っているだろうか、と心配りをしている。それは常陸が「近く馴《な》れ仕うまつりし（＝建春門院のおそばに長くお仕えしていた）」からである。正解は1。

問十六　空欄Aは、前の部分にある係助詞「こそ」の結びの部分なので、係り結びの法則により過去の助動詞「き」の已然形「しか」が入る。同様に、空欄Bは係助詞「ぞ」の結びの部分なので、過去の助動詞「き」の連体形「し」が入る。したがって、Aは4、Bは3が正解。

問十五 1
問十六 A―4 B―3
問十七 3
問十八 1

▲解　説▼

問一 建春門院の体調は施薬や仏への祈禱が始まるほど悪化しているが、最近の様子や三十五歳という年齢を考えれば「さばかりの事（＝それほどの大事）」とは思われないという文脈。3が正解。

問二 投薬に耐える建春門院の身を筆者は案じている。「おぼつかなし」は〝心配だ〟の意で、謙譲語「まゐらす」は筆者の建春門院に対する敬意を表す。2が正解。

問三 筆者が「ただ我が身ひとつの心地（＝筆者一人の心配事）」として冷泉殿に伝えると、冷泉殿を介して建春門院から、〝心配はもっともであり、筆者のことを細かく伝えるように〟という趣旨の言葉が返ってきた。それに対して筆者の気持ちは「いとどし（＝ますます強い）」ものとなったのだから、1が正しい。

問四 「あからさまに」は形容動詞「あからさまなり」の連用形。ここでは〝ほんのすこし〟の意。3が正解。

問五 加持祈禱をする僧侶たちが部屋を占めていて筆者の居場所がないのでお帰りください、という文脈。その後に、蒜《ひる》を服して体調が回復したらすぐ来るように、と続くことにも注意する。1が正解。

問六 「物はかなし」は〝しっかりしていない〟の意。3と4が候補になる。直後の「に」は原因・理由を示すので、後の「何事かはとうち思ひて、出でぬ」の理由となる「心」を選ぶ。直前に「例のおなじ事なれば（＝いつもと同じようなので）」とあり、筆者が建春門院の病状についてまだ楽観していたことが読み取れる。この後、間もなく建春門院は亡くなるが、それを予期しなかった「心」のことなので、4が正解。

問七 傍線部⑦とその直前の部分の主語は筆者で、蒜の治療が終わったものの気分がすぐれないことをいっている。まさ

国語

1

出典　建春門院中納言『たまきはる』

解答

問一　3
問二　2
問三　1
問四　3
問五　1
問六　4
問七　3
問八　1
問九　2
問十　1
問十一　3
問十二　4
問十三　2
問十四　1

MEMO

MEMO

MEMO

教学社　刊行一覧

2022年版 大学入試シリーズ（赤本）

378大学538点
全都道府県を網羅

国公立大学（都道府県順）

1	北海道大学（文系－前期日程）	
2	北海道大学（理系－前期日程）	医
3	北海道大学（後期日程）	
4	旭川医科大学（医学部〈医学科〉）	医
5	小樽商科大学	
6	帯広畜産大学	
7	北海道教育大学	
8	室蘭工業大学／北見工業大学	
9	釧路公立大学	
10	公立はこだて未来大学	総推
11	札幌医科大学（医学部）	医
12	弘前大学	医
13	岩手大学	
14	岩手県立大学・盛岡短期大学部・宮古短期大学部	
15	東北大学（文系－前期日程）	
16	東北大学（理系－前期日程）	医
17	東北大学（後期日程）	
18	宮城教育大学	
19	宮城大学	
20	秋田大学	医
21	秋田県立大学	
22	国際教養大学	総推
23	山形大学	医
24	福島大学	
25	会津大学	
26	福島県立医科大学（医・保健科学部）	医
27	茨城大学（文系）	
28	茨城大学（理系）	
29	筑波大学（推薦入試）	医 総推
30	筑波大学（一般選抜）	医
31	宇都宮大学	
32	群馬大学	医
33	群馬県立女子大学	
34	高崎経済大学	
35	前橋工科大学	
36	埼玉大学（文系）	
37	埼玉大学（理系）	
38	千葉大学（文系－前期日程）	
39	千葉大学（理系－前期日程）	医
40	千葉大学（後期日程）	医
41	東京大学（文科） CD	
42	東京大学（理科） CD	医
43	お茶の水女子大学	
44	電気通信大学	
45	東京医科歯科大学	医
46	東京外国語大学 CD	
47	東京海洋大学	
48	東京学芸大学	
49	東京藝術大学	
50	東京工業大学	
51	東京農工大学	
52	一橋大学（前期日程） CD	
53	一橋大学（後期日程）	
54	東京都立大学（文系）	
55	東京都立大学（理系）	
56	横浜国立大学（文系）	
57	横浜国立大学（理系）	
58	横浜市立大学（国際教養・国際商・理・データサイエンス・医〈看護〉学部）	
59	横浜市立大学（医学部〈医学科〉）	医
60	新潟大学（人文・教育〈文系〉・法・経済科・医〈看護〉・創生学部）	
61	新潟大学（教育〈理系〉・理・医〈看護を除く〉・歯・工・農学部）	医
62	新潟県立大学	新
63	富山大学（文系）	
64	富山大学（理系）	医
65	富山県立大学	
66	金沢大学（文系）	
67	金沢大学（理系）	医
68	福井大学（教育・医〈看護〉・工・国際地域学部）	
69	福井大学（医学部〈医学科〉）	医
70	福井県立大学	
71	山梨大学（教育・医〈看護〉・工・生命環境学部）	
72	山梨大学（医学部〈医学科〉）	医
73	都留文科大学	
74	信州大学（文系－前期日程）	
75	信州大学（理系－前期日程）	医
76	信州大学（後期日程）	
77	公立諏訪東京理科大学	総推
78	岐阜大学（前期日程）	医
79	岐阜大学（後期日程）	医
80	岐阜薬科大学	
81	静岡大学（前期日程）	
82	静岡大学（後期日程）	
83	浜松医科大学（医学部〈医学科〉）	医
84	静岡県立大学	
85	静岡文化芸術大学	
86	名古屋大学（文系）	
87	名古屋大学（理系）	医
88	愛知教育大学	
89	名古屋工業大学	
90	愛知県立大学	
91	名古屋市立大学（経済・人文社会・芸術工・看護・総合生命理学部）	
92	名古屋市立大学（医学部）	医
93	名古屋市立大学（薬学部）	
94	三重大学（人文・教育・医〈看護〉学部）	
95	三重大学（医〈医〉・工・生物資源学部）	医
96	滋賀大学	
97	滋賀医科大学（医学部〈医学科〉）	医
98	滋賀県立大学	
99	京都大学（文系）	
100	京都大学（理系）	医
101	京都教育大学	
102	京都工芸繊維大学	
103	京都府立大学	
104	京都府立医科大学（医学部〈医学科〉）	医
105	大阪大学（文系） CD	
106	大阪大学（理系）	医
107	大阪教育大学	
108	大阪公立大学（現代システム科学域〈文系〉・文・法・経済・商・看護・生活科〈居住環境・人間福祉〉学部－前期日程）	
109	大阪公立大学（現代システム科学域〈理系〉・理・工・農・獣医・医・生活科〈食栄養〉学部－前期日程）	医
110	大阪公立大学（中期日程）	
111	大阪公立大学（後期日程）	
112	神戸大学（文系－前期日程）	
113	神戸大学（理系－前期日程）	医
114	神戸大学（後期日程）	
115	神戸市外国語大学 CD	
116	兵庫県立大学（国際商経・社会情報科・看護学部）	
117	兵庫県立大学（工・理・環境人間学部）	
118	奈良教育大学／奈良県立大学	
119	奈良女子大学	
120	奈良県立医科大学（医学部〈医学科〉－学校推薦型選抜・一般選抜前期日程）	医 総推
121	奈良県立医科大学（医学部〈医学科〉－一般選抜後期日程）	医
122	和歌山大学	
123	和歌山県立医科大学（医・薬学部）	医
124	鳥取大学	医
125	公立鳥取環境大学	
126	島根大学	医
127	岡山大学（文系）	
128	岡山大学（理系）	医
129	岡山県立大学	
130	広島大学（文系－前期日程）	
131	広島大学（理系－前期日程）	医
132	広島大学（後期日程）	
133	尾道市立大学	総推
134	県立広島大学	
135	広島市立大学	
136	福山市立大学	総推
137	山口大学（人文・教育〈文系〉・経済・医〈看護〉・国際総合科学部）	
138	山口大学（教育〈理系〉・理・医〈看護を除く〉・工・農・共同獣医学部）	医
139	山陽小野田市立山口東京理科大学	新 総推
140	下関市立大学／山口県立大学	
141	徳島大学	医
142	香川大学	医
143	愛媛大学	医
144	高知大学	医
145	高知工科大学	
146	九州大学（文系－前期日程）	
147	九州大学（理系－前期日程）	医
148	九州大学（後期日程）	
149	九州工業大学	
150	福岡教育大学	
151	北九州市立大学	
152	九州歯科大学	
153	福岡県立大学／福岡女子大学	
154	佐賀大学	医
155	長崎大学（文系）	
156	長崎大学（理系）	医
157	長崎県立大学	総推
158	熊本大学（文・教育・法・医〈看護〉学部）	
159	熊本大学（理・医〈看護を除く〉・薬・工学部）	医
160	熊本県立大学	
161	大分大学（教育・経済・医〈看護〉・理工・福祉健康科学部）	
162	大分大学（医学部〈医学科〉）	医
163	宮崎大学（教育・医〈看護〉・工・農・地域資源創成学部）	
164	宮崎大学（医学部〈医学科〉）	医
165	鹿児島大学（文系）	
166	鹿児島大学（理系）	医
167	琉球大学	医

2022年版 大学入試シリーズ（赤本）

国公立大学 その他

国公立大学 その他

168 〔国公立大〕医学部医学科 総合型選抜・学校推薦型選抜 医 総推
169 看護・医療系大学〈国公立 東日本〉
170 看護・医療系大学〈国公立 中日本〉
171 看護・医療系大学〈国公立 西日本〉
172 海上保安大学校／気象大学校
173 航空保安大学校
174 国立看護大学校
175 防衛大学校 総推
176 防衛医科大学校（医学科） 医
177 防衛医科大学校（看護学科）

※ No.168～171の収載大学は赤本ウェブサイト（http://akahon.net/）でご確認ください。

私立大学①

北海道の大学（50音順）

201 札幌大学
202 札幌学院大学
203 北星学園大学・短期大学部
204 北海学園大学
205 北海道医療大学
206 北海道科学大学
562 北海道武蔵女子短期大学 新
207 酪農学園大学（獣医学群〈獣医学類〉）

東北の大学（50音順）

208 岩手医科大学（医・歯・薬学部） 医
209 仙台大学 総推
210 東北医科薬科大学（医・薬学部） 医
211 東北学院大学
212 東北工業大学
213 東北福祉大学
214 宮城学院女子大学 総推

関東の大学（50音順）

あ行（関東の大学）

215 青山学院大学（法・国際政治経済学部－個別学部日程）
216 青山学院大学（経済学部－個別学部日程）
217 青山学院大学（経営学部－個別学部日程）
218 青山学院大学（文・教育人間科学部－個別学部日程）
219 青山学院大学（総合文化政策・社会情報・地球社会共生・コミュニティ人間科学部－個別学部日程）
220 青山学院大学（理工学部－個別学部日程）
221 青山学院大学（全学部日程）
222 麻布大学（獣医、生命・環境科学部）
223 亜細亜大学
224 跡見学園女子大学
225 桜美林大学
226 大妻女子大学・短期大学部

か行（関東の大学）

227 学習院大学（法学部－コア試験）
228 学習院大学（経済学部－コア試験）
229 学習院大学（文学部－コア試験）
230 学習院大学（国際社会科学部－コア試験）
231 学習院大学（理学部－コア試験）
232 学習院女子大学
233 神奈川大学（給費生試験）
234 神奈川大学（一般入試）
235 神奈川工科大学
236 鎌倉女子大学・短期大学部
237 川村学園女子大学
238 神田外語大学
239 関東学院大学
240 北里大学（理学部）
241 北里大学（医学部） 医
242 北里大学（薬学部）
243 北里大学（看護・医療衛生学部）
244 北里大学（獣医・海洋生命科学部）
245 共立女子大学・短期大学
246 杏林大学（医学部） 医
247 杏林大学（保健学部）
248 群馬パース大学 新 総推
249 慶應義塾大学（法学部）
250 慶應義塾大学（経済学部）
251 慶應義塾大学（商学部）
252 慶應義塾大学（文学部） 総推
253 慶應義塾大学（総合政策学部）
254 慶應義塾大学（環境情報学部）
255 慶應義塾大学（理工学部）
256 慶應義塾大学（医学部） 医
257 慶應義塾大学（薬学部）
258 慶應義塾大学（看護医療学部）
259 工学院大学
260 國學院大學
261 国際医療福祉大学 医
262 国際基督教大学
263 国士舘大学
264 駒澤大学（一般選抜T方式・S方式）
265 駒澤大学（全学部統一日程選抜）

さ行（関東の大学）

266 埼玉医科大学（医学部） 医
267 相模女子大学・短期大学部
268 産業能率大学
269 自治医科大学（医学部） 医
270 自治医科大学（看護学部）／東京慈恵会医科大学（医学部〈看護学科〉）
271 実践女子大学・短期大学部 総推
272 芝浦工業大学（前期日程、英語資格・検定試験利用方式）
273 芝浦工業大学（全学統一日程・後期日程）
274 十文字学園女子大学
275 淑徳大学
276 順天堂大学（医学部） 医
277 順天堂大学（スポーツ健康科・医療看護・保健看護・国際教養・保健医療学部） 総推
278 上智大学（神・文・総合人間科学部） 総推
279 上智大学（法・経済学部） 総推
280 上智大学（外国語・総合グローバル学部） 総推
281 上智大学（理工学部） 総推
282 上智大学（TEAPスコア利用型）
283 湘南工科大学
284 昭和大学（医学部） 医
285 昭和大学（歯・薬・保健医療学部）
286 昭和女子大学
287 昭和薬科大学
288 女子栄養大学・短期大学部
289 白百合女子大学
290 成蹊大学（法学部－A方式）
291 成蹊大学（経済・経営学部－A方式）
292 成蹊大学（文学部－A方式）
293 成蹊大学（理工学部－A方式）
294 成蹊大学（E方式・G方式・P方式）
295 成城大学（経済・法学部－A方式）
296 成城大学（文芸・社会イノベーション学部－A方式）
297 成城大学（S方式〈全学部統一選抜〉）
298 聖心女子大学
299 清泉女子大学
300 聖徳大学・短期大学部
301 聖マリアンナ医科大学 医
302 聖路加国際大学（看護学部）
303 専修大学（スカラシップ・全国入試）
304 専修大学（学部個別入試）
305 専修大学（全学部統一入試）

た行（関東の大学）

306 大正大学
307 大東文化大学
308 高崎健康福祉大学 総推
309 高千穂大学
310 拓殖大学
311 玉川大学
312 多摩美術大学
314 千葉工業大学
315 千葉商科大学
316 中央大学（法学部－学部別選抜）
317 中央大学（経済学部－学部別選抜）
318 中央大学（商学部－学部別選抜）
319 中央大学（文学部－学部別選抜）
320 中央大学（総合政策学部－学部別選抜）
321 中央大学（国際経営・国際情報学部－学部別選抜）
322 中央大学（理工学部－学部別選抜）
323 中央大学（6学部共通選抜）
324 中央学院大学
325 津田塾大学
326 帝京大学（薬・経済・法・文・外国語・教育・理工・医療技術・福岡医療技術学部）
327 帝京大学（医学部） 医
328 帝京科学大学 総推
329 帝京平成大学 総推
330 東海大学（医〈医〉学部を除く－一般選抜）
331 東海大学（文系・理系学部統一選抜）
332 東海大学（医学部〈医学科〉） 医
333 東京医科大学（医学部〈医学科〉） 医
334 東京家政大学・短期大学部 総推
335 東京経済大学
336 東京工科大学
337 東京工芸大学
338 東京国際大学
339 東京歯科大学／日本歯科大学／大阪歯科大学（歯学部）
340 東京慈恵会医科大学（医学部〈医学科〉） 医
341 東京情報大学
342 東京女子大学
343 東京女子医科大学（医学部） 医
344 東京電機大学
345 東京都市大学

2022年版 大学入試シリーズ（赤本）

私立大学②

346 東京農業大学
347 東京薬科大学（薬学部） 総推
348 東京薬科大学（生命科学部） 総推
349 東京理科大学（理学部〈第一部〉－B方式）
350 東京理科大学（理工学部－B方式）
351 東京理科大学（工学部－B方式）
352 東京理科大学（先進工学部－B方式）
353 東京理科大学（薬学部－B方式）
354 東京理科大学（経営学部－B方式）
355 東京理科大学（C方式、グローバル方式、理学部〈第二部〉－B方式）
356 東邦大学（医学部） 医
357 東邦大学（薬学部）
358 東邦大学（理・看護・健康科学部）
359 東洋大学（文・経済・経営・法・社会・国際・国際観光学部）
360 東洋大学（情報連携・ライフデザイン・理工・総合情報・生命科・食環境科学部）
361 東洋英和女学院大学 総推
362 常磐大学・短期大学 総推
363 獨協大学
364 獨協医科大学（医学部） 医

な行（関東の大学）

365 二松学舎大学
366 日本大学（法学部）
367 日本大学（経済学部）
368 日本大学（商学部）
369 日本大学（文理学部〈文系〉）
370 日本大学（文理学部〈理系〉）
371 日本大学（芸術学部）
372 日本大学（国際関係学部）
373 日本大学（危機管理・スポーツ科学部）
374 日本大学（理工学部）
375 日本大学（生産工・工学部）
376 日本大学（生物資源科学部）
377 日本大学（医学部） 医
378 日本大学（歯・松戸歯学部）
379 日本大学（薬学部）
380 日本大学（医学部を除く－N全学統一方式） 医
381 日本医科大学 医
382 日本工業大学
383 日本獣医生命科学大学
384 日本女子大学
385 日本体育大学

は行（関東の大学）

386 白鷗大学（学業特待選抜・一般選抜）
387 フェリス女学院大学
388 文教大学
389 法政大学（法〈法律・政治〉・国際文化・キャリアデザイン学部－A方式）
390 法政大学（法〈国際政治〉・文・経営・人間環境・グローバル教養学部－A方式）
391 法政大学（経済・社会・現代福祉・スポーツ健康学部－A方式）
392 法政大学（情報科・デザイン工・理工・生命科学部－A方式）
393 法政大学（T日程〈統一日程〉・英語外部試験利用入試）
394 星薬科大学 総推

ま行（関東の大学）

395 武蔵大学
396 武蔵野大学
397 武蔵野美術大学
398 明海大学
399 明治大学（法学部－学部別入試）
400 明治大学（政治経済学部－学部別入試）
401 明治大学（商学部－学部別入試）
402 明治大学（経営学部－学部別入試）
403 明治大学（文学部－学部別入試）
404 明治大学（国際日本学部－学部別入試）
405 明治大学（情報コミュニケーション学部－学部別入試）
406 明治大学（理工学部－学部別入試）
407 明治大学（総合数理学部－学部別入試）
408 明治大学（農学部－学部別入試）
409 明治大学（全学部統一入試）
410 明治学院大学（A日程）
411 明治学院大学（全学部日程）
412 明治薬科大学 総推
413 明星大学
414 目白大学・短期大学部

ら・わ行（関東の大学）

415 立教大学（文系学部－一般入試〈大学独自の英語を課さない日程〉）
416 立教大学（文学部－一般入試〈大学独自の英語を課す日程〉）
417 立教大学（理学部－一般入試）
418 立正大学
419 早稲田大学（法学部）
420 早稲田大学（政治経済学部）
421 早稲田大学（商学部）
422 早稲田大学（社会科学部）
423 早稲田大学（文学部）
424 早稲田大学（文化構想学部）
425 早稲田大学（教育学部〈文科系〉）
426 早稲田大学（教育学部〈理科系〉）
427 早稲田大学（人間科・スポーツ科学部）
428 早稲田大学（国際教養学部）
429 早稲田大学（基幹理工・創造理工・先進理工学部）
430 和洋女子大学 総推

中部の大学（50音順）

431 愛知大学
432 愛知医科大学（医学部） 医
433 愛知学院大学・短期大学部
434 愛知工業大学 総推
435 愛知淑徳大学
436 朝日大学 総推
437 金沢医科大学（医学部） 医
438 金沢工業大学
439 岐阜聖徳学園大学・短期大学部 総推
440 金城学院大学
441 至学館大学 総推
442 静岡理工科大学 新
443 椙山女学園大学
444 大同大学
445 中京大学
446 中部大学
447 名古屋外国語大学 総推
448 名古屋学院大学 総推
449 名古屋学芸大学 総推
450 名古屋女子大学・短期大学部 総推
451 南山大学（外国語〈英米〉・法・総合政策・国際教養学部）
452 南山大学（人文・外国語〈英米を除く〉・経済・経営・理工学部）
453 新潟国際情報大学
454 日本福祉大学
455 福井工業大学
456 藤田医科大学（医学部） 医
457 藤田医科大学（医療科・保健衛生学部）
458 名城大学（法・経営・経済・外国語・人間・都市情報学部）
459 名城大学（理工・農・薬学部）
558 山梨学院大学 新

近畿の大学（50音順）

460 追手門学院大学 総推
461 大阪医科薬科大学（医学部） 医
462 大阪医科薬科大学（薬学部） 総推
463 大阪学院大学 総推
464 大阪経済大学 総推
465 大阪経済法科大学 総推
466 大阪工業大学 総推
467 大阪国際大学・短期大学部 総推
468 大阪商業大学 総推
469 大阪女学院大学・短期大学 総推
470 大阪成蹊大学・短期大学 総推
471 大手前大学・短期大学 総推
472 関西大学（文系）
473 関西大学（理系）
474 関西大学（英語〈3日程×3カ年〉）
475 関西大学（国語〈3日程×3カ年〉）
476 関西大学（文系選択科目〈2日程×3カ年〉）
477 関西医科大学（医学部） 医
478 関西医療大学 総推
479 関西外国語大学・短期大学部 総推
480 関西学院大学（文・社会・法学部－学部個別日程）
481 関西学院大学（経済〈文系型〉・人間福祉・国際学部－学部個別日程）
482 関西学院大学（神・商・教育〈文系型〉・総合政策〈文系型〉学部－学部個別日程）
483 関西学院大学（全学部日程〈文系型〉）
484 関西学院大学（全学部日程〈理系型〉）
485 関西学院大学（共通テスト併用／英数日程）
486 畿央大学 総推
487 京都外国語大学 総推
488 京都光華女子大学・短期大学部 総推
489 京都産業大学（公募推薦入試） 総推
490 京都産業大学（一般選抜入試〈前期日程〉）
491 京都女子大学 総推
559 京都先端科学大学 新 総推
492 京都橘大学 総推
493 京都ノートルダム女子大学 総推
494 京都薬科大学 総推
495 近畿大学・短期大学部（医学部を除く－推薦入試） 総推
496 近畿大学・短期大学部（医学部を除く－一般入試前期）
497 近畿大学（医学部－推薦入試・一般入試前期） 医 総推
498 近畿大学・短期大学部（一般入試後期） 医
499 皇學館大学 総推
500 甲南大学 総推
501 神戸学院大学 総推
560 神戸国際大学 新 総推
502 神戸松蔭女子学院大学 総推
503 神戸女子学院大学 総推
504 神戸女子大学・短期大学 総推
505 神戸薬科大学 総推
506 四天王寺大学・短期大学部 総推
507 摂南大学（公募制推薦入試） 総推
508 摂南大学（一般選抜前期日程）

2022年版　大学入試シリーズ　No. 233

神奈川大学（給費生試験）

編　　集　教学社編集部
発 行 者　上 原 寿 明
発 行 所　教　学　社

〒606-0031
京都市左京区岩倉南桑原町 56
電話 075(721)6500
振替 01020-1-15695

2021 年 8 月25日　第 1 刷発行

定価は裏表紙に表示しています

ISBN978-4-325-24410-3

印刷　共同印刷工業　　製本　藤沢製本